물의 요정의 매혹

물의 요정의 매혹

프리드리히 드 라 모트 푸케 · 에.테.아. 호프만 외 지음
최민숙 외 옮김

이화여자대학교출판부

책을 펴내면서

“과연 여성에게도 영혼이 있을까?” 중세 유럽 교회가 시달려온 이 의혹이 물의 요정을 탄생시킨 주요 이유 중 하나였다면, 어린 시절 안데르센의 메르헨 『인어공주』를 읽다가 반인반수의 인어 삽화를 보고 내가 받은 충격은 이 의혹의 연장선상에 있었던 듯하다. 육체와 정신이 그리도 모순된 관계일 수 있다는 것을 어렴풋이나마 깨닫게 해주었으니까.

물 밖을 동경하지만 걸어나올 수 없는 그녀는 왜 그리도 대책이 없고 무방비 상태였는지! 마녀의 꼬임에 빠져 목소리를 인간의 다리와 교환했던 인어공주가 끝내는 물거품으로 화하여 오래도록 내 주변을 떠다녔다면, 어느 순정만화에서인가 인간의 그물에 걸려 서커스단에 팔린 인어가 천막 안에서 홀로 부르던 고운 노랫소리는 아직도 여운을 남기며 내 안에서 울리고 있다. 돌이켜보건대 그녀 눈물의 반짝임은 내 어린 마음을 정화시켜주는 기능을 했던 듯하다. 그림책을 끌어안고 자던 나와 내 어린 친구들은 그녀처럼 신비스러워지고 싶었고, 그녀처럼 어떤 것을 못견디게 그리워하고 싶었고, 그녀처럼 여리고 가냘픈 우리의 존재만으로 세상의 사악함을 고발하고 싶었고, 그럼에도 인간 세상을 동경하는 그녀의 모순을 우리의 것으로 느끼면서 그녀의 고향 상실을 같이 앓았다. 그때 우리는 이런 인어에게도 역사가 있다는 생각은 미처 하지 못했다. 먼 훗날에야 나는 그런 인어의 실체를 어렴풋이나마 알게 되었다. 그것도 독문학을 하는 후학들과의 공동 연구를 통해서.

몇 년 전 인류 상상력의 근원을 탐구하던 우리 다섯 명의 여성 독문학자들은 4대 자연원소 — 물, 불, 공기, 흙 — 의 의인화 현상에 관심을 갖게 되었고, 이것이 이 번역서 구상의 배경이었다. 우리는 4대 원소 중 특히 '물'에 주목했다. 왜냐하면 '물'은 생명을 주고 키우는가 하면 앗아가기도 하는 속성과 함께 흘러 사라져버리는 그 '영원한 무상성'으로 인해 자연원소들 중 가장 활발하게 상상력을 자극해왔기 때문이다. 물의 요정은 이렇게 상상력의 촉발자인 동시에 상상력의 산물로서 유럽 전 지역에서 신화와 전설로 출현했는가 하면, 14세기 이래 오늘날까지 위대한 작가들의 작품에 자주 등장하고 있다.

그러나 중세 이래 서양에서 수많은 버전을 통해 사람들을 매혹시켜온 물의 요정들 가운데 국내 독자에게는 그리스 신화의 세이렌과 안데르센의 인어공주 정도만이 알려져 있었으며, 더구나 이들에 대한 연구는 거의 전무한 실정이었다. 이에 우리 팀은 '물의 요정' 현상에 대한 학술적 연구에 몰입했으며 그 연구 결과를 수 편의 논문으로 발표한 바 있다. 더 나아가 우리는 일반 독자를 염두에 둔 저서 『물의 요정을 찾아서』(이화여자대학교출판부, 2005)를 출간했다. 연구팀이 직접 물의 요정과 관계된 지역들을 찾아다니면서 쓴 문화 기행과 진귀한 도판을 곁들인 이 저서는 일반 독자들로부터 좋은 호응을 얻었으며 문학 작품을 직접 읽고 싶다는 독자들이 많았다. 문학은 우선 텍스트를 읽어야 한다는 확신에서 원래 번역서 출간을 기획하고 있기도 했지만, 이 책은 무엇보다 그러한 독자들의 사랑에 대한 감사의 표현이다.

이 번역서는 대표적인 물의 요정 이야기 네 편과 드라마 한 편, 그리고 몇 편의 시를 담고 있다. 시를 제외한 작품들은 시대순으로 싣고, 작품의 이해를 돕기 위해 해설과 작가 연보를 실었다. 실린 작품들은 중세 멜루지네 소재를 다룬 루트비히 티크의 『멜루지나에 대한 아주 놀라운 이야기』, 운디네를 탄생시킨 낭만주의 작가 프리드리히 드 라 모트 푸케의 『운디네』, 역시 낭만주의 작품으로 요정 세르펜티나가 등장하는 에.테.아. 호프만의 『황금 단지』, 사실주의 작가 에두아르트 뫼리케의 『아름다운 라우 이야기』, 그리고 자연주의 대표 작가 게르하르트 하우프트만의 드라마 『가라앉은 종』이다. 이 드라마의 주인공 라우텐델라인은 당시 남자들이 연인을 "나의 귀여운 라우텐델라인!"이라고 불렀을 만큼 사랑을 받았던 물의 요정이다. 선정된 시들은 18 · 19세기 독일 작가들인 괴테, 아이헨도르프, 하이네, 그리고 스위스 작가인 켈러의 작품들이다.

이 이야기들을 순서대로 읽는 독자에게는 물의 요정들이 변화하는 모습이 눈에 띌 것이다. 예술가이자 예언가였던 고대의 세이렌이 인간 세상과 멀리 떨어진 바다 한가운데서 인간을 제물로 삼을 수 있었다면, 지상으로 올라온 중세의 멜루지네는 당당한 가문의 시모(始母)이자 다산의 상징이었다. 일주일에 하루 자신만의 시간을 원했던 그녀는 자아를 찾고자 했던 최초의 여성으로 꼽힌다. 그러나 인간 남자와 결혼을 하여 영혼을 얻게 되는 운디네는 한 남자에게 좌우되는 가냘픈 물의 요정으로, 배반한 남편에게 '죽음의 키스'를 하는 것 역시 종족의 원리에 순응한 것일 뿐 그녀의 의지와는 상관이 없다. 그녀는 복수를 하지 않을 수 없다는 사실에 더욱 아파하는 모순을 앓는 존재이다. 세르펜티나는 남편을 시인으로 만들며 행복해지는 예외적 요정에 속하지만, 뮤즈처럼 환상적인 모습으로만 등장한다. 사산의 아픔을 겪은 후 인간 세상에 와서 웃음을 찾은 다음 자신의 왕국으로 돌아가는 아름다운 라우에게서는 여성의 생산성만이 강조되며, 기혼남을 사랑하는 라우텐델라인은 팜므 파탈적인 분위기를 짙게 풍기고 있다. 그리고 이 책에는 싣지 못했지만 20세기 후반 크리스타 볼프의 『운디네는 가다 Undine geht』에서 운디네는 한스로 통칭되는 남성들을 향해 비난을 퍼부으며 물속으로 사라져버린다.

홍미로운 것은 이들 물의 요정들이 문학 작품 속 인물로 탄생했지만 민속 동화의 주인공에 가깝다고 할 만큼 신화적 회상을 불러일으키는 보편성과 생명력을 지니고 있으며, 그 존재의 수수께끼는 여전히 풀리지 않은 채로 남았다는 것이다. 어쩌면 그것은 물의 요정 이야기의 핵심이 이성 간의 불합리한 관계의 투영으로서, 이러한 관계가 아직도 대부분의 문화권에서 지속되고 있기 때문일지도 모른다. 그렇게 볼 때 낯선 세계에서 몰이해에 부딪힌 물의 요정이 우리의 옛 시절 시집온 여성들의 고향 상실과 한(恨)을 연상시킨 것은 너무나 당연한 일일 듯하다.

또한 우리가 끊임없이 의문을 제기하지 않을 수 없었던 것은 물의 요정들이 지닌 간절한 한 가지 소망이 왜 그때나 지금이나 그리도 실현이 어려운 것일까 하는 것이었다. 물의 요정 이야기 속 금기는 이러한 소망의 다른 이름이었으니 말이다. 결국 그들의 변신은 고도의 생명력의 상징적 표현이라고 생각된다. 액체와 고체, 기체 상태를 넘나들 수 있는 물 원소만의 독특한.

결정적으로 우리를 끝까지 이 주제에 묶여 있게 해준 것은 문학적 언어에 대한 경탄이었다. 그랬기에 우리는 늘 머리와 가슴으로 연구했고 또 이 번역서를 마무리했다. 누가 이 세상에서 머리와 가슴이 가장 먼 거리라고 했을까. 물의 요정들의 운명이나 이 현상에 투영되어 있는 이데올로기와 상관없이 그들이 지닌 물의 속성은 우리를 끊임없이 매혹시켰다.

외국 문학이라는 한계 때문에 연구서도 그랬지만 번역서 역시 많은 분들에게 신세를 지고야 나올 수 있었다. 이 책이 나오기까지 늘 조언을 아끼지 않았던 독일 여성문학 연구의 선구자 이병애 교수님, 은퇴 후에도 번역이 막힐 때마다 우리를 구원해준 독일의 요정 에델트루트 김 교수님, 당신 제자의 부족한 활동을 애틋한 시선으로 좇는 파더보른대학의 슈타이네케(Hartmut Steinecke) 교수님, 도저히 해독이 불가능한 하우프트만 드라마 속 방언을 현대 독일어로 손수 고쳐 보내준 쾰른대학 도서관의 에거스(Klaus Eggers) 씨, 『황금 단지』의 일러스트 그림을 그려준 파우스트(Steffen Faust) 화백, 그리고 문학에 대한 사랑으로 '영원히 어린아이'로 머무는 베를린의 호프만 친구들(E.T.A. Hoffmann-Freunde in Berlin)에게도 감사와 그리움을 전한다. 끝으로 연구서에 이어 번역서를 다듬어주느라 애쓴 이혜지 선생을 비롯한 이화여자대학교출판부 식구들의 멋진 팀워크에 따뜻한 사랑과 고마움을 표한다.

한겨울 유럽의 눈 쌓인 벌판을 9인승 폴크스바겐 멀티밴으로 종횡무진 누비고 다닌 이야기인 『물의 요정을 찾아서』를 읽은 한 독자가 공포심을 배우러 떠난 듯한 여성들의 모습에 소름이 돋았다고 했던가. 그 작은 신화의 주인공인 우리 물의 요정 연구팀원들에게 우리에겐 언제나 돌아갈 물이 있으니 변신을 계속하자는 주문 속에 아직 못다한 마음을 띄워 보낸다.

2007년 11월

옮긴이 대표 최민숙

차 례

책을 펴내면서 5

멜루지나에 대한 아주 놀라운 이야기 _ 루트비히 티크 · 김미선 옮김 13

- 밤이 서서히 다가온다 _ 하인리히 하이네 36

운디네 _ 프리드리히 드 라 모트 푸케 · 이온화 옮김 39

- 바보 기사에 대한 노래 _ 하인리히 하이네 154

황금 단지 _ 에.테.아. 호프만 · 최민숙 옮김 157

- 어부 _ 요한 볼프강 폰 괴테 288

아름다운 라우 이야기 _ 에두아르트 뫼리케 · 윤현자 옮김 291

- 고요한 계곡 _ 요제프 폰 아이헨도르프 330

가라앉은 종 _ 게르하르트 하우프트만 · 천현순 옮김 333

- 겨울밤 _ 고트프리트 켈러 454

작가 연보 456

옮긴이 소개 468

Sehr wunderbare Historie von der Melusina

멜루지나에 대한 아주 놀라운 이야기

루트비히 티크

김미선 옮김

작품 해설

멜루지네(또는 멜루지나) 이야기와 부분적으로 유사한 내용의 이야기들은 12, 13세기 독일에서도 찾아볼 수 있다. 특히 게르바지우스 폰 틸부리(Gervasius von Tilbury)의 『오티아 임페리알리아Otia Imperialia』 안에 들어 있는 '뱀 여인' 이야기가 멜루지네 이야기의 원형으로 간주되기도 한다. 그러나 멜루지네라는 이름 자체는 14세기 말 프랑스 작가 장 다라(Jean d'Arras)의 『멜루지네Mélusine』에서 유래한다. 물의 여인이 건설했다는 전설이 전해오던 뤼지냥 성과 그 가문의 이야기를 집필하면서 장 다라가 가문의 시모(始母)에게 이 이름을 붙였던 것이다. 장 다라의 『멜루지네』에 이어 14세기 말 프랑스의 쿠드레트(Coudrette)가 『멜루지네 Le roman de Mélusine』를 운문 소설로 완성하게 된다. 1400년경부터는 '아름다운 멜루지네' 이야기가 전 유럽에서 문학 작품으로 재생산되면서 수많은 버전의 멜루지네가 등장했다고 한다.

독일에서는 1456년에 튀링 폰 링골팅엔(Thüring von Ringoltingen)이 쿠드레트의 작품을 토대로 멜루지네 이야기를 소설로 썼다. 이 작품 이후로 여러 가지 멜루지네 이야기가 나오면서 멜루지네는 독일 문학에서도 자주 등장하는 소재가 되었다. 그 가운데서 이 책에 번역된 루트비히 티크의 『멜루지나에 대한 아주 놀라운 이야기』(1829)는 문학적 완성도가 높은 작품의 하나로 손꼽힌다. 이야기의 구성과 줄거리는 링골팅엔의 『멜루지네』와 거의 유사하지만 티크의 작품에서 문장이 보다 유려하고 문학적 표현이 풍부하기 때문이다. 또한 링골팅엔의 작품에서 모호했던 맥락이 좀더 확실하게 밝혀지는 부분들이 있다. 티크의 『멜루지나에 대한 아주 놀라운 이야기』 외에 괴테가 장편 『빌헬름 마이스터의 편력시대』에 삽입한 노벨레 「새로운 멜루지네die neue Melusine」(1807/1808)가 있는가 하면, 폰타네의 장편 소설 『슈테힐린Der Stechlin』(1899)에도 멜루지네라는 이름의 여성이 등장한다.

독일어로 멜루지네(Melusine) 또는 멜루지나(Melusina), 프랑스어로 멜뤼진(Mélusine)으로 불리는 이 이름은 프랑스어의 'Mère Lusigne(메르 뤼진)', 즉 'la Mère des Lusignan(뤼지냥의 어머니)'이라는 뜻에서 유래했다는 설이 유력하며, 한편으로는 'mère'(어머니)와 함께 'mer'(바다)를 연상하게 함으로써 어머니로서의 본성과 더불어 물의 여인으로서의 본성을 암시하고 있다.

멜루지네 이야기는 인간이 초자연적인 존재와 맺어지는 '이물교혼', 또는 '이물통혼(Mahrtenehe)'의 대표적인 예를 보여주고 있다. 이물교혼 이야기에서는 '금기'가 중요한 위치를 차지한다. 다른 세상의 여인이 인간 남자와의 결합을 승낙하면서 남자에게 어떤 일을 하지 말라는 금기를 제시하고 약속받는 것이다. 그리고 남자가 그 약속을 어기면, 여자는 자신의 본래 세상으로 돌아간다. 그런데 아이로니컬하게도 언제나 이야기 속에서 금기의 파기는 미리부터 예정되어 있다. 멜루지네는 토요일마다 하루를 온전히 혼자서 지낼 것이니 자기를 찾지도 말고 무엇을 하는지 알려고 하지도 말라는 금기를 남편에게 제시한다. 그러나 남편은 결국 이 금기를 어기게 된다. 이 일로 인해 멜루지네는 모습이 변하면서 남편과 아이들 곁을 떠난다.

멜루지네의 어머니 페르지나 역시 남편인 헬마스 왕에게 산후조리 기간에는 자기 방에 들어오지 말라는 금기를 제시했다가 남편이 이를 어기자 그를 떠난 일이 있었다. 그런데 후에 멜루지네가 주동이 되어 딸 셋이 아버지 헬마스 왕에게 복수를 하다가 그를 죽게 만들었다. 멜루지네의 변신은 바로 아버지를 죽게 한 죄에 대해 어머니가 내린 형벌이었던 것이다. 인간 남자를 만나 결혼하고 그 남편이 죽을 때까지 멜루지네와의 약속을 지키면 멜루지네는 죽은 다음에 이 형벌에서 벗어나 영혼이 구원받도록 예정되어 있었다. 그런데 남편 라이문트가 약속을 어기고 다른 사람들 앞에서 그녀를 모욕했기 때문에 멜루지네의 구원은 실패로 돌아가고 만다.

멜루지네가 다른 물의 여인들(Wasserfrauen)과 다른 점은 무엇보다 출산과 변신에서 찾을 수 있다. 그리스 신화의 제우스의 변신이 보여주듯이, 변신은 신적인 능력을 나타내는 하나의 표징이 되기도 한다. 멜루지네는 처음부터 라이문트의 상황을 자세히 알고 있는 것에서 초능력을 드러냈고, 또 앞일을 예언하기도 했으며, 결혼식과 성의 건축에서도 계속해서 비범한 능력을 보여준다. 이러한 특별한 능력을 통해 드러나는 신비한 출생과 신분이 그녀의 변신을 통해 다시 한번 확인되는 것이다.

멜루지네는 열 명의 아들을 출산하고 훌륭하게 키워, 이들이 모두 높은 지위에 오르고 각자 훌륭한 가문을 이루게 된다. 열 명의 아들 중 마지막 두 아들을 제외한 여덟이 각양각색의 기이한 외모를 지니고 태어나는데, 이것이 기형을 의미하는 것은 아니다. 이런 점들은 오히려 멜루지네의 반신(半神)적인 출신을 드러내주는 또 하나의 특징으로서 기능하고 있다. 멜루지네 이야기의 여러 판본들 중에는, 그녀가 라이문트와 이

별하고 성을 떠난 이후에 다시는 남편 앞에 나타나지 않았지만 밤이면 어린 두 아들을 몰래 찾아와 젖을 물리는 모습을 유모들이 자주 보았다는 이야기도 있다. 이런 이야기는 멜루지네의 어머니로서의 모습과 지극한 모성을 부각시키고 있는 것이다.

멜루지네는 불모지에서 새로운 생명을 탄생시키는 물처럼, 새로운 가문을 일으키며 역동적으로 생산적인 활동을 추진한다. 그러나 아무리 초인적인 능력을 지녔다 해도 그녀는 남편을 통해서만 저주받은 운명에서 구원될 수 있다는 한계를 지니고 있다. 여성의 운명이란 결국 남성의 손에 좌우된다는 남성 중심적 사고가 드러나는 부분이라 하겠다. 멜루지네 이후의 물의 여인들에서도 마찬가지로 이러한 특징이 발견되는데, 멜루지네에서는 영혼의 구원이 문제였다면 이후의 물의 여인들에서는 영혼 자체의 획득이 문제가 된다. 멜루지네는 이미 영혼을 가진 존재였던 반면, 이후의 다른 물의 여인들은 본래 영혼을 갖지 못한 존재로서 인간 남성과의 결혼을 통해 비로소 영혼을 획득하게 된다.

이상에서 간략하게 살펴본 바와 같이, 멜루지네는 초자연적인 능력과 변신 능력 등을 지니고 있다는 점에서 고대 신화 및 전설 속의 물의 여인의 전통을 잇고 있다. 또 한편으로는 물의 여인들 가운데 처음으로 개인적인 이름과 역사를 지닌 고유한 물의 여인 유형으로 탄생하여 후대 문학으로 이어지게 된다. 이처럼 『멜루지네』는 고대와 근대의 물의 여인들 사이에서 가교 역할을 하는 중요한 작품이라 하겠다.

김미선

옛날 프랑스에 폰 포르스트 백작이 살고 있었다. 백작은 아름다운 숲 속에 살았는데 가난한데다가 자식도 많았다. 그래서 백작은 여러 학문에 정통한 부유한 친척 에메리히 백작에게 막내아들 라이문트를 맡겼다. 자신은 자식들을 귀족 신분에 합당하게 교육시킬 만한 재산이 없었기 때문이었다. 또한 특히 막내아들 라이문트가 큰 뜻을 품고 있다고 느껴졌기 때문이기도 했다. 라이문트는 매우 친절하고 호감이 가는 외모여서 에메리히 백작의 성에서 곧 총애를 받는 인물이 된다.

사냥을 즐기는 에메리히 백작은 사냥을 갈 때 항상 라이문트를 데리고 갔다. 두 사람은 어느 날 사냥을 나갔다가 큰 멧돼지와 맞닥뜨리게 된다. 멧돼지를 쓰러뜨리지 못하고 뒤따라가던 두 사람은 다른 일행과 헤어져 숲으로 들어간다. 정신없이 달리던 백작과 라이문트 두 사람은 결국 자기들만 숲 속에서 길을 잃었다는 것을 알게 된다. 특히 점성술에 능통했던 백작은 그때 하늘의 성좌를 보고 "배은망덕한 한 남자가 이제 그의 은인인 주인을 죽일 것이고, 그로 인해 현세의 행복을 얻을 것이다"라고 예언한다.

숲에서 빠져나갈 길을 찾지 못한 두 사람은 휴식을 취하면서 불을 피운다. 그때 큰 멧돼지가 다시 나타나 어금니를 나무에 부딪치며 씩씩거

린다. 라이문트는 백작에게 나무 위로 올라가 몸을 피하라고 소리쳤지만 백작은 치욕스럽게 멧돼지를 피해 도망칠 수 없다며 말을 듣지 않는다.[1]

백작이 창을 손에 들고 달려드는 멧돼지를 찔렀다. 하지만 창이 빗나가 멧돼지를 스치면서 약간의 상처만 입혔을 뿐이었다. 대신 백작이 바닥에 쓰러지게 되었다. 그러자 라이문트가 백작의 창을 집어들어 멧돼지를 쓰러뜨리려 했다. 하지만 라이문트가 던진 창은 멧돼지가 아니라 백작의 몸에 맞았다. 라이문트는 창을 다시 뽑아들고 멧돼지를 처치하고 나서 백작에게 돌아왔다. 백작은 치명적인 상처를 입고 신음하고 있었다. 백작은 곧 숨을 거두었다.

성좌를 통해 예언된 운명이 현실로 이루어졌음을 깨달은 라이문트는 소리 높이 울면서 탄식한다.

그렇게 울면서 밤을 지새운 라이문트는 정신이 혼란스러워졌다. 자기가 일부러 살인을 저지른 것인지 아닌지도 모를 정도였다. 라이문트는 가혹하게 스스로를 비난했다. 그는 슬프고 낙담한 마음으로 말에 올라탔다. 하지만 어디로 가야 할지 알 수 없었다. 그래서 말을 몰지도 않고 방향을 정하지도 않은 채, 말이 가고 싶은 대로 그냥 가도록 내버려두었다.

숲 한가운데 아름다운 전망이 펼쳐진 곳에 바위틈에서 솟아나온 샘이 하나 있었다. 사람들은 보통 그 샘을 숲의 샘이라고 불렀다. 라이문트를

1 티크의 『멜루지나에 대한 아주 놀라운 이야기』 독일어 원서는 유감스럽게도 고어체뿐이어서 번역에 어려움이 있었다. 본 텍스트는 티크의 소설 전체가 아니라 프랑크 라이너 막스가 엮은 『마법의 운디네들Undinenzauber』에 들어 있는 부분을 번역한 것이며, 이탤릭체는 엮은이가 요약한 부분임을 밝혀둔다.

태운 말이 이 샘으로 왔다. 그런데 샘가에 아름다운 세 명의 처녀가 서 있었다. 하지만 비통한 심정에 잠겨 있던 라이문트는 처녀들을 알아차리지 못하고 그냥 지나치려 했다. 그러자 셋 중 가장 젊고 가장 아름다운 처녀가 라이문트에게 다가와서 말했다.

"숙녀들에게 말도 안 걸고 그냥 지나쳐 가는 그런 예의 없는 기사는 한 사람도 없었답니다."

그런데도 라이문트는 여전히 비탄과 괴로움에 빠져 그녀가 말하는 소리를 듣지 못했다. 그러자 그녀가 말고삐를 잡으며 말했다.

"아무래도 귀족 신분이 아니신 것 같군요. 그렇지 않다면 이렇게 말없이 우리를 지나쳐 가지는 않으실 텐데요."

그제야 비로소 정신이 든 라이문트는 자기 앞에 아름다운 아가씨가 서 있는 것을 보고 깜짝 놀랐다. 라이문트는 자기가 지금 살아 있는 것인지 죽은 것인지, 이 처녀가 귀신인지 사람인지 알 수가 없었다. 그러나 곧바로 민첩하게 말에서 내려와 말했다.

"용서하십시오. 저는 기사이며 귀족 신분입니다. 하지만 불행한 사고를 당하고 너무 큰 충격을 받았답니다. 슬픔에 잠긴 나머지 숙녀에 대한 예의를 잊었습니다."

그러자 그녀가 대답했다.

"친애하는 라이문트, 당신의 비탄과 불행에 제 마음도 아프답니다."

처녀가 자기 이름을 알고 있는 것에 라이문트는 깜짝 놀라며 말했다.

"저는 당신을 알지 못합니다. 그런데 대체 어떻게 제 이름을 알고 있는 것입니까? 이렇게 놀랍도록 아름다우며 고귀한 몸과 빼어난 얼굴을 가진 당신이 어떻게 여기 숲 속에 혼자 있을 수 있습니까? 게다가 제 마음은 당신을 통해서 제가 어떤 위로를 받을 것이라고 말하고 있습니다. 아니, 당신과 이야기를 나누고 매혹적인 입술에서 나오는 목소리의 달콤한 울림을 들으면서, 당신의 사랑스런 모습을 바라보면서, 벌써 저의 괴로움이 사라지는 것을 느끼고 있습니다. 이건 또 어떻게 된 일입니까?"

그러자 처녀가 말했다.

"소중한 라이문트, 당신은 멧돼지와 함께 백부까지 죽이고 그로 인해 큰 곤경에 빠졌습니다. 하지만 이것은 당신의 의지와 상관없이 일어난 일입니다. 말씀드리건대, 당신은 당신 가문의 그 누구도 누리지 못했던 행복과 부와 권력을 갖게 될 것입니다. 백부께서 예언했던 것이 바로 당신에게서 틀림없이 이루어질 것입니다. 그리고 이것은 하느님의 도우심으로 성취될 것입니다."

그녀가 하느님의 도우심을 얘기하는 것을 듣자 라이문트는 더욱 대담해졌다. 이제 이 처녀가 유령도 이교도도 아니고 하느님을 믿는 기독교인이라고 생각되었기 때문이었다. 그래서 이렇게 말했다.

"아름다운 아가씨, 그런데 당신은 어떻게 제 이름을 알고 있습니까? 또 제게 닥친 불행에 대해서 어떻게 알고 있는 것입니까? 저는 예전에 한 번도 당신과 만난 적이 없었습니다. 또 불행이 닥쳤을 때 당신이 그 자리에 있지도 않았으며 예전에 당신을 본 적조차 없는데 말입니다."

그녀가 말했다.

"그냥 마음을 편히 가지세요. 물론 걱정도 하지 마시고요. 당신의 백부께서 돌아가시기 직전에 예언하셨던 일이 바로 저를 통해서 이루어져야 한답니다. 제가 선한 기독교인이라는 것을 의심하지 마세요. 당신이 그 점을 의심하고 있는 것이 느껴지는군요. 저는 선한 기독교인이 믿어야 하는 모든 것을 믿는답니다. 예수님께서 우리를 구원하기 위해 돌아가셨고 십자가에 못박히셨으며 죽은 뒤 사흘 만에 부활하셨다는 것, 예수님께서 하느님의 독생자이시며 하늘로 올라가셨다는 것, 그 밖에 우리의 신앙에 속하는 다른 모든 것들을 믿습니다. 그러니 저를 믿으세요. 당신은 지금까지 당신 가문의 그 누구보다도 현명하고 부유하고 강력한 사람이 될 것입니다."

이 말을 듣자 라이문트는 용기를 얻었고 예전의 안색을 되찾았다. 이제 모든 의심이 사라져버렸다. 그래서 라이문트는 이렇게 대답했다.

"고귀하고 아름다운 아가씨! 이제 당신이 제게 명령하는 모든 일을 행할 준비가 되었습니다. 이제 이것이 다름 아닌 하느님의 섭리라는 것을 알고 있기 때문입니다. 그러니 제가 무엇을 해야 할지 말씀만 하십시오. 제 능력, 제 힘이 닿는 한 분명히 그 말대로 행할 것입니다."

그러자 처녀가 말했다.

"라이문트, 당신은 저를 아내로 맞이하겠다고 약속해야 합니다. 하지만 그전에, 토요일에는 나를 찾지도 않고, 또 내가 무엇을 하는지 마음조차 쓰지 않겠다고 약속해야 합니다. 토요일 하루는 말 그대로 저 혼자서 보내야만 합니다. 하지만 다시 약속하건대, 저는 이날 당신의 명예에 흠이 될 만한 일은 절대로 하지 않을 것이며 그럴 만한 어떤 장소에도 가지 않을 것입니다."

라이문트는 즉시 약속했고, 그러자 그녀가 계속해서 말했다.

"만일 당신이 언젠가 이 약속을 어기게 된다면 당신 자신에게 큰 해가 닥칠 것입니다. 그로 인해 당신의 재산과 명예, 땅과 하인들이 크게 줄어들 것이기 때문입니다. 또한 당신은 저를 잃게 될 것입니다."

라이문트는 다시 한번 맹세하고 어떤 경우건 그녀의 말을 따르겠다고 약속했다.

에메리히 백작의 장례식이 끝나자 라이문트는 봉토를 받기 위해 백작의 아들에게 간다. 멜루지나가 지시한 바에 따라서 라이문트는 숲의 샘 옆에 사슴가죽 하나로 둘러쌀 만큼의 땅만을 달라고 청한다. 이 이상한 소원을 들어주겠다는 증서에 도장을 받은 후에 라이문트는 사슴가죽을 얇은 끈으로 자르게 하여 그것을 가지고 넓은 숲과 초원과 밭과 숲의 샘을 에워싸 소유하게 된다. 그리고 그는 미리 약속했던 날 아침에 숲의 샘 옆에서 멜루지나를 다시 만난다. 그녀는 여자들과 기사들, 하인들, 사제 등 많은 군중을 이끌고 오는데, 그들은 라이문트를 자신들의 주인으로 맞아 예의를 갖춘다. 결혼식 날짜가 정해지고, 초대를 받고 결혼식에 온 손님들은 야외에 화려한 천막들이 세워진 가운데 음악이 울리고 고기 굽는 냄새가 진동하는 것을 보고 놀란다. 주교가 멜루지나와 라이문트의 결혼식을 집전하고, 성대한 결혼 피로연이 이주일 동안 계속된다.

그 후 멜루지나는 짧은 기간 내에 웅장한 성을 세우고 그 성을 '루지니아'라고 명한다. 부부에게는 연이어 열 명의 아들이 태어난다. 그런데 그들 중 마지막 둘, 즉 디트리히와 라이문트만이 '결함 없이' 태어난다. 첫째 아들 우리엔은 눈이 한쪽은 붉은색이고 한쪽은 녹색이며 입이 크고 귀가 길게 걸려 있고, 둘째 아들 게데스는 얼굴에 붉은 반점이 있다. 셋째 아들 기요트는 눈 하나가 높이 달려 있고, 넷째 아들 안토니는 뺨에 사자 앞발 모양이 있는데 거친 털에 길고 날카로운 발톱이 달려 있으며 성격이 포악했다. 다섯째 아들 라인하르트는 눈이 이마 한가운데 하나뿐이었다. 여섯 번째 아들 조프로이는 어금니가 입 밖으로 튀어나와 있고, 힘이 세고 강건한 육체를 지니고 있었다. 일곱 번째 아들 프라이문트는 몸과 얼굴은 훌륭했으나 코 위에 큰 반점이 있었는데, 늑대가죽 같은 반점에 털이 수북했다. 여덟 번째 아들 호리벨은 이마에 눈이 하나 더 달려

있었고, 행실이 좋지 못하고 포악했다.

이 특이한 아들들이 세상에 나아가 겪는 다양한 모험에는 우리가 크게 관심을 둘 필요가 없을 것 같다. 이들 중 셋은 왕이 되고, 하나는 영주가 되며, 프라이문트는 수도사가 된다. 그래서 라이문트와 멜루지나는 하느님께 감사하며 자식들의 행복에 대해 기뻐했다.

어느 토요일에 라이문트가 다시 멜루지나 없이 하루를 보내고 있었다. 아내가 토요일 하루는 온종일 모습을 보이지 않았지만 라이문트는 맹세를 떠올리면서 한 번도 아내에 대해 걱정하거나 아내를 방해하는 일 없이 내버려두었다. 라이문트의 아버지인 폰 포르스트 백작은 이미 세상을 떠난 뒤라 이제는 라이문트의 맏형이 폰 포르스트 백작이라 불리고 있었다. 바로 이 폰 포르스트 백작이 동생인 라이문트를 찾아왔다. 라이문트는 형의 방문에 맞춰 많은 귀족들을 초대했다. 손님들은 모두 라이문트에게 정중하게 존경을 표했다. 그러나 멜루지나가 하루 종일 모습을 보이지 않자 폰 포르스트 백작이 동생에게 말했다.

"아우여, 안주인이 이렇게 오랫동안 자리를 비우는 것에 대해 손님들이 이상하게 생각하지 않도록 이제 모습을 보여야 하지 않겠는가?"

라이문트가 대답했다.

"형님, 오늘은 그럴 수가 없습니다. 하지만 내일은 제 아내를 보실 수 있을 겁니다."

식사가 끝나자 형제는 한쪽으로 물러났다. 그때 백작이 라이문트에게 말했다.

"오랫동안 내 마음에 담아두고 있던 말을 이제 털어놓아야 할 것 같구나. 나라 안 사람들이 모두 네가 아내의 꼬임에 넘어갔다고 말하고들 있다. 네 아내가 토요일마다 혼자 떨어져 지내고 그날은 네가 절대로 아내를 찾아서는 안 된다는 것에 대해 사람들은 네가 마법에 걸린 것이라고 말한다. 아내가 도대체 어떤 짓을 하는지 네가 모른다는 것이 참 이상하구나. 충실한 형제로서 나는 네가 아내의 일로 인해 큰 치욕을 당할 수도 있다는 것을 말하지 않을 수 없다. 대부분의 사람들은 네 아내가 이날 부정한 짓을 저지르는 것이라고 말들 하고 있다. 그것은 너의 명예를 더럽히는 일이다. 또 어떤 사람들은 네 아내가 귀신이고 그녀와 함께 이곳에 온 모두가 괴물일 것이라고도 말한다. 그러니 진심으로 충고하건대 바보 취급당하기 전에 네 아내의 정체에 대해 좀더 자세히 알아보도록 해라."

이 말을 듣자 라이문트는 분노에 휩싸여 얼굴이 백지장처럼 창백해졌다. 라이문트는 너무나 격분하여 제정신이 아니었다. 자신의 맹세조차 까맣게 잊을 정도였다. 라이문트는 형의 말이 다 맞는 것처럼 생각되었다. 그는 너무나 화가 치밀어올라 달려가 칼을 집어들고는 아내가 있는 방을 향해 서둘러 갔다. 그가 아직 한 번도 가본 적이 없는 그 방은 멜루지나가 은밀하게 머물 수 있도록 그가 특별히 만들어준 것이었다. 라이문트는 이 방의 굳게 잠긴 철문 앞에 이르렀다. 그리고 이제 어떻게 해야 할 것인지 생각해보았다. 그때 아내가 부정한 짓을 저지르는 것이라는 형의 말이 다시 떠올랐다. 그래서 그는 직접 모든 것을 보고 나서, 만일 그것이 사실이라면 이 치욕에 복수를 하고 말겠다고 마음 먹었다. 그래서 그는 칼을 들어 칼끝으로 철문에 작은 구멍을 뚫고는 구멍을 통해 안을 들여다보았다.

구멍을 통해 안을 들여다본 라이문트는 너무나 깜짝 놀랐다. 멜루지나는 욕탕에 들어가 있었다. 그런데 멜루지나가 머리부터 배꼽까지는 아름다운 여인이었지만 그 아래는 휘황찬란하게 번쩍이는 뱀의 꼬리를 하고

있었다. 뱀 꼬리는 푸른빛을 띠는 가운데 은색으로 번쩍였고, 이 색깔들이 뒤섞여 기이한 빛을 발산했다. 방은 깊은 동굴 같았고 각종의 기이한 조개들로 벽이 장식되어 있었다. 방 한가운데 물이 나오는 분수가 있고 멜루지나가 그 안에 들어가 있었다. 위에서도 물줄기가 뿜어져 나오면서 마치 진주처럼 아래로 떨어져 내렸다. 엄청난 굉음 속에서도 멜루지나는 손에 치터 악기를 들고 노래를 부르고 있었다.

"너희들 샘물이여, 귀를 기울여라, 그리고 울어다오,
이 고요한 고독 속에서……
구원은 아직도 멀기만 하구나,
내 눈물 흐르고 흘러 물결 치누나.

오, 슬픔이여, 언제나 끝나려는가,
수치스런 내 모습 언제나 사라지려는가?
형벌은 끝이 없고,
저주스런 내 운명 누구도 바꿀 수 없구나."

멜루지나는 이렇게 노래하면서 눈물을 펑펑 쏟고 있었다. 이 모습을 본 라이문트는 마음이 흔들리며 깊은 감동을 받았다. 그리고 이제 자신이 맹세를 깨뜨렸다는 것, 품행 바른 아내를 배반했다는 사실이 떠올랐다. 라이문트는 한편으로는 아내의 기이한 변신을 이해할 수 없었다. 그리고 또 한편으로는 자신이 맹세를 어겼기 때문에 결혼식 전에 멜루지나가 예언했던 것처럼 이제 불행한 일이 닥칠 것이 두려웠다. 신비한 능력을 지닌 아내가 자신의 배반에 대해 잘 알고 있을 것이라는 생각이 들었기 때문이었다. 그는 뚫린 구멍을 다시 밀랍으로 막아놓았다. 그리고 불같이 화를 내면서 자기 형에게로 돌아갔다. 동생이 분노한 모습으로 다가오는 것을 본 형은 그가 멜루지나의 부정을 목격한 것이라고 생각했다. 그래서 형이 말했다.

"그것 봐라 아우야, 네 아내가 너를 배반하고 네 명예를 더럽혔다는 것을 확인한 게로구나."

하지만 라이문트는 이렇게 말했다.

"당신은 거짓말을 전했고 내게 해가 되는 형제요. 당신은 좋지 않은 순간에 내 집에 왔소. 당신으로 인해 내가 가장 고귀한 맹세를 깨뜨리는 곤경에 빠졌기 때문이오. 그러니 더 이상 여기 있지 말고 당장 떠나시오. 그러지 않으면 당신 목숨으로 그 대가를 치러야 할지도 모를 일이오. 그리고 다시는 내 집이나 내 눈앞에 나타나지 마시오!"

예상치 못했던 이런 말을 듣자 백작은 놀라 어쩔 줄 몰랐다. 백작은 서둘러 말을 타고 황급히 자기 집으로 돌아갔다. 다른 손님들도 라이문트를 어떻게 해야 할지 알 수가 없었다. 그가 정신 나간 사람처럼 행동했기 때문이었다. 그래서 그들도 그곳을 떠났다.

라이문트는 비탄에 빠져 있었다. 그는 이제 자신의 배반으로 인해 사랑하는 멜루지나를 영원히 다시 볼 수 없게 되고 영원히 잃어버릴 것이라고 생각했다. 그는 슬피 울며 탄식했다.

"아, 이제 가장 사랑하는 보물을 잃고 살아야 할 이 불행한 인간이 태어났던 저주받을 순간이여!"

라이문트는 너무나 슬픈 마음이 들었고 지치고 힘들었기 때문에 옷을 벗고 침대에 누웠다. 만일 멜루지나를 잃게 되면 은둔자가 되어 남은 생을 보내겠다고 그는 결심했다. 라이문트는 그렇게 밤새도록 한탄하면서 몸을 이리저리 뒤척이며 잠을 이루지 못했다. 그때 멜루지나가 열쇠로 방문을 열고 들어왔다. 그녀는 옷을 벗고 라이문트 옆에 누웠다. 그녀는 남편의 몸이 차고 상태가 좋지 않다는 것을 느끼고는 그를 부드럽게 팔에 안았다.

"여보, 어디가 아픈 건가요?"

멜루지나가 물었다. 라이문트는 열이 났었다고 말했다. 그는 멜루지나가 다시 나타났고 또 자신에게 친절하게 행동하는 것을 보고 기뻤다. 그리고 아내가 그에게 키스하고 사랑스럽게 안아주자 다시 몸이 좋아졌다.

그렇게 또 얼마간 행복한 시간이 흘러갔다. 그러던 어느 날 멜루지나와 라이문트는 수도사가 되었던 아들 프라이문트가 죽었다는 소식을 듣게 된다. 그런데 수도원을 불태우고 프라이문트를 포함한 모든 수도사들

을 불에 타죽게 만든 사람이 바로 그들의 또 다른 아들 어금니 조프로이였다는 소식을 듣고 경악한다. 라이문트는 이 끔찍한 소식에 놀라고 비탄에 빠진다.

라이문트가 이렇게 깊은 슬픔에 빠져 있을 때 멜루지나가 열쇠로 문을 열고 들어왔다. 멜루지나는 그녀의 기사들과 귀부인들, 하녀들과 함께 들어와서 라이문트를 위로했다. 라이문트는 침대에 누워 있었는데 아내가 갑자기 나타나자 그의 분노가 배가되었다. 멜루지나는 그에게 다가와서 다정하게 말했다.

"라이문트, 이 일에 대해 그렇게 슬퍼할 필요는 없어요. 당신의 책임도 아니고 또 당신이 어떻게 할 수도 없는 일이니까요. 슬프시겠지만 참고, 당신과 당신의 고통을 주님께 맡기세요. 주님께서 모든 일을 주님 뜻에 따라 완성하실 것입니다. 그리고 이제 주님께서 우리에게 바라시는 것은 우리의 죄와 좋지 못한 정열을 주의하고 또 그것을 버리는 것이에요. 우리 아들 조프로이는 죄를 범했지만 눈물을 흘리며 자신의 악행을 참회할 것입니다. 그리고 주님께서는 무한한 자비로우심으로 그 애를 용서하실 것입니다. 주님께서 바라시는 것은 죄인의 죽음이 아니라 그가 계속 살아 있는 것이니까요."

멜루지나가 이렇게 이성적으로 훌륭하게 얘기했지만 라이문트는 악의에 찬 눈빛으로 그녀를 바라보았다. 그는 솟구치는 분노에 자신을 제어하지 못하고 그곳에 있는 모든 사람들이 보는 앞에서 큰 소리로 말했다.

"이 뱀의 족속! 괴물! 하찮은 물고기 주제에 감히 나에게 그런 연설을 늘어놓는 것인가! 그래, 나는 네가 인간이 아니라 바다의 인어라는 것을 보았다. 그러니 너의 자식들이 제대로 된 인간이 될 수 없는 것이겠지.

네게 흐르는 뱀의 본성이 바로 자식들에게서 나타나는 것이다. 조프로이가 시작한 저 일을 보라. 내가 가장 사랑하는 아들, 그리고 수도원장과 수도사들을 모두 불태워버리지 않았는가!"

라이문트가 이런 말을 하는 동안 멜루지나의 아름다운 얼굴빛이 변하면서 완전히 죽은 사람처럼 창백해졌다. 그녀는 모든 사람의 가슴을 파고드는 듯한 애달픈 목소리로 이렇게 말했다.

"아, 라이문트. 당신이 어떻게 그리 어리석은 짓을 할 수 있나요? 당신은 지금 무슨 말을 하신 건가요? 나의 고통이 당신만 못하다고요? 나의 괴로움이 당신과 같지 않다고요? 아, 내가 얼마나 당신을 소중하고 귀하게 생각했는데! 당신을 얼마나 신뢰하며 나의 구원과 나의 행복을 당신에게 맡겼는데! 그런 당신이 맹세를 깨뜨리다니! 이제 그때 당신께 예언했던 일이 일어날 수밖에 없겠군요. 당신은 나를 잃게 될 것입니다. 오, 라이문트, 당신의 행복과 당신의 모든 기쁨과 명예도 이제 끝이 날 수밖에 없습니다."

멜루지나는 더 이상 말을 잇지 못했다. 그녀는 이 말을 마치고는 정신을 잃고 바닥에 쓰러졌다. 깜짝 놀란 신하들과 하인들이 모두 급히 달려와 그녀를 도왔다. 그녀는 곧 다시 정신을 차렸다. 멜루지나는 이제 너무나 구슬픈 목소리로 말했다.

오, 하느님! 오, 주여! 오, 라이문트! 슬프도다!
시간이 되었군요. 이제 나는 당신을 떠납니다.
어쩌다가 내 마음이 당신의 가치와 당신의 행동에
매료되었던 건가요?
오, 슬프도다! 내 고통을 하느님께서는 아실지어다!

그곳 푸른 숲 속, 맑고 차가운 샘가에서,
나의 라이문트, 당신을 보았던 것이 원망스러워요!
내가 당신에게 사랑을 느꼈던 것이 원망스러워요!
당신의 아름다운 육체를 안았던 것이 원망스러워요!
나의 몸과 나의 생명을 온전히
당신의 것이 되도록 넘겨주었던 그 순간이 원망스러워요!
아, 당신의 거짓과 배반,
당신의 어리석음이 모든 것을 깨뜨려버리네요.
당신의 분노, 악의에 찬 험담이
나와 당신을, 내 행복을 모두 파멸시키는군요.
이제 나는 고난과 두려움과 곤경에 빠질 것입니다.
죽으면 나의 이 고통에서 벗어날 것이라는
희망도 품을 수 없이,
이 고통은 최후의 심판날까지 지속될 것입니다.
사악한 인간! 신의를 저버린 악인!
당신의 입이 약속한 것을 당신의 마음은 모른다는 건가요?
당신의 성스런 약속을 어떻게 지킬 건가요?
당신의 약속과 맹세를 어떻게 깰 수 있나요?
신의 없는 남편, 당신이 비밀을 발설하지만 않는다면
나는 당신을 용서하고 싶었어요.
내가 목욕하는 모습을 당신이 보았지만
당신에 대한 나의 치욕이며 커다란 고통이었을 뿐
누구에게도 밝혀지지는 않았기에 용서가 되었지요.
하지만 이제 만천하에 드러났으니

두려움과 고통과 고뇌의 시간이 찾아올 것입니다.
행복과 사랑, 구원과 행복은 사라질 수밖에 없습니다.
라이문트, 당신이 성실하게 진심으로 맹세를 지켰다면
영원히 내가 당신 곁에 머물러 있을 텐데……
죽음이 우리를 갈라놓을 때까지……
그러면 그때 내 육신은 흙 속에서 평화롭게 안식을 얻고
영혼은 고통을 벗어나 기쁨을 얻고
연옥의 불길을 벗어나 천국의 빛 속으로 들어갔을 텐데……
하지만 이제 최후의 심판날이 타오를 때까지
내 육신과 영혼이 함께 남아 있을 것입니다.
당신도 이제 당신의 기쁨과는 작별입니다.
당신의 영토는 줄어들고 갈라져
다시는 하나가 되지 않을 것입니다.
당신의 여러 자손에게 불행이 닥칠 것입니다.
우리 두 사람도 함께 있을 수 없을 거예요.
나는 당신과 이 성과 아이들을 떠나야 합니다.
그리고 앞으로 남편도 성도 아이들도 가까이할 수 없습니다……

이런 원망의 말을 듣고 사랑하는 아내가 작별할 준비가 되어 있음을 알았을 때, 라이문트는 너무나 불안한 마음에 한마디 말도 할 수 없었다. 그는 너무나 고통스러워서 심장이 터져 죽을 것만 같았다. 그리고 더 이상 살고 싶은 마음도 없고 죽고만 싶었다. 그는 자리에서 일어나 비통한 표정을 지으며 멜루지나에게 다가갔다. 그리고는 심장이 찢어질 것 같은 슬픔을 안고 아내에게 키스하고 슬피 울었다. 이별을 앞두고 형언할 수

없는 슬픔과 고통으로 두 사람은 바닥에 쓰러졌다. 모여 있던 영주들과 신하들, 귀부인들과 하녀들도 두 사람을 일으키며 역시 슬픈 마음으로 울었고, 그곳에 있던 모든 사람들이 그들과 함께 울었다. 라이문트는 멜루지나 앞에 무릎을 꿇고 흐느껴 울며 두려운 마음을 안고, 자기가 악의적으로 맹세를 깨뜨린 일에 대해 용서를 빌었다. 멜루지나가 대답했다.

"신의 뜻으로 이미 결정된 운명을 내가 막을 수는 없답니다. 그러니 우리가 굴복해야 해요……"

이 말을 마치자 멜루지나는 창문 위로 뛰어올랐다. 그리고는 다시 한 번 몸을 돌려 이렇게 말했다.

내 사랑, 좋은 친구, 당신에게 주님의 축복이 있기를!

내 귀중한 남편, 당신에게 주님의 축복이 있기를!

사랑하는 나의 보물, 당신에게 주님의 축복이 있기를!

아름다운 사람, 당신에게 주님의 축복이 있기를!

나의 가장 큰 기쁨, 당신에게 주님의 축복이 있기를!

이 세상에서의 즐거움, 당신에게 주님의 축복이 있기를!

가장 사랑스런 나의 위로이며 나의 피난처, 그대에게 주님의 축복이 있기를!

사랑하는 나의 백성들, 그대들에게도 주님의 축복이 있기를!

내가 세우고 명명한 아름다운 성, 루지니아여,

너에게도 주님의 축복이 있기를!

이 세상에서의 보답, 당신에게 주님의 축복이 있기를!

라이문트, 내 소중한 친구, 당신에게 주님의 축복이 있기를!

오래오래, 영원히, 안녕!

마지막 말을 마치자 멜루지나는 창밖으로 뛰어내리면서 모든 사람들이 보는 앞에서 모습이 변했다. 허리 아래쪽이 길고 거대한 흉측한 꼬리로 변한 것이었다. 그리고 그녀는 높이 날아올라 엄청나게 큰 울음소리를 내면서 공중에서 성을 한 바퀴 돌았다. 들어본 적이 없는 아주 기이한 그 울음소리는 모든 사람들의 마음을 뒤흔들었다. 사람들이 그것을 다시 듣게 될까봐 두려움을 느낄 정도로 가슴을 찢고 무너지게 하는 구슬픈 울음소리였다. 그 소리는 마치 이제 세상 전체가 사라진다는 듯, 모든 기쁨이 소멸하고 영원히 고난만이 남아 있다고 말하는 것 같았다. 이렇게 슬픈 커다란 울음소리가 세 번 들리고는 그다음에는 아무 소리도 들리지 않았다. 멜루지나의 모습은 이미 사라지고 없었다.

밤이 서서히 다가온다

Der Abend kommt gezogen

하인리히 하이네(Heinrich Heine, 1797-1856)

밤이 서서히 다가오고
안개가 바다를 덮는다.
비밀스럽게 파도가 출렁이며
하얗게 솟구쳐 오른다.

물의 요정이 파도에서 솟아나와
해변가 내 곁에 앉는다.
그녀를 감싼 베일 사이로
하얀 젖가슴이 물결 친다.

그녀가 나를 껴안고 꼭 누른다
내가 아플 만큼 그렇게; ―
"너무 꼭 껴안아서 아파,
그대 아름다운 물의 요정이여!"

"내가 당신을 내 품에 꼭
이렇게 억세게 껴안는 것은,
밤이 너무 춥기 때문이어요

당신 곁에서 내 몸을 덥히고 싶어요."

희뿌연 구름 사이로
달은 점점 창백하게 빛을 잃고;
"그대 눈은 점점 뿌옇게 젖어오는구나,
그대 아름다운 물의 요정이여!"

"내 눈이 점점 뿌옇게 젖어오는 게 아니에요,
내 눈은 뿌옇고 젖어 있어요,
내가 물에서 나올 때
물 한 방울이 남아 있었기 때문이랍니다."

갈매기들이 구슬피 끼룩대고
바다는 격노하여 밀어닥친다; —
"그대 심장이 사납게 뛰는구나,
그대 아름다운 물의 요정이여!"

"내 심장은 사납게
격렬하게 뛰어요.
내 당신을 말할 수 없이 사랑하기 때문에,
그대 사랑스런 인간이여!"

Undine

운디네

프리드리히 드 라 모트 푸케

이온화 옮김

작품 해설

오늘날까지 불후의 명작으로 남은 소설 『운디네Undine』(1811년 발표)는 프랑스계 이민 2세인 프리드리히 드 라 모트 푸케(Friedrich de la Motte Fouqué, 1777-1843)를 독일 낭만주의의 대표 작가 중 하나로 만든 작품이다. 낭만주의 문학 작품으로는 드물게 일반인에게도 널리 읽힌 『운디네』는 당시 독일에서 가장 많이 읽혔을 뿐 아니라, 귀족으로부터 하층민에 이르기까지 폭넓은 독자층을 확보했다. 이는 비단 독일에만 국한된 반응이 아니었다. 이 소설은 곧 이탈리아(1815년), 스웨덴(1817년), 덴마크(1818년), 영국(1818년), 프랑스(1819년) 등 유럽 각국의 언어로 번역되었는데, 그 여파로 각국의 '물의 요정'들이 문학적으로 발굴되기도 하고(대표적인 예: 러시아의 '루살카'), 약간씩 변형된 다양한 버전의 작품(가장 대표적인 예: 안데르센의 『인어공주』)들이 쏟아져 나와 가히 '운디네 열풍'을 일으켰다 해도 과언이 아니었다. '물의 존재'와 인간의 슬프고도 애절한 사랑 이야기가 이때 처음으로 문학적 소재가 된 것은 아니었기 때문에, 이런 호의적인 반응의 일등공신은 '낭만주의 여성관'이 스며들어 있는 주인공 '운디네'로 봐야 할 것이다. 운디네는 한마디로 '킨트프라우 Kindfrau', 즉 '어린아이'와 같은 천진한 사랑스러움과 성숙한 '여인'의 다소곳함을 갖춘 인물로서, 이런 운디네 캐릭터의 특징은 문학적 유산이 되어 에피(사실주의 대표 작가 폰타네의 소설 『에피 브리스트』의 주인공), 하이디, 모모 등의 여성 인물들에게 전수된다.

푸케에게 부와 명성을 동시에 가져다준 『운디네』의 원전은 16세기 스위스의 의사이자 자연연구가인 파라첼수스(Paracelsus, 1493-1541)의 『님프, 실프, 피그미, 샐러맨더 그리고 기타 정령들에 관한 책』(1566)이다. 여기서 파라첼수스는 인간을 두 종류로 나눈다. 하나는 아담을 조상으로 하는 인간, 즉 하느님이 흙으로 만든 '살(Fleisch)'을 가진 인간 종족이고, 다른 하나는 물, 공기, 흙, 불, 4원소의 정령과 기타 정령들인데, 흙으로 만들어지지 않은 이들은 살이 없기 때문에 만질 수도 붙잡을 수도 없다. 정령(Geisterwesen)들의 존재는 우주 만물이 이들 4원소로 이루어졌다고 한 고대 그리스 철학자 엠페도클레스의 4원소론을 계승한 것이다.

파라첼수스는 인간과 구별되는 원소 정령들의 속성, 외모, 생활환경 등에 대해 자세하게 설명하는데, 그중에서도 인간과 가장 가깝게 지내는 정령을 물의 정령이라고 한다. 물의 정령을 부르는 호칭으로는 님프 혹은 운디네가 있다. 운디네는 인간의 모습을 하고 있을 뿐 아니라, 인간의 욕망과 열정을 가지고 있다. 인간과 다른 점은 그들에게 영혼이 없다는 것이다. 하지만 운디네들은 인간 남자의 사랑을 얻어 결혼을 하면 '불멸의 영혼'을 얻고 완전한 인간이 된다. 인간과 초자연적인 존재의 이물 교혼에서는 금기가 필수 조건이듯, 이들에게도 금기 사항이 하나 있다. 그것은 만약 남편이 물가에서 운디네나 그녀의 친척을 모욕하게 되면 운디네는 물로 돌아가고 남편은 물의 심판을 받게 된다는 것이다. 약속을 어기고 아내를 모욕하는 경우는 중세의 물의 여인 멜루지네 이야기에도 있었지만, 영혼 모티프는 파라첼수스에 의해 처음 도입된 것으로, 향후 운디네 문학의 핵심 모티프가 된다.

파라첼수스의 책에는 남자 물의 정령이 인간 여자와 결혼하는 경우에 대해서는 언급이 없다. 그러므로 운디네가 남자를 만나 사랑을 하고 결혼을 해야만 영혼을 얻어 완전한 인간이 된다는 설정은 여성을 불완전한 존재로 보는 중세의 기독교적이고 가부장적인 세계관이 반영된 것으로, 운디네는 여성 일반을 칭한다. 이는 운디네 이외의 비극적인 운명을 맞는 멜루지네, 로렐라이, 라우, 라우텐델라인 등이 모두 여성이라는 점에서도 짐작할 수 있다.

『운디네』에 영향을 준 또 하나의 소재는 파라첼수스가 자신의 책 말미에 언급한 독일 남부 지방의 전설 '슈타우펜베르크의 님프' 이야기이다. 아힘 폰 아르님은 이 이야기를 로만체 형식에 담아 「페터 폰 슈타우펜베르크 기사와 요정」이라는 제목을 붙여 민담 모음집 『소년의 마술피리』 제1권(1805년 출간)에 실었다. 한 남자가 자신에게 헌신적인 사랑과 부를 안겨준 여인을 배신하고 다른 여인을 택함으로써 셋이 다 불행해지는 이 이야기는 문학 작품에서 가장 흔한 모티프인 '한 남자와 두 여자'라는 틀을 지닌다. 푸케는 영혼 모티프와, 한 남자와 두 여인의 삼각관계 모티프를 멋지게 연결하여 소설 『운디네』의 큰 틀과 플롯을 만든다. 그러나 파라첼수스의 책이나 아르님의 로만체에는 운디네 혹은 물의 요정 인물에 대한 자세한 묘사가 나오지 않는다. 푸케가 주장하듯이, 운디네는 작가의 완전한 창작이다. 그렇다면 푸케가 창조한 운디네는 누구를 모델로 했을까? 그의 전기 작가인 아르노 슈미트는 푸케의 첫사랑 엘리자베트를 지목한다.

푸케는 1794년 최연소 사관생도로서 대(對)프랑스 전투에 참가한다. 그는 라인 강 전투가 소강 상태에 접어들자 베를린으로 귀대하던 중 잠시 뷔케부르크에 주둔하며 한가한 시간을 보내게 된다. 그때 그는 민덴의

한 정원 파티에서 자신보다 세 살 어린 15세의 엘리자베트 폰 브라이텐바흐를 만나게 된다. 이 파티에서 그녀와 단 한 번 춤을 추었을 뿐 그 뒤로 다시 만난 적도 없지만, 엘리자베트는 첫눈에 반한 푸케의 뇌리에 '나의 요정'으로 깊이 각인된다. 그녀는 '영원한 시를 샘솟게 하는 진정한 원천'(아르노 슈미트)이 되었고, 운디네를 비롯하여 거의 모든 작품에 등장하는 여자 주인공들의 모습으로 영원히 살아 있게 된 것이다.

푸케가 『운디네』 13장 도입부에서 언급한 가슴 아픈 경험이 엘리자베트와의 이뤄지지 않은 슬픈 사랑 이야기를 의미하는 것일까? 푸케가 '사랑스런 요정' 엘리자베트를 버린 것은 아니지만, 현실의 그는 1803년 자의식이 강하고 활동적인 카롤리네 폰 브리스트와 결혼해 30여 년을 함께 살게 된다. 『운디네』의 베르탈다가 현실의 카롤리네를 많이 닮았다면, 운디네는 푸케의 기억 속에 '이미지'로 남아 있는 엘리자베트를 닮았다.

이렇게 하여 탄생한 푸케의 동화적인 소설 『운디네』는 중세 자연철학적 원전과 민담 및 작가의 자전적인 연관성을 뛰어넘어, 하나의 독자적이고도 다양한 해석이 가능하여 계속해서 영향력을 발휘하는 '새로운 신화'를 형성한다. 운디네 신화는 중세의 물의 여인 멜루지네 소재와 유사한 점도 있지만 여러 가지 면에서 훨씬 현대적이다. 가장 큰 차이는, 멜루지네가 남편이 그녀의 본성을 알게 되면서 불행해진다면, 운디네의 경우는 그녀의 이질적인 출신 자체가 결혼을 깨는 결정적인 요인으로 작용하지 않는다는 것이다. 운디네 신화에서는 이것보다는 결혼의 의무인 '성실(Treue)'이 보다 중요하다. 그녀의 초자연적인 출신은 알게 모르게 결혼 생활을 삐걱거리게 만들기도 하지만, 오히려 운디네를 더욱더 신비로운 존재로 만들어주는 데 기여한다.

훌트브란트를 만나 결혼하기 이전의 운디네는 우아하고 경이롭고 사랑스러우면서도 변덕스럽고 제멋대로이고 거침이 없는데, 이는 바로 물의 성향 그대로이다. 그러나 첫날밤을 보내고 영혼을 얻은 운디네는 조신하고 수줍음이 많으며 헌신적인 여인으로 변한다. 자연의 존재로서 영혼을 얻은 운디네는 사랑이 주는 기쁨뿐 아니라 고통까지도 기꺼이 감수하는 성숙한 여인이 된 것이다. 이런 운디네상(象)은 완전히 새로운 것이며 세계문학사에서 경이로운 경력을 쌓아가게 된다. 이렇게 운디네는 그동안 문학 작품에 등장했던 많은 소녀상이나 여성상과는 차별화되면서 한동안 독자들의 사랑을 독차지했다. 푸케는 당시의 문학 작품에서 무수하게 생산되었던 자의식이 없는 귀족적인 숙녀나 시민 여성이 아니라, 이상적인 자연의 낙원을 포기하고 인간의 고통까지도 경험하려는 운디네를 창조했던 것이다. 그는 운디네에게 고전주의 시대까지도 그 영향력을 펼치던 계몽적인 차원에서가 아니라, 낭만주의 자연철학에 상응하는 보다 인간적인 모습을 부여했다. 왜냐하면 '인간되기' 과정의 핵심은 운디네가 영혼과 영원한 삶을 얻는 대가로 고통의 경험을 받아들이는 데 있기 때문이다. 사랑을 위해서라면 고통도 감수하는 운디네는 그 후 오페라, 발레, 연극에서도 매력적인 여성 주인공으로서 관객의 사랑을 독차지하게 된다.

운디네라는 독특한 캐릭터 외에도 소설 『운디네』에는 멋진 문학적 유산이 하나 더 있다. 그것은 소설의 클라이맥스로 운디네가 훌트브란트에게 '죽음의 키스'를 하는 장면이다. 푸케 이후 거의 모든 물의 요정 문학 작품과 공연예술 작품에서 그대로 사용되는 너무나도 가슴 아프고 아름다운 이 장면을 여기에 그대로 옮기며, 이 글을 마치고자 한다.

"기사는 사랑과 죽음의 접근에 몸을 떨며 그녀에게 달려들었다. 그녀는 그에게 천상의 키스를 하고는 그를 놓아주지 않고 더욱더 꼭 껴안으며, 마치 자신의 영혼을 다 흘려보낼 것처럼 흐느껴 울었다. 눈물이 기사의 눈으로 흘러들어가 가슴을 통과하여 마침내 숨이 끊어지고 주검이 되어 그가 아름다운 여인의 팔 안에서 나와 부드럽게 침대에 눕혀질 때까지, 방 안에는 사랑의 아픔이 물결 쳤다. '내가 그이를 눈물로 죽였어요!' 그녀는 건넛방에서 마주친 하인들에게 이렇게 말하고 놀란 그들 사이를 헤치고 나와 천천히 우물로 걸어갔다."

이온화

헌시[1]

사랑스런 그대 운디네여,
옛 책[2] 안에서 기이하게 반짝이는 그대를
처음 발견한 이후 종종
그대의 노래는 내 가슴에서 잔잔하게 울려 퍼졌다오.

그대는 나에게 부드럽게 안기며,
그대의 모든 고뇌를
내 귀에 대고 조용히 속삭였다오,
때로는 버릇없고, 때로는 수줍은 아이처럼.

내 치터[3]는 그대의 잔잔한 이야기를
황금빛 현의 문을 열고 내보냈다오,

1 푸케는 단행본으로 출간하면서 이 헌시를 추가했다. 그리고 『운디네』 번역의 원전으로는 J. Kiemeier-Debre(편): *Undine*를 사용했다.
2 파라첼수스의 책.
3 독일, 오스트리아에서 널리 애용되는 현악기.

낯선 나라의 사람들이 이를 듣고
소문을 낼 때까지.

그대의 괴팍하고 의심스런 태도에도
많은 사람들이 그대를 사랑했고,
많은 사람들이 내가 쓴 그대의 이야기를
읽고 싶어했소.

지금도 사람들은 여전히
이 이야기를 듣고 싶어한다오.
사랑스런 운디네여, 부끄러워하지 말고
당당히 이리로 오시오.

명문가의 신사들에게 예의바르게 인사를 하고,
무엇보다도 자신 있게
아름답고 사랑스런 독일 여인들에게 인사하시오.
그녀들이야말로 당신을 진심으로 좋아한다오.

그런 다음 아무나 붙들고 내가 누구냐고 물어보시오, 그러면
"그는 충직한 기사이고,
춤과 음식이 있고, 축제와 무술시합이 있는 곳에서
검과 치터로 여인들에게 봉사하지요"라는 말을 들을게요.

제1장 기사가 어부에게 오다

지금으로부터 수백 년 전, 마음씨 좋은 늙은 어부가 살고 있었다. 어느 쾌청한 저녁에 노인은 집 앞에 앉아 어망을 손질하고 있었다. 노인이 살고 있는 그곳의 경치는 아주 수려했다. 어부의 오두막 한 채가 덩그러니 서 있는 푸른 들판은 큰 호수까지 쭉 뻗어 있었는데, 그 광경은 마치 곶이 맑고 투명하게 반짝이는 파란 물결을 흠모한 나머지 호수까지 밀려들어간 것 같기도 하고, 거꾸로 호수의 물이 하늘거리는 키다리 초목과 꽃들 그리고 나무 아래의 상쾌한 그늘이 어우러진 아름다운 초원을 두 팔로 사랑스레 감싸 안은 것 같기도 했다. 이처럼 서로에게 정중하게 대하고 있는 호수와 초원은 한 폭의 아름다운 그림을 만들어내고 있었다.

이 아름다운 호숫가에서는 어부와 그의 식구 말고 다른 사람을 만날 일이 거의 없었다. 왜냐하면 초원 뒤쪽으로 아주 황량한 숲이 있었는데, 이 숲은 낮에도 칠흑처럼 어둡고 길도 없을 뿐 아니라, 괴이한 짐승들과 요괴가 출몰한다는 소문이 자자해서 급한 일이 아니면 그 누구도 이곳으로 들어올 엄두를 내지 못했기 때문이다. 하지만 신앙심 깊은 늙은 어부는 전혀 두려워하지 않고 가끔 이 숲을 통과했는데, 그것은 아름다운 호수에서 잡아 올린 진귀한 물고기를 숲에서 그리 멀지 않은 큰 도시로 운반하기 위해서였다. 노인이 이처럼 쉽게 숲을 통과할 수 있었던 것은 늘 경건한 생각만을 하며, 특별히 음산한 곳을 지날 때면 언제나 올곧은 마음으로 명랑하게 찬송가를 불렀기 때문이다.

그런 노인이었지만, 무심히 어망을 손질하고 있던 바로 그날 저녁에는, 말을 탄 한 남자가 바스락거리며 어두운 숲을 빠져나와 자신 쪽으로 점점 가까이 다가오는 소리를 듣고는 소스라치게 놀랐다. 폭풍우가 몰아치는 밤에 숲의 비밀에 대해 상상할 때면 떠오르던 바로 그 모습, '거인처럼 키가 크고 눈처럼 희디흰 긴 망토를 걸친 사내'가 쉬지 않고 기이하게 고개를 끄덕거리던 모습이 불현듯 뇌리를 스치며 전신에 소름이 돋았기 때문이다. 실제로 노인이 눈을 들어 숲 쪽을 바라보니, 고개를 끄덕거리는 바로 그 사내가 울타리처럼 가로막은 나뭇잎 더미를 헤치고 자기 쪽으로 오고 있는 것이 아닌가. 노인은 이내 정신을 바짝 차리고 생각을 고쳐먹었다. 첩첩산중에서도 걱정할 만한 일이 일어나지 않았는데, 설마 사방이 뻥 뚫린 이 광활한 초원에 요괴가 나타난다 한들 별일 있겠느냐며 스스로 마음을 안정시켰다. 이렇게 생각을 가다듬고 성경 구절을 큰 소리로 읊으며 간절히 기도했다. 그러자 용기가 솟았다. 하지만 곧바로 이런 자신의 망상이 얼마나 어리석었는지를 깨닫고는 그만 웃음을 터뜨릴 뻔했다. 기다란 흰 망토를 걸치고 머리를 끄덕거리는 사내라고 생각했던 것이 어느새 물거품을 튀기며 숲에서 호수로 흘러 들어가는 낯익은 개울로 변해 있었기 때문이다.

그리고 조금 전 숲에서 바스락 소리를 낸 것은 화려하게 치장을 한 기사였는데, 그는 말을 타고 나무 그늘을 지나 오두막 쪽으로 달려오고 있었다. 진홍빛 망토가 황금실로 수놓은 진보라빛 군복 위에서 펄럭이고, 금빛 모자에는 빨간 깃털과 진보라빛 깃털이 나부끼고, 황금빛 허리띠에서는 멋지고 화려한 장식을 한 칼집이 반짝였다. 기사가 타고 있는 백마는 일반적인 군마보다도 더 날씬해서 아주 사뿐히 달려왔기 때문에 이 초록빛 자연의 양탄자에는 아무런 흔적도 남지 않는 듯했다.

이처럼 기품 있는 인물의 등장으로 인해 무슨 불길한 일이 벌어지지는 않을 거라고 짐작하면서도 어찌된 일인지 여전히 섬뜩한 기분이 들었다. 늙은 어부는 가까이 다가오는 신사를 향해 아주 정중하게 모자를 벗고 가볍게 고개 숙여 인사를 하면서도 차분히 그 자리에 앉아서 어망 수선을 계속했다. 그러자 기사가 조용히 멈춰 서서, 말과 함께 여기에서 하룻밤을 머물면서 요기를 할 수 있는지 물었다.

"당신의 말에게는 여기 이 그늘진 들판보다 더 좋은 마구간이 없고, 들판에서 자라는 풀보다 더 좋은 먹거리가 없을게요." 어부가 대답했다. "그리고 작고 초라한 우리 오두막에 당신의 저녁식사와 잠자리를 마련해드리리다."

기사는 이 말을 듣고 아주 만족해하며 말에서 내리고, 두 사람은 함께 안장과 고삐를 풀어 꽃이 만발한 초원에 말을 풀어놓았다. 기사가 집주인에게 말했다.

"노인장께서 우리를 이처럼 친절하게 대접해주지 않았다 해도, 우리는 오늘 밤 이곳을 떠나지 않았을 겁니다. 저 앞은 망망한 호수요 밤은 점점 깊어지는데 저 무시무시한 숲으로 되돌아간다는 것은, 오, 하느님, 생각만 해도 몸서리가 쳐집니다."

"그런 이야기는 더 하지 맙시다." 어부는 이렇게 말하고 손님을 집 안으로 모셨다.

집 안에는 화로의 희미한 불꽃이 어둠이 내린 깨끗한 방 안을 환하게 밝혀주고, 어부의 큼지막한 소파에는 노부인이 앉아 있었다. 점잖은 손님이 들어서자, 노부인은 잠시 일어나 다정하게 인사는 했지만, 자신이 앉았던 상석을 손님에게 양보하지 않고 그냥 그 자리에 앉았다. 그러자 어부가 빙그레 웃으며 한마디 했다.

"젊은 양반, 저 마누라가 이 집에서 가장 편안한 의자를 손님에게 양보하지 않는다고 기분 나쁘게 생각하지 마시구려. 우리네 가난한 사람들의 법도는 제일 편안한 의자를 노인에게 주는 것이라오."

"아이 참, 여보," 노부인이 살포시 웃으며 말했다. "무슨 생각으로 그런 말을 하시는 거예요? 우리 손님은 틀림없이 기독교인일 텐데. 게다가 이렇게 혈기왕성한 젊은 양반이 나 같은 노인네를 의자에서 쫓아낼 생각이라도 한다는 거예요?" 그리고는 기사를 향해 말을 이었다. "젊은 양반, 앉아요. 저쪽에도 괜찮은 의자가 하나 있다오. 단, 의자에 앉아 험하게 이리저리 흔들지만 말구려. 한쪽 다리가 그리 튼튼하지 않으니."

기사는 의자를 조심스레 가져다가 공손한 태도로 앉았다. 그러자 이 단출한 세간이 친숙하게 느껴지고, 마치 먼 곳을 여행하다 이제 막 고향으로 돌아온 듯한 기분이 들었다.

선량한 세 사람은 아주 정답게 마음을 터놓고 이야기를 나누었다. 기사가 몇 번이나 숲에 대해 물었지만 노인은 별로 아는 바가 없다며, 지금처럼 깊어가는 밤에는 더더욱 숲에 대한 이야기는 어울리지 않는다고 했다. 그러나 노부부는 살림살이며 그 밖의 일들에 대해서는 많은 이야기를 해주었고, 기사가 그동안의 여행 이야기와, 자기 이름은 '훌트브란트 폰 링슈테텐'이며 도나우 강 수원지 근처의 성에 살고 있다는 등의 신상 이야기를 해주자, 아주 즐겁게 들었다. 손님은 이야기를 하는 내내 이따금 조그만 창문 아래에서 누군가가 물을 뿌리는 것 같은 철썩대는 소리를 들었다. 노인은 철썩대는 물소리가 날 때마다 이마를 찌푸리긴 했지만 기분이 나쁜 것 같지는 않았다. 그러다가 마침내 유리창에 물이 뿌려져 허술한 창틀 틈새로 물이 방 안으로 쏟아져 들어오자, 노인은 언짢은 듯 일어나 창밖에 대고 위협하듯 소리쳤다.

"운디네! 이런 어린애 장난 짓을 언제나 그만둘래! 오늘은 집에 처음 오신 손님도 계시는데 말이다."

밖은 다시 조용해지고, 숨을 죽이고 나지막하게 킥킥거리는 웃음소리만 들려왔다. 어부가 돌아오면서 말했다.

"손님, 너그럽게 이해해주구려. 어쩌면 또 버르장머리 없는 짓을 할지도 모르지만, 뭐 나쁜 뜻으로 그러는 것은 아니라오. 저 애는 우리들의 양녀 '운디네'라오. 저 애는 얼마 안 있으면 열여덟 살이 되는데도 여전히 어린애 티를 벗지 못하고 있다오. 하지만 이미 말했듯이, 본성은 아주 착한 아이랍니다."

"영감은 그렇게 말할 수 있겠죠!" 노부인이 고개를 흔들며 대꾸했다. "영감이야 고기잡이를 나가거나 여행을 갔다가 오랜만에 집에 돌아오면, 그 애의 장난조차 아주 사랑스럽게 보이겠지요. 하지만 온종일 사람을 귀찮게 하고 쓸 만한 말이라곤 한마디도 안 하고, 클 만큼 컸는데도 집안일을 거들지도 않고, 그뿐인 줄 아세요, 그놈의 철부지 짓거리 때문에 집안이 완전히 거덜나는 것이나 아닌지 걱정해야 한다면, 문제는 다르지요…… 아무리 성인군자라도 더는 참지 못할 거예요."

"그만 됐소." 주인장이 웃으며 말했다. "임자가 운디네 때문에 애를 먹는 동안 나는 호수와 싸우지. 호수는 내가 만든 둑이며 어망들을 휩쓸어 갈 때가 종종 있지만, 그래도 난 호수가 좋소. 임자도 마찬가지로 아무리 힘든 고통과 어려움이 닥친다 한들 저 애교덩어리를 어찌 사랑하지 않을 수 있겠소, 그렇지 않소?"

"저 애에게는 도대체 화를 낼 수가 없긴 하죠." 여주인은 동의한다는 듯 웃으면서 말했다.

그때 문이 열리고, 눈부시게 아름다운 금발 소녀가 깔깔 웃으면서 안으로 들어와 말했다.

"아빠, 또 내 흉봤지? 그런데 손님이 어디 있어?"

바로 그 순간 소녀는 기사를 발견하고, 깜짝 놀라서 잘생긴 남자 앞에 우뚝 멈춰 섰다. 홀트브란트는 즐거운 마음으로 이런 귀여운 소녀의 모습을 바라보며, 그녀의 사랑스러운 표정을 마음 깊이 새겨두고 싶었다. 왜냐하면 그는 소녀가 깜짝 놀라 있는 이 순간에나 그녀를 볼 수 있지, 이제 곧 소녀가 당황해서 시선을 돌려버릴 거라고 생각했기 때문이다. 그러나 이런 생각과는 전혀 다른 상황이 펼쳐졌다. 그렇게 한동안 그를 바라보고 있던 소녀가 다정하게 다가오더니 그의 앞에 무릎을 꿇고 앉아 그의 가슴팍에서 반짝이는 금메달 모양의 펜던트를 만지작거리며 이렇게 말을 했던 것이다.

"잘생기고 친절하신 나그네님, 어떻게 이 누추한 집까지 오셨어요? 이곳에서 우리를 발견하기 전까지, 여러 해 동안 온 세상을 이리저리 방랑하셨나요? 저 황량한 숲을 뚫고 오신 거예요?"

기사가 미처 대답하기도 전에, 노부인의 꾸지람이 떨어졌다. 노부인은 소녀에게 어서 얌전히 일어나 자기 할 일이나 하라고 야단쳤다. 그러나 운디네는 아랑곳하지 않고 조그만 발판을 끌어다 홀트브란트 바로 옆에 놓고 뜨개질거리를 들고 앉아 은근한 목소리로 말했다.

"여기서 일할래."

노인은 버릇없는 자식을 대하는 부모들처럼 행동했다. 노인은 운디네의 버릇없는 행동을 전혀 눈치 채지 못했다는 듯 분위기를 바꾸려고 애썼다. 그러나 소녀는 물러서지 않고 말했다.

"나는 이 귀하신 손님께 어디에서 오셨는지 물었는데, 아직 대답을 못 들었단 말이야."

"숲에서 왔답니다, 예쁜 아가씨."

홀트브란트가 이렇게 대답하자, 운디네는 계속해서 말했다.

"그렇다면 얘기해주세요. 모두가 꺼린다는 저 숲에 어떻게 들어갔는지, 그리고 그곳에서 정말로 무시무시한 모험을 했는지 얘기해주세요. 그곳을 빠져나오려면 무시무시한 모험을 해야 한다고들 하던데, 맞나요?"

홀트브란트는 그때의 일을 상기하자 오싹한 전율이 느껴져 자기도 모르게 창 쪽을 바라보았다. 숲에서 만났던 요괴 중 하나가 싱긋 웃으며 창밖에서 방 안을 들여다보고 있는 것 같았기 때문이다. 그러나 그가 본 것은 오직 창밖의 칠흑같이 깊은 밤뿐이었다. 그가 정신을 가다듬고 이야기를 시작하려는데, 노인이 가로막았다.

"기사님, 그만두시오. 지금은 그런 이야기를 하기에는 적당치 않은 것 같소."

그러자 운디네가 성난 듯 의자에서 벌떡 일어나 예쁜 양팔을 옆구리에 얹고 어부 앞에 바싹 버티고 서서 소리쳤다.

"이야기를 해서는 안 된다고, 아빠? 해서는 안 된단 말이야? 난 들을 거야. 들어야 돼, 이야기를 들어야 된다고!!"

이렇게 말하면서 귀여운 발로 마룻바닥을 쾅쾅 쳤지만, 이런 태도조차 너무나 깜찍하고 사랑스러웠기 때문에 홀트브란트는 조금 전 다정했던 모습 못지않게 성난 그녀의 모습에서도 눈을 뗄 수가 없었다. 그와는 반대로 꾹 참고 있던 노인의 역정이 그만 폭발하고 말았다. 노인은 이렇듯 말을 듣지 않고, 또 손님 앞에서 버릇없이 구는 운디네의 태도를 심하게 꾸짖었고, 마음씨 좋은 노부인도 맞장구를 쳤다.

그러자 운디네가 말했다.

"이렇게 잔소리만 늘어놓고 내가 원하는 이야기를 못 듣게 할 거면, 이 낡고 연기로 그을린 오두막에서는 엄마 아빠나 자!"

그리고는 쏜살같이 문을 빠져나가 칠흑 같은 밤 속으로 사라졌다.

제2장 운디네가 어부에게 온 사연

자리에서 벌떡 일어난 훌트브란트와 어부는 화를 내며 뛰쳐나간 소녀를 뒤쫓아가려고 했다. 그러나 두 사람이 미처 문에 이르기도 전에 운디네는 이미 어두운 구름 속으로 사라져버렸고 발걸음 소리조차 들리지 않았기 때문에, 그녀가 어느 쪽으로 달아났는지 방향을 가늠할 수 없었다.

훌트브란트는 어떻게 하면 좋겠느냐고 묻듯 어부를 바라보았다. 눈 깜짝할 사이에 다시 어두운 밤 속으로 묻혀버린 그녀가 흡사 조금 전 숲 속에서 그를 놀려대며 출몰하던 요괴들의 계속되는 장난 중 하나일지도 모른다는 생각이 들기까지 했다. 그때 노인의 콧수염 아래에서 중얼거리는 소리가 들렸다.

"저 아이가 이렇게 하는 것이 처음이 아니라오. 이럴 때마다 우리는 걱정이 되어 밤새 한숨도 못 잔답니다. 밤새도록 깜깜한 바깥에 저렇게 혼자 있으면 무슨 일이 일어날지 누가 알겠소?"

"그러면 제가 운디네를 뒤쫓아 가보지요." 훌트브란트가 걱정스럽게 말했다.

노인이 대답했다.

"어떻게 그렇게 합니까? 이렇게 괴괴한 밤중에 당신 혼자 저 철없는 계집애를 찾으러 나가게 하는 것은 제가 당신에게 죄를 짓는 일이지요. 그리고 그 애가 어디로 달아났는지 안다고 해도, 나 혼자서는 이 늙은 두 다리로 그 말괄량이를 도저히 따라잡을 수가 없답니다."

"그렇다 해도 소리라도 질러서 돌아오라고 간청해봐야지요." 이렇게 말하면서 훌트브란트는 있는 힘을 다해 소리쳤다. "운디네! 운디네! 돌아와요!"

노인은 아무리 소리쳐봐도 소용없다고, 기사님은 그 어린 게 얼마나 고집불통인지 모른다고 말하며, 고개를 설레설레 저었다. 이렇게 말은 하면서도 노인 역시 어둠 속을 향해 소리치는 일을 그만두지는 못했다.

"운디네, 얘야, 운디네! 제발 부탁이니, 돌아와다오."

어부가 말한 그대로였다. 운디네의 소리는 단 한마디도 들을 수 없고, 모습도 보이지 않았다. 노인은 훌트브란트가 혼자서 달아난 딸을 찾아나서는 걸 한사코 말렸기 때문에, 결국 두 사람은 함께 집으로 돌아와야 했다. 집 안의 화톳불은 거의 꺼져가고 있었고, 집을 나간 운디네를 남편만큼 걱정하지 않는 노부인은 벌써 자러 가고 없었다. 노인은 화톳불을 입으로 불어 살리고 그 위에 마른 장작을 올려놓고는, 피어오르는 불빛의 도움을 받아 포도주 단지 하나를 찾아와 그와 손님 사이에 놓았다.

"못난 딸애 때문에 걱정을 끼쳐드렸군요, 기사님." 노인이 말했다. "오늘 밤 잠을 청하느라 뒤척이며 보내느니, 저와 술 한잔하며 이야기나 나누지 않으시겠소?"

훌트브란트는 기꺼이 찬성했다. 어부는 부인이 자러 간 뒤 비어 있는 상석을 기사에게 권하고, 두 사람은 서로를 신뢰하는 다정한 친구들처럼 포도주를 마시며 이야기를 나누었다. 물론 창밖에서 아주 조그만 소리만 들려도, 또 때론 아무런 움직임이 없어도 두 사람 중 하나가 "왔군"이라고 말하면, 둘은 동시에 문 쪽을 바라보았다. 그리곤 잠깐 동안 말없이 기다리다가 아무 일도 생기지 않으면, 이내 머리를 흔들고 한숨을 내쉬며 이야기를 계속하곤 했다.

이 순간 두 사람은 운디네 외에 다른 생각을 하고 싶지 않았다. 기사는 운디네가 늙은 어부에게 오게 된 사연을 듣고 싶었고, 어부 역시 그 이야기 말고는 달리 할 이야기가 없었다. 그래서 노인은 다음과 같은 이야기를 해주었다.

"벌써 15년이나 지났군요. 어느 날 나는 호수에서 잡은 생선을 팔기 위해 저 황량한 숲을 지나 도시로 나갔답니다. 아내는 언제나 그랬듯이 집에 있었지요. 당시에는 또 그럴 만한 즐거운 일도 있었답니다. 하느님이 그 당시 이미 나이가 꽤 들은 우리 부부에게 사랑스런 아기를 하나 선물해주셨거든요. 딸이었어요. 우리는 하늘이 주신 사랑스러운 선물을 더 잘 키우기 위해 미래에는 이 아름다운 초원을 떠나 사람들이 많이 사는 마을로 이사해야 하지 않겠느냐는 이야기도 해두었답니다. 그러나 기사님, 가난한 사람들에게는 당신들처럼 그렇게 모든 일이 생각대로 척척 이루어지지 않는답니다. 사랑하는 하느님! 인간이라면 누구든 자신이 하고 싶은 일을 한 번 정도는 할 수 있어야 하지 않을까요?

내 이야기로 돌아가지요. 도시와 숲을 왕래하는 내 머릿속은 그 생각으로 꽉 차 있었지요. 나는 도시의 소음과 아귀다툼 속에서, 이런 시장통이나 아니면 이곳과 다르지 않게 시끄러운 변두리에서 식구들과 함께 살아갈 보금자리를 마련하기 위해서 하는 일이라고 생각하면, 이 초원이 더없이 사랑스럽게 여겨졌고 정신이 번쩍 들었지요. 그런 생각을 하면서도 나는 사랑하는 하느님께 불평한 적이 단 한 번도 없었습니다. 아니, 오히려 새 생명을 주신 하느님께 속으로 늘 감사드렸습니다. 내가 바로 그날 숲을 통과하면서 예전과는 달리 어떤 괴이한 것을 보았던 것 같다고 말한다면, 아마 그건 거짓말일 겁니다. 왜냐하면 그 이전에는 숲에서 단 한 번도 요괴 같은 것을 만난 적이 없었기 때문이지요. 으스스한 음지에서도 하느님은 늘 나와 함께 계셨으니까요."

그러면서 그는 대머리에서 모자를 벗어 들고 잠시 기도하듯 조용히 앉아 있었다. 그는 다시 모자를 쓰고 이야기를 계속했다.

"그런데 숲의 이쪽, 바로 이쪽에서 불행이 찾아왔습니다. 마누라가 두 갈래 시냇물 같은 눈물을 흘리며 내게로 다가왔는데, 상복을 입고 있는 것이 아니겠어요. '오, 하느님 맙소사, 아이는 어디 있소? 말해보오.' 나는 신음하듯 물었습니다. '영감이 부르는 그 하느님 곁에요.' 아내가 이렇게 대답하는 겁니다. 우리는 소리 없이 눈물을 흘리며 함께 집 안으로 들어왔죠. 나는 어린 딸을 찾았습니다. 그리고 그때서야 비로소 무슨 일이 일어났었는지 알게 되었답니다.

아내가 아이와 함께 호숫가에 앉아 있었답니다. 아무런 걱정 없이 아이와 즐겁게 놀고 있었죠. 아이가 갑자기 물속에서 뭔가 아주 신기한 것을 발견한 듯 물속으로 몸을 굽히더랍니다. 아내는 천사 같은 그 어린 것이 웃으면서 손으로 뭔가를 잡는 것을 보았답니다. 그런데 그 순간 아이가 격렬한 몸짓을 하며 아내의 팔에서 미끄러져 내려가 젖은 거울[4] 속으로 들어가더랍니다. 나는 어린 딸을 찾느라 호숫가를 샅샅이 뒤졌지만 허사였습니다. 아이의 흔적이라곤 아무것도 발견할 수가 없었습니다.

자식을 잃은 우리 부부는 그날 밤 말없이 집 안에 우두커니 앉아 있었지요. 눈물을 흘리며 이야기를 할 수 있었을지도 모르지만, 우린 둘 다 말도 꺼내기 싫었답니다. 우리는 그렇게 앉아 난롯불을 쳐다보았어요. 그때 밖에서 뭔가 철썩하고 문에 부딪히는 소리가 나더니, 문이 활짝 열리며 서너 살쯤 된 예쁜 계집애가 고급 옷을 입고 문지방에 서서 우리를 보고 웃고 있는 것이 아니겠어요? 우리는 너무 놀라 아무 말도 못했죠. 처음에는 사람인지 그저 환영인지 알 수가 없었어요. 하지만 금빛 머리칼과 고급 옷에서 물이 뚝뚝 떨어지고 있는 것을 보고, 물에 빠졌던 예쁜

4 호수의 맑은 물을 가리키는 수사적 표현이다.

어린애가 도움을 청하고 있는 것이라고 판단했어요. 그래서 아내에게 이렇게 말했지요.

'마누라, 사랑하는 우리 새끼를 구해줄 수 있는 사람은 없었소. 하지만 적어도 우리는 다른 사람에게 이 세상 최고의 행운이 될 수 있는 일을 해줍시다. 누군가가 우리를 위해 그런 일을 해주었더라면 얼마나 좋았겠소만……'라고요. 우리는 아이의 젖은 옷을 벗기고 침대로 데려가 따뜻한 물을 먹였지요. 그러나 아이는 한마디도 하지 않고 호수처럼 파란 두 눈으로 우리를 바라보며 웃고만 있었죠.

다음날 아침 아이를 자세히 살펴보니 별로 다친 데가 없었어요. 나는 아이에게 부모가 누구며 어디서 왔는지 물었죠. 그러자 아이는 횡설수설 이상한 이야기를 하는 거예요. 아이는 아마도 먼 타국에서 태어난 게 틀림없어요. 지난 15년 동안 나는 아이의 출신에 대해 아무것도 알아낼 수가 없었을 뿐만 아니라, 아이는 그때나 지금이나 기이한 것에 대한 이야기를 하기 때문에 우리 같은 사람으로서는, 이 아이가 달나라에서 온 게 아닌가 하는 생각이 들 정도랍니다. 아이는 황금성이며 수정 지붕, 뭐 그런 이야기들을 끝도 없이 했어요. 아이가 한 이야기 중에서 가장 분명한 것은 어머니와 함께 큰 호수에서 뱃놀이를 하다가 호수에 빠졌다는 것, 정신을 차리고 보니, 마치 쾌적한 물가에 있는 것 같은 기분이 드는 바로 이곳 나무 밑에 자신이 있었다는 것이랍니다.

우리 가슴 한구석에는 또 하나의 걱정거리가 있었지요. 물론 처음부터 물에 빠져 죽은 우리 딸 대신에 이 업둥이를 기르기로 작정은 했지만, 걱정은 이 아이가 세례를 받았는지 안 받았는지 알 수가 없다는 것이었죠. 아이 역시 세례에 대해서는 아는 바가 전혀 없었어요. 그런데 아이는 자신이 하느님을 찬양하고 기쁘게 하기 위해 태어난 존재라는 사실을 잘 알고 있다며, 하느님을 찬양하고 기쁘게 하기 위해서라면 무엇이든 할 준비가 되어 있다고 하는 겁니다. 아내와 나는, 아이가 세례를 받지 않았다면 세례를 미룰 이유가 전혀 없고, 설사 이미 세례를 받았다 해도 좋은 일은 안 하는 것보다 지나친 것이 더 나은 법이니, 아이에게 세례를 주기로 했죠.

그래서 우리는 아이를 위해 좋은 이름을 곰곰 생각했지요. 아이를 부를 이름이 아직 없었거든요. 마침내 우리는 아이에게 가장 잘 어울린다고 생각되는 '도로테아'라는 이름을 찾아냈어요. 이전에 도로테아가 '하느님의 선물'이라는 의미를 지니고 있다는 말을 들은 적이 있는데, 그 아이는 하느님이 우리의 불행을 위로하기 위해 보내주신 선물이었으니까요. 그런데 아이는 자세한 설명을 들으려고도 하지 않고, 막무가내로 부모님이 부른 '운디네'라는 이름을 고집하며, 앞으로는 자기를 운디네라 불러주었으면 좋겠다고 하는 겁니다.[5] 그런데 그 이름은 기독교 연감에도 나와 있지 않은 이교도들의 이름처럼 들렸기 때문에 나는 도시로 나가 신부님에게 상의를 드렸지요. 그분 역시 운디네라는 이름을 듣고 싶어하지 않으셨어요. 하지만 내가 여러 번 부탁을 드리자, 신부님은 아이에게 세례를 주기 위해서 저 무시무시한 숲을 지나 여기 우리 집까지 오시게 되었답니다.

아이가 옷을 예쁘게 차려입고 우리 앞에 우아한 모습으로 나타나자, 신부님은 그만 아이에게 온 마음을 빼앗기셨습니다. 아이는 그분에게 온갖 애교를 떨며 귀엽게 운디네를 고집했기 때문에, 그분은 그 이름을 못마땅해했던 이유조차 그만 잊어버리고 말았지요. 아이는 운디네라는 이

5 운디네의 어원은 '파도'라는 뜻의 라틴어 '운다(Unda)'이다.

름으로 세례를 받았고, 신성한 예식이 진행되는 동안에는 말할 수 없이 예의바르고 얌전하게 굴었답니다. 평소에는 그토록 제멋대로 행동하고, 한시도 가만있지 않던 아이가 말입니다."

이때 기사는 어부의 말을 중단시키고, 노인이 이야기를 시작하기 얼마 전부터 조그맣게 들리다가 이제는 거세게 오두막 창문 앞으로 몰려들고 있는 저 세찬 물소리를 들어보라고 말했다. 두 사람은 벌떡 일어나 문으로 갔다. 밖으로 나온 두 사람은 하늘 높이 떠 있는 달빛을 받으며 숲에서부터 흘러나오는 시냇물이 둑을 넘어 세차게 흐르면서 소용돌이를 일으켜 돌멩이와 나무둥치를 휩쓸어가는 광경을 보았다. 이 요란한 소리에 깨어난 듯 폭풍이 거대한 구름을 뚫고 나와 재빨리 달을 덮어버렸다. 호수는 휘몰아치는 바람의 날개 밑에서 포효하고 있었고, 초원의 나무들은 뿌리부터 가지 끝까지 고통으로 울부짖으며 미친 듯 흐르는 물결 위로 몸을 굽히고 이리저리 흔들리고 있었다.

"운디네! 이런 큰일났네, 운디네!"

덜컥 겁이 난 두 사람은 소리쳐 불렀다.

그러나 한마디의 대답도 들려오지 않았다. 두 사람은 이제 다른 생각은 하지 않고 오직 운디네를 찾겠다는 일념으로 그녀의 이름을 외치며 한 사람은 이쪽으로, 다른 사람은 저쪽으로 가며 점점 오두막에서 멀어졌다.

제3장 운디네를 다시 찾다

홀트브란트는 한밤중에 운디네를 찾지 못하는 시간이 길어지면 질수록 점점 더 불안하고 뒤숭숭한 기분이 되었다. 운디네가 어쩌면 숲의 요괴일지도 모른다는 생각이 강하게 그를 사로잡았다. 호수의 물결과 아우성치는 폭풍소리와 나무가 우지끈 부러지는 소리, 그리고 그토록 한적하고 아늑했던 주변이 온통 처참하게 변하는 광경 속에서 그는 오두막과 어부의 식구들까지 몽땅 인간을 조롱하는 도깨비일지도 모른다는 생각을 하게 되었다. 하지만 애타게 운디네를 부르는 어부의 외침소리, 노부인의 큰 기도소리와 찬송가가 몰아치는 비바람소리를 뚫고 멀리서 끊임없이 들려왔다.

마침내 그는 넘쳐흐르는 시냇물 기슭에 이르렀다. 달빛 아래에서 물이 미친 듯이 넘쳐흘러 무시무시한 숲 앞에서 멈추어 초원의 한쪽을 섬으로 만들고 있었다. '오, 맙소사.' 그는 속으로 생각했다. '만약 운디네가 감히 저 무서운 숲으로 들어갔다면, 그것은 아마도 숲의 이야기를 하지 못하게 막은 것에 대한 일종의 가벼운 반항이었을 텐데…… 그런 그녀가 그 사이에 불어닥친 폭풍우 속에서 길을 잃고, 지금쯤 저기 저 숲 속에서 유령에게 잡혀 외롭게 울고 있을지도 몰라!' 두려운 외침이 그의 입에서 흘러나왔다. 그는 길을 잃은 소녀를 찾으러 급류를 건너가려고 바위와 쓰러진 참나무 둥치 위로 기어오르는가 하면, 물속에서 힘겹게 걷기도 하고 있는 힘을 다해 수영을 하기도 했다. 지금은 무섭게 나부끼며 울부짖는 바로 이 나뭇가지들 아래에서 낮에 만났던 무시무시하고 괴상한 것들이 몽땅 떠올랐다. 특히, 그가 금세 알아본 흰 망토를 걸친 키 큰 사내가 씽긋 웃고 고개를 끄덕이며 건너편에 서 있는 것 같았다. 이러한 무서운 괴물들이 떠오르자 그는 운디네야말로 그들 틈바구니에서 혼자서 죽을 것 같은 공포에 사로잡혀 있을 거라고 생각하며 급류를 거슬러 올라가려고 더욱더 힘을 냈다.

어느새 그는 굵은 전나무 가지 하나를 잡고 의지하며 몸도 제대로 가눌 수 없는 거친 물살 속에 버티고 서 있었다. 그러면서도 스스로에게 용기를 북돋우며 더 깊은 곳으로 들어갔다. 그때 바로 옆에서 상냥한 목소리가 들려왔다.

"믿지 마요, 믿지 마요! 그는 나빠요. 그 늙은이, 그 개울은!"

그는 사랑스러운 목소리의 주인공이 누구인지 금세 알아차렸다. 그는 마치 무언가에 홀린 듯, 달빛이 가려 어두워진 나무 그림자 아래에 우뚝 섰다. 그의 허벅지를 스치며 화살처럼 빠르게 흐르는 거친 물살 때문에 현기증이 났다. 하지만 그는 버티고 서 있었다.

"거기 있는 게 정말 당신 맞소? 당신은 그저 내 주변에서 맴돌며 아른거리기만 할 겁니까? 만약 그렇다면 나도 살기를 포기하고 당신처럼 그림자로 존재하겠소, 귀여운 운디네여!"

그는 이렇게 외치며 더 깊이 개울 속으로 들어갔다.

"돌아보세요. 제발 돌아봐요. 이 얼빠진 잘생긴 신사분!"

다시 한번 아주 가까이에서 이런 소리가 들렸다. 옆을 바라보니 마침 구름을 뚫고 나온 달빛을 받으며, 홍수가 만들어 놓은 작은 섬에서, 서로 뒤엉킨 나뭇가지 아래 꽃밭에 누워 웃고 있는 운디네의 사랑스러운 모습이 눈에 들어왔다.

젊은이는 너무나 반가워 몸을 전나무 가지에 단단히 의지하고 앞으로 나아갔다. 얼마 안 가 그는 자신과 소녀 사이에서 거세게 흐르는 냇물을 건너, 나뭇잎이 무성한 나무들이 하늘거리며 서로를 감싸서 은밀하고 단단한 잔디밭 위에 만들어놓은 천막 아래 누워 있는 그녀 옆으로 다가갔다. 운디네가 벌떡 일어나 두 팔로 그의 목을 감아 자기 옆의 푹신한 풀밭에 앉혔다.

"멋진 나그네여, 여기라면 이야기를 해줄 수 있겠죠." 그녀는 나직이 속삭였다. "여기라면 까다로운 노인네들도 우리 이야기를 듣지 못해요. 게다가 그 초라한 오두막보다 여기 우리의 나뭇잎 지붕이 훨씬 더 좋고요."

"이곳은 그야말로 천국이오!" 훌트브란트가 이렇게 말하며 애교스런 아름다운 소녀를 포옹하고 열정적으로 키스를 했다.

그러는 사이에 어부도 개울가에 이르러 두 사람을 향해 소리쳤다.

"이봐요, 기사 양반, 나는 당신을 아주 성심성의껏 대했건만, 그래 당신은 내 양녀와 몰래 그렇게 즐기면서 이 늙은이가 밤새 가슴 졸이며 딸년을 찾아 헤매게 만들었단 말이오?"

"노인장, 저도 방금 찾았답니다." 기사가 대꾸했다.

"그렇담 더 잘됐군요." 어부가 말했다. "자, 조금도 지체하지 말고 그 애를 데리고 이쪽으로 건너오시오."

하지만 운디네가 말을 들으려 하지 않았다. 그녀는 집으로 돌아가면 자기 뜻대로 할 수 없을 뿐만 아니라 멋진 기사와도 조만간 헤어지게 될 테니, 차라리 그와 함께 황량한 숲으로 완전히 들어가버리고 싶다고 했다. 그녀는 훌트브란트를 꼭 껴안고 이루 말할 수 없이 아름다운 목소리로 노래를 불렀다.

"안개 덮인 계곡에서
행복을 찾아 흘러나온 파도
바다로 흘러가버린 뒤
다시는 돌아오지 않는구나."

늙은 어부는 운디네의 노래를 들으며 비통하게 울었지만, 그녀는 아무런 감정도 느끼지 않는 것 같아 보였다. 그녀는 사랑하는 남자에게 키스하며 계속 애무했다. 그러자 마침내 그가 말했다.

"운디네, 노인의 비통함이 당신에게는 아무렇지도 않은 모양인데, 내 가슴은 찢어지는 것 같소. 우리 돌아갑시다."

그녀는 이상하다는 듯 크고 파란 눈을 치켜뜨고 그를 올려다보더니 마침내 주저하듯 천천히 말했다.

"당신이 그렇게 생각한다면, 좋아요. 당신의 말은 무엇이든 옳으니까. 하지만 건너편에 있는 아버지가 숲의 이야기를 하도록 허락한다고 약속하면 갈 거예요. 그러면 다른 것은 다 괜찮아요."

"건너오기나 하렴, 오기나 해!"

어부는 더 이상 아무 말도 못하고 딸에게 이렇게 외쳤다. 그러면서 그는 딸의 요구를 들어주겠다는 표시로 흐르는 물살 위로 두 팔을 쭉 내밀며 고개를 끄덕였다. 그때 백발이 그의 얼굴 위로 기이하게 흘러내려 덮었기 때문에 훌트브란트는 숲 속에서 본 고개를 끄덕이는 흰 사내 생각이 났다. 하지만 젊은 기사는 당혹해하지 않고 예쁜 소녀를 팔에 꼭 안고 섬[6]과 육지 사이에서 콸콸 흐르는 개울을 건넜다. 노인은 운디네의 목을 껴안고 입을 맞추며 기뻐 어쩔 줄을 몰랐다. 노부인도 다가와서 다시 찾은 딸애를 감격스럽게 껴안았다. 노부부는 운디네를 전혀 나무라지 않았고, 그녀도 반항심을 잊은 듯 조금도 불평하지 않고 양친에게 상냥한 말과 애무를 퍼부었다.

재회의 기쁨이 어느 정도 가라앉고 그들이 모두 정신을 차렸을 때는

6 폭우로 '섬'이 되어버린 숲을 뜻한다.

이미 아침 해가 호수의 수면 위로 떠오르며 빛났고, 개울은 조용해졌고, 새들은 젖은 나뭇가지 위에서 즐겁게 지저귀고 있었다. 운디네가 계속해서 기사에게 약속한 이야기를 해달라고 졸랐기 때문에, 두 노인은 웃으며 그녀의 요구를 흔쾌히 들어주었다. 오두막 뒤의 호수에 면해 있는 나무 밑에 아침상이 차려졌다. 모두들 흐뭇한 마음으로 자리에 앉았다. 운디네는 기사의 발아래 풀밭에 앉겠다고 고집을 피웠다. 훌트브란트가 이야기를 시작했다.

제4장 기사가 숲에서 만난 것들에 대하여

"한 8일쯤 지난 것 같군요. 그때 나는 숲 저편에 있는 자유시(自由市)에 도착했어요. 내가 도착한 바로 그때 그곳에서는 성대한 무술경기와 승마시합이 벌어지고 있어서, 나도 승마 실력과 창 실력을 한껏 발휘했지요. 한번은 내가 시합을 마치고 쉬려고 경기장 울타리에 조용히 서서 하인에게 투구를 건네주고 있는데, 절세 미녀가 눈에 들어왔어요. 그녀는 화려하게 치장을 하고 발코니에 서서 구경하고 있었답니다. 나는 옆 사람에게 물어 그 매력적인 여인의 이름이 '베르탈다'이며 그 지역의 세력 있는 영주의 양녀라는 것을 알게 되었지요. 나는 그녀도 나를 바라보고 있다는 것을 눈치 챘답니다. 우리 같은 젊은 기사들이 늘 그러하듯이, 나도 처음에는 무술시합과 승마에만 열중했어요. 그러다 생각지도 않은 일이 벌어졌어요. 어느 날 밤 무도회에서 내가 베르탈다의 파트너가 되었고, 축제 기간 내내 그렇게 지내게 된 것입니다."

훌트브란트는 늘어뜨린 왼쪽 손에 가벼운 통증이 일자, 이야기를 중단하고 아픈 곳을 바라보았다. 운디네가 진주 같은 이빨로 날카롭게 그의 손가락을 물고 있었고, 그런 그녀의 표정은 정말로 침울하고 언짢아 보였다. 그러나 어느덧 상냥하고 애처로운 얼굴로 그의 눈을 바라보며 아주 나직이 속삭였다.

"그만해요." 그런 다음 그녀는 얼굴을 가렸다.

기사는 당황하며 조심조심 이야기를 계속했다.

"베르탈다는 거만하고 종잡을 수 없는 아가씨였어요. 다음날은 그녀가 첫날만큼 마음에 들지 않았고, 셋째 날에는 내 마음이 그녀에게서 더욱더 멀어졌어요. 하지만 나는 계속 그녀 곁에 머물렀는데, 그 이유는 그녀가 다른 기사들한테보다 나에게 한결 더 친절했기 때문이지요. 그러다 내가 장난삼아 그녀의 장갑 한 짝을 청하고 말았습니다.[7] 그러자 그녀가 '저 악명 높은 숲에 무엇이 있는지를 혼자서 알아오면 드리지요'라고 말하는 겁니다. 그녀의 장갑 한 짝이 그리 대단한 것은 아니었지만, 이미 말을 뱉어버렸으니 어쩔 수가 없었어요. 그리고 명예를 중시하는 기사로서 그 정도의 시련을 두려워한다는 인상을 주고, 거듭 재촉받을 수는 없었지요."

"그녀가 당신을 사랑했던 것 같은데요." 운디네가 그의 말을 막으며 말했다.

"그런 것 같았소." 훌트브란트가 대답했다.

"그렇다면," 소녀가 웃으면서 큰 소리로 말했다. "그녀는 바보임에 틀림없어. 사랑하는 사람을 쫓아내다니. 그것도 저 악명 높은 숲 속으로 보내다니. 나라면 숲의 비밀이 밝혀질 때까지 마냥 기다릴 수 있었을 텐

7 중세에는 기사들이 연모하는 여인의 물건을 청하는 풍습이 있었다.

데."

"그래서 나는 바로 어제 아침 길을 떠났던 것입니다."

기사는 운디네에게 다정하게 미소 지으며 이야기를 계속했다.

"푸른 풀밭을 밝게 비추고 있는 아침 햇살을 받은 나무줄기들이 붉게 반짝이고 있었고, 나뭇잎들은 아주 즐겁게 서로 속삭이고 있었기 때문에 나는 속으로 이토록 안락한 곳에서 요괴가 나온다고 여기는 사람들을 비웃지 않을 수 없었습니다. 나는 즐겁고 유쾌하게 '이런 숲이라면 말을 타고 단번에 통과할 수 있겠는걸!' 이라고 혼자 중얼거렸지요. 그런데 그런 생각을 하다 그만 녹음이 짙은 숲 속으로 깊이 들어와버렸고, 뒤쪽의 평지는 보이지가 않았어요. 그러자 처음으로 이 거대한 숲 속에서는 나 역시 쉽게 길을 잃을 수도 있다는 것, 길을 잃는 것이야말로 그곳에서 나그네를 위협하는 유일한 위험요소일 거라는 생각이 들었어요. 그래서 나는 멈춰 서서 그동안에 높이 솟은 해의 위치를 살폈어요. 그렇게 위를 쳐다보다가 키 큰 떡갈나무 가지 사이로 검은 물체를 발견했어요. 곰일 거라고 생각한 나는 칼을 잡았죠. 그때 정말로 거칠고 불쾌한 사람의 목소리가 들려왔어요. '내가 여기 이 위에서 나뭇가지를 물어뜯지 않으면, 어떻게 오늘 밤에 너를 구워먹을 수 있겠느냐, 이 건방진 녀석아!' 그 녀석은 히죽거리며 나뭇가지를 흔들어댔습니다. 그러자 말이 미친 듯이 날뛰었기 때문에 나는 그놈이 대체 어떤 괴물인지 알아볼 틈이 없었어요."

"이름을 말하면 안 돼요."

어부가 이렇게 말하며 성호를 그었다. 그의 아내도 말없이 남편을 따라했다. 운디네는 눈을 반짝이며 사랑하는 남자를 바라보며 말했다.

"그 괴물이 당신을 굽지 않았으니 얼마나 다행이에요? 멋진 기사님, 어서 계속하세요."

기사는 이야기를 계속했다.

"겁먹은 말 때문에 나는 나무둥치와 나뭇가지에 부딪힐 뻔했답니다. 말은 두려움과 더위로 땀에 흠뻑 젖은 채 달리며 좀처럼 멈추려 들지 않았어요. 마침내 말이 바위 절벽으로 곤두박질치려고 하는 순간, 갑자기 흰 망토를 걸친 키 큰 사내가 나타나 미친 듯이 날뛰는 말 앞을 가로질러 가는 것 같았어요. 이에 놀란 말이 그 자리에 멈추어 섰어요. 말을 진정시킨 뒤에야 나는 우리를 구한 것이 흰 망토를 걸친 사내가 아니라는 것을 알았어요. 언덕에서 흘러나와 내 옆으로 흐르고 있는 은빛 맑은 시냇물이 말의 돌진을 방해했던 것이었어요."

"고마워요, 사랑하는 시냇물님!" 운디네가 손뼉을 치며 소리쳤다.

그러나 노인은 고개를 흔들면서 깊은 상념에 잠겨 앞을 바라보았다.

훌트브란트는 계속해서 말했다.

"안장 위에서 다시 몸을 가누고 고삐를 제대로 쥐려고 할 때, 어느새 다시 괴상한 난쟁이가 내 옆에 서 있는 것이 아니겠어요. 조그맣고 정말로 못생기고 온통 황갈색인데다, 그놈의 몸뚱이를 다 합한 것보다도 더 큰 코를 가진 놈이었지요. 그러면서 녀석은 정말 멍청이처럼 예의를 차린답시고 짝 찢어진 아가리로 히죽 웃으며 오른발을 뒤로 빼고 몸을 푹 숙이고 수없이 절을 해대는 겁니다. 그 우스꽝스러운 짓이 어찌나 역겹던지 나는 아주 짧게 고맙다고 하고, 아직도 벌벌 떨고 있는 말의 머리를 돌리며, 계속 모험을 해보든지, 다른 것을 발견하지 못하면 그냥 돌아갈 길을 찾아야겠다고 생각했어요. 왜냐하면 미친 듯이 말을 달리는 사이에 벌써 해가 한낮의 정점을 지나 서쪽으로 기울고 있었거든요. 그때 그 난쟁이 녀석이 번개처럼 몸을 돌려 다시 말 앞에 서는 겁니다.

'비켜!' 나는 역정을 냈습니다. '이 말은 사나워서 네 놈을 가볍게 밟

고 지나갈 것이다.'

'흥!' 그 녀석은 그르렁거리며 소름끼치도록 음산하게 웃었습니다. '어서 팁을 내놔라, 네 말을 세워준 것은 내가 아니냐? 내가 아니었더라면 너는 이 말과 함께 벌써 저 낭떠러지로 떨어져 뒈졌을 게다, 후후후.'

'그 몰골 좀 치워!' 내가 말했죠. '네 놈이 거짓말을 하고 있다만, 돈은 주마, 받아라. 저기 저 착한 시냇물이 나를 구한 거지, 네 녀석이 아니다. 이 볼품없는 난쟁이 녀석아.'

이렇게 말하면서 나는 금화 한 닢을 그 녀석이 구걸하면서 내 앞에 내민 괴상한 모자에 던져 넣었습니다. 그런 다음 나는 재빨리 말을 달렸습니다. 그런데 그 녀석이 소리를 지르며 갑자기 엄청난 속도로 달려 내 뒤에 바짝 달라붙는 것이 아니겠어요?

나는 힘껏 말을 몰아 달아났는데, 그 녀석도 기를 쓰며 따라왔지요. 그 녀석이 화가 났는지, 몸뚱이를 아주 괴상하게, 한편으로는 우스꽝스럽게 한편으로는 처참하게 비틀면서 계속 금화를 높이 쳐들고 달리면서 소리 쳤어요.

'가짜 금이야! 가짜 동전! 가짜 동전! 가짜 돈!'

가슴도 없는 그 녀석이 끙끙거리며 소리를 질러댔기 때문에, 이제 곧 죽어 나자빠질 거라는 생각이 들 정도였습니다. 게다가 그놈의 추하고 빨간 혓바닥이 목구멍 안에서부터 길게 밖으로 튀어나와 있었답니다.

내가 물었지요. '대체 소리를 질러 어떡하겠다는 거냐? 하나 더 갖거라, 아니 두 개 더. 그리고 나에게서 떨어져라.'

다시 그놈은 징그럽게 공손히 절을 하며 끙끙거렸습니다. '금이 아니야, 사실 금일 필요는 없어, 젊은 공자님. 장난이라면 내가 도사지. 한번 보여주지.'

그러자 갑자기 평평한 땅이 공처럼 둥글게 보이고 초록빛 대지가 푸른 유리알인 듯 그 속이 훤히 보이는 것 같더니, 그 안에서 수많은 요괴들이 금과 은을 가지고 장난을 치고 있는 광경이 보인다는 생각이 들었어요. 그것들은 똑바로 서기도 하고, 거꾸로 곤두박질치기도 하고, 몸을 둥글게 만들기도 하며, 귀금속들을 서로에게 던지는 장난을 하고, 서로를 놀려대며 금가루를 서로의 얼굴에 뿌려댔지요. 나를 쫓아온 흉측한 녀석은 한 발은 그 속에, 다른 발은 밖에 두고 서 있었어요. 그놈은 다른 놈들에게 아주 많은 금덩어리를 달라고 하더니 웃으며 나에게 보여주고는 바닥이 없는 땅속으로 던지는 것이었어요. 그런 다음 그 녀석이 내가 주었던 금화를 꺼내 요괴들에게 보여주자, 이번에는 그 녀석들이 죽어라 웃어대며 나에게 야유를 퍼부어댔습니다. 마침내 이 녀석들이 다 함께 금가루가 묻은 뾰족한 손가락으로 나를 향해 삿대질을 해대고, 점점 더 난폭해지고, 점점 더 많아지고, 점점 더 미친 듯이 나에게로 기어오르는 것이었어요. 조금 전에 내 말이 그랬듯이, 나는 끔찍한 공포에 휩싸였지요. 나는 말에 두 번 박차를 가하고 다시 미친 듯이 숲 속을 향해 달렸습니다. 얼마 동안 그렇게 달렸는지 모르겠어요.

마침내 말을 세우고 보니, 주위가 저녁 바람으로 서늘했어요. 나뭇가지 사이로 하얀 오솔길이 반짝이는 게 보이더군요. 나는 그 길이 숲에서 도시로 나가는 길이 틀림없을 거라고 짐작했지요. 그래서 그 길로 가려고 하는데, 하얀 얼굴 같은 어떤 것이, 사실 그것의 모양이 끊임없이 변했기 때문에 명확하지는 않았지만, 아주 하얀 얼굴이 나뭇잎 사이로 나를 바라보고 있지 않겠어요? 나는 그걸 피해가려고 했는데, 내가 가는 곳마다 그것이 나타나는 것이었어요. 화가 머리끝까지 난 나는 그 괴물을 짓밟아버리려고 괴물 쪽으로 말을 몰아갔어요. 그런데 그것이 나와 말에게 하얀 물거품을 뿌려대는 바람에 우리는 둘 다 앞이 보이지 않아 방향을 잃고 말았어요. 그 괴물은 그렇게 우리를 오솔길과는 반대 방향으로 한 걸음 한 걸음 내몰았어요. 그리하여 우리 앞에는 오직 한 가지 길만 열려 있었어요. 우리가 그 방향으로 향하자, 그놈은 우리 뒤에 바짝 붙어 따라왔어요. 하지만 우리를 해치는 일은 하지 않았어요. 이따금씩 뒤를 돌아본 나는 연신 물을 뿜어대는 그놈의 몸뚱이 역시 하얗고 거대하다는 것을 알아챘죠. 그놈이 혹시 움직이는 분수가 아닌가 하는 생각이 들기도 했지만, 확인할 수는 없었어요. 녹초가 된 말과 나는 그 하얀 사내에게 항복을 하고 말았는데, 그는 연신 고개를 끄덕이며 '잘 가고 있어! 잘 가고 있어!'라고 말하려는 것 같아 보였어요. 그렇게 우리가 마침내 숲을 벗어나 밖으로 나오자, 그곳에 초원과 호수 그리고 이 작은 오두막이 나타났고, 하얀 사내는 사라져버렸답니다."

"그놈이 사라졌다니 잘됐군요."

늙은 어부는 이렇게 말하고, 손님이 다시 도시로 돌아갈 수 있는 최선의 방법을 이야기하기 시작했다. 그 말을 듣고 운디네는 조용히 혼자서 쿡쿡 웃었다. 훌트브란트가 이를 눈치 채고 말했다.

"당신은 내가 여기 있기를 바랄 거라고 생각했는데, 내가 돌아간다는 이야기를 듣고 왜 그리 좋아하죠?"

"당신은 돌아갈 수 없으니까요." 운디네가 대꾸했다. "홍수로 인해 넘친 개울을 한번 건너보시지요. 배를 타고 가든 말을 타고 가든 당신 혼자서 가든, 좋을 대로 해보세요. 아니면 차라리 그런 생각일랑 하지 마세요. 번개처럼 빨리 휩쓸려가는 나무둥치며 바위들이 당신 하나쯤은 여지없이 박살 내고 말 테니까요. 호수에 관한 일이라면 난 너무나 잘 알고 있답니다. 저희 아빠가 배를 저어간다 해도 그리 멀리 나가지는 못하거든요."

홀트브란트는 운디네의 말이 사실인지 확인하려고 빙그레 웃으며 몸을 일으켰다. 어부도 따라나섰고, 소녀는 두 남자 사이에서 장난치며 왔다갔다했다. 과연 운디네의 말 그대로였다. 기사는 도시로 돌아가는 일을 일단 포기하고, 물살이 완전히 가라앉을 때까지 섬이 되어버린 이 호숫가에서 지내야만 했다. 세 사람이 다시 오두막으로 돌아가는 길에 기사가 소녀의 귀에 대고 말했다.

"운디네 양, 어떻소, 내가 여기 머무는 게 싫소?"

"아이, 참." 소녀가 불평하듯 대꾸했다. "가만 계세요. 내가 당신의 손가락을 물지 않았더라면, 당신은 베르탈다에 대해 더 많은 이야기를 하고 말았을 거예요!"

제5장 기사가 호숫가에서 살다

친애하는 독자여, 당신은 세상을 이곳저곳 두루 여행하다가 어느 날 고향처럼 편안한 곳에 도착할지도 모릅니다. 당신은 그곳에서 마치 당신이 태어난 이후 줄곧 식사를 했던 부엌에서 느꼈던 바로 그런 친근한 애정과 평화로운 기분을 느낄 겁니다. 어린 시절의 온갖 꽃들이 피어나고, 사랑하는 사람들의 무덤에서는 은밀한 사랑이 솟아오르는 고향 같은 기분 말입니다. 그래서 당신은 바로 이런 곳에 살면서 보금자리를 지어야 한다고 생각할 겁니다. 이런 당신의 생각이 잘못이고, 훗날 이 판단 착오의 대가를 톡톡히 치르게 된다 한들, 지금 이 순간 여기에서는 그런 것들이 전혀 중요하게 여겨지지 않을 것입니다. 물론 당신은 쓰디쓴 뒷맛을 미리 떠올려 지금 이 순간 우울해지고 싶지도 않을 것입니다. 무어라 표현할 수 없을 정도로 감미로웠던 예감, 그 천사처럼 예쁜 인사를 다시 한 번 마음속에 떠올려보십시오. 그러면 당신도 기사 훌트브란트가 호숫가에서 지내는 동안 어떤 기분이었을지 대충 짐작할 수 있을 겁니다.

숲 속을 흐르는 시냇물이 날이 갈수록 더 세차게 흐르고, 개울 바닥의 폭이 점점 더 넓어져 섬이 되어버린 호숫가에 갇혀 지내는 날이 한없이 길어져도, 훌트브란트는 내심 즐거웠다. 그는 오두막 구석에서 찾아 수선한 낡은 활로 날아다니는 새를 잡아 훌륭한 구이감으로 쓰라며 부엌에 가져다주는 일을 하며 하루를 소일하곤 했다. 그가 이렇게 사냥감을 들고 돌아오는 날이면, 운디네는 바다처럼 파란 하늘을 날아다니는 사랑스럽고 예쁜 작은 짐승의 고귀한 생명을 어떻게 그렇게 무자비하게 빼앗을 수 있냐며 어김없이 질책을 했다. 그러면서 때론 죽은 새를 보고 비통하게 울기도 했다. 그러나 그가 새 한 마리 잡지 못하고 빈손으로 돌아오는 날에도 역시 사냥감을 들고 올 때 못지않게 화를 내며, 그의 사냥기술이 서툴고 게을러서 오늘 식사는 물고기나 게로 할 수밖에 없다며 불평을 늘어놓곤 했다. 이렇게 화를 내고 난 뒤에는 언제나 그녀 쪽에서 먼저 말할 수 없이 다정하게 그를 애무하며 기분을 풀어주려고 노력했기 때문에, 그는 그녀의 애교 넘치는 화를 마음속으론 늘 즐겁게 받아들였다.

노부부는 두 젊은이가 서로 사랑하고 있다는 걸 눈치 챘다. 그들은 둘을 약혼자처럼, 아니 외딴 섬에서 그들의 도움을 받으며 살아가는 젊은 부부처럼 대했다. 이렇게 외딴 곳에서 살다보니 젊은 훌트브란트 역시 자신이 운디네의 신랑이 된 것 같은 착각에 빠져들었다. 이렇게 시냇물로 에워싸인 섬 너머에는 그 어떤 세계도 없는 것 같았고, 다시는 다른 사람들을 만나기 위해 숲 건너편으로 갈 수 없을 것 같은 기분이 들었다. 그래서 풀을 뜯고 있는 말이 가끔, 마치 기사로서의 임무는 어떻게 된 거냐며 경고하듯 힝힝거리거나, 안장의 자수나 안장의 덮개에 박힌 문장이 엄숙하게 그를 향해 반짝거리거나, 집 안에 걸어놓은 화려한 칼이 갑자기 칼집에서 미끄러져 떨어질 때면, 운디네가 절대로 어부의 딸이 아니라, 여러 가지로 짐작해보건대, 머나먼 타국의 대단한 왕족 출신일 거라 생각하며 자신의 흔들리는 마음을 진정시켰다. 오직 단 한 가지, 노부인이 자기 앞에서 운디네를 야단칠 때는 기분이 언짢았다. 이 변덕스러운 소녀는 대체로 이에 개의치 않을 뿐 아니라 야단맞았다는 사실을 감추지 않고 웃어넘기곤 했지만, 그는 이로 인해 그의 명예가 손상된다고 느꼈다. 하지만 그 역시 노부인의 노여움이 정당하다는 것을 인정하긴 했다. 사실 운디네는 꾸지람의 내용보다 열 배는 더 못된 짓을 했기 때문이다. 그래서 그는 노부인에 대해서도 호감을 갖게 되었다. 이런 식으로 모든 식구가 평화롭게 지냈다.

그러다가 끝내 호숫가 오두막의 평화를 깨는 일이 벌어지고 말았다. 어부와 기사는 평소 점심식사를 할 때나 밖에서 바람이 윙윙 불어대는 날이면 — 거의 언제나 밤만 되면 그랬지만 — 함께 포도주를 마시며 기분을 내곤 했다. 그러다 어부가 도시에 갈 때마다 조금씩 가져다 모아둔 포도주가 바닥나자 두 남자는 짜증이 났다. 운디네는 하루 종일 그들을 웃기려고 했지만, 두 사람은 평소처럼 그녀의 농담을 받아들일 기분이 아니었다. 저녁때쯤 그녀는 두 사람의 찡그린 얼굴이 보기 싫다며 집을 나가버렸다.

황혼이었고 또 폭풍우가 불어닥칠 조짐이 있었고, 벌써 호수의 물결이 철썩대며 요란을 떨었기 때문에 깜짝 놀란 기사와 어부는 훌트브란트가 처음 오두막으로 왔던 그날 밤의 불안을 상기하면서, 소녀를 불러 세우려고 문밖으로 뛰어나갔다. 그런데 운디네가 손뼉을 치며 기분이 좋아져 그들 쪽으로 오고 있었다.

“제가 술을 드린다면, 두 분은 저에게 무얼 해주실래요? 아니, 아무것도 해줄 필요 없어요.” 그녀는 계속해서 말했다. “두 분이 다시 기쁜 얼굴을 하고, 길고 지루했던 오늘 하루와는 달리 좀더 나은 생각을 하신다면 저로서는 대만족이에요. 따라오세요. 시냇물이 술통 하나를 냇가로 떠밀고 왔어요. 만약 그 통이 포도주통이 아니라면 제가 일주일 내내 잠을 자는 저주를 받아도 좋아요.”

두 남자는 그녀를 따라갔다. 정말로 수풀이 울창한 냇물 기슭에 그들이 바라는 대로 귀한 술이 들어 있을 것 같은 술통이 하나 있었다. 그들은 서둘러 그 통을 굴려 오두막으로 옮겨왔다. 시커먼 구름이 황혼녘의 하늘을 뒤덮고 있었고, 금방이라도 쏟아져 내릴 것 같은 빗줄기를 바라보려는 듯 호수의 물결이 거품을 일으키며 하얀 머리를 쳐들고 춤을 추고 있었기 때문이다. 두 사람을 돕던 운디네는 갑자기 우르릉거리며 폭우가 쏟아질 듯하자, 육중한 구름을 향해 위협하듯 장난기 섞인 말투로 말했다.

“야, 너! 우리가 젖지 않게 조심해. 아직 집에 도착하지 않았단 말이야.”

노인은 그런 불경스러운 짓을 그만두라고 야단쳤다. 그래도 그녀는 혼자서 킥킥댔고, 아무에게도 나쁜 일은 일어나지 않았다. 어쨌든 예상과는 달리 세 사람 모두 비도 맞지 않고 수확물도 가지고 아늑한 화롯불 곁으로 돌아왔다. 통을 열어 안에 담긴 놀랄 만큼 훌륭한 포도주 맛을 보고 있을 때 비로소 검은 구름을 뚫고 비가 퍼부었으며, 폭풍이 나뭇가지 사이와 성난 호수의 물결 위로 몰아쳤다.

큰 통에 담긴 술을 몇 개의 작은 병에 옮겨 담았다. 이것이면 여러 날을 버틸 수 있었다. 오두막 식구들은 미친 듯 날뛰는 폭우를 피해 안전하게 화롯가에 앉아 술을 마시며 농담을 주고받았다. 그때 어부가 갑자기 아주 진지하게 말했다.

"오, 위대하신 하느님, 귀한 선물로 우리는 지금 이렇게 즐기고 있습니다만, 이 통의 원래 주인이자 강물에 이를 빼앗긴 그 사람은 이것 때문에 귀한 생명까지도 잃었을 게 틀림없을 겁니다."

"그렇지 않아!" 운디네가 이렇게 말하며 미소를 띠고 기사에게 술을 따랐다.

기사가 말했다. "노인장, 내 명예를 걸고 맹세하리다. 내가 그를 찾아 구할 수만 있다면 이 밤중에 그 어떤 위험에 처한다 해도 주저하지 않고 밖으로 나갔을 것입니다. 나중에 내가 다시 사람들이 사는 고장으로 나가게 되면, 그를 찾든지 아니면 그의 후손이라도 찾아서 이 포도주 값을 두 배, 세 배로 갚아줄 것을 당신께 약속드리리다."

이 말을 듣자 노인은 기뻐하며, 기사라면 그렇게 할 것이라고 동의하듯 고개를 끄덕이고는 한결 편하고 유쾌한 마음으로 잔을 비웠다. 그러나 운디네는 훌트브란트에게 이렇게 말했다.

"보상을 하든 금을 주든, 그건 당신 마음이죠. 하지만 그를 찾아나서겠다는 말을 한 것은 어리석었어요. 당신이 나갔다가 행방불명이라도 되면 난 눈이 퉁퉁 붓도록 울 거예요. 당신도 제 곁에서 술을 마시는 편이 더 좋잖아요, 그렇죠?"

"물론 그렇죠." 훌트브란트가 웃으며 대꾸했다.

"그렇다면 당신 말은 더욱 어리석었어요. 누구나 자기가 제일 중요한 법인데. 남이 무슨 상관이에요." 운디네가 말했다.

노부인은 한숨을 내쉬고 머리를 절레절레 흔들며 딸에게서 얼굴을 돌리고, 어부는 끔찍이도 사랑하는 딸이지만 야단을 쳤다. "이교도나 터키 사람이 기른 아이처럼 말하다니! 하느님, 저와 저 버릇없는 녀석을 용서해주소서."

"그래요, 하지만 나는 그렇게 생각해. 누가 기르든, 난 이렇게 자랐을 거니까. 엄마 아빠의 잔소리가 아무 도움이 못 되었잖아." 운디네가 대꾸했다.

"시끄럽다!" 어부가 호통을 쳤다.

이토록 불손하면서도 다른 한편으로는 지독히 겁이 많은 아이는 주눅이 들어 덜덜 떨면서 훌트브란트에게 파고들며 나지막이 물었다.

"당신도 화났어요?"

기사는 그녀의 부드러운 손을 잡아주고 머리칼을 쓰다듬었다. 운디네를 대하는 노인의 엄격함에 화가 나서 입을 닫아버린 그는 한마디도 할 수 없었다. 그래서 네 사람은 갑자기 언짢고 당혹스런 기분이 되어 말없이 서로를 마주보고 앉아 있었다.

제6장 결혼

아무리 사소한 일이라도 전혀 예상치 않았던 일이 생기면 무서운 생각이 들게 마련이듯, 문을 두드리는 나지막한 소리가 침묵을 깨고 들려오자, 오두막의 식구들은 깜짝 놀랐다. 이곳은 악명 높은 숲과 아주 가까이 있고, 지금 이쪽 호수 끝으로 올 수 있는 사람은 아무도 없었기 때문에 더욱더 놀랐던 것이다. 집 안의 사람들은 어찌된 일인지 알 수 없다는 듯 서로를 쳐다보았다. 다시 문 두드리는 소리가 나면서 깊은 한숨이 뒤따랐다. 기사는 칼을 가지러 갔다. 그러자 노인이 조용히 말했다.

"내가 염려하는 것이라면 무기도 소용없소."

그러는 사이에 운디네가 문으로 다가가 아주 불쾌하고 불손하게 소리쳤다.

"땅의 정령들아, 장난을 치려거든 퀼레보른에게 가서 좀더 배우고 오렴!"[8]

이 괴상한 말 때문에 더 놀란 사람들은 운디네를 경계하듯 쳐다보았다. 홀트브란트가 용기를 내 그녀에게 무얼 물어보려던 바로 그 순간, 밖에서 소리가 들려왔다.

"나는 땅의 정령이 아니오. 정령이긴 하오만, 인간의 몸에 살고 있소. 오두막 안에 있는 분들이여, 나를 도울 생각이 있고 하느님을 공경하시는 분들이라면 문 좀 열어주구려."

이 말이 들리기가 무섭게 운디네는 문을 열고, 등을 들어 폭풍우가 몰아치는 밤 속을 밝혔다. 문밖에는 노신부가 서 있었다. 신부는 뜻밖에 눈부시게 아름다운 소녀를 보고는 놀라서 주춤 뒤로 물러섰다. 그는 이 비천한 오두막의 문간에 이토록 아름다운 여인이 나타나는 걸 보니, 이건 도깨비나 요괴가 장난을 치고 있는 게 틀림없다고 생각했던 것이다. 그래서 그는 기도하기 시작했다.

"모든 선량한 정령들이여, 우리 주 하느님을 찬양하라!"

"전 유령이 아니에요." 운디네가 깔깔거리며 말했다. "제가 그렇게 험

8 뒤에 밝혀지지만, 퀼레보른은 운디네의 삼촌이다.

상궂게 보여요? 게다가 제가 기도문을 듣고도 놀라지 않는 걸 보셨잖아요. 저도 하느님을 알고 있고, 하느님을 찬양할 줄도 알아요. 물론 방법이 다르긴 하지만요. 하느님은 그렇게 다르게 우리를 창조하셨어요. 들어오세요, 존경하는 신부님. 여기는 선량한 사람들의 집이랍니다."

신부는 고개를 숙여 인사를 하고 두리번거리며 안으로 들어왔다. 매우 온화하고 위엄 있는 모습이었다. 그렇지만 검은 수도복 주름, 길고 흰 수염과 곱슬곱슬한 백발에서 물이 뚝뚝 떨어졌다. 어부와 기사가 그를 방으로 안내해서 마른 옷을 주고, 여자들은 신부의 옷을 받아 말리기 위해 방 안에 널었다. 낯선 손님은 겸손하고 다정하게 감사를 표하면서도, 기사가 내미는 화려한 외투만은 한사코 받지 않으려고 했다. 대신 어부의 낡은 잿빛 외투를 골랐다. 그런 다음 그들이 방 안으로 되돌아오자, 노부인은 당장에 자신의 커다란 안락의자를 신부님에게 내드리고 신부님이 그곳에 앉을 때까지 서 있었다.

"신부님이 거기 상석에 앉으셔야 하는 이유는 나이가 제일 많으시고, 지금 지쳐 있으시고, 무엇보다도 성직자이시기 때문입니다." 노부인이 말했다.

운디네는 평소 훌트브란트 옆에 나란히 앉을 때 사용하는 작은 발판을 손님의 발아래로 밀어넣고는, 선량한 노인의 가르침 그대로 예의바르고 상냥하게 행동했다. 훌트브란트는 그런 그녀의 태도를 놀리며 귓속말을 했지만, 그녀는 아주 진지하게 대꾸했다.

"이 분은 우리 모두를 창조하신 분에게 봉사하고 계세요. 장난을 하면 안 되지요."

기사와 어부가 신부에게 음식과 술을 대접했다. 웬만큼 원기가 회복되자 신부는 그동안의 경험담을 이야기하기 시작했다.

그는 이번의 괴상한 홍수로 인해 수도원과 수도원 영지의 마을이 처한 위급한 상황을 주교에게 알리기 위해 어제 호수에서 멀리 떨어져 있는 수도원을 떠났다. 홍수 때문에 길을 빙 둘러 가게 되었는데, 그는 오늘 저녁 무렵 두 명의 친절한 사공의 도움을 받아 호수 아래쪽으로 건너가려던 참이었다. 그는 계속해서 말했다.

"우리의 작은 배가 막 물살을 가르려고 하자마자, 지금도 저 위에서 성난 듯 불고 있는 무시무시한 폭풍이 불어닥쳤지요. 마치 파도들이 우리와 함께 미친 듯 소용돌이 춤을 추려고 기다렸던 것만 같았습니다. 어느 틈엔가 노는 사공의 손에서 빠져나가 산산조각이 난 채 파도에 실려 멀리멀리 사라져갔습니다. 우리 자신도 어찌할 바를 모르고 무력하게 자연의 힘에 복종한 채, 물안개와 물거품 사이로 우뚝 솟아 보이는 호수의 상류 쪽 당신네들이 살고 있는 머나먼 이곳 기슭까지 흘러왔습니다. 나룻

배는 점점 더 거칠게 그리고 더 빨리 뱅글뱅글 돌았기 때문에, 배가 부서진 것인지 내가 배에서 떨어진 것인지는 잘 모르겠습니다. 죽음이 다가왔다는 끔찍한 불안 속에서 계속해서 밀려오다 마침내 파도가 나를 여러분의 섬에 있는 나무 아래에 내동댕이쳤습니다."

"그렇지요, 섬입니다." 어부가 말했다. "얼마 전까지만 해도 이곳은 곶이었지요. 그런데 개울과 호수가 완전히 미쳐버린 후로는 이렇게 달라졌답니다."

"나도 조금은 짐작했습니다." 신부가 말했다.

"어둠 속에서 거친 파도에 부딪치며 호숫가를 따라 살금살금 더듬어 오노라니, 끝에 이르러 아우성치는 물결 속으로 오솔길이 사라져버리는 걸 보았거든요. 마침내 이 오두막의 불빛을 보고 용기를 내어 여기까지 온 것이랍니다. 나를 홍수로부터 구해주시고 이렇게 신앙심 깊은 사람들한테 인도해주신 하느님 아버지께 어떻게 감사해야 될지 모르겠습니다. 더구나 이생에서 당신들 네 분 이외의 다른 사람을 만나게 될지 어떨지 알 수 없으니 더더욱 감사하지 않을 수 없지요."

"그건 또 무슨 말씀이십니까?" 어부가 물었다.

"이번 홍수와 폭풍우가 얼마나 더 계속될지 누가 알겠소?" 신부가 말했다. "나는 이제 늙은 몸이오. 저 밖의 홍수보다 내 생명의 물길이 더 먼저 땅 밑으로 잠기기 쉬울 겁니다. 그뿐인가요? 저 요동치는 물이 이곳과 저 건너편 숲 사이로 점점 더 밀려들어와 끝내는 이곳이 육지와는 완전히 동떨어지게 될지도, 고깃배로 더 이상 건너지 못하게 될지도 모르지요. 그러면 육지에 사는 사람들은 자기들끼리 즐기느라 당신네 존재를 까맣게 잊어버리고 말지도 모릅니다."

노부인이 움찔하더니 성호를 긋고 말했다. "하느님, 보호하소서!"

하지만 어부는 빙그레 웃으며 아내를 바라보고는 말했다.

"인간이 그렇지 뭐! 그렇다 해도, 여보, 임자에게는 지금과 달라질 게 뭐가 있소? 임자는 벌써 오래전부터 숲의 저쪽 경계선 밖으로 나간 적도 없잖소. 그리고 임자가 나와 운디네 말고 딴 사람 누구 본 적이 있소? 불과 얼마 전에 기사님이 왔고, 이제 신부님이 오신 게지. 우리가 망각의 섬에 산다 해도 저분들이 우리와 함께 있을게요. 그러니 임자야말로 이번 홍수로 가장 큰 득을 본 게 아니겠소?"

"잘 모르겠어요." 노부인이 말했다. "비록 알지도 못하고 만난 적도 없는 사이라 해도 다른 사람들과 영원히 단절되어버린다는 것은 상상만 해도 끔찍한 기분이 들거든요."

"그러면 우리와 함께 사세요, 우리와 함께 사세요!"

운디네가 흡사 노래하듯이 나지막이 속삭이며, 아주 다정하게 훌트브란트의 옆구리를 껴안았다. 그런데 이 남자는 마음속 깊이 이상한 환상에 빠져 정신을 잃고 있었다. 신부의 마지막 말을 들은 이후로 개울물 저편의 고장은 그에게서 점점 더 멀어져 아득해지고, 그가 사는 꽃피는 섬은 파릇파릇 새싹이 돋고 점점 더 신선하게 웃으며 가슴속으로 파고들었던 것이다. 이 작은 땅덩어리로부터 세상에서 가장 아름다운 한 떨기 장미처럼 새색시가 활짝 피어오르는데, 때맞추어 신부가 등장한 것이었다. 신부님이 계시는데도 불구하고 운디네가 사랑하는 남자 옆에 바싹 붙어 있는 것에 화가 난 노부인이 아름다운 그녀를 바라보며 야단을 치려는 바로 그 순간, 기사가 입을 열어 신부를 향해 말했다.

"신부님, 여기 당신 앞에 신랑 신부 한 쌍이 있습니다. 이 소녀와 선량하신 두 분께서 반대를 안 하신다면, 오늘 밤 저희 결혼의 주례를 맡아주시기 바랍니다."

노부부는 깜짝 놀랐다. 노부부도 그런 비슷한 생각을 하긴 했지만 입 밖에 낸 적은 없었다. 그런데 막상 지금 기사가 그 말을 꺼내자, 마치 새로운 내지는 전혀 예상치 않았던 얘기를 듣고 있는 것 같은 기분이 들었던 것이다. 운디네는 갑자기 진지해져서 고개를 떨군 채 깊은 생각에 잠긴 반면, 신부는 좀더 자세한 사정을 묻고, 노부부의 의중을 물었다. 이런저런 이야기가 오고 간 뒤 마침내 합의점에 이르렀다.

노부인은 신혼부부의 방을 정리하고, 양녀의 결혼식을 위해 오랜 세월 간직해왔던 양초 두 개를 가지러 나갔다. 그리고 기사는 자신의 금목걸이를 분해하여 결혼반지 두 개를 만들려고 했다. 이것을 눈치 챈 운디네가 깊은 생각에서 깨어나 말했다.

"그만둬요. 제 부모님이 저를 빈털터리로 이 세상에 내보내시지는 않았어요. 그분들은 이런 밤이 올 걸 이미 예상하셨던 게 틀림없어요."

그러면서 그녀는 잽싸게 문밖으로 나가 두 개의 값비싼 반지를 가지고 돌아와, 하나는 신랑에게 주고 다른 하나는 자기가 가졌다.

어린아이에게서 그런 패물을 한 번도 본 적이 없었기 때문에 늙은 어부는 깜짝 놀랐고, 마침 방으로 들어오던 노부인은 더더욱 놀랐다.

"제 부모님이" 운디네가 말했다. "제가 여기로 올 때 입고 있던 바로 그 옷에 이 패물을 넣고 꿰매주셨어요. 그분들은 저에게 결혼식 저녁 전까지는 절대로 아무에게도 패물 이야기를 하지 말라고 하셨어요. 그래서 저는 이 패물을 몰래 빼내 오늘까지 꼭꼭 숨겨두었어요."

신부는 더 이상의 질문과 의심을 중단하고 화촉에 불을 밝혀 식탁 위에 올려놓고 신랑 신부에게 마주보고 서라고 지시했다. 신부는 즉시 짧고 엄숙한 말로 두 사람의 결혼을 성사시켰고, 노부부도 젊은이들을 축복해주었으며, 새색시는 약간 몸을 떨고 생각에 잠겨 기사에게 몸을 기댔다. 그때 갑자기 신부가 말했다.

"당신들 참 이상한 사람들이군요. 아까 이 섬에 당신들 이외에는 아무도 없다고 하더니, 뭡니까? 결혼식 내내 흰 외투를 걸친 키 크고 점잖은 남자가 맞은편 창가에서 이 안을 들여다보고 있었소. 당신들이 그를 집 안으로 들일 생각이라면 문을 열어보시오. 아직 문밖에 서 있을게요."

"그럴 리가!"

노부인이 흠칫 몸을 떨며 말했고, 어부는 말없이 머리를 절레절레 흔들었고, 훌트브란트는 창 쪽으로 뛰어갔다. 그도 하얀 물체를 본 것 같았는데, 벌써 어둠 속으로 완전히 사라지고 없었다. 그는 신부님이 분명 잘못 보신 거라고 설득했고, 모두 함께 안심하고 화롯가에 앉았다.

제7장 결혼식 날 밤에 일어난 일

운디네는 결혼식 직전과 식이 진행되는 동안에는 아주 예의바르고 조용했다. 그러나 식이 끝나자 그녀의 내면에 억눌려 있던 온갖 기이한 열정들이 더욱더 대담해져서 제멋대로 거품을 내며 밖으로 나왔다. 그녀는 신랑과 양부모에게, 그리고 조금 전까지만 해도 그렇게 공손하게 대하던 신부에게조차 온갖 어린애 같은 장난질을 해댔다. 안주인이 이에 대해 무어라 잔소리를 하려고 하자, 기사는 정색을 하고 의미심장하게 운디네는 이제 자기 아내라고 말함으로써 노부인의 입을 막았다. 기사 자신도 그녀의 유치한 행동이 마음에 들지 않았지만, 눈짓을 해도 헛기침을 해도 말로 주의를 주어도 아무 소용이 없었다. 새색시는 사랑하는 남편의 불만을 눈치 챌 때면—고작 몇 번이었지만—물론 좀 조용해져서 그의 옆에 바짝 붙어 앉아 그를 애무하고 웃으며 귀에 대고 무어라 속삭이거나 찌푸린 이맛살을 펴주곤 했다. 그러나 무슨 광적인 생각이 떠오르면 또다시 익살스런 장난을 하는데, 이전보다 더 심해지는 것이었다. 그러자 신부님이 아주 진지하고 다정하게 말했다.

"우아하고 젊은 아가씨, 모두가 어찌 기쁜 마음으로 당신을 바라보지 않겠소만, 당신의 영혼이 새신랑의 영혼과 조화를 이루도록 노력해보시오."

"영혼이라고요!" 운디네가 신부를 바라보며 웃었다. "영혼이라는 그 말 정말 멋지네요. 아마 대부분의 인간들에게는 영혼이 아주 은혜롭고 유익한 규칙일 테지요. 하지만 어떤 인간에게는 영혼이 없다면 어떻게 해야 하죠? 저의 경우가 바로 그래요."

신부는 깊은 상처를 입고, 무척 화가 나 입을 굳게 다물고 가슴이 아프다는 듯 소녀에게서 얼굴을 돌렸다. 하지만 그녀는 비위를 맞추려는 듯 신부에게로 다가가 말했다.

"그렇게 화내지 말고 우선 제 말을 좀 들어보세요. 신부님께서 그런 화난 표정을 하시니 제 마음이 아파요. 신부님에게 해로운 짓을 전혀 하지 않은 사람의 마음을 아프게 하면 안 되잖아요. 조금만 참고 저를 보세요. 제 생각을 차근차근 설명해드릴 테니까요."

그녀는 뭔가 장황한 이야기를 할 준비를 하는 것 같더니, 가슴속으로부터 어떤 전율에 사로잡힌 듯 갑자기 말을 멈추고는 펑펑 울었다. 그녀를 어떻게 해야 할지 몰라 모두가 나름대로 걱정을 하며 말없이 바라보고만 있었다. 그녀는 마침내 눈물을 닦으며 정색을 하고 신부를 바라보며 말했다.

"영혼이라는 것은 사랑스러우면서도 굉장히 두려운 그 무엇임에 틀림없어요. 신부님, 애당초 영혼을 갖지 않는 편이 더 좋지 않을까요?" 대답을 기다리는 듯 그녀는 다시 말이 없었다. 눈물도 이제 그쳤다. 집 안의 모든 사람이 자리에서 일어나 전율하면서 뒤로 물러섰다. 하지만 그녀는 오직 신부에게만 눈을 고정시킨 것 같아 보였다. 그녀의 얼굴에는 두려움과 호기심에 찬 표정이 나타났는데, 바로 이런 표정이 다른 사람들을 말할 수 없이 섬뜩하게 만들었다.

"영혼은 틀림없이 무거울 거예요." 아무도 대답을 하지 않자, 그녀가 말을 이었다. "아주 무거울 거예요! 영혼이 가까이 오는 것만 보고도 이렇게 두렵고 슬프니 말이에요. 아아, 옛날의 나는 정말로 가볍고 유쾌했는데!"

그리고는 다시 펑펑 울며 옷자락을 얼굴로 가져갔다. 신부가 진지한 표정으로 그녀에게 다가가, 그녀 안에 악마가 있다면 그 가벼운 베일을 벗겨내달라고 성자의 이름을 부르며 기도했다. 하지만 그녀는 신부 앞에 무릎을 꿇고 앉아 신부가 외는 기도문을 복창하고 하느님을 경배하며, 자신은 이 세상의 모든 것과 잘 지내겠노라고 맹세하는 것이었다. 그러자 마침내 신부가 기사에게 말했다.

"신랑, 내 자네에게 새색시를 맡기겠네. 내가 아무리 생각해보아도 그녀에게는 털끝만큼도 사악한 면이 없는 것 같네. 기이한 점은 많지만 말일세. 자네에게 부탁하고 싶은 것은 항상 사려 깊은 마음과 사랑 그리고 신의를 지키라는 것일세."

신부가 나갔다. 어부 부부도 성호를 긋고 뒤따라 나갔다.

운디네는 무릎을 꿇고 얼굴의 베일을 벗고, 수줍게 훌트브란트 쪽을 바라보며 말했다.

"이제 당신은 저를 버리시겠지요. 하지만 이 불쌍하고 불쌍한 소녀는 정말로 나쁜 일이라고는 한 적이 없답니다."

그런 그녀의 모습이 얼마나 사랑스럽고 가슴 뭉클하게 했던지, 신랑은 온갖 두려움과 의혹을 다 잊고 그녀에게로 달려가 그녀를 두 팔에 안아 올렸다. 그러자 그녀가 울면서 미소 지었는데, 마치 붉은 아침 햇살이 시냇물에 비친 것 같았다.

"당신은 내게서 벗어날 수 없어요!"

그녀는 장담하듯 다정하게 속삭이며 부드러운 손으로 기사의 얼굴을 어루만졌다. 그러자 기사는 그가 요정이 아니면 도깨비 나라의 고약한 익살꾼과 결혼한 것이라고 속삭이는 그의 영혼 저 아래 도사리고 있는 끔찍한 생각들을 떨쳐버렸다. 다만 단 한 가지 의문이 자기도 모르게 불쑥 입 밖으로 튀어나왔을 뿐이다.

"사랑하는 운디네, 아까 신부님이 문을 두드렸을 때 했던 땅의 정령이니 퀼레보른이니 하는 이야기는 다 무엇이오?"

"동화예요. 어린이 동화요!" 운디네가 평소처럼 명랑하게 깔깔대고 웃으며 말했다. "처음에는 제가 그런 말을 해서 당신들을 불안하게 했고, 이제는 당신들이 나를 무섭게 하고 있어요. 이것으로 사랑의 첫날밤은 끝난 것인가요?"

"아니요, 그렇지 않소." 사랑에 취한 기사는 이렇게 말하고, 촛불을 끄고 아름다운 신부를 안고 연신 키스를 하며, 창밖의 밝은 달빛을 받아 우아하게 조명이 된 신방으로 들어갔다.

제8장 결혼식 다음날

상쾌한 아침 햇살이 신혼부부를 깨웠다. 운디네는 수줍은 듯 이불을 뒤집어쓰고 있었고, 훌트브란트는 혼자 생각하느라 말없이 누워 있었다. 지난밤 잠이 들려고 하면 이상야릇한 악몽에 시달리곤 했는데, 기분 나쁘게 히죽거리며 아름다운 여인으로 둔갑하려고 몸부림치는 요괴들, 또 갑자기 용의 얼굴로 변신하는 아름다운 여인들이 나타나는 꿈이었다. 그래서 흉측한 요괴들을 피해 벌떡 일어나보면 창밖의 달빛이 창백하고 싸늘하게 비치고 있었다. 놀라서 운디네를 쳐다보면, 그의 품에 안겨 잠들었을 때 모습 그대로 여전히 아름답고 우아하게 자신의 옆에서 잠을 자고 있었다.

그는 색시의 장밋빛 입술에 가볍게 입을 맞추고 잠이 들다가도 다시 놀라 깨곤 했다. 이제 완전히 잠에서 깨어나 지난밤의 불안한 꿈들에 대해 곰곰 생각해본 뒤, 아름다운 아내에게 의혹을 품었던 자신을 나무랐다. 그는 아내에게 자신이 잘못했노라고 분명한 어조로 말했다. 그러나 아내는 예쁜 손을 그에게 내밀며 깊은 한숨을 쉬고는 말이 없었다. 여태껏 한 번도 본 적이 없는 그녀의 은밀한 시선을 보고, 그녀가 자신의 말에 화가 나지는 않았다는 것을 알 수 있었다. 그래서 그는 기분 좋게 일어나 다른 식구들이 있는 거실로 나갔다. 그곳에 있는 세 사람은 걱정스런 표정으로 화롯가에 둘러앉아 아무도 감히 입을 뗄 엄두를 내지 못하고 있었다. 신부는 속으로 모든 걱정거리가 다 물러가기를 기도하는 것처럼 보였다. 그러나 신랑이 즐거운 표정으로 들어오는 것을 보고는 모두들 이맛살을 폈다. 어부는 조심스럽게 예를 차려 신랑과 농담을 주고받기 시작했고, 노부인까지도 이들의 농담을 들으며 다정하게 미소 지었다.

그러는 사이에 운디네도 옷을 차려입고 거실로 들어섰다. 그들은 그녀를 맞이하고픈 마음이었으나, 어린 새색시의 모습이 낯이 익은 듯하면서도 왠지 낯설어 보였기 때문에 너무 놀라 꼼짝하지 않고 그 자리에 그대로 있었다. 신부가 제일 먼저 아버지 같은 사랑을 담은 시선으로 그녀에게 다가갔다. 그리고는 축복기도를 하려고 손을 올리자, 아름다운 새색시는 몸을 가볍게 떨면서 경건하게 그 앞에 무릎을 꿇었다. 그런 다음 그녀는 다정하고 겸손한 말씨로 어제 자신이 했던 어리석은 말들에 대해 용서를 빌고, 아주 감동 어린 어조로 자기의 영혼을 축복하는 기도를 해 달라고 청했다. 그런 다음 일어나 양부모에게 입을 맞추고 지금까지 보살펴준 은혜에 감사했다.

"이제야 두 분이 저에게 얼마나 크고 한없는 사랑을 베풀어주셨는지 가슴속 깊이 느낍니다. 사랑해요. 정말 사랑해요."

그녀는 두 사람을 끌어안은 채 좀처럼 떨어질 줄을 몰랐다. 양어머니가 아침식사 준비를 하려고 부엌 쪽을 바라보는 걸 눈치 채기가 무섭게 운디네는 벌떡 일어나 화덕으로 가 음식을 만들고 정리를 하는 등, 마음씨 좋은 늙은 어머니가 힘든 일을 하지 못하도록 배려했다.

그녀는 하루 종일 그렇게 조용하고 다정했으며, 조심스럽게 행동했다. 그런 그녀는 가정주부인 동시에 수줍어하는 처녀 같았다. 그녀의 성격을 잘 알고 있던 세 사람은 그녀의 변덕스러운 성격이 금세라도 불쑥 튀어나오는 게 아닌가 생각했지만 그런 일은 일어나지 않았다. 운디네는 내내 천사처럼 상냥하고 부드러웠다. 신부님은 그녀에게서 시선을 떼지 못한 채 몇 번이고 신랑에게 말했다. "여보게, 이 못난 나를 통해 하느님의 은혜가 값진 보물을 자네에게 안겨준 것 같네. 이 보물을 본래 그대로 잘 간직하게. 그러면 이 보물이 자네를 이 세상에서든 저 세상에서든 행복하게 해줄 걸세."

저녁 무렵 운디네는 우울한 기분으로 기사의 팔을 끌고 문밖으로 나갔다. 신선한 풀밭과 쭉쭉 뻗은 늘씬한 나뭇가지 위로 기우는 햇살이 아름답게 빛나고 있었다. 새색시의 눈에는 슬픔과 사랑의 이슬 같은 것이 맺혀 있고, 입술 위에는 들릴까 말까 한 한숨소리에도 드러날 것 같은 걱정스런 비밀이 너울거렸다.

그녀는 남편을 끌고 말없이 계속해서 걸어갔다. 그가 무얼 물으면, 그녀는 그저 눈으로만 답할 뿐이었다. 그 눈길은 묻는 말에 직접적인 대답은 되지 않았지만, 거기에는 하늘 같은 사랑과 수줍은 헌신의 마음이 담겨 있었다. 이렇게 해서 두 사람은 홍수가 난 숲 속 개울가에 이르렀다. 놀랍게도 개울의 물은 아주 조용히 졸졸 흘러갈 뿐, 그토록 무섭게 콸콸 흐르던 지난날의 흔적은 찾아볼 수 없었다.

"내일까지는 완전히 마르겠지요." 아름다운 새색시는 울먹이며 말했다. "그리 되면 당신은 아무런 제약도 받지 않고 어디든 원하는 곳으로 가실 수 있어요."

"운디네, 당신 없이는 안 떠날 거요." 기사가 웃으며 대꾸했다. "생각 좀 해보구려. 설사 내가 도망친다 한들, 교회, 신부님, 황제 그리고 온 나라가 합세하여 이 도망자를 당신에게 되돌려줄 텐데……"

"모든 것은 당신에게 달려 있어요, 당신에게." 어린 새색시는 눈물 섞어 웃으며 속삭였다. "당신이 나를 버리지는 않을 것이라고 믿어요. 제가 얼마나 당신을 사랑하는데요. 저를 안고 우리 앞에 있는 저 작은 섬으로 가주세요. 그곳에서 결심을 해야 돼요. 저도 이 정도의 물살은 쉽게 넘을 수 있겠지만, 당신 팔에 안겨 있으면 너무 좋거든요. 그리고 설사 당신이 저를 버린다 해도 마지막 순간까지 당신 품 안에 편안히 안겨 있을 수 있을 테니까요."

홀트브란트는 이상한 불안감과 감동으로 가슴이 꽉 메어 무어라 대답할 바를 몰랐다. 그는 그녀를 팔에 안고 개울을 건너면서 비로소 이곳이 바로 처음 호숫가에 온 날 밤 그녀를 어부에게로 데려왔던 바로 그 작은 섬이라는 사실이 떠올랐다. 섬으로 건너온 그는 그녀를 부드러운 풀밭에 누이고, 아름다운 새색시를 애무하며 곁에 앉으려고 했다. 그러자 그녀가 말했다.

"아니요, 여기 말고 제 건너편에 앉아보세요. 저는 당신의 입이 말하기 전에 당신의 눈을 읽고 싶어요. 이제부터 제가 하는 이야기를 잘 들어보세요." 그런 다음 그녀는 이야기를 시작했다.[9]

"여보, 당신도 아시겠지만, 원소들 중에는 인간들과 거의 같은 모습을 하고 있지만 좀처럼 인간들 눈에 띄지 않는 존재들이 있어요. 불꽃 속에는 괴상한 샐러맨더가 불을 뿜으며 놀고 있고, 땅속에는 바싹 마르고 변덕스러운 그놈(Gnom)이 살고 있고, 숲 속에는 공기에 속하는 숲의 정령들이 방황하고 있고, 호수와 강 그리고 시냇물에는 물의 정령들이 널리 퍼져 살고 있답니다.

물의 정령들은 해와 별이 있는 하늘이 보이고 영롱한 소리가 울려 퍼지는 아치형의 수정궁에서 예쁘게 살고 있습니다. 파랗고 빨간 열매들이 달린 커다란 산호가 정원에서 반짝이고, 발밑에는 깨끗한 모래와 알록달록 아름다운 조개들이 뒹굴고 있지요. 물결이 신비한 은빛 베일이 되어 오늘날의 세상에서는 더 이상 사랑받지 못하는 아름다운 과거 세계를 덮

9 이 이야기는 16세기 스위스 의사이자 자연연구가였던 파라첼수스(Paracelsus, 1493-1541)가 쓴 『님프, 실프, 피그미, 샐러맨더 그리고 기타 정령들에 관한 책』(1566)의 내용을 기초로 하고 있다. 님프는 물의 정령, 실프는 공기의 정령, 피그미 혹은 그놈은 흙의 정령, 샐러맨더는 불의 정령이다.

고 있는데, 베일 아래에는 귀중한 기념비들이 사랑스런 물방울을 우아하게 뒤집어쓰고 장중한 자태로 우뚝 서서 뽐내면서 물방울의 힘을 빌려 아름다운 이끼꽃과 갈대의 이삭을 피어나게 하지요. 그곳에 살고 있는 정령들은 정말로 사랑스럽고 우아한 모습이고 대부분은 인간들보다 훨씬 더 아름답답니다. 그런 매혹적인 물의 여인이 파도를 타고 올라와 노래를 부를 때면, 많은 어부들이 그 노랫소리를 듣고 좋아한답니다. 노래를 들은 어부들은 아름다운 물의 여인에 대한 이야기를 세상에 알렸지요. 그러자 세상 사람들은 이 신비한 여인들을 운디네라 부르게 되었답니다. 당신은 지금 실제로 그런 운디네들 중의 하나를 보고 계시는 겁니다, 사랑하는 이여."

기사는 사랑하는 아내가 다시 이상한 기분에 사로잡혀 그럴 듯하게 지어낸 이야기로 자신을 놀리고 싶어하는 거라고 스스로를 안심시키려고 했다. 그는 이런 식으로 자기 자신을 설득했고, 단 한 순간도 그녀의 말을 믿을 수는 없었지만, 이상한 전율이 그의 전신에 흘렀다. 그는 한마디의 말도 못 하고 낯선 시선으로 이야기를 계속하는 사랑스런 아내를 응시했다. 아내는 슬픈 표정으로 고개를 흔들고 깊은 한숨을 내쉰 다음 계속해서 이야기했다.

"우리는 얼굴과 몸이 인간과 똑같이 생겼기 때문에 우리를 인간으로 여깁니다. 사실 우리가 당신네 인간들보다 훨씬 훌륭할 거예요. 하지만 유감스럽게도 우리에게는 치명적인 약점이 하나 있어요. 우리나 우리와 비슷한 다른 원소들(흙, 불, 공기)은 죽은 뒤 정신과 육체가 가루가 되어 흩어져 사라지기 때문에 아무런 흔적을 남기지 않는다는 거예요. 다른 종류인 당신네 인간들은 훗날 보다 순수한 생명이 되어 다시 태어나게 되지만, 우리는 모래와 불꽃, 바람과 물결로 변하게 되지요. 우리에게는 영혼이 없거든요. 우리가 살아 있는 동안은 원소가 우리를 조종하고 우리의 말을 들어주지만, 일단 죽어버리면 우리는 거품으로 변한답니다. 그래도 우리는 두견새나 금붕어 그리고 다른 예쁜 자연의 아이들이 그러하듯이 아무런 근심걱정 없이 즐겁기만 하답니다.

하지만 세상 만물은 현재의 위치보다 더 나아지려고 하지요. 그래서 지중해의 강력한 물의 왕이신 우리 아버지는 외동딸인 제가 영혼을 갖기를 바랄 뿐 아니라, 영혼을 지닌 인간들의 많은 고통까지도 견뎌내기를 바라셨어요. 그런데 우리 같은 존재들은 오직 인간과 긴밀한 사랑의 결합을 이룰 때에만 영혼을 얻을 수 있어요.

이제 저는 영혼을 얻었어요, 당신 덕분에 영혼을 얻었어요. 너무너무 사랑하는 당신, 당신이 저를 비참하게 만들지만 않는다면, 저는 당신에게 감사하며 살 거예요. 당신이 저를 미워하게 된다면, 저는 어떻게 될까요? 그렇다 해도 저는 당신을 속이면서까지 당신을 차지하고 싶지는 않아요. 저를 버리시려거든 지금 그렇게 하시고 혼자 돌아가세요. 저는 이 시냇물로 들어가겠어요. 이 시냇물은 제 삼촌인데, 친구들과 헤어져 이 숲에서 이해할 수 없는 은둔자의 생활을 하시고 계세요. 그렇지만 삼촌은 강하고, 많은 큰 강물들에게 존경을 받는답니다. 그분이 저를, 천방지축 웃기만 잘하는 저를 어부의 집으로 데려오셨듯이, 영혼을 갖고 사랑하며 번민하는 인간 여자가 된 저를 이제 다시 집으로 데려다줄 거예요."

은은한 감동과 사랑으로 가슴이 벅차오른 훌트브란트는 이야기를 계속하려는 운디네를 안고 냇물을 건넜다. 들판에 도착한 그는 키스를 하고, 사랑하는 자기 여자의 곁을 결코 떠나지 않겠노라고 맹세하며 울었다. 그는 또, 아프로디테에게 부탁하여 자기의 아름다운 조각상에 생명을 불어넣어 아내로 삼은 피그말리온보다도 자신이 더 행복하다고 했다.

운디네는 신뢰하는 마음이 생겨 그의 팔짱을 끼고 오두막으로 돌아왔다. 그리고 비로소 아버지의 신비한 수정궁을 떠나온 것이 전혀 아쉽지 않다는 것을 진심으로 느꼈다.

제9장 기사가 새색시를 데리고 도시로 돌아가다

다음날 아침 훌트브란트가 잠에서 깨어나 보니 아름다운 아내가 옆에 없었다. 그러자 또다시 괴상한 생각에 사로잡히기 시작했는데, 결혼이라든가 매혹적인 운디네조차 그저 허깨비였거나 도깨비장난이었던 것 같은 생각이 들었다. 바로 그때 운디네가 들어와 그에게 키스를 하고 침대로 올라와 그의 옆에 앉아서 말했다.

"삼촌이 약속을 지켰는지 보기 위해서 좀 일찍 밖으로 나가봤어요. 삼촌은 벌써 강물을 고요히 흐르도록 되돌려놓고, 이제는 예전의 은둔자로 돌아가 사색에 젖어 숲 속을 흐르고 있어요. 물과 공기에 있는 삼촌 친구들도 역시 모두들 안정을 취하고 있어요. 이 주변은 이제 정돈되었고 안정을 찾았어요. 그래서 당신이 원하기만 하면 언제든 발을 적시지 않고 고향으로 돌아갈 수 있게 되었어요."

훌트브란트는 눈을 뜬 채 꿈을 꾸고 있는 기분이 들었고, 아내의 기이한 친척에 대해서는 전혀 이해가 되지 않았다. 그렇지만 그는 그런 기색을 보이지 않았을 뿐 아니라, 귀여운 아내의 사랑스런 태도 앞에서도 자꾸 고개를 드는 어떤 끔찍한 예감을 꾹꾹 눌렀다.

잠시 후 그는 아내와 함께 문밖으로 나와 맑은 호수와 맞닿은 푸른 초원을 바라보며 이 사랑의 요람 안에 있는 자신이 너무나 행복하게 느껴져 이렇게 말했다.

"오늘 당장 떠날 필요가 뭐 있겠소? 저 바깥세상 그 어디에도 이 은밀한 곳보다 더 만족스럽게 생활할 수 있는 곳은 없을게요. 이곳에서 두세 번 더 일몰을 구경하기로 합시다."

"주인님이 명령하시는 대로." 운디네가 다정하고 겸손하게 대꾸했다. "문제는 노인들이 저와 헤어지는 걸 너무나 슬퍼하신다는 거예요. 게다가 그분들이 제 안의 이 성실한 영혼을 느끼시고, 제가 지금 당신들을 얼마나 사랑하고 존경하는지 느끼게 된다면, 그분들은 너무너무 눈물을 많이 흘려 그만 시력이 약해지고 말지도 몰라요. 그분들은 아직까지는 제가 침착해지고 신앙심이 깊어진 것을 진지하게 받아들이지 않고, 그저 바람이 잠잠해지면 호수가 잔잔해지는 정도로 생각하고 계시거든요. 이제 그분들은 저 대신 들판의 나무나 꽃과 더 친하게 지내게 되겠지요. 제가 새로 얻은 이 사랑으로 물결 치는 영혼에 대해서는 그분들이 세상을 떠나는 그 순간까지도 알리지 말아주세요. 그런데 제가 그분들의 곁에 오래 머물게 된다면 어떻게 이런 저를 숨길 수 있겠어요?"

훌트브란트는 그녀의 말이 옳다고 동조하고, 노인들에게 가서 고향으로 돌아가야겠다고 말했다. 신부도 젊은 신혼부부와 동행하겠다고 했다. 신부와 기사는 노인들에게 간단히 작별인사를 하고 아름다운 새색시를 말에 태우고 마른 시냇물 바닥을 건너 서둘러 숲 속으로 들어갔다. 운디네는 소리는 내지 않았지만 비통하게 울었고, 뒤에 남겨진 어부 부부는 큰 소리로 통곡했다. 그들은 일행이 떠나고 나서야 비로소 귀여운 양녀를 잃었다는 생각을 하게 된 것 같았다.

세 명의 여행자는 말없이 울창한 숲의 어둠 속으로 들어섰다. 아름다운 여인이 멋지게 치장을 한 말을 타고 가고, 말의 한쪽에는 하얀 수도복을 입은 위엄 있는 신부가, 다른 쪽에는 화려한 복장의 젊은 기사가 허리에는 멋진 검을 차고 당당하게 걸어가는 모습이 푸른 나뭇잎이 만든 통로에서 보니 한 폭의 아름다운 그림이었다. 훌트브란트는 사랑스런 아내에게서 눈을 떼지 못했고, 이제 울음을 그친 운디네 역시 그에게서 잠시도 눈을 떼지 않았다. 소리 내지 않고 시선과 몸짓으로 침묵의 대화를 주고받고 있던 두 사람은 옆에서 들려오는 조용한 대화소리에 깜짝 놀랐는데, 그것은 신부가 어느 틈엔가 그들에게 합류해서 함께 걷고 있는 네 번째 일행과 나누는 이야기 소리였다.

그 인물은 신부의 사제복과 거의 동일한 하얀 외투를 입고 두건을 얼굴 깊숙이 푹 눌러 쓰고 있었다. 그는 외투의 주름이 너무 넓어 그를 둘러싸고 너풀거렸기 때문에 움직일 때마다 외투를 추켜올리거나 소매를 걷어올리거나, 그와 비슷한 행동을 하곤 했지만, 그 때문에 걷는 데 방해를 받는 것 같지는 않았다. 신혼부부가 그 인물을 알아챈 바로 그 순간 그는 이런 말을 하고 있었다.

"존경하는 어르신, 저는 벌써 수년 전부터 이 숲에서 살고는 있습니다만, 당신이 생각하시는 그런 은둔자라 할 수는 없습니다. 말씀드렸듯이 저는 참회라는 것에 대해 아는 바가 전혀 없을 뿐 아니라, 그것이 꼭 필요하다고 생각하지도 않기 때문입니다. 제가 숲을 좋아하는 이유는 오직, 이곳이 아주 독특한 방식으로 아름답게 움직이기 때문입니다. 그리고 이 펄럭거리는 옷을 입고 캄캄한 어둠 속과 나뭇가지 사이를 누비고 다니고, 이따금 감미로운 햇살이 제 위로 내리쬐는 것이 즐겁기 때문이지요."

"당신은 참으로 괴상한 사람이군요." 신부가 대꾸했다. "당신에 대해 더 자세히 알고 싶군요."

"그런데 당신은 누구십니까? 어디에서 오셨다가 어디로 가시는 겁니

까?" 새로운 이방인이 물었다.

"하일만 신부요." 신부가 대답했다. "나는 호수 저편의 마리아그루스 수도원에서 왔소."

"그렇군요." 이방인이 대답했다. "제 이름은 퀼레보른입니다. 공손하게 부르려면 퀼레보른 경이나 퀼레보른 남작이라고 불러도 됩니다. 저는 숲의 새처럼 자유로우니까요.[10] 아니 그보다 조금 더 자유로우니까요. 자, 이제 저쪽의 젊은 새색시에게로 건너가겠습니다."

이렇게 말한 그는 눈 깜짝할 사이에 신부의 반대편으로 건너가, 운디네에게 바싹 붙어 귓속말을 하려고 몸을 위로 뻗었다. 그러나 그녀는 깜짝 놀라 얼굴을 피하며 말했다. "당신하고는 이제 아무 볼일이 없어요."

10 독일어 '남작 Freiherr'의 원래 뜻은 '자유로운 신사'다.

“하하하!” 이방인이 웃었다. “얼마나 대단한 결혼을 했길래 친척도 몰라라 한단 말이냐? 그토록 충직하게 너를 등에 업고 이 고장까지 데려다준 퀼레보른 삼촌을 모른 채 하겠단 말이냐?”

“제발 부탁이에요.” 운디네가 대꾸했다. “다시는 제 앞에 나타나지 마세요. 이제는 삼촌이 무서워요. 남편이 제가 이렇게 괴상한 친척들과 함께 있는 걸 보고 저를 싫어하게 되면 어떡해요?”

“조카야,” 퀼레보른이 말했다. “내가 너희를 호위하고 있다는 사실을 잊지 말아라. 그렇지 않으면 무시무시한 땅의 정령들이 너희들에게 고약한 장난을 칠 게다. 그러니 제발 내가 소리 없이 동행하도록 가만히 있거라. 저기 늙은 신부는 나를 너보다도 더 잘 기억하고 있더구나. 조금 전에 나를 보더니 매우 낯이 익다며, 자기가 물에 빠졌을 때 나룻배에 함께 있었던 게 틀림없다고 장담까지 하더라. 물론 그것은 나였지. 그분을 물에서 끌어낸 물기둥이 바로 나였고, 너의 결혼식을 집도하도록 여기 이 육지까지 데려다준 것도 나였다.”

운디네와 기사는 하일만 신부 쪽을 바라보았다. 하지만 신부는 몽상에 잠겨 계속 걷고 있었으며, 그들의 대화를 전혀 듣고 있는 것 같지 않았다. 그러자 운디네가 퀼레보른에게 말했다. “벌써 숲의 끝이 보여요. 이제 더는 삼촌의 도움이 필요 없어요. 삼촌보다 더 무서운 것은 이제 없어요. 저를 사랑하고 위한다면 이제 제발 우리를 내버려두고 떠나세요.”

이 말을 들은 퀼레보른은 기분이 상한 듯했다. 그는 얼굴을 찡그리고 운디네를 째려보았다. 그녀는 비명을 지르고 남편에게 도와달라고 소리쳤다. 기사는 번개처럼 말을 돌려 퀼레보른의 머리를 향해 날카로운 검을 내리쳤다. 하지만 그가 내리친 것은 높은 절벽으로부터 물거품을 내며 그들 옆으로 떨어지는 폭포수였다. 폭포수는 갑자기 웃음소리 같기도 한 철썩하는 소리를 내며 그들 머리 위로 쏟아져 그들을 흠뻑 적셨다. 신부가 갑자기 잠에서 깨어난 듯 말했다.

"시냇물이 언덕 높이에서 우리 옆에 바싹 붙어 흐르고 있어서, 아까부터 이런 일이 생길 거라 생각했지. 처음에는 그 냇물이 사람인 것 같기도 했고, 말을 할 수 있는 게 아닌가 하는 생각이 들기도 했어."

폭포가 콸콸 흐르며 하는 말이 훌트브란트의 귀에 아주 분명하게 들려왔다.

"민첩한 기사, 용감한 기사여, 그런다 해도 난 화를 내지 않소. 당신에게 욕을 하지도 않소. 오직 한 가지, 매혹적인 새색시를 그렇게 변함없이 아껴주기만을 바랄 뿐이오, 용감한 기사, 민첩하고 혈기왕성한 기사여!"

몇 발자국 안 가서 그들은 숲을 빠져나왔다. 그들 앞에 도시가 눈부시게 펼쳐져 있었고, 도시의 탑들을 황금빛으로 물들인 석양이 친절하게도 여행객들의 흠뻑 젖은 옷을 말려주었다.

제10장 도시에서의 생활

젊은 기사 훌트브란트 폰 링슈테텐이 숲 속으로 들어간 뒤 오래도록 돌아오지 않자, 도시에서는 큰 소동이 벌어지고, 그의 무술 실력과 무도회에서의 세련되고 부드럽고 다정한 태도 때문에 그를 좋아했던 사람들이 크게 걱정을 했다. 주인을 잃은 하인들은 도시를 떠나 집으로 돌아갈 생각을 하지는 않았지만, 누구 하나 용기를 내어 악명 높은 숲의 어둠 속으로 들어갈 엄두를 내지도 못했다. 보통 사람들이 그러하듯이, 그들은 숙소에 틀어박혀 아무런 행동을 취하지 않고 그저 사라진 주인이 무사히 귀환하기를 기원하기도 하고, 주인을 생각하며 애통해하기도 했다. 그 뒤 얼마 안 있어 숲 저편에 폭풍우가 불어닥쳐 대홍수가 났다는 소문이 퍼지게 되자, 늠름한 기사가 죽었다는 걸 의심하는 사람이 없게 되었다. 베르탈다 역시 이를 비통해하며, 기사가 숲 속으로 들어가 불행하게 죽게 만든 자신을 저주했다. 양부모인 영주 부부가 데리러 왔지만, 오히려 그녀는 부모님에게 훌트브란트의 생사를 확실히 알 때까지 자신과 함께 있어달라고 부탁했다. 그녀는 열정적으로 자신에게 청혼하는 젊은 기사들의 마음을 움직여 이 숭고한 모험가를 찾으러 숲으로 들어가게 하고 싶었다. 그렇지만 이 용감한 모험의 대가로 젊은 기사들의 청혼을 받아들이고 싶지는 않았는데, 그것은 사라진 기사가 혹시 귀향하여 그의 아내가 될 수 있을지도 모른다는 희망을 버리지 않고 있었기 때문이다. 젊은 기사들 역시 그녀의 장갑이나 리본 또는 기껏 키스 한번 받으려고 목숨까지 걸고 싶지도 않았고, 나아가 만약 그가 살아 돌아온다면 아주 위험한 연적이 될지도 모르는데, 목숨 걸고 그를 찾으러 가고 싶지도 않았다.

그럴 즈음 훌트브란트가 예기치 않게 갑자기 나타났기 때문에, 하인들과 주민들, 한마디로 거의 모든 사람들이 기뻐했지만, 오직 베르탈다만은 기뻐할 수가 없었다. 왜냐하면 그가 절세미인 그리고 그들 결혼의 증인인 하일만 신부와 함께 왔기 때문이다. 그리고 다른 사람들이 이들을 보고 즐거워했기 때문에 그녀는 오히려 우울했다. 처음부터 베르탈다 쪽에서 더 젊은 기사를 사랑했고, 그가 실종되자 그녀가 너무나 슬퍼했기 때문에 사람들은 그가 스스로 떠난 것이 아닌지 의심하기도 했다. 그녀는 더욱더 현명한 여인으로 행동하면서 이런 변한 상황에 적응했으며, 온 도시 사람들이 훌트브란트가 숲 속에서 마녀로부터 구출해낸 공주라고 생각하는 운디네와도 사이좋게 지냈다. 사람들이 운디네나 훌트브란트에게 소문이 사실이냐고 물으면, 둘은 입을 굳게 다물고 교묘하게 대답을 회피했다. 하일만 신부도 온갖 쓸데없는 추측들 앞에서 입을 굳게 다물었다. 게다가 신부는 그곳에 도착한 직후 곧바로 수도원으로 돌아갔기 때문에, 사람들은 각자 멋대로 상상해야 했고, 베르탈다조차 다른 사람들과 마찬가지로 진실에는 조금도 접근하지 못했다.

어쨌든 운디네는 날이 갈수록 이 예쁜 아가씨가 좋아졌다.

"우리는 분명 아는 사이였을 거예요." 운디네는 곧잘 이렇게 말하곤 했다. "아니면, 우리 사이에는 어떤 불가사의한 인연이 있는 게 틀림없어요. 아무 이유도 없이, 그리고 뭔가 깊고 은밀한 사연이 없는데도 이렇게 다른 사람이 좋아질 수는 없거든요. 당신을 처음 본 순간부터 난 당신이 좋았거든요."

베르탈다 역시 이 행복한 연적 때문에 뼛속까지 고통스럽기는 했지만, 그에 못지않게 그녀를 신뢰하고 사랑한다는 느낌을 부인할 수는 없었다. 이렇게 서로에게 호감을 느끼면서, 한쪽은 양부모와 함께, 다른 쪽은 남편과 함께 지내면서 그 도시를 떠날 날짜를 계속 미뤘다. 이제 곧 베르탈다가 도나우 강 수원지에 있는 링슈테텐 성까지 운디네를 동반해서 같이 간다는 소문이 돌았다.

그들은 별이 빛나는 아름다운 밤에 커다란 나무들이 빙 둘러쳐진 시장에서 산책하면서 다시 한번 그 일에 대해 이야기를 나눴다. 신혼부부가 늦은 저녁 산보길에 베르탈다를 함께 데리고 갔던 것이다. 세 사람은 검푸른 하늘 아래에서 다정하게 이야기를 나누며 산보를 하다가 광장 한복판의 멋진 분수대에서 철썩거리며 솟아오르는 물의 장관을 보고 그만 걸음을 멈추고 감탄사를 연발했다. 그들에게는 이런 광경이 아주 사랑스럽고 신비하게 느껴졌다. 주변의 집들에서 흘러나오는 불빛들이 나무 그늘 사이에서 빛났고, 뛰어노는 아이들과 기분 좋게 산책하는 사람들의 나지막한 웅얼거림이 사방에서 물결 쳤다. 사람들은 명랑하고 활기찬 세상 한가운데서 혼자이기도 하지만, 다른 사람들과 이처럼 사이좋게 어울리기도 하는 법이다. 그래서 낮에는 어렵게 여겨졌던 문제가 저절로 해결되었다. 세 친구는 베르탈다의 동행 여부를 두고 자신들이 왜 그렇게 걱정을 했는지조차 이해할 수 없었다.

그들이 막 출발 날짜를 정하려고 할 때, 시장 광장 한가운데서 키 큰 남자가 나타나 그들에게 다가와 정중하게 고개 숙여 인사를 하더니, 운디네의 귀에 대고 무어라 속삭였다. 운디네는 이런 식의 방해가 못마땅하다는 듯 방해꾼을 옆으로 데리고 가서 소곤소곤 이야기를 주고받았다. 그것은 마치 외국어 같았다.

훌트브란트는 이 이상한 사내를 알고 있는 것 같아 자세히 살펴보느라 베르탈다가 묻는 소리를 듣지도 못했고, 물론 대답도 못 했다. 그런데 갑자기 운디네가 기쁜 듯 손뼉을 치고 웃으면서 그 사내를 내버려둔 채 그들에게 돌아왔다. 그 사내는 연신 고개를 흔들면서 불만스럽다는 듯 총총걸음으로 멀어지더니 우물 속으로 들어가버렸다. 그때서야 훌트브란트는 자기 짐작이 맞았다고 생각했다. 베르탈다가 물었다.

"운디네, 우물 주인이 당신에게 무슨 볼일이 있었어요?"

새색시는 웃음을 참으며 대답했다.

"모레, 당신의 성명축일에 알게 될 거예요, 아가씨."

더 이상은 아무것도 알아낼 수 없었다. 운디네는 베르탈다와 그녀의 양부모를 다음날 점심식사에 초대했다. 그 뒤 그들은 헤어졌다.

"퀼레보른이었소?"

베르탈다와 헤어져 어두운 골목길을 지나 돌아오면서 훌트브란트가 몸서리를 치며 아름다운 아내에게 물었다.

"네, 맞아요." 운디네가 대답했다. "삼촌은 온갖 쓸데없는 염려들을 저에게 늘어놓았어요. 그러다가 사실 삼촌의 의도는 아니었지만, 정말로 반가운 소식 하나를 전해주어 저를 기쁘게 했어요. 당신이 지금 당장 이 소식을 알고 싶다면 명령만 하세요. 그러면 모든 사실을 속 시원하게 말해드리지요. 하지만 당신의 운디네에게 정말로, 정말로 큰 기쁨을 선사하고 싶다면, 모레까지만 참아주세요. 그러면 당신도 깜짝 놀랄 경험을 하게 될 거예요."

기사는 너무나 애교스럽게 부탁하는 아내의 청을 들어주지 않을 수 없었다. 잠들기 전 그녀는 미소 지으며 혼잣말로 중얼거렸다.

"우물 주인이 전하는 소식을 들으면 그녀가 얼마나 기뻐하고, 또 얼마나 놀랄까, 오, 사랑스런 베르탈다."

제11장 베르탈다의 성명축일

사람들은 식탁에 빙 둘러앉아 있었다. 보석과 꽃, 양부모와 친구들이 준 여러 가지 선물로 치장한 베르탈다는 봄의 여신처럼 훌트브란트와 운디네 사이의 상석에 앉아 있었다. 성대한 만찬이 끝나고 후식이 들어올 무렵에는, 독일 지방의 훌륭한 옛 풍습에 따라 평민들도 구경을 하며 귀족들의 잔치를 함께 즐길 수 있도록 문을 활짝 열어두었다. 하인들이 구경꾼들에게 포도주와 케이크를 나누어주었다.

훌트브란트와 베르탈다는 마음속으로 초조해하며 반가운 소식을 기다리느라 운디네에게서 눈을 뗄 수가 없었다. 하지만 이 아름다운 부인은 여전히 말없이 혼자서 기뻐하며 그저 야릇한 미소를 띠고 있을 뿐이었다. 그녀의 약속을 알고 있는 두 사람은 그녀가 당장이라도 신선한 비밀을 밝히고 싶으면서도, 마치 사탕을 손에 든 어린애가 아까워서 못 먹듯이 꾹 참으면서 무엇인가를 기다리고 있다는 것을 알아챌 수 있었다. 두 사람은 운디네의 입에서 나올 행복한 소식을 기대와 불안감으로 기다리며 유쾌한 기분을 공유했다. 그때 사람들이 운디네에게 노래를 부르라고 청했다. 그녀는 마침 좋은 기회라고 느꼈는지, 비파를 켜며 노래를 불렀다.

물결 치는 호숫가에
아침이 환하게 밝아오니
꽃들이 알록달록 피어나고
풀들은 향기를 날리며 쑥쑥 자라네!
풀밭 사이에서 반짝이는
저것이 무엇이지?
하늘에서 초원의 품으로 떨어진
크고 흰 꽃송이인가?
아, 예쁜 아기네!
꽃들과 천진스럽게 장난치며
금빛 찬란한 아침 햇살을 잡으려 하는구나,
오, 사랑스런 아가야, 어디에서, 어디에서 왔니?
머나먼 이름 모를 물가에서
여기까지, 호수가 너를 데려왔구나.
사랑스런 아가야, 네 고사리 손으로

이것저것 잡으려고 하지 마라.
네 손에 잡히는 것은 없을 게다.
그것은 네가 너무 낯설어 꽃들이 침묵하기 때문이지.
꽃들은 스스로를 예쁘게 치장할 줄도 알고,
마음껏 향기를 풍길 줄도 알지만,
너를 품어주려는 꽃은 없으니,
아직은 포근한 어머니의 품이 멀리 있구나.
오, 가엾은 아가야, 생명의 문이 열리자마자,
아직 얼굴에서 천상의 웃음이 가시기도 전에
가장 소중한 것을 잃어버렸는데,
아무것도 모르고 있구나.
존귀한 영주님이 말을 타고 와
네 앞에서 말을 멈추었구나.
그분이 너를 성으로 데려와서
훌륭한 예술과 순결한 예절을 가르치셨구나.
너는 무한히 많은 것을 얻었고
세상에서 가장 아름다운 여인으로 활짝 피어났지만,
아, 최고의 행복은
이름 모를 물가에 두고 왔구나.

운디네는 슬픈 미소를 띠며 비파를 내려놓았다. 베르탈다의 양부모 눈에는 눈물이 가득 고였다.

"내가 너를 발견했던 그날 아침이 바로 그랬단다, 가엾고 사랑스런 아가야." 깊은 감동을 받은 공작이 말했다. "아름다운 아가씨가 부른 이 노래의 내용은 다 맞는 말이란다. 우리는 너에게 가장 소중한 그것을 줄 수 없었단다."

"우리는 가엾은 친부모에게 어떤 일이 생겼는지도 들어봐야만 합니다."

운디네가 말하고 비파를 뜯으며 노래했다.

어머니는 방들을 살피고
장롱 속 여기저기를 다 뒤지고
울부짖으며 찾았지만,
빈집 이외에는 아무것도 없었네.

빈집! 한때 귀여운 아이가
낮이면 아장아장 걸어다니고
밤이면 요람에서 새근새근 잠자던
집에는 한탄의 소리만이 울려 퍼졌지!

다시 너도밤나무에 파릇파릇 새순이 돋고
다시 해는 떠오르건만,
'어머니, 이제 그만 찾으세요,
당신의 사랑스런 아이는 다시는 돌아오지 않는답니다.'

저녁 바람이 불어올 무렵
화롯불가로 돌아오신 아버지
우는 듯 마는 듯 표정만 짓더니,

이내 눈물을 흘리고 마는구나.

아버지는 아이 방에서
죽음의 정적만을 느끼고,
창백한 어머니의 흐느낌만을 들을 뿐
그를 향해 웃어주는 아이를 찾지 못했네.

"오, 하느님, 부모님은 어디 계시는 거예요, 운디네?" 베르탈다가 울부짖었다. "신비한 여인이여, 당신은 분명히 알고 있죠? 알고 있는 게 틀림없어요. 그렇지 않다면 그런 노래를 불러 이토록 가슴 아프게 하지는 않을 거예요. 혹 그분들이 벌써 이곳에 와 계시는 것은 아닌가요? 그래요?"

베르탈다의 시선은 멋지게 차려입은 귀족들을 둘러보더니, 그녀의 양부모 바로 옆에 앉아 있는 그 도시의 영주 부인에게서 멈추었다. 그때 운디네는 문쪽을 향해 고개 숙여 인사를 했다. 그녀의 눈에서 감격의 눈물이 흘렀다.

"이 순간을 기다리고 또 기다리던 가엾은 부모님은 어디 계시지요?"

운디네가 이렇게 묻자, 늙은 어부가 아내와 함께 구경꾼들 사이를 비집고 비틀거리며 앞으로 나왔다. 어부 부부의 시선은 먼저 운디네에게 향했다가 이내 자신들의 딸로 밝혀진 아름다운 아가씨에게로 향했다.

"이분들입니다!"

감격한 운디네가 더듬거리며 말하고, 두 노인네는 큰 소리로 울며 하느님에게 경배하고 다시 찾은 딸의 목을 얼싸안았다.

하지만 베르탈다는 놀랍고 화가 나서 노인들의 포옹을 뿌리쳤다. 지금까지 누려온 사치스런 생활을 더욱더 화려하게 해줄 것이라고 믿어 의심치 않았을 뿐 아니라, 자신의 머리 위에 왕관이 씌워질지도 모른다는 희망에 부풀어 있던 그 순간에 벌어진 이런 상봉은 그녀의 자존심에 너무나 큰 상처를 입혔다. 이것이야말로 자신의 연적인 운디네가 훌트브란트와 세상 사람들 앞에서 그녀를 모욕하기 위해서 꾸며낸 일이라고 생각했다. 그녀는 운디네에게 욕을 퍼붓고, 두 노인들에게도 끔찍한 말을 했다.

"이 사기꾼 계집, 이 매수당한 놈들!" 이런 욕이 그녀의 입에서 튀어나왔다.

그러자 늙은 어부의 아내가 아주 조용히 혼잣말로 중얼거렸다.

"오, 하느님, 저 애가 못된 녀석이 되어버렸군요. 하지만 저 애가 바로 내 속으로 낳은 자식이라는 걸 느낄 수 있답니다."

하지만 늙은 어부는 두 손을 맞잡고 마음속으로 저 애가 자기 딸이 아니길 바란다고 기도했다.

운디네는 지금껏 혼자서 속으로 상상한 멋진 장면이 갑자기 전혀 상상도 못 한 불안하고 놀라운 장면으로 뒤바뀌자, 시체처럼 창백해져 양부모와 베르탈다 사이를 비틀거리며 왔다갔다했다.

"당신에게는 영혼이라는 것이 있습니까? 도대체 영혼이라는 것이 정말로 있기나 한 겁니까, 베르탈다?"

운디네는 갑자기 발작한 광기 혹은 베르탈다를 미치게 만든 어떤 악몽으로부터 깨우기라도 하려는 듯 이렇게 몇 번이고 크게 소리 질렀다. 그래도 베르탈다는 점점 더 격렬하게 화를 내고, 모욕당한 친부모는 큰 소리로 울부짖기 시작하고, 식탁에 둘러앉은 사람들은 이편저편으로 갈려 이 상황에 대해 논쟁을 벌이며 열을 내기 시작했다. 그러자 갑자기 운디네가 위엄을 갖추고 진지하게, 여기는 남편의 집이니 자기에게 말할 기회를 달라고 했다. 이런 그녀의 말에 주변이 일시에 조용해졌다. 모두가 주목하고 있는 동안 그녀가 말했다.

“여러분은 서로 원수를 대하듯 으르렁대며 저의 화기애애한 잔치를 아수라장으로 만들어놓았어요. 오, 하느님 맙소사, 저는 여러분의 어리석은 윤리의식과 왜곡된 사고방식을 전혀 모르지만, 앞으로도 그런 것을 배우지는 않겠어요. 오늘 일이 이처럼 뒤틀리게 된 것은 제 잘못이 아닙니다. 겉으로는 그렇게 보이지 않을지 모르지만, 이번 일은 다 여러분의 탓이라는 것만은 알아주세요. 그래서 사실 여러분에게 할 말이 많지 않습니다. 단 한 가지만 말하겠어요. 제 말이 거짓말이 아니라는 겁니다. 저의 확신을 뒷받침하는 증거가 있답니다. 이런 증거를 대고 싶지는 않지만, 그런 것이 있다는 사실에 대해 맹세를 합니다. 베르탈다를 부모에게서 빼앗아 물속으로 유인했다가 영주님이 지나가실 푸른 풀밭에 놓아둔 장본인이 저에게 직접 말해준 겁니다.”

“저 여자는 마녀예요.” 베르탈다가 외쳤다. “악마들과 통하는 마녀예요. 지금 그녀가 직접 고백하고 있잖아요.”

“저는 그런 일을 안 합니다.” 운디네가 순진하고 확신에 찬 눈빛으로 말했다. “전 마녀가 아니에요. 저를 조사해보세요.”

“저 거짓말하며 잘난 척하는 것 좀 봐요.” 베르탈다가 끼어들었다. “게다가 그녀는 제가 이 비천한 사람들의 자식이라는 말도 안 되는 주장을 하고 있잖아요. 영주이신 부모님, 제발 부탁이니 저를 업신여기려고 작정한 이 도시의 사람들로부터 저를 구해주세요.”

하지만 점잖은 노공작은 꼼짝하지 않고 서 있었고, 공작부인이 말했다.

“우리가 처한 이 문제를 확실히 해결해야겠어요. 그러기 전에는 단 한 발짝도 이 홀에서 나가지 않겠어요.”

그때 늙은 어부의 아내가 다가와 공작부인에게 허리 굽혀 절을 하고 말했다. "그렇게 말씀해주시니 속이 다 후련합니다, 귀부인 마님. 이 못된 아가씨가 제 딸년이라면 양쪽 어깨 사이에 오랑캐꽃만한 점이 하나 있고, 똑같은 것이 왼쪽 발등에도 있답니다. 저 아가씨가 소인과 함께 나가서 확인을 해보겠다면……"

"저런 시골 촌부 앞에서는 옷을 벗지 않겠어!" 베르탈다가 등을 돌리면서 거만하게 말했다.

"그럼 내 앞에서라면 되겠지." 공작부인이 아주 진지하게 대꾸했다. "나와 함께 방으로 가자. 선량하신 노인도 따라오세요."

세 사람은 사라지고 나머지는 모두 말없이 호기심으로 결과를 기다렸다. 얼마 후 여자들이 돌아왔다. 베르탈다는 새파랗게 질려 있었고, 공작부인이 입을 열었다.

"모든 일은 제자리를 찾아가야 되겠지요. 그러니 저로서도 말하지 않을 수 없군요. 여기 이 부인은 진실을 말했어요. 베르탈다는 어부의 딸입니다. 더 이상은 여기에서 말할 필요가 없을 것 같군요."

영주 부부는 양딸과 함께 자리를 떴다. 영주가 눈짓을 하자 어부 부부가 그 뒤를 따라갔다. 다른 손님들은 말없이 또는 속으로 중얼거리며 떠났고, 운디네는 훌트브란트의 품에 안겨 가슴 아프게 울었다.

제12장 도시를 떠나는 장면

이 일이 좀 다르게 진행되었더라면 링슈테텐의 성주에게도 훨씬 좋았을 것이다. 그렇다고 오늘의 사건이 그를 아주 실망시킨 것은 아니었다. 매력적인 아내의 마음씨가 경건하고 관대하며 착하다는 것이 증명되었기 때문이다. '내가 그녀에게 영혼을 주었다면, 그것은 분명 내 것보다 더 좋은 것일 게야.' 그는 혼자서 이렇게 생각하지 않을 수 없었다. 그리고는 어떻게 하면 울고 있는 아내를 기쁘게 해줄까 고민하다가, 이 일로 인해 이 도시가 싫어졌을 게 틀림없을 그녀를 위해 당장 떠나야겠다고 생각했다. 그가 이렇게 생각한 것은 또 하나, 이곳 사람들이 그녀를 부당하게 평가하고 있기 때문이기도 했다. 사람들은 처음부터 그녀에게서 뭔가 신비로운 것을 기대하고 있었기 때문에, 베르탈다가 천한 집안 출신으로 밝혀진 것에 대해서는 주목하지도 않았다. 단지 그 사실을 듣고 광적으로 행동한 베르탈다에 대해서 나쁘게 생각했을 따름이다. 하지만 기사나 그의 아내는 사람들의 이런 반응에 대해 전혀 몰랐다. 어쨌거나 운디네에게는 양쪽의 반응이 다 고통스럽기는 매한가지였을 것이다. 그래서 이 도시의 성곽을 가능한 한 빨리 벗어나는 것보다 더 좋은 일은 없었다.

동이 트자마자 멋진 마차가 운디네를 위해 숙소 앞에 대기하고 있고, 훌트브란트와 시종들의 말이 길가에서 발굽을 구르고 있었다. 기사가 아름다운 아내를 문밖으로 데리고 나올 때, 한 어부의 딸이 길을 막았다.

"우리는 필요한 물건이 없구나." 훌트브란트가 말했다. "이제 막 여행을 떠나려던 참이란다."

그러자 어부의 딸이 처절하게 울기 시작했는데, 그제야 부부는 그녀가 베르탈다라는 것을 알아보았다. 그들은 곧장 그녀를 데리고 방으로 돌아가 그녀의 이야기를 들었다. 영주 부부는 어제 그녀의 거칠고 쌀쌀맞은 행동에 너무 화가 나서 그녀와 완전히 인연을 끊겠다고 했다는 것, 하지만 그전에 그녀에게 많은 지참금을 선물했다는 것, 어부도 마찬가지로 많은 선물을 받았고, 어제 저녁 아내와 함께 집으로 가기 위해 길을 떠났다는 내용이었다.

"저는 그분들과 같이 가려고 했어요." 그녀가 계속해서 말했다. "그런데 저의 아버지라고 하는 그 늙은 어부가……"

"그분이 정말로 당신의 아버지에요, 베르탈다." 운디네가 그녀의 말을 중단시켰다. "들어봐요. 당신이 우물 주인이라고 했던 바로 그 사람이 자세하게 설명해주었어요. 그 사람은 당신을 링슈테텐 성으로 데려가면 안 된다고 나를 설득하려고 했어요. 그러다 그만 그런 비밀을 털어놓게 된 거예요."

"됐어요." 베르탈다가 말했다. "그래요, 아버지가 말했어요. '네가 달라지기 전까지는 너를 데려가지 않겠다. 혼자서 저 악마의 숲을 지나 우리에게 오너라. 그것이 네가 우리를 소중하게 여기는지 아닌지를 알아보기 위한 시험이 될 것이다. 하지만 나에게 올 때는 아가씨로서가 아니라 어부의 딸이 되어 오너라!' 그래서 나는 그분이 말한 그대로 하려고 해요. 어차피 세상이 나를 버렸으니까요. 가난한 어부의 자식으로, 가난한 친부모와 함께 살다가 죽으려고 해요. 물론 저 숲이 너무나 무서워요. 그 안에는 끔찍한 요괴들이 있다고들 하는데, 난 정말 너무 무서워요. 하지만 어떡하겠어요? 오늘 여기에 온 것은 내가 어제 링슈테텐 부인에게 너무 무례하게 군 것에 대해 용서를 구하기 위해서예요. 친절하신 부인, 당신의 의도가 좋은 것이었다는 것을 알아요. 하지만 당신은 내가 얼마나 큰 상처를 입었는지 모를 거예요. 너무 끔찍하고 놀란 나머지 아무 말이나 마구 지껄였던 거예요. 용서해주세요, 용서해주세요! 벌써 이렇게 불행한 신세가 되었으니까요. 봐요, 어제 아침까지만 해도, 아니 어제 당신의 파티가 시작될 때만 해도 내 모습이 어떠했는지, 그리고 지금 오늘의 모습이 어떠한지!"

이런 말을 하며 베르탈다는 비통하게 펑펑 울었다. 운디네도 마찬가지로 슬프게 흐느끼며 그녀의 목을 끌어안았다. 마음의 동요를 느낀 운디네가 입을 연 것은 한참이 지난 후였다.

"당신도 우리와 함께 링슈테텐으로 가요. 전에 약속했던 그대로 하는 거예요. 한 가지, 예전과 마찬가지로 저를 친구처럼 불러줘요. 부인이니 마님이니 그런 말은 사용하지 말아요. 봐요, 우리는 아기였을 때 뒤바뀐 거예요. 그때 우리의 운명은 한 나무에서 둘로 갈라진 거지요. 그러니 앞으로 인간의 힘으로는 도저히 쪼갤 수 없을 만큼 긴밀한 가지가 되어 살아가기로 해요. 일단 우리와 함께 링슈테텐으로 가요. 우리가 자매로 어떻게 살아가야 할지는 그곳에서 다시 상의하기로 해요."

베르탈다는 수줍게 훌트브란트를 올려다보았다. 궁지에 몰린 이 아름다운 아가씨가 그의 연민을 자극했다. 그는 손을 내밀어 그녀를 일으켜 세우고 은근한 어투로 그와 아내에게 모든 걸 맡기라고 했다.

"당신의 부모님에게는 우리가 사람을 보내 당신이 못 돌아가는 사정을 알리도록 하겠소."

이렇게 말한 그는 선량한 어부 부부에 대해 좀더 많은 이야기를 하려고 했으나, 베르탈다가 고통스럽게 몸을 움츠리는 것을 보고 입을 다물었다. 대신 그는 그녀의 팔을 잡아 먼저 마차에 태우고, 그 다음 운디네를 태웠다. 그는 기분 좋게 마차와 나란히 말을 달리면서 마부에게 빨리 몰라고 재촉했다. 그리하여 그들은 그 도시와 모든 우울한 기억들을 순식간에 다 날려버렸다. 이제 여자들은 훨씬 기분이 좋아져서 달리는 길을 따라 펼쳐지는 아름다운 풍광을 즐겼다.

그들은 며칠 동안의 여정을 마치고 어느 아름다운 저녁 링슈테텐 성에 도착했다. 성주인 젊은 기사는 집사와 하인들에게서 받을 보고가 많았기 때문에 운디네는 베르탈다와 함께 성을 둘러보았다. 두 여자는 높은 성채 위를 거닐면서 축복받은 슈바벤 주변에 펼쳐진 아름다운 경관을 즐겼다. 그때 한 키 큰 남자가 다가와 그들에게 정중하게 절을 했다. 베르탈다는 그가 왠지 떠나온 도시의 그 우물 주인이라는 생각이 들었다. 운디네가 화를 내며 위협적으로 돌아가라고 눈짓을 하자, 그 남자가 서둘러 총총걸음으로 고개를 흔들며 그때처럼 가까운 숲으로 사라졌다. 베르탈다는 의심할 여지없이 바로 그 남자라는 확신이 들었다. 하지만 운디네가 말했다.

"무서워하지 말아요, 베르탈다. 이번에는 저 흉측한 우물 주인이 아무 짓도 못할 테니까요."

그러고는 그녀에게 모든 이야기를 상세하게 해주었다. 자신이 누구인지, 그리고 어떻게 베르탈다가 어부의 집에서 사라지고 자신이 그곳으로 들어가게 되었는지를 얘기해주었다. 베르탈다는 이 이야기를 듣고 처음에는 깜짝 놀랐고, 나중에는 친구인 운디네가 갑자기 미쳐버렸다고 생각했다. 하지만 운디네의 이야기가 지금까지 일어난 사건들과 아주 잘 들어맞는 것으로 보아, 그리고 더욱이 늘 진실만을 말했던 그녀의 성품으로 보아, 이 모든 이야기가 틀림없는 사실일 거라는 확신이 들었다. 그녀는 어릴 적 이야기로만 들었던 동화의 세계 한가운데에 자신이 살고 있다는 것을 생각하자 참으로 이상야릇한 기분이 들었다.

그녀는 운디네를 경외하는 마음으로 쳐다보았지만, 그녀와 운디네 사이에 생긴 전율은 막을 도리가 없었다. 그래서 저녁식사를 할 때, 조금 전부터 자신에게는 인간이라기보다는 괴물로 여겨지는 한 존재에 대해 기사가 그토록 애정을 다해 다정하게 대하는 것을 보고 크게 놀라지 않을 수 없었다.

제13장 링슈테텐 성에서의 생활

친애하는 독자여, 이 이야기에 감동을 받았고, 다른 사람들 역시 감동받기를 바라는 마음에서 글을 쓰고 있는 이 사람은 여러분의 너그러운 양해를 바랍니다. 필자가 상당히 오랜 세월을 몇 마디로 간단히 뛰어넘고, 그동안 벌어진 일들을 그저 일상적인 일인 양 말하는 것을 이해해주기 바랍니다. 그동안 훌트브란트의 마음은 운디네에게서 떠나 베르탈다에게로 향하게 되었고, 베르탈다의 불같은 사랑은 젊은 기사에게 전달되었답니다. 그러면서 기사와 베르탈다는 이질적인 존재인 가엾은 운디네를 동정하기보다는 두려워했으며, 이로 인해 운디네는 늘 울었습니다. 운디네의 눈물은 남편으로 하여금 양심의 가책을 조금은 느끼게 했지만 예전의 사랑을 일깨우지는 못했습니다. 그는 가끔 아내를 다정하게 대하긴 했지만 아내에게서 느껴지는 차가운 전율이 그녀에게서 더욱더 멀어지게 하고 인간의 자식인 베르탈다에게로 향하게 했습니다. 필자는 이러한 과정들을 예술 형식에 맞추어 한 걸음 한 걸음 전개할 수도 있습니다. 이 모든 것들을 차근차근 순서대로 서술할 수 있다는 것, 그리고 그렇게 해야 된다는 것을 필자도 알고 있습니다. 하지만 그렇게 하기에는 필자의 마음이 너무 아픕니다. 그것은 필자가 비슷한 경험을 했고, 그걸 회상하는 것조차 추억의 그림자 때문에 두렵기 때문입니다.

친애하는 독자여, 당신도 아마 비슷한 심정을 알고 있을 겁니다. 그것이 바로 우리 같은 유한한 인간의 운명이기 때문입니다. 당신이 베풀기보다는 받는 것이 많은 처지라면, 당신은 복 받은 사람입니다. 받는 것이 주는 것보다 더 행복하니까 말입니다. 이런 이야기를 듣고 있으면 아마도 당신의 영혼 속으로 가슴 아픈 고통이 슬며시 들어설 것이고, 한때는 당신을 그토록 즐겁게 해주었던 꽃밭이 시들어버린 것을 본 것처럼 하염없는 눈물이 뺨을 타고 흘러내릴 것입니다. 그러니 이 정도만 이야기해도 충분할 겁니다. 우리는 수천 개의 바늘이 가슴을 찔러대는 아픔을 원치 않고, 필자가 조금 전에 말한 것과 같은 일들이 이미 일어났다는 것 정도만 알고 지나가기로 하겠습니다.

가엾은 운디네는 깊은 슬픔에 빠져 있었고, 다른 두 사람이라고 그리 행복한 것만은 아니었다. 베르탈다는 자신이 원하는 일이 조금이라도 빗나가면, 자존심에 상처를 입은 여주인의 질투심 때문이라고 책망했다. 그러면서 그녀는 점점 명령하는 것이 몸에 배게 되었고, 운디네는 슬프게 체념하면서 그녀에게 양보했으며, 눈이 멀어버린 훌트브란트는 매번 베르탈다의 편을 들었다. 아치형 회랑 안을 거니는 훌트브란트와 베르탈다 앞에서 벌어지는 지금껏 한 번도 본 적이 없는 여러 가지 기이한 현상 때문에 사람들은 당황했다. 훌트브란트는 처삼촌 퀼레보른으로, 베르탈다는 괴물 우물 주인으로 알고 있는 흰 옷을 걸친 키 큰 사내가 위협적인 태도로 그들 앞에 나타나곤 했던 것이다. 특히 퀼레보른은 베르탈다에게 자주 나타났는데, 그녀는 그때마다 너무 놀란 나머지 병을 앓게 되고 이 성을 떠나야겠다는 생각을 했다.

베르탈다가 성을 떠나지 못한 것은 한편으로는 훌트브란트를 너무나 사랑하기 때문이었다. 그러면서도 그녀는 자신이 부정을 저지르지는 않았다고 주장했는데, 두 사람은 결코 한 번도 사랑에 대해 말한 적이 없었기 때문이다. 또 한편 베르탈다가 성을 떠나지 못한 것은 떠난다 해도 어디로 가야 할지 몰랐기 때문이었다. 늙은 어부는 베르탈다가 그들과 함께 있다는 링슈테텐 성주의 연락을 받고, 나이 탓도 있고 오랫동안 글을 쓰지 않은 탓에 엉망이 된 읽기 힘든 필체로 쓴 답장을 보내온 적이 있었다.

"내 착한 마누라가 앞서 가는 바람에 난 이제 불쌍하고 늙은 홀아비가 되었답니다. 나 홀로 외롭게 오두막에서 살고는 있지만, 베르탈다는 이곳보다 그곳에 있는 편이 더 좋겠소이다. 단 하나, 그 애가 사랑하는 우리 운디네를 괴롭히지나 않길 바랄 뿐입니다. 만약 그런 짓을 한다면 그 애는 내 저주를 받게 될 겁니다."

베르탈다는 마지막 구절을 한쪽 귀로 듣고 한쪽 귀로 흘려버리고는, 우리 인간들이 비슷한 경우에 늘 그렇게 하듯이, 아버지와 멀리 떨어져 있다는 이유로 편지를 잘 간직했다.

어느 날 훌트브란트가 말을 타고 성을 나가자마자 운디네는 하인들을 모아놓고 커다란 돌을 가져오게 하고, 그걸로 성 안 뜰 한복판에 있는 호화로운 우물을 막으라고 지시했다. 하인들은 그렇게 되면 물을 저 아래 골짜기에서 길어와야 한다며 반대했다. 운디네가 우울하게 웃었다.

"여러분들의 일이 많아져서 정말 미안합니다." 그녀가 대답했다. "그런데 내가 직접 물을 길어오는 한이 있어도 이 우물은 일단 막아야 합니다. 내 말을 들어줘요. 다른 도리가 없어요. 그래야만 우리가 더 큰 화를 피할 수 있습니다."

하인들은 부드러운 여주인의 마음을 편하게 해줄 수 있다는 것을 기뻐하며, 더 이상 묻지 않고 어마어마하게 큰 돌을 가져왔다. 하인 여러 명이 돌을 들어 막 우물 위에 올려놓으려는 순간에 베르탈다가 달려와 '그만두라'고 소리쳤다. 이 우물의 물이 자기 피부에 좋기 때문에 이 우물을 폐쇄하는 걸 허락할 수 없다는 것이었다. 그러나 보통 때는 그토록 부드러웠던 운디네가 이번에는 이상하다 싶을 정도로 자신의 주장을 고집했다. 그녀는 성의 안주인으로서 자신이 가장 합리적이라고 판단하는 대로 집안을 관리할 권리가 있다며, 남편인 성주를 제외한 어느 누구에게도 자신의 일에 대해 설명할 필요를 느끼지 않는다고 단호하게 말했다.

"봐, 저것 좀 보라고." 베르탈다가 격분해서 소리쳤다. "저 가엾기도 한 아름다운 물이 가볍게 물결 치며 휘감고 있는 걸 한번 보라고. 밝은 햇살도 못 보고, 스스로 거울이 되어 비추어주던 사람들의 명랑한 얼굴도 못 보게 되기 때문에 저러는 거라고!"

실제로 우물 속의 물살이 아주 이상하게 쉭쉭 소리를 내며 요동을 치고 있었다. 마치 무엇인가가 그 속에서 튀어나오려는 것 같았다. 그런데도 운디네는 더욱더 진지한 표정으로 자신의 지시를 이행하라고 독촉했다. 그렇게 엄하게 채근할 필요도 없었다. 하인들은 온순한 여주인에게 순종하는 동시에 베르탈다의 콧대를 꺾게 된 것을 아주 흡족해하고 있었기 때문이다. 그래서 하인들은 베르탈다가 아무리 거칠게 욕을 해대도 운반해온 돌로 눈 깜짝할 사이에 우물의 입구를 꼭 막아버렸다. 깊은 생각에 잠긴 운디네는 예쁜 손가락으로 돌 표면에 무엇인가를 썼다. 운디네는 손에 아주 날카롭고 부식작용을 하는 어떤 것을 쥐고 있었던 게 틀림없었다. 그녀가 떠나고 난 뒤 하인들이 돌에 가보니, 조금 전까지도 없었던 여러 가지의 이상한 글씨들이 돌 위에 새겨져 있었기 때문이다.

베르탈다는 밤늦게 귀가한 기사를 눈물로 맞이하며 운디네의 행동을 막아달라고 호소했다. 그는 무서운 눈초리로 아내를 바라보았고, 가엾은 운디네는 슬픔에 젖어 시선을 떨구었다. 그러나 운디네는 단호하게 말했다.

"당신은 설사 하인을 나무랄 때에도 먼저 그 하인의 말을 들어보는 사람인데, 하물며 아내에게는 더더욱 그러시겠죠?"

"그런 이상한 행동을 하게 된 동기나 한번 들어봅시다." 기사가 우울한 표정으로 말했다.

“오직 당신에게만 말하고 싶어요!” 운디네가 한숨을 지으며 말했다.

“베르탈다 앞에서 말해도 괜찮소.” 그가 대꾸했다.

“당신이 그렇게 명령한다면 할 수 없지만……” 운디네가 말했다. “그런데 제발 명령은 하지 말아요, 부탁이에요. 명령은 하지 마세요!”

이런 그녀가 아주 겸손하고 사랑스럽고 순종적으로 보였기 때문에, 행복했던 시절의 빛을 쬔 듯 기사의 얼어붙었던 마음이 녹아버렸다. 그는 아내를 다정하게 껴안고 방으로 들어갔다. 아내는 그의 방에 들어서자 이야기를 시작했다.

“여보, 당신도 그 고약한 삼촌 퀼레보른을 아시잖아요. 이미 여러 번 복도에서 만난 적이 있잖아요. 게다가 몇 번인가는 삼촌이 베르탈다를 놀래켜 앓아눕게도 했잖아요. 그건 삼촌에게 영혼이 없기 때문이에요. 영혼이 없는 삼촌은 자신의 내면은 비추지 못하고 오직 외부 세계만을 비추는 물의 거울이거든요. 당신이 저에게 불만스러워하면 저는 어린애처럼 운답니다. 그런데 우연히도 바로 그 시간에 베르탈다가 웃고 있는 걸 삼촌이 종종 보았던 거지요. 그럴 때 삼촌은 온갖 이상한 상상을 하고는 불청객이 되어 여러 방법으로 우리 일에 끼어들었던 겁니다. 제가 그분을 외면한들 무슨 소용이 있겠어요? 제가 화를 내며 그분을 쫓아낸들 무슨 소용이 있겠어요? 그분은 제 말을 한마디도 안 믿어요. 그분은 사랑의 고통과 사랑의 기쁨이 서로 얼마나 닮았으며, 얼마나 은밀한 자매관계를 맺고 있는지도 모르고, 그래서 그 어떤 힘으로도 이 둘을 갈라놓을 수 없다는 것도 전혀 모르는 불쌍한 삶을 살고 계신답니다. 눈물 아래에서 미소가 솟아나며, 미소는 자기의 깊은 내면으로부터 눈물을 끌어낸다는 것도 모르지요.”

운디네는 웃는 듯 우는 듯 훌트브란트를 올려다보았다. 그는 옛사랑의 마술이 다시금 가슴속에 되살아남을 느꼈다. 그녀는 그걸 느끼고 그를 한층 더 은밀하게 껴안고 기쁨의 눈물을 흘리며 계속해서 말했다.

"평화를 깨는 이분을 말로는 어찌해볼 도리가 없기 때문에 저는 그 출입문을 폐쇄할 수밖에 없었어요. 그분은 이 근처의 골짜기부터 이 지방의 다른 수원지까지 모든 물에 사는 정령들과는 사이가 안 좋답니다. 몇몇 좋은 친구분들이 흘러 들어오는 도나우 강에 이르러서야 그분의 영역이 시작된답니다. 그래서 돌을 올려 우물의 입구를 막고 그 위에 멋대로 날뛰는 삼촌의 힘을 마비시키는 부적을 적어넣어, 그분이 다시는 당신에게도, 저에게도, 베르탈다에게도 오지 못하도록 했어요. 물론 인간들은 그 부적에도 불구하고 쉽게 돌을 치울 수 있어요. 그걸 못하게 하는 것은 아무것도 없어요. 원하신다면 베르탈다가 간청하는 대로 해주세요. 하지만 그녀는 자신이 어떤 상황에 처해 있는지 모르고 하는 말이에요. 제멋대로인 삼촌은 특히 그녀를 주목하고 있어요. 그분이 저에게 예언해주려는 것……, 당신의 의도가 나쁜 것이 아니라 할지라도 일어날지도 모를 일들……, 아, 여보, 그렇게 되면 당신도 위험을 피하지 못할 거예요!"

훌트브란트는 그녀를 보호해주려는 저 무서운 삼촌을 그토록 기를 써서 막고, 바로 그 때문에 베르탈다에게 욕을 먹고 있는 귀여운 아내의 너그러운 마음을 가슴 깊이 느꼈다. 그래서 그는 온 사랑을 다해 그녀를 꼭 껴안고 감동적인 어조로 말했다.

"사랑하는 운디네, 우물 위의 돌은 그대로 두기로 합시다. 그리고 앞으로는 무엇이든 당신이 하고 싶은 대로 하구려."

그녀는 오랫동안 듣지 못했던 사랑이 담긴 말을 듣고 다소곳이 기뻐하며 애교스럽게 말했다.

"여보, 오늘 당신이 너무나 부드럽고 다정하게 대해주시니 감히 청을 하나 드려도 괜찮겠지요? 들어봐요, 당신은 마치 여름과 같아요. 여름은 최고의 순간에 번개와 천둥을 동반한 아름다운 소나기의 왕관을 쓰게 되지요. 그럴 때 여름은 진짜 왕이자 지상의 신이 된답니다. 당신도 가끔 저를 야단칠 때 혀와 눈으로 뇌성벽력을 치지요. 그러면 저는 바보처럼 울지만, 그런 모습은 당신에게 아주 잘 어울린답니다. 하지만 제가 물 위, 아니 어디 작은 냇물가에라도 있을 때에는 저를 그렇게 대하지 마세요. 그렇게 되면 제 친척들이 저를 지배하는 힘을 가지게 된답니다. 자신들의 친척이 모욕을 당했다고 생각한 그분들은 가차없이 저를 당신에게서 떼어놓을 것이고, 그러면 저는 평생 저 아래 수정궁에 갇혀 살아야 하고, 다시는 당신에게로 올라올 수가 없을 거예요. 아니 어쩌면 그분들이 저를 당신에게로 올려 보낼지도 모르지요. 오 하느님, 그렇게 되면 더 비참한 상황이 벌어지고 말 거예요. 안 돼요, 안 돼. 사랑하는 여보, 이 불쌍한 운디네를 사랑하신다면 제발 그렇게까지 되게 하지는 마세요."

그는 당연히 그녀의 간청대로 하겠노라고 엄숙하게 약속했고, 부부는 서로의 사랑을 확인하며 마냥 즐거운 기분으로 방에서 나왔다. 그때 베르탈다가 미리 불러두었던 몇 명의 인부를 데리고 와서 지금껏 늘 그랬듯이 투덜거리며 말했다.

"이제야 비밀 이야기가 끝나셨군요. 돌을 치워도 되겠지요? 자, 저리 가서 돌을 치우세요."

하지만 기사는 베르탈다의 무례한 태도에 불쾌감을 느끼며 짧고 단호하게 말했다.

"돌은 그대로 두시오."

그는 또 자기 아내에게 거칠게 대하는 베르탈다를 질책했고, 이에 인부들은 은근히 속시원하다는 듯 웃으며 밖으로 나갔다. 반면 베르탈다는 얼굴이 창백해져서 자기 방으로 달려갔다.

저녁식사 시간이 되었으나 베르탈다는 모습을 나타내지 않았다. 그녀를 부르러 사람을 보냈다. 시종은 돌아와, 그녀의 방은 비어 있고, 기사 앞으로 쓴 봉인된 편지 한 통을 발견했다고 했다. 놀란 기사는 편지를 읽었다.

"저는 가난한 어부의 딸이라는 사실이 너무나 부끄러웠습니다. 그래서 잠시나마 그 사실을 잊고 살았지만, 이제 아버지의 보잘것없는 오두막으로 가서 그런 저 자신에 대해 반성해보려고 합니다. 당신의 아름다운 아내와 행복하게 사세요!"

운디네는 진심으로 우울했다. 그녀는 집을 뛰쳐나간 친구를 쫓아가 데려오라고 훌트브란트를 재촉했다. 그를 채근할 필요도 없었다. 그에게 베르탈다에 대한 애정이 미친 듯이 되살아났기 때문이다. 그는 베르탈다가 어느 길로 갔는지 보았느냐고 물으며 온 성 안을 헤매고 다녔지만 아무것도 알아낼 수 없었다. 그래서 그는 운을 하늘에 맡긴 채 이곳으로 올 때 베르탈다와 함께 왔던 길을 더듬어 가보기로 작정하고 뜰에 매두었던 말에 올라탔다.

그때 한 하인이 와서 말을 탄 여자가 슈바르츠 계곡으로 가는 걸 보았다고 했다. 창밖을 향해 그를 부르는 운디네의 불안한 목소리도 듣지 못한 채 기사는 쏜살같이 성문을 나가 하인이 가르쳐준 방향으로 말을 달렸다.

"슈바르츠 계곡이라고? 그곳에 가면 안 돼요! 훌트브란트, 거기는 안 돼요! 가시려거든 제발 저와 함께 가요!"

아무리 외쳐봐도 소용없다는 것을 안 운디네는 서둘러 하얀 말에 올라타, 하인들도 동반하지 않은 채 기사 뒤를 좇아 달렸다.

제14장 베르탈다가 기사와 함께 돌아오다

슈바르츠 계곡은 첩첩산중 깊은 곳에 있었다. 지금은 뭐라고 불리는지 알 수 없지만, 당시 그 고장 사람들은 특히 전나무가 많고 키 큰 나무들이 골짜기까지 빽빽이 퍼져 있어서 대낮에도 깜깜했기 때문에, 슈바르츠(검은) 계곡이라 불렀다. 절벽 사이를 소용돌이치며 흐르는 냇물조차도 새까맣게 보여서, 파란 하늘을 바로 위에 두고 흐르는 냇물에서 흔히 볼 수 있는 투명함은 볼 수 없었다. 어둑어둑 날이 저무는 지금 울창한 숲은 완전히 깜깜하고 황량했다.

기사는 조마조마한 마음으로 냇가를 따라 말을 몰았다. 한편으로는 자신이 늑장을 부려 베르탈다가 너무 멀리 가버리지나 않았을까 염려스러웠고, 다른 한편으로는 너무 서두르다가 자기를 피해 숨으려는 그녀를 어디선가 스쳐 지나온 게 아닐까 걱정스럽기도 했다. 그러는 사이에 그는 이미 계곡 속으로 상당히 깊이 들어와 추적하는 방향이 틀리지만 않다면 곧 그녀를 따라잡을 수 있을 거라는 생각이 들었다. 하지만 엉뚱한 방향으로 가고 있을 수도 있다는 생각이 들자 그의 가슴은 점점 더 불안하게 방망이질 쳤다. 만약 그가 찾아내지 못한다면 연약한 베르탈다는 점점 더 무섭게 골짜기 위로 휘몰아치는 위협적인 폭풍우 속에서 대체 어디에서 이 밤을 보내야 한단 말인가!

마침내 언덕 위에서 아른거리는 희끗한 것이 나뭇가지 사이로 보였다. 그는 베르탈다의 옷이라고 생각하고 그쪽으로 말을 달려가려 했다. 그런데 말이 움직이려 하지 않고, 사납게 뒷발질만 해댔다. 그는 잠시도 지체할 수 없어서 말에서 내려 헐떡이는 말을 느릅나무에 매두고—특히 말을 타고 무성한 관목 숲을 뚫고 가는 것은 방해가 될지도 모르기 때문에—, 조심조심 수풀을 헤치며 앞으로 나갔다. 차가운 밤이슬이 내린 나뭇가지들이 이마와 뺨을 사정없이 내리치고, 산 넘어 먼 곳에서 울리는 천둥소리로 숲 전체가 흔들리고, 주변의 모든 것이 너무 괴이하게 보여 멀지 않은 땅바닥에 누워 있는 하얀 물체조차 무섭게 느껴지기 시작했다. 하지만 잠을 자고 있거나 아니면 기절해서 꼼짝 않고 있는 물체의 기다란 하얀 치마는 오늘 낮에 베르탈다가 입고 있던 옷이 분명했다. 그는 나뭇가지를 헤치고 칼을 절그렁거리면서 그쪽으로 다가갔지만 물체는 움직이지 않았다.

"베르탈다!"

그는 처음에는 나지막이, 나중에는 점점 크게 불렀지만 여인은 꿈쩍도 하지 않았다. 마침내는 소중한 여인의 이름을 있는 힘을 다해 불러보았지만 그 이름 베르탈다는 골짜기들 사이의 빈 공간으로부터 둔탁한 메아리가 되어 되돌아왔을 뿐이었다. 잠자는 여인은 깨어나지 않았다. 그는 몸을 굽혀 그녀를 바라보았다. 골짜기가 어두운데다 밤이 깊어져 얼굴을 분간할 수가 없었다. 다소 으스스하고 의심스러운 마음으로 바닥에 있는 그녀에게 바싹 얼굴을 갖다대려는 찰나 골짜기에 번개가 번쩍했다. 그때 그는 바로 코앞에서 흉측하고 일그러진 얼굴을 보았는데, 그것이 굵은 목소리로 외쳤다.

"이 넋 빠진 녀석아, 나에게 키스 좀 해다오."

훌트브란트는 혼비백산하여 소리를 지르며 도망쳤다. 흉측한 물체가 뒤쫓아왔다. 형체가 중얼거렸다.

"집으로 가! 괴물들이 다 깨어 있다. 집으로 가! 그러지 않으면 내가 너를 잡아먹겠다!"

그러면서 기다랗고 하얀 팔로 그를 붙잡았다.

"이 사악한 퀼레보른, 이놈아." 기사가 용기를 내어 외쳤다. "네놈이었구나, 이 괴물 녀석! 그래, 키스를 해주마!"

그는 격분하여 물체를 향해 칼을 마구 휘둘렀다. 하지만 물체는 날아가 흩어져버리고, 물을 흠뻑 뒤집어쓴 기사는 상대가 어떤 놈인지 더 이상 의심할 필요가 없었다.

"저 놈이 나를 위협해서 베르탈다에게서 떼어놓으려고 하는구나." 그는 큰 소리로 떠들어댔다. "내가 제깐 놈의 형편없는 도깨비장난에 겁을 먹은 나머지 두려움에 떨고 있을 불쌍한 베르탈다를 제 놈에게 넘겨줄 줄 아는 모양인데, 어림없다, 이 어리석은 물의 괴물아! 인간들은 진심으로 원하는 일은 무엇이든 할 수 있다는 것을 너 같은 허깨비 요괴들이 알리가 없지."

그는 이 말에 한 치의 거짓이 없다는 것을 느꼈을 뿐 아니라, 이 말을 하고 나니 완전히 새로운 용기가 솟아나는 것 같았다. 또 행운이 그의 편이 된 것 같은 기분이 들기도 했는데, 그것은 그가 매어둔 말에 이르기도 전에 베르탈다의 낑낑대는 소리를 분명히 들었기 때문이다.

그곳에서 멀지 않은 곳으로부터 점점 가깝게 다가오는 천둥소리와 폭풍소리를 뚫고 그녀의 비명소리가 들려왔다. 발에 날개가 달린 듯 쏜살같이 비명소리가 나는 방향으로 달려간 그는 어떻게든 소름끼치도록 깜깜한 계곡에서 벗어나기 위해 바들바들 떨면서 절벽을 기어올라가려고 용을 쓰고 있는 여인을 발견했다. 그는 그녀의 움직임을 저지하며 꼭 껴안았다. 그녀는 조금 전까지만 해도 당당하게 이 숲을 벗어나 성으로부터 멀리 달아나겠다는 아주 굳은 결의에 차 있었다. 그러나 지금 그녀는 진심으로 사랑하는 애인이 무시무시한 외로움으로부터 자신을 구출해 주리라는 희망과, 정든 성 안에서의 밝은 생활이 아주 다정하게 팔을 뻗고 있다는 행복감에 젖어 있을 뿐이었다. 그녀가 아무런 저항도 하지 않고 탈진 상태로 말없이 따라왔기 때문에 기사는 말이 있는 곳에 이르러서야 기쁨을 표시할 수 있었다. 그는 도망쳤던 아름다운 애인을 말에 태우고 자신은 고삐를 잡고 길도 모르는 깜깜한 숲 속을 빠져나가기 위해 조심조심, 그러나 서둘러 말을 몰았다. 하지만 말은 퀼레보른의 어지러운 출몰로 인해 완전히 사나워져 있었다. 꼿꼿이 곤두서며 사납게 헐떡이는 말의 등에 올라타기란 제아무리 훌륭한 기사라도 쉬운 일이 아니었을 것이다. 하물며 바들바들 떨고 있는 베르탈다가 타고 있기란 더욱더 어려웠다. 결국 그들은 걸어서 가기로 했다. 기사는 한 손으로는 말의 고삐를 잡고, 다른 손으로는 비틀거리는 여자를 부축했다.

베르탈다는 소름끼치는 골짜기를 빨리 벗어나기 위해 온 힘을 다해 걸었다. 하지만 납덩이 같은 피로가 그녀를 끌어내리고 아울러 온 사지가 부들부들 떨렸는데, 한편으로는 퀼레보른이 뒤쫓아오고 있을 거라는 공포가 여전히 남아 있었기 때문이고, 다른 한편으로는 숲 속을 가르는 폭풍과 천둥의 포효 때문에 공포에 휩싸여 있었기 때문이다. 결국 그녀는 자기를 부축하고 있는 기사의 팔에서 미끄러져 나와 이끼 위에 주저앉아서 말했다.

"기사님, 저를 여기 그냥 누워 있게 두세요. 저는 저의 어리석은 행동 때문에 벌을 받는 거예요. 이제는 여기에서 피로와 공포 때문에 죽을 수밖에 없을 것 같아요."

"결코 그런 일은 없을 거요. 내 당신을 이곳에 내버려두지는 않을 거요, 내 사랑!"

이렇게 외치며 훌트브란트는 거품을 물고 한층 더 심하게 날뛰기 시작한 난폭한 말을 진정시키려고 애를 썼지만 허사였다. 그래서 결국 그는 땅바닥에 주저앉은 베르탈다가 말 때문에 더는 놀라지 않도록 말을 멀찌감치 떼어놓는 것으로 만족하기로 했다. 하지만 미쳐 날뛰는 말을 끌고 불과 두세 걸음을 떼어놓기가 무섭게 그녀는 그가 이 끔찍한 숲 속에 자신을 혼자 두고 떠나려 한다고 믿었는지 그를 부르며 비통하게 울기 시작했다. 그는 어찌할 바를 몰랐다. 이 좁은 오솔길에 쓰러져 누워 있는 베르탈다 위로 말의 쇠발굽이 미친 듯 울리며 지나갈 염려만 없다면, 미쳐 날뛰는 말이 밤새도록 날뛰는 대로 내버려두었다가 기운이 다하면 진정되도록 말의 고삐를 풀어주고 싶은 마음이 없는 것도 아니었다.

이러한 곤경을 당하여 어찌할 바를 모르고 당황해하고 있을 때, 그는 마차 한 대가 천천히 자갈길을 내려오고 있는 소리를 듣고 크게 안도했다. 그는 도와달라고 고함을 쳤다. 웬 남자의 음성이 좀 기다리라며 도와주겠다고 약속했다. 그리고 곧 두 마리의 백마가 덤불 사이로 빛을 발하며 나타났는데, 그 옆에는 하얀 망토를 걸친 마부가 있고, 마차에는 마부가 실어 나르는 물건을 덮은 넓은 흰 아마포가 보였다. 마부가 워! 하며 큰 소리를 내자 온순한 말들이 멈춰 섰다. 마부는 기사에게로 다가와 거품을 물며 날뛰는 말을 제어하는 일을 도와주었다. 그러면서 말했다.

"이 녀석이 어디가 탈이 났는지 알겠습니다. 소인이 이 근처에 처음 왔을 때 제 말도 이랬습죠. 그것은 이 근방에 살고 있는 장난치기 좋아하는 고약한 물의 정령 때문이랍니다. 그렇지만 소인이 주문을 하나 배웠습죠. 소인이 말의 귀에 대고 주문을 외도록 허락해주신다면 저기 저 말들처럼 이 말도 당장 조용해질 겁니다."

“주문을 외워서라도 당장 좀 도와주구려.”

기사는 초조하게 외쳤다. 그러자 마부는 몸을 숙여 성난 말의 머리를 끌어다 귀에 대고 몇 마디 말을 했다. 그 순간 말이 순순히 순종하며 조용히 멈춰 섰다. 다만 흥분해서 헐떡거리며 땀을 흘려대는 모습만이 조금 전의 거친 광기를 보여줄 따름이었다. 훌트브란트에게는 어떻게 그런 일이 가능했는지를 물어볼 여유가 없었다. 두 사람은 상의해서 마부는 베르탈다를 (마부의 표현에 따르면) 푹신한 솜뭉치가 두툼하게 깔린 마차에 태워 링슈테텐 성까지 데려가고, 기사는 말을 타고 마차를 뒤따라 가기로 했다. 하지만 기사의 말은 조금 전까지 광분해서 날뛰느라 지쳐 주인을 그렇게 먼 곳까지 태우고 갈 수 없을 것 같았다. 그러자 마부는 기사에게 베르탈다와 함께 마차에 올라타라고 했다. 말은 뒤에 매달고 가면 된다고 했다.

“이제는 내리막길이거든요.” 마부가 말했다. “이런 길에서는 소인의 말이 기사님의 말을 가볍게 끌 수 있습죠.”

기사는 이 제안을 받아들이고 베르탈다와 함께 마차에 올라탔다. 그의 말은 얌전히 뒤따라오고, 마부는 기운 좋게 그리고 조심스럽게 옆에서 걸어갔다.

폭풍소리도 점점 멀어지고 천둥소리도 잦아지며 깊어가는 어두운 밤의 고요 속에서 모든 일이 안전하고 편안하게 진행된다는 안도감에서 훌트브란트와 베르탈다는 즐거운 대화의 그물을 짰다. 그는 은근히 구슬리는 말투로 그녀의 고집스런 도주를 책망했고, 그녀는 진심으로 뉘우친다는 투로 겸손하게 용서를 구했다. 기사는 그녀의 말 그 자체보다 말하고자 하는 그 진정한 속뜻을 느끼며 그에 걸맞는 대답을 했다. 바로 그때 마부가 갑자기 날카로운 소리로 고함을 쳤다.

"백마들아, 높이 뛰거라! 발을 올려라! 정신 차려라, 백마야! 너희 분수를 잘 생각해봐라!"

기사는 몸을 굽혀 마차 밖을 내다보았다. 말들이 거품이 이는 물속에서 허우적대고 있었고, 아니 거의 수영을 하고 있었고, 바퀴는 마치 물레방아처럼 번득이며 철썩철썩 소리를 내며 돌고, 마부는 불어나는 물을 피해 마차에 올라타 있었다.

"이게 무슨 길이오? 길이 강 한복판으로 뻗어 있다니!" 훌트브란트는 마부를 향해 소리쳤다.

"아니요, 기사님." 마부는 웃으며 대꾸했다. "정반대입죠. 강이 우리의 길 한가운데로 흐르고 있는 것입죠. 주위를 둘러보십시오. 모든 것이 물에 잠겨 있잖습니까?"

정말로 골짜기 일대가 갑자기 눈에 띄게 불어난 물로 파도치며 출렁이고 있었다.

"퀼레보른이다. 우리를 익사시키려고 하는 못된 물의 정령이다!" 기사가 소리쳤다. "그놈을 막을 주문을 모르오?"

"알고는 있죠." 마부가 말했다. "하지만 당신이 나의 정체를 알기 전까지는 그 주문을 써먹을 수도, 쓰고 싶지도 않소."

"지금이 어디 수수께끼나 풀고 앉아 있을 때요?" 기사가 고함쳤다. "물이 점점 불어나고 있는 판에 당신이 누구냐가 무슨 상관이란 말이오!"

"상관이 있을길?" 마부가 말했다. "내가 바로 퀼레보른이니까."

이렇게 말하고 그는 웃으면서 찌푸린 면상을 마차 안으로 집어넣었다. 그러자 마차는 온데간데없이 사라지고 백마도 없었다. 모든 것은 거품을 일으키며 부글부글 끓는 물속으로 흘러들어가고, 마부조차 거대한 물결

이 되어 곤두서서 기사의 허우적대는 말을 물 밑으로 끌어내렸다가 다시 높이 솟구치게 하더니, 마치 탑처럼 허우적대는 남녀의 머리 위로 높이 솟아올라 두 사람을 무참하게 수장시키려고 했다. 바로 그때 운디네의 아름다운 목소리가 폭포소리를 뚫고 울려오고, 달이 구름을 뚫고 나타나 골짜기 높은 곳에 있는 운디네의 모습을 분명하게 보여주었다. 그녀는 폭포수를 바라보며 야단을 치고 위협했다. 그러자 무섭게 넘실대던 탑 같은 물결이 투덜투덜 중얼거리며 사라지고 시냇물이 달빛 아래에서 조용히 흘렀다.

운디네는 하얀 비둘기처럼 언덕에서 내려와 기사와 베르탈다를 붙잡고 언덕 위 상큼한 푸른 잔디밭으로 데려갔다. 그곳에서 그녀는 준비해 온 물과 먹을 것을 주어 그들을 공포와 탈진상태에서 구하고, 베르탈다를 부축하여 함께 데려왔던 하얀 말에 태웠다.

이렇게 하여 세 사람은 링슈테텐 성으로 돌아오게 되었다.

제15장 빈으로의 여행

지난번 사건 이후 성에서의 생활은 조용하고 평온하게 흘러갔다. 훌트브란트는 슈바르츠 계곡에서 퀼레보른의 폭력으로 죽을 고비에 처한 자신들을 구한 아내의 고결한 마음씨를 날이 갈수록 더욱더 인정하게 되었다. 운디네도 평화와 안정을 느꼈다. 그것은 옳은 길을 갈 때 느끼는 당연한 마음상태였다. 게다가 남편의 마음에 자신에 대한 사랑과 존경이 새로이 싹트고 있으니, 희망과 기쁨의 섬광이 여러 가닥으로 그녀를 향해 비쳐오고 있었다. 베르탈다는 감사하는 마음과 다소곳하고 수줍은 태도를 보여주었다. 다만 과거의 사건들에 대해 언급하는 것만은 달가워하지 않았다. 부부 중 어느 하나가 우물을 막은 일이나 슈바르츠 계곡의 모험에 대해 무슨 설명을 하려고 하면, 그녀는 우물 건은 너무나 부끄럽고, 슈바르츠 계곡 건은 생각만 해도 소름이 끼치니까 제발 그만두라고 간청하는 것이었다. 그래서 그녀는 부부로부터 사건의 전말을 전혀 듣지 못했다. 굳이 그녀가 이야기를 들을 필요가 있는 것 같지도 않았다. 평화와 기쁨은 링슈테텐 성에 확실한 보금자리를 틀었다. 이를 의심하는 사람은 아무도 없었고, 모두들 이제야말로 성 안의 생활이 아름다운 열매를 맺을 수 있다고 생각했다.

이처럼 활기차고 화기애애한 상태에서 겨울이 왔다 가고, 봄이 즐거운 사람들에게 연둣빛 새싹과 맑고 푸른 하늘을 보여주었다. 봄의 마음이 사람의 마음이고, 사람의 마음이 봄의 마음이었다. 봄의 황새와 제비가 사람의 마음에 여행하고 싶은 충동을 일으켰으니 이 얼마나 놀라운 일인가! 어느 날 그들이 다 함께 도나우크벨레[11]로 산책을 나갔을 때, 훌트브란트가 도나우 강의 주변 풍경이 얼마나 장관인지, 이 강이 점점 불어나면서 어떻게 축복받은 주변 고장을 누비는지, 그리고 그 강변에 자리잡은 빈 시(市)가 얼마나 찬란히 빛나는지를 설명해주었다. 강은 하류로 흘러내려 갈수록 힘과 아름다움을 더해간다는 이야기도 덧붙였다.

"그런 빈까지 배를 타고 여행을 한다면 얼마나 멋질까!"

이렇게 탄성을 지른 베르탈다는 이내 평소의 겸손함과 삼가는 태도로 되돌아가 얼굴을 붉히면서 입을 다물었다. 바로 이러한 태도가 운디네를 감동시켰다. 그래서 그녀는 사랑하는 친구를 즐겁게 해주고 싶다는 열렬한 마음으로 말했다.

"누가 여행하는 걸 방해하겠어요?"

베르탈다는 기뻐 어쩔 줄을 몰랐다. 두 여자는 즉시 멋진 도나우 강으로의 뱃놀이에 대해 온갖 다채로운 상상을 하기 시작했다. 훌트브란트도 즐거운 마음으로 여행에 찬성했다. 단 한 번 그는 걱정스럽게 운디네의 귀에 속삭였다.

"그렇지만 퀼레보른이 그곳까지 와서 행패를 부리면 어떡하지?"

11 도나우 강의 시원지

"오라고 하세요." 운디네가 웃으면서 대꾸했다. "제가 함께 가잖아요. 삼촌도 제 앞에서는 감히 방해공작을 펼 엄두를 내지 못한답니다."

이렇게 해서 마지막 장애물도 극복했다. 그들은 여행할 채비를 마치고 이내 새로운 용기와 밝은 기대를 안고 길을 떠났다.

독자들이여, 앞으로 전혀 뜻밖의 일이 벌어진다 해도 이상하게 생각하지 마시기 바랍니다. 우리를 파멸시키려고 호시탐탐 노리는 악마의 힘은 희생자 하나를 뽑아 달콤한 노래와 금빛 찬란한 이야기를 들려주어 잠에 빠지게 합니다. 반면에 우리를 파멸시키려는 하늘의 사자는 종종 사납고 무시무시하게 우리의 문을 두드려 깨운답니다.

도나우 강에서 뱃놀이를 시작한 처음 며칠 동안은 정말로 평화로웠다. 도도하게 흐르는 강물을 따라 내려가면 갈수록 주변 경관은 점점 더 멋있고 아름다워졌다. 그런데 배가 도나우 강변 중에서 가장 아름다워서 최고의 즐거움을 맛볼 수 있다고 정평이 난 지점에 이르렀을 때, 버릇없는 퀼레보른이 끼어들어 자신의 힘을 거침없이 드러내기 시작했다. 성난 파도나 거친 역풍이 일면 운디네가 그들을 야단쳤다. 그러면 적의를 품었던 힘들이 순간 풀이 죽었기 때문에 처음에는 단순한 장난에 그쳤다. 그러나 다시 그들의 공격이 이어지고, 그러면 다시 운디네가 어쩔 수 없이 그들에게 경고하는 일이 반복되자, 일행의 흥이 완전히 깨지고 말았다. 그런 일이 벌어지면 사공들은 겁을 먹고 수군대며 미심쩍은 눈으로 기사 일행을 바라보았기 때문에, 함께 나온 하인들조차 뭔가 괴이한 일이 벌어지고 있다는 것을 예감하기 시작하고 주인을 이상한 시선으로 바라보았다.

훌트브란트는 우울한 기분으로 혼자 중얼거렸다. '이런 일은 같은 부류끼리 어울리지 않아서 생긴 거야. 인간과 물의 요정이 기이한 인연을 맺었기 때문이라고.' 우리 인간들이 흔히 하듯, 그는 스스로를 변명하면서 생각에 잠겼다. '그녀가 물의 요정인지 난 몰랐었어. 내가 하는 일마다 그 미친 친척들 때문에 엉망진창이 되는 것은 불행한 일이야. 그러나 이게 내 탓은 아니잖아.' 이러한 생각을 하자 그는 약간 용기가 나는 것을 느꼈지만, 반대로 운디네에 대해서는 점점 더 불쾌한 기분을, 심지어 적의를 품기에 이르렀다. 어느덧 그는 그녀를 불쾌한 시선으로 바라보게 되었고, 가엾은 부인은 이 시선의 의미를 알아챘다. 그런 일로 인해서, 그리고 퀼레보른의 계략에 대항하느라 끊임없이 긴장한 탓에 지친 그녀는 저녁 무렵에 이르러 가볍게 미끄러져 가는 배를 요람 삼아 깊은 잠에 빠졌다.

그러나 운디네가 눈을 감자마자 배 안의 사람들은 각자 자기들이 바라보는 쪽에서 파도를 뚫고 올라온 아주 혐오스러운 머리를 보았다는 생각을 했는데, 그 머리는 수영하는 사람의 머리인 것 같지는 않고, 수면에 말뚝을 똑바로 박아놓은 듯 완전히 수직으로, 하지만 마치 배의 움직임에 따라 움직이는 듯했다. 모두들 자기가 보고 놀란 것을 다른 사람에게 보여주려고 하면서 다른 사람의 얼굴에서 자기와 똑같은 공포를 발견했는데, 그들의 손과 눈은 반은 웃고 반은 위협하는 괴물이 나타나는 방향을 다르게 가리켰다. 그들은 서로에게 이를 알려주려고 고함을 쳤다.

"저기 봐, 아니, 저기!"

그러자 모두의 앞에 흉측한 모습이 나타났고, 배 주변의 모든 물결이 무시무시한 형상이 되어 맴돌았다.

이를 보고 놀라 울부짖는 소리에 그만 운디네가 잠에서 깼다. 그녀의 눈꺼풀이 열리기도 전에 흉측한 괴물의 무리들이 사라졌다. 그래도 훌트브란트는 그처럼 많은 끔찍한 요괴들이 나타났다는 것에 대해 화를 냈다. 운디네가 아주 겸손한 눈길로 목소리를 죽여 애원하듯, "여보, 우리는 지금 물 위에 있어요. 지금은 저에게 화내지 마세요"라고 말하지 않았더라면, 그는 끔찍한 저주의 말을 뱉고 말았을 것이다.

기사는 말을 꾹 참고 앉아서 깊은 생각에 빠졌다. 운디네가 그의 귀에 대고 속삭였다. "여보, 차라리 이 어리석은 여행을 그만두고 평화로운 링슈테텐 성으로 돌아가는 것이 좋지 않을까요?"

하지만 훌트브란트는 버럭 화를 내며 중얼거렸다.

"나더러 내 성에 갇힌 죄수가 되란 말이오? 그리고는 우물이 폐쇄되어 있는 동안만 자유로이 숨을 쉬란 말이오? 그 미치광이 친척 때문에……"

그때 운디네가 애원하며 예쁜 손으로 그의 입을 막았다. 그도 말을 중단하고 운디네가 전에 말했던 많은 것들을 생각하며 침묵을 지켰다.

그동안 베르탈다는 온갖 야릇하고 잡다한 생각에 잠겨 있었다. 그녀는 운디네의 혈통에 대해 많은 것을 알고는 있었지만 전부는 아니었고, 특히 저 무서운 퀼레보른의 존재는 전에 이름조차 들어본 적이 없어서 끔찍하면서도 여전히 무서운 수수께끼로 남아 있었다. 이러한 이상한 것들에 대한 상념에 빠진 그녀는 아무 생각 없이 훌트브란트가 지난번 여행 때 행상에게서 사서 선물한 금목걸이를 풀어 강물 표면에 바싹 대고는 저녁 석양을 받아 반짝이는 광채에 취한 듯 바라보고 있었다. 그때 돌연 도나우 강에서 웬 커다란 손이 나타나 목걸이를 낚아채더니 물속으로 사라져버렸다. 베르탈다는 비명을 질렀다. 그러자 저 깊은 강물 밑바닥에서부터 빈정거리는 웃음소리가 울려 퍼졌다. 이렇게 되자 기사는 더 이상 화를 참을 수가 없었다. 그는 벌떡 일어나 물속을 향해 욕을 해대고,

자신의 친구와 자신의 인생을 위협하는 모든 것들에 대해 저주를 퍼부었다. 그리고는 님프든 세이렌이든 자신의 번득이는 칼 앞에 나서라고 소리쳤다.

베르탈다는 내내 자신이 너무나도 아끼는 목걸이를 잃어버린 것에 슬퍼하며 울었고, 그녀의 눈물은 기사의 분노에 기름을 부었다. 그러는 동안 운디네는 혼자서 조용히 무어라 중얼거리며 한 손을 뱃전 아래 파도 속에 담그고 앉아 있었다. 그리고는 가끔씩 기묘하고 알아들을 수 없는 중얼거림을 멈추고는 애원하듯 남편을 바라보며 말했다.

"여보, 제발 여기에서 저를 욕하지 마세요. 당신 마음대로 뭐든지 다 욕하세요. 다만 저만 빼고. 왜인지는 당신도 아시잖아요!"

그러면 그는 실제로 분을 못 삭이고 더듬거리면서도 화를 꾹 참고 직접 그녀를 겨냥해서는 욕을 하지 않았다. 그때 그녀가 파도 아래에 담그고 있던 것은 손으로 더할 수 없이 아름다운 산호목걸이를 들어올렸다. 산호목걸이가 너무나 찬란하게 빛나서 그걸 본 사람들의 눈이 다 멀 지경이었다.

"이걸 받아요." 운디네는 목걸이를 베르탈다에게 주며 다정하게 말했다. "그 목걸이 대신 이걸 가져오게 했어요. 그러니 더는 슬퍼하지 말아요, 가엾은 사람."

이때 기사가 끼어들었다. 그는 운디네의 손에서 아름다운 산호목걸이를 빼앗아 다시 강물에 던져버리고는 드디어 폭발하여 소리쳤다.

"그러니까 당신은 내내 그들과 내통을 했단 말이군. 모든 마녀들의 이름을 걸고 말하는데, 네 선물들을 몽땅 다 가지고 가서 그들과 함께 살고 우리 인간들을 좀 편안하게 해줘, 이 마녀야!"

가엾은 운디네는 베르탈다에게 아름다운 선물을 주려고 내밀었던 그

다정한 손을 뻗은 채 금방이라도 눈물이 쏟아질 것 같은 눈으로 그를 빤히 쳐다보았다. 그러더니 잘못한 것도 없이 야단을 맞아 마음이 아픈 귀여운 어린아이처럼 점점 애통하게 울었다. 울다 지친 그녀가 힘없이 말했다.

"여보, 안녕히 계세요! 저들은 당신에게 아무 짓도 못할 거예요. 제가 저들을 막을 수 있도록 저에 대한 신의만은 지켜주기 바라요. 전 가야 합니다. 시작한 지 얼마 되지도 않은 이 인생과 작별을 해야 한답니다. 너무나 가슴이 아프고 슬퍼요. 당신이 이렇게 만들고 말았어요."

그러더니 그녀는 뱃전을 넘어 사라졌다. 그녀가 물결을 타고 사라졌는지 물결이 되어 물속으로 휘말려 들어갔는지 알 길이 없었다. 둘 다인 것 같기도 하고 아닌 것 같기도 했다. 얼마 안 있어 그녀는 도나우 강으로 완전히 흘러들어가 버렸다. 그저 간혹 작은 파도가 배 주위를 맴돌며, "아, 정말로 가슴이 아파! 저를 배반하지 마세요!"라고 중얼거리는 것 같았다.

훌트브란트는 뜨거운 눈물을 흘리면서 갑판 위에 쓰러졌고, 깊은 무력감이 이 불행한 남자를 감쌌다.

제16장 그 후의 훌트브란트

생명의 샘으로부터 솟아나는 뿌리 깊은 슬픔이 영원히 지속되지 않는 것을 유감이라 해야 할까 다행이라 해야 할까? 잃어버린 애인과 하나가 되기를 바라는, 그래서 더 이상 헤어지지 않게 되기를 바라는 애절한 슬픔, 그리고 애인을 가둔 상자가 산산조각이 날 때까지 평생 애인만을 그리워하며 사제처럼 지내려는 슬픔! 물론 여린 사람들은 실제로 그러한 사제로 남을지도 모른다. 하지만 그것 역시 최초의 진정한 슬픔은 아니다. 다른 낯선 모습들이 그 사이를 뚫고 들어오기 때문이다. 우리는 결국 세속적인 것들의 무상함을, 심지어는 우리의 고통에서조차 무상함을 경험하게 된다. 그리고는 이렇게 말하지 않을 수 없다. "유감스럽게도 우리의 슬픔은 영원히 지속되지 않는다!"

링슈테텐의 성주도 이것을 경험했다. 이것이 그에게 행복이 되었는지 아닌지는 앞으로의 이야기를 따라가노라면 알게 될 것이다. 처음에 그는 그저 비통하게 우는 것 말고 달리 할 수 있는 일이 없었다. 가련하고 다정한 운디네가 모든 일을 원만하게 처리하려고 건져 올린 반짝이는 산호 목걸이를 빼앗기고 처절하게 울 때처럼 말이다. 그래서 그도 그녀가 그랬던 것처럼 손을 짝 뻗고는 매일 그녀처럼 울곤 했다. 그는 속으로 모든 것이 눈물 속으로 흘러들어가 버렸으면 하는 바람을 품었다. 누구라도 이처럼 엄청난 슬픔에 싸이면 고통스러우면서도 한 가닥 쾌감과 함께 이와 비슷한 생각을 하지 않겠는가?

베르탈다도 같이 울었다. 두 사람은 오랫동안 운디네의 추억에 잠겨 자신들의 애정을 완전히 잊어버린 듯 아주 조용히 지냈다. 이즈음 마음씨 착한 운디네가 훌트브란트의 꿈에 종종 나타나 그를 부드럽고 다정하게 애무하다가 소리 없이 울면서 사라지곤 했다. 잠에서 깬 그는 자신의 뺨을 흥건하게 적신 것이 그녀의 눈물인지 아니면 자기의 눈물인지 알 수가 없었다.

그러나 시간이 흐르면서 꿈속에서 그녀의 얼굴을 보는 일도 뜸해지고 기사의 슬픔도 무디어져 갔다. 그럼에도 불구하고, 만약 늙은 어부가 어느 날 예기치 않게 성에 나타나 정색을 하고 베르탈다가 자기 딸이라며 당장 데려가겠다고 나서는 일만 일어나지 않았더라면, 그는 아마도 평생 조용히 운디네만을 생각하고 그녀에 대한 이야기를 하면서 살고 싶은 소망을 간직하고 살았을 것이다. 어부는 운디네가 사라진 사건을 알고 있었고, 바로 그렇기 때문에 결혼도 하지 않은 베르탈다를 성에 머물게 할 수 없다고 했다.

"내 딸년이 나를 좋아하든 안 하든 상관없소이다." 그가 말했다. "이것은 명예가 달린 일입니다. 명예 앞에서 다른 것은 문제가 되지 않습니다."

이러한 늙은 어부의 생각과, 베르탈다가 떠난 뒤 황량해진 성 안의 홀과 복도에서 자신을 엄습할 고독감에 생각이 미치자, 운디네를 잃은 슬픔으로 완전히 잊어버렸지만 잠복해 있던 아름다운 베르탈다에 대한 훌트브란트의 애정이 다시 솟구쳤다. 어부는 베르탈다와 결혼하겠다는 기사의 청혼을 여러 가지 이유를 대며 반대했다. 운디네는 노인에게 더없이 사랑스러운 딸이었을 뿐 아니라 사라져버린 그녀가 정말로 죽었는지는 아직 모르기 때문이라고 했다. 그리고 만약 운디네의 시체가 정말로 싸늘하게 굳어서 도나우 강 바닥에 가라앉아 있거나 파도를 타고 바다로 떠내려가고 없다면 베르탈다야말로 이 죽음에 책임이 있기 때문에, 불쌍하게 밀려난 그 자리에 그녀가 들어간다는 것은 더더욱 온당치 못하다는 것이었다. 하지만 어부도 기사를 아주 좋아하고, 예전보다 훨씬 부드러워지고 다소곳해진 딸이 결혼을 허락해달라고 간청하고 진심으로 운디네를 생각하며 눈물을 흘리자, 결국 그는 두 사람의 결혼에 동의하지 않을 수 없게 되었다. 어쨌든 그는 결혼을 반대하지 않고 그대로 성에 머물렀다. 그런 다음 급사가 기사의 두 번째 결혼식을 집전할, 그 옛날 행복했던 시절 운디네와 훌트브란트를 맺어주었던 하일만 신부를 모시러 길을 떠났다.

하지만 신부는 링슈테텐 성주의 편지를 읽자마자, 급사가 그에게 올 때보다 훨씬 더 서둘러 성을 향해 길을 떠났다. 빨리 걷느라 숨이 차거나 늙은 육신이 피로에 지쳐 아프면, 그는 혼잣말을 중얼거리곤 했다. "이건 잘못된 길을 막는 일이다, 이 말라빠진 몸뚱이야, 목적지에 이르기 전에 쓰러져서는 안 된다!"

그렇게 자신을 채찍질하며 벌떡 일어나 뒤뚱뒤뚱 쉬지도 않고 계속 걸어 늦은 저녁 나무가 울창한 링슈테텐 성의 뜰에 들어섰다. 신랑 신부가 팔짱을 끼고 나무 밑에 앉아 있었고, 그들 옆에 늙은 어부가 생각에 잠겨 있었다. 그들은 하일만 신부를 알아보고 벌떡 일어나 반갑게 맞으며 다가왔다. 그러나 신부는 이에 아무런 대꾸도 하지 않은 채 신랑을 끌고 성 안으로 들어가려고 했다.

신랑이 당황해서 주저하며 따라오지 않자, 하일만 신부가 말했다.

"내가 무엇 때문에 비밀리에 당신에게만 이야기해주려고 시간을 지체하는지 모르겠군요, 링슈테텐 성주님. 내가 이야기하려는 내용은 베르탈다와 어부에게도 해당되는데 말이오. 꼭 한 번은 들어야 하는 이야기라면 가능하면 빨리 지금 당장 듣는 편이 낫지 않겠소? 훌트브란트 기사님, 당신의 첫 번째 부인이 정말로 죽었다고 확신하는 거요? 그런 것 같지 않소. 나는 그녀에게 어떤 괴이한 사정이 생겼는지에 대해 말하고 싶지도 않고, 또 그 일에 대해 아는 바도 없소. 하지만 그녀가 신앙심이 깊고 아주 정숙한 부인이었다는 점에 대해서는 한 치의 의심도 없소. 또 지난 2주 전부터 그녀가 꿈속에 나타나 내 침대 곁에 서서 그 가냘픈 손을 비비며 걱정스럽게 한숨지으며 이 말만 하는 겁니다. '아아, 신부님, 그이를 막아주세요! 저는 살아 있답니다! 그이의 육신을 구해주세요! 그이의 영혼을 구해주세요!'라고요. 나는 꿈속의 얼굴이 무엇을 원하는지를 몰랐어요. 그런데 당신의 급사가 왔고, 그래서 내가 이렇게 이곳으로 달려온 것이오. 결혼식을 위해서가 아니라 결혼하면 안 되는 두 분을 갈라놓기 위해서 말이오. 훌트브란트, 그녀와 헤어지시오! 베르탈다, 그와 헤어지시오! 성주는 다른 여자에게 속한 사람이오. 성주의 창백한 뺨에 나타나는 사라진 부인에 대한 걱정이 보이지 않소? 신랑이 저런 모습인 경우는 없소. 게다가 꿈속의 얼굴이 나에게 말했소. '베르탈다가 그와 헤어지지 않는다면 그는 결코 즐겁지 않을 거예요'라고 말이오."

세 사람은 하일만 신부의 말이 모두 진실이라는 것을 깊은 내면에서부터 느꼈지만 결코 믿지는 않았다. 늙은 어부조차 갈피를 잡지 못하고, 요 며칠 동안 상의한 대로 결혼식을 진행할 수밖에 없다고 생각했다. 그래서 그들은 모두 우왕좌왕 제멋대로 신부의 경고에 맞섰다. 그러자 신부는 미리 마련해둔 손님방에서 머물기를 거절하고 음식에 손도 대지 않은 채 고개를 흔들며 슬픈 마음으로 성을 나와버렸다. 그러자 훌트브란트는 신부가 망상가라며 스스로를 위로하고, 동이 트자마자 인근 수도원의 다른 신부에게 급사를 파견했다. 그 신부는 아무 이의 없이 며칠 내로 결혼식을 집전해주겠노라고 약속했다.

제17장 기사의 꿈

때는 새벽 동이 트기 직전의 한밤중이었다. 기사는 비몽사몽 침상에 누워 있었다. 잠이 막 들라치면 웬 무서운 것이 앞에 서 있는 것 같고, 잠

속에 유령이 있어 그를 내쫓는 것 같았다. 그리고 그가 온 힘을 다해 정신을 차렸다고 생각하면 어느덧 백조의 깃 터는 소리 같은 것이, 또 다정다감한 물결소리 같은 것이 그의 주위에서 맴돌았고, 그 때문에 다시 몽롱하게 취한 채 갈피를 잡을 수 없는 상태가 되었다.

결국에는 잠이 깊이 들었었나 보다. 왜냐하면 백조가 날갯짓을 하며 그를 등에 태우고 육지와 바다 위를 날아가며 쉬지 않고 더없이 아름다운 노래를 부르는 것 같은 기분이 들었기 때문이다. "백조의 소리! 백조의 소리!" 그는 연신 이렇게 중얼거렸다. "이것은 아마 죽음을 의미하는 것이겠지?" 그러나 또 다른 의미가 있는 것 같기도 했다. 갑자기 그는 자기가 지금 지중해 위를 날고 있다는 기분이 들었다. 그때 백조 한 마리가 그의 귀에 대고 여기가 바로 지중해라고 속삭였다. 그가 저 아래 바다를 내려다보고 있으려니 물이 맑은 수정이 되면서 밑바닥까지 훤히 볼 수 있게 되었다. 그는 매우 기뻤는데, 맑은 수정궁 안에서 운디네의 모습이 보였기 때문이다.

물론 그녀는 몹시 슬프게 울고 있었고, 그들이 링슈테텐 성에서 함께 살던 행복했던 시절, 특히 신혼 초와 불행했던 도나우 강 여행을 시작하기 직전보다는 당연히 훨씬 더 슬픈 모습이었다. 기사는 모든 것들을 아주 상세하게 그리고 진지하게 생각해보지 않을 수 없었다. 운디네가 그를 알아챈 것 같지는 않았다. 퀼레보른이 다가가 눈물을 흘리고 있는 그녀를 야단치려고 했다. 그러자 그녀는 정신을 가다듬고 퀼레보른이 흠칫 놀랄 만큼 의젓하고 거만하게 째려보았다.

그녀가 말했다.

"제가 비록 여기 물 아래에 살고는 있지만 저는 제 영혼을 함께 가지고 내려왔어요. 그래서 저는 울어도 됩니다. 삼촌은 이런 눈물이 무엇인지조차 알 수 없겠지만 말이에요. 소중한 영혼을 가진 사람에게는 모든 것이 즐거움이듯이, 눈물 역시 즐거움이에요."

퀼레보른은 믿을 수 없다는 듯 고개를 절레절레 흔들고는 잠시 생각에 잠겨 있다가 말했다.

"그렇다 치자. 하지만 조카야, 너는 물의 정령의 법칙을 따라야 하지 않느냐? 그러니 그 사람이 다시 결혼을 하고 너를 배반한다면 너는 그를 심판하고 그의 생명을 빼앗아야 한다."

"하지만 그는 지금 이 시간까지는 여전히 혼자잖아요." 운디네가 말했다. "그리고 그는 저를 지극히 사랑하고 있어요."

"그렇지만 동시에 새신랑이기도 하지." 퀼레보른이 비웃으며 말했다. "그래, 며칠 동안만 두고 보자. 그런 다음에 신부님의 주례로 결혼을 할 게다. 그때는 너도 어쩔 수 없이 두 아내를 둔 남자를 죽이러 올라가지 않을 수 없을 게다."

"전 못 해요." 그녀가 웃었다. "제가 우물을 폐쇄해버렸거든요. 나와 우리 친척들이 못 올라가도록 말이지요."

"하지만 그 사람이 성을 나서거나, 언제라도 그가 우물을 열도록 만들면 되지! 그는 이 모든 일들에 대해 별로 심각하게 생각하지 않을걸." 퀼레보른이 말했다.

"바로 그래서," 운디네가 눈물을 머금고 웃으며 말했다. "바로 그렇기 때문에, 지금 그분은 정령이 되어 지중해 위를 떠다니며 우리의 이야기를 꿈으로 꾸면서 경고를 받고 있는 거예요. 제가 신중히 생각해서 그렇게 계획을 짠 거지요."

그러자 퀼레보른이 위협적인 표정으로 기사를 올려다보며 발을 구르다가 쏜살같이 파도 속으로 사라져버렸다. 그는 너무나 화가 난 나머지

고래처럼 부풀어오른 것 같았다. 백조들이 다시 노래 부르고 날갯짓을 하며 날기 시작했다. 기사는 알프스를 넘고 강들을 넘어 마침내 링슈테텐 성으로 돌아와 자신의 침상에서 잠을 깬 것 같았다.

실제로 그는 자신의 침상에서 잠이 깼다. 바로 그때 시종이 들어와 하일만 신부님이 여전히 그 근처에 머물고 있다고 보고했다. 시종은 어젯밤에 숲에서 나뭇가지를 구부리고 이끼와 섶으로 가린 자연 천막 아래에 누워 있는 신부님을 만났다고 말했다. 결혼식도 올려주지 않을 거면서 여기서 무얼 하시는 거냐고 묻자, 신부님이 이렇게 대답했다고 전했다.

"결혼식과 다른 예식이 또 기다리고 있다네. 그리고 나는 결혼식 때문에 온 것이 아니라 다른 예식을 위해 와 있는 거라네. 우리는 그저 기다리기만 하면 되지. 결혼식과 장례식이 뭐 그리 크게 다른 것도 아니지 않나. 자신을 속이지 않는 사람이라면 이런 것들을 다 통찰하게 되지."

기사는 신부의 말과 자신의 꿈에 대해 온갖 이상한 생각을 했다. 하지만 일단 확고하게 결정한 것을 뒤집는 일은 참으로 힘든 법이다. 그래서 모든 일이 예정대로 진행되었다.

제18장 기사 훌트브란트의 결혼식

내가 여러분에게 링슈테텐 성에서의 결혼식이 어떠했는지 설명한다면, 여러분은 아마 화려한 물건들이 쌓여 있고 즐거운 일들이 많았지만, 그런 것들 위로 검은 상복이 펼쳐져 있는 것을 본 것 같은 기분이 들 것이다. 그 상복의 어두운 베일 밖으로 나오는 것들은 그것이 아무리 화려하다 해도 기껏 지상의 즐거움이 허무하다는 조롱 이외에 아무것도 아니라는 기분이 들 것이다. 그렇다고 뭐 어떤 유령 같은 괴상한 것이 잔치의 즐거움을 방해하는 그런 일이 일어났던 것은 아니다. 우리도 알고 있다시피, 이 성은 위협적인 물의 정령들의 출입이 금지된 장소이기 때문이다. 그렇지만 기사와 어부 그리고 모든 손님들은 잔치의 진짜 주인공이 빠졌으며, 또한 그 주인공은 모두가 사랑하는 다정한 운디네여야 한다고 느꼈다. 그래서 문이 열릴 때마다 사람들의 눈은 자동적으로 문쪽으로 향했다. 그런데 그곳에 접시를 든 하인들이나 귀한 포도주를 날라오는 하인들이 서 있으면, 그들은 우울해져 자신들의 앞을 바라보곤 했다. 가끔 농담과 즐거움으로 반짝 피어오른 섬광도 금세 슬픈 회상의 이슬 속에서 꺼져버리곤 했다.

신부는 참석자들 중에서 가장 경솔한, 그래서 가장 즐거운 기분이었다. 그런 그녀도 운디네는 지금 시체가 되어 몸이 굳어 차가워진 채 도나우 강 바닥에 누워 있거나 아니면 물결 따라 머나먼 바다로 흘러가고 있는데, 자신은 초록빛 관을 쓰고 금자수가 빛나는 옷을 걸치고 잔치 상 맨 윗자리에 앉아 있다는 것을 이상하게 여기곤 했다. 아버지가 이와 비슷한 말을 한 후로는 그녀의 귀에서 늘 이 말이 메아리쳤는데, 특히 오늘은 이 말을 털어낼 수도 피할 수도 없었다.

손님들은 밤이 되기 전에 다 돌아갔다. 보통 결혼잔치에서처럼 신랑의 초조한 기대감을 배려해서가 아니라, 우울한 잔치 분위기와 불행을 알려주는 듯한 예감에 짓눌려 마음이 슬프고 무거웠기 때문이다. 베르탈다는 하녀들을, 기사는 하인들을 대동하고 옷을 갈아입기 위해 각자의 방으로 들어갔다. 이 우울한 잔치에는 신랑 신부에게 퍼부어지는 선남선녀들의 즐거운 농담도 전혀 없었다.

베르탈다는 기분을 돋워보려고 애썼다. 그래서 훌트브란트가 선물한 화려한 보석이며 갖가지 옷들과 베일들을 꺼내 펼쳐놓고는 하녀들에게 내일 아침에 입을 가장 아름답고 화려한 옷을 고르라고 했다. 하녀들은 젊은 여주인에게 유쾌한 수다를 떨 기회가 주어진 걸 좋아라 하며 신부의 미모에 대해 잔뜩 찬사를 늘어놓았다. 하녀들의 아부가 점점 도를 더해가자 문득 베르탈다가 거울을 보며 한숨을 쉬었다.

"아, 너희는 여기 내 목 언저리에 돋은 주근깨가 안 보이느냐?"

그들이 보니 과연 아름다운 여주인의 말대로 목 언저리에 주근깨가 나 있었다. 그들은 주근깨는 백옥같이 하얀 피부를 한층 돋보이게 하는 작은 애교점이라고 안심시켰다. 베르탈다는 고개를 저으며, 그렇지만 주근깨가 흠인 것은 틀림없지 않느냐며 우울해했다.

"이걸 빼낼 수 있다면 좋으련만……" 하며 그녀는 마침내 한숨을 쉬었다. "하지만 우물이 닫혀 있잖아. 예전에는 늘 거기에서 내 피부를 깨끗하게 씻어주는 소중한 물을 길어올 수 있었는데. 오늘 한 병의 우물물이라도 있으면 좋으련만!"

"한 병이면 됩니까?" 잽싼 하녀 하나가 이렇게 말하고 깔깔 웃더니 방을 빠져나갔다.

"저 애가 설마 지금 당장 우물의 돌을 내려놓는 어리석은 짓을 하지는 않겠지?" 베르탈다는 순간 놀랐지만 흡족한 마음에서 이렇게 말했다.

남정네들이 뜰을 지나가는 소리가 들렸다. 베르탈다는 명랑한 시녀가 그들을 우물로 데리고 가는 것이며, 남정네들의 어깨 위에 지렛대와 다른 연장들이 들려 있는 것을 창문을 통해 볼 수 있었다.

"저것이야말로 내가 바라던 바이긴 해." 베르탈다가 미소 지었다. "너무 오래 걸리긴 했지만."

그리고는 이전에는 그토록 가슴 아프게 거절당했던 일이 이제는 눈짓

하나만으로도 성사된다는 사실에 기뻐하면서, 달빛을 받아 환한 성 안의 뜰에서 일하는 사람들을 내려다보았다.

하인들은 있는 힘을 다해 커다란 돌을 들어올렸다. 자신들이 좋아했던 옛 여주인이 해놓은 일을 이렇게 망가뜨리고 있다는 것을 상기하고는 한숨을 짓는 이들이 간혹 있었다. 하지만 이 일은 생각했던 것보다 훨씬 수월했는데, 마치 우물 안으로부터 어떤 힘이 돌을 밀어올리는 것 같았다. 인부들은 놀라서 서로 말을 주고받았다.

"우물이 분수가 된 것 같구먼."

그렇게 돌은 점점 더 위로 올려지더니 인부들의 도움을 거의 받지 않고 둔탁한 소리를 내며 천천히 땅바닥으로 내려앉았다.

우물이 열리자마자 하얀 물기둥이 장엄하게 솟구쳤다. 모두들 처음에는 분수가 솟아오른 것이라고 생각했지만, 이내 솟아오른 형상이 하얀 베일을 쓴 창백한 여인임을 알게 되었다. 이 여인은 비통하게 울면서 불안한 듯 양손을 머리 위로 높이 쳐들고 성채를 향해 천천히 엄숙하게 발걸음을 옮겼다. 성 안의 하인들은 우물에서 물러나 흩어지고, 하녀들과 함께 창가에 있던 새색시는 하얗게 질려 꼼짝도 못하고 있었다.

여인의 형상은 베르탈다의 방 아래에 이르자 훌쩍훌쩍 흐느끼며 올려다보았다. 베르탈다는 여인의 형상 베일 밑으로 운디네의 창백한 얼굴 윤곽을 본 것 같았다. 하지만 슬픔에 젖은 여인은 강요당한 듯 주저하며 마치 최후의 심판대로 향하고 있는 듯 무거운 발걸음을 옮겼다. 베르탈다는 기사를 불러달라고 비명을 질렀다. 그러나 누구 하나 제자리에서 꼼짝도 하지 못했다. 베르탈다조차 자신이 지른 비명에 놀란 듯 다시는 입을 열지 못했다. 그들이 마치 동상처럼 움직이지 못하고 마음 졸이며 창가에 서 있는 동안 그 기이한 낯선 여인은 내내 소리 없는 눈물을 흘리며 성 안으로 들어와 눈에 익은 계단을 올라가 역시 눈에 익은 홀을 지나 갔다. 아, 그녀가 처음 이곳을 지나갈 때는 지금과 얼마나 달랐던가!

한편 기사는 이미 하인들을 내보낸 뒤였다. 옷을 반쯤 벗은 채 우울한 기분으로 커다란 거울 앞에 서 있었다. 촛불이 옆에서 희미하게 타올랐다. 그때 들릴락 말락 문을 두드리는 소리가 났다. 지난날 그에게 다정하게 장난을 치고 싶을 때면 운디네가 이렇게 문을 두드리곤 했었다.

"이 모든 게 다 환상일 뿐이야!" 그는 중얼거렸다. "나는 신방으로 가야 해."

"그래야죠. 그러나 차가운 신방이겠죠!"라며 울먹이는 소리가 방문 밖에서 들려왔다. 그리고는 천천히, 아주 천천히 문이 열리더니 하얀 옷을 입은 낯선 여인이 들어와 등 뒤로 예의바르게 자물쇠를 잠그는 모습이 거울에 비쳤다.

"저들이 우물을 열었어요." 그녀가 나직이 말했다. "그래서 제가 이렇게 이곳으로 왔어요. 당신은 이제 이 세상과 하직해야 해요."

이제야말로 정말 다른 방도가 없다는 것을 인지하고 심장이 꽉 막힐 것 같은 그는 두 손으로 눈을 가리며 말했다.

"죽는 순간 내가 공포로 미치지 않게만 해주구려. 베일 밑의 당신 얼굴이 끔찍하면 베일을 벗지 마시오. 당신을 보지 않은 채 심판을 받도록 해주구려."

"아," 여인이 대꾸했다. "당신은 마지막으로 한 번 더 저를 보고 싶지 않단 말인가요? 저는 당신이 예전의 그 호숫가에서 구혼하던 그때와 똑같이 아름답답니다."

"오, 그렇다면!" 홀트브란트가 한숨을 쉬었다. "당신의 키스를 받으며 죽을 수만 있다면!"

"좋아요, 내 사랑." 그녀가 말했다.

그리고 베일을 벗자 천사처럼 아름답고 사랑스런 얼굴이 미소 지으며 모습을 드러냈다. 기사는 사랑과 죽음의 접근에 몸을 떨며 그녀에게 달려들었다. 그녀는 그에게 천상의 키스를 하고는 그를 놓아주지 않고 더 욱더 꼭 껴안으며, 마치 자신의 영혼을 다 흘려보낼 것처럼 흐느껴 울었다. 눈물이 기사의 눈으로 흘러들어가 가슴을 통과하여 마침내 숨이 끊어지고 주검이 되어 그가 아름다운 여인의 팔 안에서 나와 부드럽게 침대에 눕혀질 때까지, 방 안에는 사랑의 아픔이 물결 쳤다.

"내가 그이를 눈물로 죽였어요!" 그녀는 건넛방에서 마주친 하인들에게 이렇게 말하고 놀란 그들 사이를 헤치고 나와 천천히 우물로 걸어갔다.

제19장 기사 훌트브란트의 장례식

링슈테텐 성주의 죽음이 부근에 알려지자마자 하일만 신부가 성으로 들어왔다. 그가 나타난 것은 불행한 결혼식의 주례를 담당했던 신부가 놀라고 무서워서 성문을 빠져나가려는 바로 그 순간이었다. 사람들이 이 사실을 하일만 신부에게 알리자 이렇게 대꾸했다.

"당연한 결과라오. 이제 내 일이 시작되는구려. 난 동료가 필요 없소."

그런 다음 신부는 이제 막 과부가 된 베르탈다를 위로했지만, 이 위로가 애당초 세속적으로 타고난 그녀의 성품에는 별로 도움이 되지 못했다. 이와는 달리 늙은 어부는 가슴은 아팠지만 딸과 사위에게 닥친 숙명을 훨씬 잘 이해했다. 베르탈다는 운디네를 살인자니 마녀니 하며 욕하기를 그치지 않는 반면, 노인은 침착하게 말했다.

"어차피 이렇게 될 수밖에 없었지요. 이건 하느님의 심판일 뿐이에요. 훌트브란트의 죽음에 대해 그를 이렇게 죽일 수밖에 없었던 버림받은 가엾은 운디네보다 더 가슴 아파할 사람은 없을 겝니다."

그러면서 그는 고인의 신분에 맞추어 장례 절차를 진행하는 일을 도왔다. 고인은 선조 대대의 묘들이 있는 마을의 교회묘지에 묻히게 되었다. 그곳은 고인도 그랬지만 선조들이 자유롭게 다스리며 많은 기부를 했던 마을이었다. 무덤에 함께 묻힐 방패와 투구가 이미 관 옆에 놓여 있었는데, 그것은 훌트브란트 기사가 링슈테텐 가문의 마지막 혈육이었기 때문이다. 장례에 참석한 사람들은 바람 한 점 없는 청명한 파란 하늘을 올려다보고 찬송가를 부르며 슬픈 장례행렬을 따르기 시작했다. 하일만 신부가 커다란 십자가를 들고 앞장서서 걸었고, 늙은 아버지의 부축을 받으며 어찌할 바를 모르는 베르탈다가 그 뒤를 따랐다.

그때 미망인을 따르며 곡을 하는 검은 상복을 입은 여인네들 사이에 베일을 깊게 쓴, 눈처럼 하얀 형체가 돌연 사람들의 눈에 들어왔는데, 이 형체는 비통하게 울며 두 손을 하늘을 향해 들고 있었다. 그녀와 나란히 걷던 사람들은 섬뜩한 전율에 사로잡혀 그녀를 피해 뒤로 물러서거나 옆으로 비켜섰다. 그런 움직임으로 인해 갑자기 흰옷을 입은 이방인 옆에서서 걷게 된 사람들은 한층 더 겁을 먹고 도망쳐 장례행렬에 일대 혼란이 일기 시작했다. 몇 명의 하인들이 용기를 내어 이 형체에게 말을 걸어 몰아내려고 했지만 그들이 잡으려고만 하면 빠져나갔다가 어느 틈엔가 다시 천천히 엄숙한 걸음걸이로 행렬에 끼어들곤 했다. 하녀들이 끊임없이 피해 도망치는 바람에 마침내 이 형체는 베르탈다 바로 뒤에까지 오게 되었다. 이 형체는 아주 천천히 베르탈다의 보조에 맞추어 따라갔기 때문에 미망인은 이 형체를 전혀 의식하지 못했고, 이 형체 역시 아주 겸손하게 그리고 예의바르게 미망인을 방해하지 않고 뒤따라갔다.

그런 상태는 모두가 묘지에 도착하여 장례행렬이 이미 파헤쳐진 무덤 주위를 둥글게 에워쌀 때까지 계속되었다. 바로 그때 베르탈다가 초대받지 않은 손님을 보았다. 한편으로는 화가 나고 한편으로는 놀란 나머지 그녀는 이 형체에게 기사의 묘지에서 물러나라고 명령했다. 그러나 베일을 쓴 여인은 조용히 거절하는 자세로 머리를 가로젓고, 마치 비굴하게 간청이라도 하듯이 베르탈다를 향해 두 손을 모았다. 그 손을 보자 베르탈다는 마음이 흔들렸고, 도나우 강에서 건져 올린 산호목걸이를 그토록 다정하게 건네주려고 했던 운디네가 생각나 울지 않을 수 없었다. 그때 하일만 신부가 눈짓으로 조용히 하라고 명했다. 마침 관에 흙을 덮기 시작했기 때문에 신부는 조용히 고인의 명복을 빌기 위해 기도를 올리려던 참이었다. 베르탈다가 소리 없이 무릎을 꿇자, 모두가 따라서 무릎을 꿇었다. 무덤을 파던 인부들까지도 일을 끝내고 무릎을 꿇었다.

사람들이 모두 다시 일어났을 때 흰옷을 입은 낯선 여인은 사라지고 없었다. 대신 그녀가 꿇어앉아 있던 바로 그곳의 잔디를 뚫고 맑은 은빛 샘물이 솟아올랐다. 샘물은 끊임없이 솟아나와 기사의 무덤을 완전히 한 바퀴 에워쌌다. 그리고는 계속 흘러 묘지 한편에 있는 잔잔한 연못으로 흘러들어갔다. 그리하여 먼 훗날 이 마을 사람들은 이 샘을 가리키며, 버림받은 가여운 운디네가 이러한 모습으로 언제까지나 다정한 팔로 사랑하는 사람을 감싸고 있는 것이라고 생각했다고 한다.

바보 기사에 대한 노래

Das Lied vom blöden Ritter

하인리히 하이네(Heinrich Heine, 1797–1856)

옛날에 기사가 하나 살았다네,
눈처럼 희고 푹 패인 뺨에 음울하고 말이 없었네.
몽롱한 꿈들에 사로잡혀
휘청휘청 비실비실 헤매고 다녔지.
얼마나 서툴고 어설프고 멍청했던지
작은 꽃들도 어린 하녀들도 킬킬 웃어댔지,
그가 비틀대며 지나간 후면.

종종 그는 사람들 눈을 피해
집 제일 컴컴한 구석에 앉아 있었지.
그러고는 동경에 차 두 팔을 내벌렸지,
하지만 말은 한마디도 하지 않았어.
그러다 자정이 다가오자
기이한 노래와 음악이 시작되고
문 두드리는 소리가 들려온다.

솨솨 소리 나는 파도거품 드레스의
사랑하는 연인이 살며시 들어오네.
작은 장미송이처럼 뜨겁게 피어나는
그녀의 베일엔 화사한 다이아몬드.

곱슬머리 금발이 가냘픈 몸매를 휘감고,
두 눈은 달콤하게 명령조로 인사하네—.
두 사람은 서로 품에 안긴다.

기사는 사랑의 힘으로 그녀를 품으니
어설픈 남자에게 이제 불이 붙는다,
창백한 뺨엔 홍조가 어리고, 꿈꾸던 그가 깨어난다.
멍청한 백치가 점점 대담해진다.
그녀는 그를 장난하듯 놀리고,
하얀 다이아몬드 베일로
아주 살포시 그의 머리를 덮는다.

기사는 갑자기 마술에 걸려
물 속 크리스털 궁전으로 들어가고,
번쩍이며 빛나는 광경에
놀라 두 눈이 거의 멀 지경.
하지만 요정이 그를 다정하게 껴안으니,
기사는 신랑, 요정은 신부,
시녀들이 치터를 연주한다.

시녀들은 연주하고 아름답게 노래하며
두 발을 놀려 춤을 춘다.
기사는 정신을 잃을 지경
귀여운 신부를 더 세게 껴안을 뿐—
그때 갑자기 불이 꺼지니,
기사는 다시 홀로 집에 앉아 있네,
그의 음침한 시인의 방에.

Der goldne Topf

황금 단지

에.테.아. 호프만

최민숙 옮김

작품 해설

『황금 단지Der goldne Topf』(1813-1814)는 오늘날 환상 문학의 선구자로 꼽히는 독일 낭만주의 작가 에.테.아. 호프만(Ernst Theodor Amadeus Hoffmann, 1776-1822)의 초기작으로 그의 대표작 중 하나이다. 중단편집 『칼로풍의 환상곡집Fantasiestücke in Callots Manier』 3부에 최초로 소개된 이 작품은 국가적으로나 작가의 일생에 있어서나 매우 험난한 시기의 산물로서, 시대적으로는 1789년 프랑스혁명과 1815년 비인회의 사이에 위치한다. 그러나 호프만의 작품들 중 가장 밝은 작품으로 그의 세계관과 인생관, 문학관이 총체적으로 반영되어 있다. '새 시대의 메르헨'이라는 부제가 붙어 있는 이 소설은 환상적인 세계와 드레스덴의 시민 사회를 얽히게 함으로써 '현실메르헨(Wirklichkeitsmärchen)'이라는 새로운 장르를 개척했으며, 주제와 구성, 문학성에 있어서 낭만주의는 물론 세계 작가 동화의 역사에서 정수로 꼽힌다.

『황금 단지』의 여주인공 세르펜티나는 이 책에 실린 물의 요정들 가운데 특이한 자리를 차지한다. 다른 작품들에서는 물의 요정이 주인공으로 그들의 운명이 다루어지고 있다면, 이 작품에서는 남자 주인공인 대학생 안젤무스에게 보다 많은 비중이 실려 있다. 그러나 그렇다고 해서 세르펜티나의 비중이 다른 요정들에 비해 적은 것은 결코 아니다. 자연과의 교감을 잃은 인간에 대한 경고를 담고 있는 이 메르헨에서 세르펜티나는 자연과 시의 화신으로 주인공을 인도하여 시인이 되게끔 하는 역할을 한다. 예언자이자 예술가였던 고대 세이렌 이래의 물의 요정들의 특징과 운명적인 요소를 모두 지니고 있으면서도 그들과는 다른 길을 간다는 점에서 매우 독특한 인물로서 오히려 그녀는 그 어느 물의 요정도 지니지 못한 후광을 지니고 나타난다.

먼 옛날 아틀란티스라는 마법의 나라에서 지상으로 내려온 인물들이 드레스덴의 현실에서 출몰하는 이 메르헨 소설의 주인공 안젤무스는 '어린아이같이 천진난만한 시적 심성'을 지닌 대학생이다. 이제 대학을 졸업하면 취직도 하고 결혼도 해야 하는 이 청년은 드레스덴에서 예수승천일을 즐기러 뛰어가다가 실수로 사과장수이자 마녀인 한 노파의 바구니에 뛰어들게 되고 그 벌로 지갑을 뺏기고 만다. 그러나 돈 한 푼 없이 시민들의 유토피아에서 추방된 그에게 뜻하지 않은 환상의 세계가 열리게 된다. 라일락나무에서 아름다운 금빛 초록뱀 세르펜티나를 보고 사랑에 빠지게 되는 것이다.

세르펜티나는 문서관장 린트호르스트의 셋째 딸인데, 린트호르스트는 원래 신화적 세계 아틀란티스에서는 불의 정령 샐러맨더 왕자였다. 사랑에 눈이 멀어 정원을 그의 불로 태워버린 죄로 그는 지상으로 쫓겨나 궁핍하게 살아가야 했다. 그에게는 세 딸이 있는데, 이 세 딸을 모두 '어린아이같이 천진난만한 시적 심성'을 지닌 청년과 결혼을 시켜야만 다시 그의 고향인 아틀란티스로 돌아갈 수 있다. 안젤무스는 그 첫 번째 사윗감으로 선택된 셈이다.

하지만 초록뱀에 대한 사랑에 빠진 대학생은 시민들의 놀림감이 되고, 그런 안젤무스에게 역시 파란 눈을 한 아름다운 교감의 딸 베로니카가 나타난다. 이어지는 줄거리는 대학생 안젤무스가 현실과 환상을 대변하는 이 두 소녀 사이에서 방황하는 내용으로 점철되어 있다. 그는 세르펜티나와 결혼하여 '자연의 신비를 노래하는 시인'이 될 것인가, '궁정고문관'으로 출세하고 베로니카와 결혼하여 속물적 시민으로 살아갈 것인가, 즉 '존재'를 택할 것인가 '소유'를 택할 것인가 하는 기로에 서게 된다. 주인공의 시인으로의 인식 과정이 끝나고 이 메르헨은 두 쌍의 남녀의 결혼으로 해피엔드를 맞는다.

예수승천일에 인식의 열매인 사과를 짓밟은 남자 주인공이 뱀에게 유혹되어 마지막에 아틀란티스로 승천한다는 이 이야기는 창세기 낙원 장면을 비튼 호프만적 아이러니의 극치로서, 『황금 단지』가 세계 환상 문학의 아버지 에.테.아. 호프만의 작품이라는 것은 결코 우연이 아닐 것이다.

세르펜티나의 이름은 어원학상으로는 '뱀(Serpent)'에서 유래하는데, "자연으로 돌아가라"는 루소의 강령에 충실한 낭만주의자 호프만은 세르펜티나를 물의 요정으로 부각시키기보다는 4대 원소인 물, 불, 공기, 흙의 요소를 두루 갖춘 총체적인 자연의 정령으로 그리고 있다. 세르펜티나의 아버지는 불의 정령 샐러맨더이며 어머니는 초록뱀으로, 이 초록뱀의 조상은 주홍백합과 아침 바람의 사랑으로 태어났기 때문이다. 그러나 금빛 초록뱀과 인간 소녀의 이중적 모습으로 나타나고 엘베 강에서 노닐며 "세이렌처럼 노래를 부르는"가 하면 마지막에 섬나라 아틀란티스로 이주하는 그녀를 물의 요정으로 분류하는 것은 타당하다고 생각된다. 인간 남성이 그녀의 사랑을 거부하고 다른 여성을 택했을 경우 파멸하게 된다는 선택사항(금기의 한 종류)과 팜므 파탈적인 면모도 빠지지 않는다. 강조하고 싶은 것은 그녀가 행복을 찾는 몇 안 되는 물의 요정에 속한다는 점이다.

유럽 물의 요정의 대명사인 멜루지네와 운디네가 인간 세상에 와서 남성을 기다리고 결혼하여 아내로서의 행복을 찾지만 결국 남편의 배반으로 불행해진다면, 세르펜티나는 사랑하는 남자를 만나 신화의 나라로 가서 행복을 찾는다. 이는 멜루지네와 운디네가 결혼 후의 이야기라면, 『황금 단지』는 결혼하기까지의 과정 이야기라는 점과도 무관하지 않아 보인다. 그러나 호프만은 여기서 지령의 선물인 황금 단지와 이 단지에서 핀 백합이 그들의 영원한 행복을 보장한다는 조건을 달아 세르펜티나의 불행 가능성을 아예 차단해놓고 있다.

또 하나의 결정적인 차이는 대부분의 물의 요정들이 영혼이 없어 구원받아야 될 존재로 그려지고 있다면, 자연을 상징하는 초록과 가장 귀한 금속인 황금빛을 띠고 있는 세르펜티나는 '성찰'과 '자의식'의 구현으로서 영혼이 없는 속물들의 세상으로 타락하려는 남자 주인공을 구원해 아틀란티스로 데리고 가는 구원의 요정이라는 점이다.

삼화음 같은 크리스털 종소리를 동반하며 향기로운 라일락나무에 나타나 아름다운 파란 눈으로 유혹하고, 서재에서 일하는 연인을 찾아와 신화를 들려주는 세르펜티나는 창세기의 뱀, 그리스 신화 속 세이렌과 뮤즈 여신, 더 나아가 낭만주의 시문학의 현현으로 그녀와의 만남이 안젤무스에게는 '예술가 축복식'이기도 하다.

여기서 세르펜티나의 존재 영역은 — 이는 곧 주인공 안젤무스가 시인 수련을 하는 영역과 일치한다 — 원초적 '자연'과 고도의 문명의 산물인 '도서관(서재)'으로 이분화되어 있다. 『황금 단지』는 바로 '글쓰기에 대한 메르헨'으로서, 자연이 시원적인 자연 언어, 마술 언어의 재발견 장소로서 무의식의 의식화를 유도하고자 한다면, 도서관은 근대의 새로운 환상이 펼쳐지는 공간으로 박식함이 새로운 상상의 세계를 열어준다는 현대의 상호텍스트적 인식을 선취하고 있다. 이러한 점에서 이 메르헨 속 서재 장면은 20세기 푸코와 에코로 이어지는 '환상의 도서관(la bibliothèque fantastique)'의 모델이 되고 있다. 르네상스 이래 조형예술에서 높이 찬양되던 아름답고 우아한 곡선인 '피구라 세르펜티나타(Figura serpentinata)'의 현현인 세르펜티나는 잉크병에서 나온 달필의 요정으로 해석되는데, 호프만이 살던 1800년경에는 뱀의 구불거리는 곡선이 아름다운 글씨의 이상이었다. 다른 한편 그녀의 목소리에 홀린 주인공이 자신도 모르는 사이에 필사를 완성해놓는 장면은 20세기 초에 와서야 개념이 생긴 '자동 기술(éciture automatique)'을 선취한 것으로 주목받고 있다.

이 작품을 강의할 때마다 학생들은 왜 하필 제목이 '황금 단지'냐고 물었다. 황금 단지의 역할이 너무나 미미하다는 것이다. 그러나 자연의 원초적 언어를 이해하는 한 사람의 시인이 탄생하기까지의 시간과 황금에서 주홍백합의 싹이 트기까지의 시간을 동일시한 지령의 의도를 이해한 사람들은 왜 이 작품의 제목이 '황금 단지'인지를 가늠할 수 있을 것이다.

자신들의 모습을 비춰볼 때마다 황금빛으로 빛나게 하는 황금 단지가 있기에 안젤무스는 언제까지나 시인으로 살아갈 수 있을 것이다. 이 황금 거울은 낭만주의가 지향하던 성찰 문학의 멋진 메타포로 읽힌다. 우리 모두 우리 자신을 비춰볼 황금 단지를 소유하게 되기를, 그리고 거기서 자기만의 주홍백합을 피우게 되기를 소망해본다.

최민숙

첫 번째 야경[1]

대학생 안젤무스[2]에게 생긴 재수 없는 사건들 – 파울만 교감의 담배, 그리고 금빛 초록뱀들

예수승천일 오후 세 시, 드레스덴에서 한 청년이 슈바르츠 토어[3] 성문을 지나 달려가고 있었다. 그러다 그는 하필 어떤 괴상하게 생긴 노파가 파는 사과와 케이크가 담겨 있는 바구니 안으로 냅다 뛰어들고 말았다. 그 결과 용케도 으깨지지 않은 것들은 모두 밖으로 굴러가버렸고, 골목대장들은 이 허둥대는 신사가 집어 던져주는 수확물들을 신나게 나누어 가졌다.

1 여기서 '야경(夜警, Vigilie)'은 소설의 장(章)에 해당한다. 로마 시대 밤의 네 번째 부분을 표기하는 단어로서, 원래 승려들의 시도(時禱, Stundengebet) 중 밤 성무(聖務)를 가리키는 말이었다. 당대의 소설 보나벤투라(Bonaventura)의 『야경Nachtwachen』(1804)도 장 대신 야경으로 쓰고 있으며, 장 파울도 이를 즐겨 썼는데, 작가가 밤을 지키며 글을 썼다는 의미로서 무언가 비밀스런 분위기를 풍긴다.

2 안젤무스는 가톨릭 성인 이름인데, 이 성인의 날인 3월 18일은 바로 호프만이 사랑한 율리아 마르크의 생일이다. 호프만은 밤베르크에서 율리아에게 성악을 지도했다.

3 이 메르헨의 배경은 당시의 드레스덴으로, 지명들은 모두 역사적으로 실제 있었던 지명들이다. '슈바르츠 토어'는 검은 성문이라는 뜻으로, 현 드레스덴 신도시의 북서쪽에 있었다.

노파가 내지른 비명소리에 케이크와 화주(火酒)를 먹던 시장 아주머니들은 테이블을 떠나 청년을 둘러싸고는 상스럽게 삿대질을 해대며 그에게 욕설을 퍼부어댔다. 그는 화도 나고 창피스러워 아무 말도 못 한 채 그저 별로 두둑하지도 않은 그의 돈주머니를 내밀 뿐이었다. 노파는 그것을 탐욕스럽게 움켜쥐더니 재빨리 쑤셔넣었다. 그러자 빼곡하게 둘러쌌던 사람들이 흩어지며 뚫고 나갈 틈이 생기게 되었다. 청년이 그 사이로 번개같이 튀어나가자 노파가 그의 등 뒤에다 대고 악을 썼다.

"그래, 어서 튀어라 튀어, 이 악마의 새끼야! 그래봤자 넌 곧 크리스털 병에 갇히는 신세야, 크리스털 병에 갇히는 신세!"

노파의 째지는 듯한 쉰 목소리에는 무언가 섬뜩한 느낌이 있었기에 행인들은 의아해하며 멈춰 섰고, 처음에 여기저기서 나던 웃음소리는 단숨에 뚝 그쳤다. 대학생 안젤무스(이 사람이 다름 아닌 바로 그 청년이었다)는 비록 노파의 이 괴상한 말을 전혀 이해하지 못했지만 알지 못할 공포심에 사로잡혔다. 그래서 그는 호기심에 찬 군중들의 시선에서 벗어나기 위해 한층 더 걸음을 재촉했다. 잘 차려입은 사람들의 무리 속을 헤치고 나아갈 때 그는 사방에서 웅얼거리는 소리를 들었다. "저런! 불쌍한 청년 같으니. 빌어먹을 노파한테 당하다니!"

노파의 뜻 모를 말은 아주 묘하게도 이 어이없는 사건에서 일종의 비극적인 전환점이 되었다. 이제 사람들은 이전까지만 해도 전혀 눈에 띄지 않던 이 남자를 동정 어린 시선으로 바라보기 시작했다. 마음속에서 이글거리는 분노가 생기를 불어넣은 이 청년의 잘생긴 얼굴과 건장한 체격을 보고 여자들은 그의 어수룩한 행동과 또 유행과는 동떨어진 촌스런 양복차림을 모두 너그럽게 봐주었다. 그의 담회색 연미복은 마치 최신 유행에 대해서는 들은풍월로만 아는 재단사가 만든 듯했다. 그리고 곱게 아껴 입은 검은 공단 바지는 전체적으로 학자 같은 분위기를 풍기게 했다. 하지만 또 그의 걸음걸이나 자세는 그런 차림새에는 도무지 어울리지 않았다.

어느덧 링크스 바트[4]로 가는 거리의 거의 끝부분에 당도했을 때 그는 거의 숨이 멎을 지경이었다. 그는 걸음걸이를 좀 늦추지 않을 수 없었다. 그러나 그는 눈을 들 엄두를 내지 못했다. 왜냐하면 그러기만 하면 아직도 사과와 케이크들이 자기 주위를 빙빙 돌며 춤을 추는 듯 보였기 때문이다. 그리고 간혹 소녀들이 던지는 친절한 시선은 그에게는 오직 슈바르츠 토어에서 사람들이 심술궂게도 고소해하던 웃음의 반영으로 여겨질 뿐이었다.

그렇게 그는 링크스 바트의 입구까지 오게 되었다. 명절 차림의 사람들이 줄지어 들어가고 있었다. 안쪽에서는 관악기 연주가 울려 퍼지고 있고, 즐겁게 떠들어대는 손님들로 점점 더 시끄럽고 혼잡해졌다. 가엾은 안젤무스 학생은 눈물이 솟구칠 지경이었다. 왜냐하면 그에게 예수승천일은 언제나 가족의 특별한 명절이었기 때문이다. 그래서 그도 링크스 바트의 천국 같은 즐거운 분위기에 편승하여 럼주를 탄 커피 반 잔과 독한 맥주 한 병까지는 마실 작정이었다. 맘껏 포식할 수 있도록 원래 허용된 적절한 액수보다 더 많은 돈을 찔러넣었던 것이다. 그런데 불행하게도 사과바구니에 뛰어드는 바람에 그가 계획했던 모든 일들이 수포로 돌아가게 된 것이었다. 커피도 독한 맥주도 음악도 아름답게 치장한 아가씨들을 보는 것도, 요컨대 꿈꾸었던 이 모든 즐거움은 생각조차 할 수 없게 되었다. 그는 천천히 그 앞을 지나쳐 마침내 엘베 강변길로 접어들었다. 이 길은 마침 아주 한산했다.

4 링크스 바트는 드레스덴 외곽 슈바르츠 토어 앞에 있는 유명한 유원지. 호프만은 종종 이곳에 가곤 했으며, 여기서 친구인 힙펠을 우연히 만난 적도 있다.

담벼락에서 솟아나온 라일락나무 아래에서 그는 소담스러운 잔디를 발견했다. 거기 주저앉아서 그는 그와 친분이 두터운 파울만 교감이 선물한 담배를 파이프에 채웠다. 바로 앞에는 아름다운 엘베 강의 황금빛 물결이 철썩이며 출렁거리고 있고, 그 너머로는 장엄한 드레스덴 시가 번쩍이는 탑들을 향기 가득한 하늘을 향해 오만하게 뽐내며 뻗치고 있었다. 하늘은 꽃이 만발한 초원과 신록이 우거져가는 숲 위로 몸을 숙이고 있었고, 짙은 황혼 사이로 뾰족한 봉우리들을 내밀고 있는 산맥은 멀고 먼 보헤미아 지방에 대해 알려주고 있었다. 그러나 안젤무스 학생은 어두운 얼굴로 앞을 응시하며 담배 연기만 날리고 있었다. 그는 분통이 터져서 마침내 큰 소리로 말했다.

"정말이지, 나는 어찌 이리 되는 일이 없담! 단 한 번도 콩임금[5]으로 뽑힌 적이 없지, 홀짝놀이에서도 틀리기 일쑤이지, 버터 빵을 떨어뜨려도 언제나 버터 바른 쪽으로만 떨어진단 말이야. 이런 잡다한 불상사는 그렇다 쳐. 하지만 기껏 대학생이 되어서도 하필 집에서 2마일도 안 떨어진 대학에 다니는 '멍텅구리 대학생'[6]이 될 게 뭐람! 또 새 옷을 입기만 하면 금방 기름얼룩이 지거나 튀어나온 못에 찢겨 빌어먹을 구멍을 내질 않나, 추밀고문관이나 귀부인을 만나 인사할라치면 모자가 떨어지거나 매끄러운 바닥에 미끄러져 창피스럽게 나동그라지지를 않나. 할레[7]에 있을 때도 장날마다 깨먹은 단지값을 물어주느라 3-4그로센[8]을 정기적으

5 프랑스에서 유래하며 가톨릭 축일인 공현축일(1월 6일)에 열리는 콩축제에서는 갈레트(둥근 모양의 파이의 일종)에 누에콩을 박아 같이 구워, 이 콩을 발견한 사람이 그날의 왕이 되어 하루 동안 특별 대접을 받는다.

6 '멍텅구리 대학생 Kümmeltürke(캐러웨이 터키인이라는 뜻)'은 18세기 말 생성된 복합어로서, 집에서 가까운 대학에 다니는 대학생을 지칭하는 말이었다. 부모의 간섭으로 인해 자유로운 대학생활에 제한을 받는다는 뜻이다.

7 Halle. 독일의 도시 이름.

로 상납했었지. 귀신에 홀린 듯, 노르웨이 두더지처럼 똑바로 가야만 한다[9]는 생각을 버릴 수 없기 때문이야. 도대체 내가 단 한 번이라도 강의든 아님 그 밖에 내가 가야 할 장소든 정시에 간 적이 있었나? 30분 전부터 출발해서 문 앞에 도착한들 무슨 소용이 있어. 시각을 울리는 종소리와 함께 손잡이를 누를라치면 누가 세숫대야 물을 내 머리 위에 쏟아붓거나, 아니면 막 뛰쳐나오는 사람과 부딪쳐 일이 수도 없이 복잡하게 꼬여 결국은 만사를 그르치게 마련인걸.

아! 아! 벅찬 꿈들, 내가 여기서 추밀비서관까지 출세할 수 있으리라고 자만하며 지냈던 미래의 행복에 관한 벅찬 꿈들이여, 다 어디로 갔단 말인가! 아무래도 내 불운이 나를 가장 애호하는 후원자들까지도 적으로 만든 것은 아닐까? 내가 추천받고 간 추밀고문관이 단발머리를 싫어한다는 것을 알고 있었지. 그래서 이발사가 내 뒤통수에 작은 머리채를 공들여 묶어주었건만 처음 고개 숙여 인사할 때 그 재수 나쁜 댕기가 튀어나온 게 아닌가. 그러자 내 주변에서 킁킁대며 냄새를 맡던 약아빠진 불독이 옳다구나 신이 나서는 내 머리채를 추밀고문관에게 갖다바치는 거야. 질겁해서 뒤쫓아가던 나는 추밀고문관이 아침을 먹으며 일하던 식탁위로 넘어져, 찻잔이며 접시, 잉크병에다가 모래통[10]이 달그락대며 엎어지니, 코코아며 잉크가 방금 쓴 보고서 위에 쏟아져버렸지. '이봐요, 당신 미쳤어!' 하고 추밀고문관이 화가 나 고함을 지르며 나를 문밖으로 밀어냈지. 파울만 교감선생님이 서기 일을 추천해주신들 무슨 소용이 있을까. 어디고 나를 쫓아다니는 악운이 도대체 날 내버려둬야 말이지!

8 옛 독일의 작은 은화로 약 1/24탈러.
9 노르웨이 두더지는 긴 여행을 하며 어떤 장애물이 있어도 피하지 않고 극복한다고 한다.
10 잉크를 빨아들이는 데 쓰이는 모래를 넣어두는 통.

제발 오늘만은 그러지 않기를 바랐건만! 즐거운 예수승천일을 정말로 유쾌하게 축하하며 한번 제대로 즐겨보려 했는데. 다른 손님들과 똑같이 링크스 바트에서 '웨이터! 독한 맥주 한 병! 최고급으로!' 라고 거드름피우며 외칠 수 있었으련만. 그러고는 밤늦게까지 앉아 있을 수 있었을 텐데. 게다가 멋지게 차려입은 아가씨들이 끼리끼리 몰려 앉아 있는 바로 그 근처에서 말이야. 내게 용기가 생겼으리라는 것, 내가 완전히 다른 사람 같았으리라는 것을 나는 이미 알고 있어. 그래, 만일 어떤 아가씨가 '지금 몇 시나 됐을까요?' 라거나, '지금 연주하는 것이 대체 무슨 곡이지요?' 하고 물어오면, 나는 잔을 넘어뜨리거나 혹은 의자에 걸려 뒤뚱대거나 하지도 않고 예의를 갖춰 튀어 일어나기까지 했을 텐데. 그리곤 몸을 숙인 채로 한 걸음 반쯤 앞으로 나가면서 이렇게 말했겠지. '기꺼이 말씀드리죠, 아가씨. 저 곡은 〈도나우 강의 아가씨〉[11] 전주곡이랍니다', 혹은 '곧 여섯 시를 칠 겁니다.'

내가 그런다고 세상사람 누가 내게 뭐라고 했겠어? 천만에! 아가씨들은 장난기 어린 미소를 지으며 서로 쳐다보았겠지. 나도 세련되게 처신할 줄 알고 또 숙녀들을 다룰 줄 안다는 것을 용기 있게 보여줄 때면 언제나 그렇듯이 말이야. 그런데 악마가 내게 그 빌어먹을 사과바구니를 밟게 하다니. 그래서 이제 난 홀로 외로이 파이프 담배나……"

여기서 안젤무스의 독백은 이상하게 찰싹대고 사그락거리는 소리 때문에 중단되었다. 이 소리는 바로 그의 옆 잔디에서 나기 시작했으나 곧 안젤무스의 머리 위로 늘어진 라일락나무 줄기와 잎들을 타고 올라갔다. 그것은 마치 저녁 바람이 나뭇잎들을 흔들어대는 듯하다가, 때로는 마치

11 당시 인기 있던 카우어(Ferdinand Kauer, 1751–1831)의 낭만적이고 희극적인 오페라 〈도나우 강의 아가씨Donauweibchen〉(1799)로, 도나우 강의 아가씨는 물의 요정을 가리킨다.

어린 새들이 작은 날개를 힘차게 파닥거려 나무 줄기들을 건드리며 애무하는 듯했다. 재잘재잘 속삭이는 소리가 들리기 시작했다. 그리고 꽃들은 마치 나무에 매달린 작은 크리스털 방울종들처럼 울리는 듯했다. 안젤무스는 계속해서 귀를 기울였다. 그러자 재잘대는 속삭임, 울림은 바람에 흩날리는 나지막한 말소리가 되었다—어떻게 해서 그리 되었는지는 그 자신도 알 수 없었다—.

"나뭇가지들을 헤치고, 나뭇잎들 속으로, 가지들 사이로, 피어나는 꽃들 사이로, 우리 몸을 날려보자, 돌돌 휘감으며 나가자, 우리 서로 얼싸안고, 언니야, 동생아, 반짝이는 햇빛을 받으며 날아보렴, 어서어서 올라오렴, 내려가렴, 저녁 햇살이 빛을 쏘네, 저녁 바람은 속삭이고, 이슬이 사각거리네, 꽃들이 노래를 부르네, 우리도 혀를 굴려 꽃들과 나뭇가지들과 함께 노래를 불러보자, 별님들이 곧 빛날 거야, 우린 내려가야 해, 나뭇가지들을 헤치고, 나뭇잎들 속으로 헤치고 나가자, 돌돌 휘감으며 나가자, 우리 몸을 날려보자, 동생아."

정신을 혼란시키는 말들은 그렇게 계속되었다. 대학생 안젤무스는 생각했다. 오늘 제법 똑똑히 알아들을 수 있는 말로 속삭여대고 있는 저건 저녁 바람에 지나지 않아. 그러나 그 순간 그의 머리 위에서 맑은 크리스털 방울종의 삼화음 같은 소리가 울려 퍼졌다. 그가 위를 바라보자 금빛으로 빛나는 작은 초록뱀 세 마리가 눈에 들어왔다. 뱀들은 나뭇가지를 돌돌 감고서, 저녁 태양을 향하여 머리를 내밀고 있었다. 그때 아까처럼 속삭이는 말들이 다시금 들려왔다. 뱀들은 오르락내리락 미끄러지며 꽃들과 나뭇가지를 애무했다. 그리고 작은 뱀들이 그렇게 잽싸게 몸을 놀려대자, 그것은 마치 라일락나무가 수천 개의 반짝이는 에메랄드 보석을 무성한 나뭇잎들 사이로 흩뿌리는 것 같았다.

'저건 라일락나무 속에서 놀고 있는 저녁 햇살이야' 하고 대학생 안젤무스는 생각했다. 그러나 그때 방울종 소리가 또 한 번 울려 퍼졌다. 그리고 안젤무스는 작은 뱀 한 마리가 그를 향해 작은 머리를 아래로 내뻗치는 것을 보았다. 온 사지가 갑자기 감전된 듯 그는 마음속 깊이 전율했다. 그가 위를 응시하자, 한 쌍의 아름답고 짙푸른 눈이 뭐라 말할 수 없는 동경을 가득 담고서 그를 바라보고 있었다. 그러자 이제껏 알지 못했던 지고한 행복감과 더할 나위 없이 고통스런 감정으로 그의 가슴은 터질 것만 같았다. 그리고 뜨거운 욕망에 차서 그가 그 사랑스런 두 눈을 계속 바라보자, 크리스털 방울종은 아름다운 화음을 내며 더욱더 힘차게

슈테펜 파우스트, 2007

울려 퍼졌다. 그리고 영롱한 에메랄드 보석들이 그에게로 떨어져서는 수많은 불꽃을 튀기는가 하면 빛나는 금색실을 흩날리며 그를 휘감았다.

라일락나무가 몸을 흔들며 말했다.

"당신은 내 그림자에 누워 있었고 내 향기가 당신을 감쌌지만, 당신은 내 말을 알아듣지 못했어요. 사랑이 향기에 불을 붙이면, 향기가 나의 언어랍니다."

저녁 바람이 스치고 지나가며 말했다.

"내 당신의 이마 주위에서 노닐었지만, 당신은 내 말을 알아듣지 못했어요. 사랑이 숨결에 불을 붙이면, 숨결이 내 언어랍니다."

햇살이 구름 사이를 뚫고 나왔고, 마치 이런 말을 하듯 불타올랐다.

"내 당신을 감싸고 불타는 황금을 퍼부었건만, 당신은 내 말을 알아듣지 못했어요. 사랑이 불꽃에 불을 붙이면, 불꽃이 내 언어랍니다."

그리고 안젤무스가 그 한 쌍의 아름다운 눈동자를 바라보며 그 속에 깊이 빠져들면 빠져들수록 동경은 더욱더 뜨거워졌고 욕망도 점점 더 타올랐다. 마치 즐겁게 새 생명으로 깨어난 듯 모든 것이 살아 움직이기 시작했다. 꽃들은 그를 둘러싸고 향기를 뿜었고, 향기는 마치 수천 개의 피리가 어우러진 아름다운 노래 같았다. 스쳐 날아가던 황금빛 저녁 구름은 그들이 부르는 노래의 메아리를 먼 나라로 실어갔다. 그러나 태양의 마지막 햇살이 산 너머로 황급히 사라지고 어둠이 베일로 일대를 덮었을 때, 마치 먼 곳에서인 듯 거칠고 굵직한 목소리가 들려왔다.

"허허, 그 너머에서 무슨 잔소리들을 그렇게 끓여 붓고 있는 거냐? 허허, 누가 산 너머에서 내 불빛을 찾고 있는 거냐! 이젠 햇볕을 실컷 쐬고 노래도 실컷 불렀겠다, 얘들아, 얘들아, 덤불과 풀숲을 헤치고, 풀숲과 강물을 헤치고! 얘들아, 얘들아, 이리로, 내 려 어―오려무나, 이리로, 내 려

어—와!"

목소리는 그렇게 마치 먼 곳에서 울리는 천둥소리처럼 사라져갔다. 그러나 크리스털 방울종들은 찢어지는 듯한 불협화음을 내며 박살이 나버렸다. 모든 것이 조용해졌고, 안젤무스는 작은 뱀 세 마리가 반짝이는 빛을 발하며 풀숲을 헤치고 강물을 향해 미끄러져가는 것을 보았다. 솨솨 소리를 내며 뱀들은 엘베 강으로 뛰어들었다. 그들이 사라져간 물결 위로 초록빛 불꽃이 타다닥 소리를 내며 타오르다가는 시내 방향으로 구부러져 빛을 발하다 연기처럼 사라져버렸다.

두 번째 야경

대학생 안젤무스가 술 취한 미친 사람 취급을 받게 된 사연—엘베 강 유람—그라운 악장의 고난도 아리아—콘라디 제과점에서 마신 술, 그리고 청동 초상 사과장수 노파

"저 신사양반 제정신이 아닌가봐!"

가족과 함께 산책을 나왔다가 집으로 돌아가던 한 성실한 시민의 부인이 멈춰 서서 팔짱을 끼고는 안젤무스 학생의 미친 짓거리를 지켜보면서 말했다. 그러니까 이 대학생은 라일락나무 둥치를 껴안고는 나뭇가지와 나뭇잎들을 향해 끊임없이 외쳐대고 있었던 것이다.

"오, 한 번만 더 그 빛나는 자태를 보여주렴, 사랑스런 금빛 작은 뱀들아, 한 번만 더 너희들의 은방울 같은 목소리를 들려주렴! 아름다운 파란 눈동자여, 한 번만 더 나를 바라봐주렴, 딱 한 번만 더. 그렇지 않으면 나는 타는 듯한 그리움과 고통 때문에 죽을 수밖에 없구나!"

그러면서 그는 정말로 비참하게 땅이 꺼져라 한숨을 쉬며 신음소리를 냈다. 그리고 갈망에 차서 초조해하며 라일락나무를 흔들어댔다. 그러나 나무는 대답 대신 그저 불분명하고 잘 알아들을 수 없게 나뭇잎들을 살랑거릴 뿐이어서 안젤무스 학생의 고통을 한껏 조소하는 듯 보였다.

"저 신사양반 제정신이 아닌가봐" 하는 부인의 말에 안젤무스는 깊은 꿈속에 빠져 있다가 누가 흔들었거나 혹은 얼음같이 차가운 물 세례라도 받은 듯 후다닥 깨어났다. 이제야 비로소 그는 자기가 어디 있는지를 확실히 알게 되었다. 그리고 어떻게 해서 자신이 이상한 귀신에 홀린 듯 큰 소리로 혼자 중얼대는 지경에 이르렀는지를 곰곰 생각해보았다.

당황한 얼굴로 그는 그 부인을 바라보고는, 마침내 그 자리를 급히 피하기 위해 땅바닥에 떨어져 있던 모자를 집어들었다. 그러는 사이에 그 가족의 가장도 다가와 팔에 안고 있던 어린애를 풀밭에 앉힌 후 지팡이에 몸을 기대고는 이 대학생이 하는 짓을 놀란 표정으로 지켜보며 귀를 기울이고 있었다. 그 남자는 이제 대학생이 떨어뜨렸던 파이프와 담배쌈지를 주워들고는 두 가지를 다 내밀면서 말했다.

"이 양반아, 과음한 것밖에 다른 이상이 없다면 날도 어두운데 그렇게 청승맞게 탄식하지 말게나. 그리고 사람들을 그리 놀라게 해서 쓰나. 얌전히 집에 가서 잠이나 자도록 하게!"

안젤무스는 너무나 창피해서 아! 하고 우는 듯한 소리를 내질렀다.

"자, 자," 하고 그 남자가 말을 계속했다. "그럴 것까지야 있나. 그런 일은 지체 높은 분들한테도 일어나는 법인걸. 그리고 즐거운 예수승천일에 마음이 들떠서 좀 과음을 할 수도 있는 거 아닌가. 신부나 목사도 그럴 수 있다네. 보아하니 댁은 신학생 같구만. 댁이 괜찮다면 내 댁의 담배로 파이프를 한 대 태우리다. 내 것은 저쪽에서 꺼져버렸다네."

그 시민은 안젤무스 학생이 이미 파이프와 담배쌈지를 집어넣으려 할 때 이렇게 말했다. 이제 그는 자기 파이프를 느릿느릿 신중하게 청소하더니 또 그만큼 느릿느릿 담배를 채우기 시작했다. 시민가정 처녀들이 몇 명 다가와서는 그 부인과 비밀스럽게 말을 주고받더니 안젤무스를 쳐다보면서 서로 키득키득 웃어댔다. 안젤무스는 마치 온통 뾰족한 가시와 뜨겁게 달군 바늘방석 위에 서 있는 것 같았다. 그는 담배쌈지를 돌려받자마자 그곳으로부터 전속력으로 달아났다.

그가 보았던 온갖 진기한 것들은 그의 뇌리에서 깡그리 사라져버리고, 이제 그는 자신이 라일락나무 아래에서 온갖 미친 소리를 아주 크게 지껄였다는 사실만을 곰곰 생각할 뿐이었다. 이 사실이 그에게 더 끔찍스럽게 생각된 것은 그가 예전부터 혼자 중얼거리는 사람들에 대해 혐오감을 품고 있었기 때문이다. "그들 마음속의 악마가 지껄여대는 거야"라고 학장은 말했었고, 안젤무스 또한 실제로 그렇게 믿고 있었던 것이다. 예수승천일에 술 취한 신학생 취급을 받다니, 그건 정말 견딜 수 없었다.

그가 어느덧 코젤 정원[12] 옆 파펠 가로 접어들려 할 때였다. 그의 등 뒤에서 누군가가 부르는 소리가 들려왔다.

"안젤무스 군! 안젤무스 군! 맙소사, 대체 어디를 그리 급하게 달려가는 건가!"

이 대학생은 땅바닥에 뿌리라도 내린 것처럼 멈춰 섰다. 왜냐하면 틀림없이 이제 곧 새로운 불운이 또다시 자신을 덮치리라는 생각을 했기 때문이다.

12 코젤 정원은 엘베 강변의 신도시 지역에 있었다.

"안젤무스 군, 돌아오게나. 우리는 여기 강가에서 기다리고 있을 테니!"

그제야 이 대학생은 자신을 부른 것이 그와 친분이 있는 파울만 교감 선생이라는 것을 알아차렸다.

그는 엘베 강가로 되돌아갔다. 그곳에는 두 딸을 대동한 교감과 헤어브란트 서기관이 있었는데 막 곤돌라에 올라타려던 참이었다. 파울만 교감은 같이 엘베 강 유람을 한 다음 피르나 근교에 있는 그의 집에서 저녁을 보내자며 그를 초대했다. 안젤무스는 이에 아주 흔쾌히 응했다. 왜냐하면 이렇게 해서 오늘 그를 지배하는 불운에서 벗어날 수 있으리라고 믿었기 때문이다.

그들이 강을 따라 배를 타고 갈 때, 건너편 강변 안톤 정원[13]에서는 불꽃놀이가 벌어지고 있었다. 불꽃 몸체는 탁탁거리고 치잇 소리를 내며 높이 솟아올랐고, 반짝이는 별들은 하늘에서 수천 개의 타닥거리는 빛줄기와 불똥을 튀기며 산산이 흩어졌다.

안젤무스 학생은 생각에 잠겨 노 젓는 뱃사공 옆에 앉아 있었다. 그러나 하늘에서 사방으로 불꽃을 튀기며 타닥거리는 불꽃과 불똥이 물속에 반사된 것을 바라보았을 때, 그에게는 마치 그 작은 금빛 뱀들이 물결을 헤치고 나아가는 것처럼 보였다. 라일락나무 아래에서 그가 보았던 이상한 일들이 모두 다시 생생하게 그의 뇌리에 떠올랐다. 그곳에서 가슴을 옥죄어오는 고통스런 환희에 떨게 하던 그 말로 할 수 없는 동경과 타는 듯한 열망이 다시금 새롭게 그를 사로잡았다.

13 안톤 정원은 코젤 정원 건너편 엘베 강변에 있었다. 호프만은 1813년 8월 12일 그의 작품 출판업자인 쿤츠(Kunz)에게 쓴 편지에서 나폴레옹의 생일을 축하하기 위해 다리 위에서 불꽃놀이가 벌어진 것에 대해 기록하고 있다.

"아, 너희들, 금빛 꼬마뱀들아, 또 나타났구나. 노래를 불러주렴, 노래를! 그럼 너희들의 노래 속에 또다시 그 아름답고 사랑스런 짙푸른 눈동자가 나타날 테니. 아, 너희들 물속에 있구나!"

안젤무스 학생은 이렇게 외치면서, 마치 곤돌라에서 당장 물속으로 뛰어들려는 듯한 격렬한 몸짓을 했다.

"이 양반이 미쳤나?" 뱃사공이 소리치며 그의 웃옷 자락을 붙잡았다.

그의 곁에 앉아 있던 아가씨들이 놀라 소리를 지르며 곤돌라의 반대편으로 도망을 갔다. 헤어브란트 서기관이 파울만 교감에게 무어라고 귓속말을 했다. 그러자 교감은 몇 마디 대답을 했는데, 안젤무스 학생은 그중 단지 "저런 발작을…… 아직까지 몰랐단 말인가?" 하는 말만 알아들었을 뿐이었다.

곧이어 파울만 교감이 일어나 일종의 진지하고 위엄 있는 교감다운 표정으로 안젤무스 학생에게로 와서 앉아 그의 손을 잡으며 말했다.

"안젤무스 군, 자네 좀 어떤가?"

안젤무스 학생은 거의 의식을 잃을 지경이었다. 왜냐하면 그의 마음속에서 미칠 것 같은 갈등이 일어났기 때문인데, 그는 이 갈등을 도저히 잠재울 수가 없었던 것이다. 이제 그는 금빛 꼬마뱀들이 뿌리는 빛으로 여겼던 것이 안톤 정원에서 하는 불꽃놀이가 반사된 것에 불과하다는 것을 확실히 알게 되었다. 하지만 결코 알지 못했던 느낌이―그것이 환희인지 고통인지 그 자신도 알 수가 없었는데―그의 가슴을 격렬하게 조여왔다. 그리고 뱃사공이 노로 물살을 가를 때면 물은 마치 분노에 찬 듯 솟아오르고 철썩이며 출렁대는 것이었다. 그때 그는 이 격랑의 포효 가운데에서 비밀스럽게 속삭이며 재잘대는 소리를 들었다.

"안젤무스! 안젤무스! 우리가 계속 당신 앞에서 가고 있는데 보이지 않나요? 어린 동생이 당신을 또다시 쳐다보고 있어요. 믿으세요, 믿으세요, 우리의 존재를 믿으세요."

그러자 그는 마치 물에 반사된 불빛 가운데에서 금빛으로 빛나는 초록색 줄 세 가닥을 보는 듯한 생각이 들었다. 그러나 그 사랑스러운 눈동자가 강물 속에서 올려다보지나 않을까 하고 그가 정말로 비애에 잠겨 물속을 내려다보았을 때, 그는 물속의 불빛이 단지 근처 집들의 불 켜진 창문에서 유래한다는 것을 알았다. 그는 아무 말 없이 마음속으로 자기 자신과 투쟁하면서 앉아 있었다. 그러나 파울만 교감은 한층 더 열을 내어 물었다.

"안젤무스 군, 자네 좀 어떤가?"

이 대학생은 아주 의기소침하여 대답했다.

"아, 친애하는 교감선생님, 방금 제가 링크스 바트 담벼락 옆 라일락나무 밑에서 눈 뜨고 깨어 있는 상태로 얼마나 특이한 일들을 꿈꾸었는지를 아신다면 제가 이렇게 멍하게 얼이 빠져 있는 것을 전혀 나쁘게 생각하지 않으실 겁니다."

"저런, 저런, 안젤무스 군," 파울만 교감이 끼어들었다. "나는 언제나 자네를 아주 건실한 청년이라고 생각해왔네. 그런데 꿈을 꾸다니, 뜬눈으로 꿈을 꾸다니, 그리고 갑자기 물속으로 뛰어들려 하다니, 그건, 미안하네만 미친 사람들이나 멍청이들만 할 수 있는 짓일세!"

안젤무스 학생은 그와 친분이 두터운 교감의 엄한 말에 대단히 마음이 상했다. 그러자 파울만의 큰딸이자 열여섯 살로 매우 예쁘고 한창 피어나는 아가씨인 베로니카가 말했다.

"아이, 아버지! 안젤무스 씨는 정말로 어쩌다가 특이한 일을 겪은 게 틀림없어요. 그리고 라일락나무 밑에서 정말로 잠이 들어 온갖 말도 안 되는 일들을 꿈꾸었는데도 불구하고, 본인은 아마 깨어 있었다고 믿고 있을 뿐일 거예요. 지금도 그런 것들이 머릿속에 남아 있는 걸 거예요."

"고귀한 아가씨, 존경하는 교감선생님!" 하고 헤어브란트 서기관이 말을 받았다. "대체 깨어 있는 채로 일종의 꿈 같은 상태에 몰입할 수는 없는 건가요? 저도 실제로 오후에 커피를 마시다가 그런 몽환상태, 그러니까 육체와 정신이 소화에 몰두한 바로 그런 순간에 잃어버렸던 서류의 위치가 마치 영감처럼 떠올랐던 적이 있답니다. 그리고 어제도 똑같이 멋지고 큰 라틴어 고어체가 깨어 있는 저의 환한 눈앞에서 춤을 춰댔답니다."

"아, 친애하는 서기관," 파울만 교감이 대답했다. "자네는 늘 그런 식의 시적인 성향을 갖고 있더군. 그러니 그런 환상적인 소설 같은 상태에 쉽게 빠지는 거라네."

그러나 안젤무스 학생은 그렇게 아주 곤란한 지경일 때 술에 취하거나 망상에 빠진 것으로 여겨지는 것이 다행스러웠다. 그리고 비록 날이 상당히 어두워졌음에도 불구하고 그는 베로니카가 정말로 아름다운 짙푸른 눈을 하고 있다는 것을 처음으로 알게 된 듯했다. 라일락나무 밑에서 보았던 그 신비스런 한 쌍의 눈망울은 떠오르지 않았다. 이제 다시 안젤무스 학생에게서 라일락나무 밑에서의 모험은 일시에 깡그리 잊혀져버렸다. 그가 얼마나 경쾌하고 즐겁게 느꼈던지 홍겨운 만용을 부리는 가운데 곤돌라에서 내릴 때는 그를 옹호해준 베로니카에게 손을 내밀어 부축해주기까지 했던 것이다. 그리고 그녀가 그의 팔을 끼자 대단히 세련되게 행동했을 뿐만 아니라 행운도 따라주어 무사히 집까지 동행했던 것이다. 그는 단 한 번만 미끄러졌으며, 도중에 딱 한군데 더러운 웅덩이가 있어서 베로니카의 하얀 옷에 흙물이 아주 조금 튀게 했을 뿐이었다.

파울만 교감은 안젤무스의 긍정적인 변화를 놓치지 않았고, 그를 다시 좋아하게 되었다. 그는 아까 그에게 심한 말을 한 것에 대해 사과했다. "그렇다네!" 하고 교감이 덧붙였다. "어떤 망상이 떠올라 사람을 상당히 불안하게 하고 괴롭히는 경우가 종종 있다네. 그러나 그건 육체적인 병이야. 그리고 이미 고인이 된 어떤 유명한 학자[14]가 증명했듯이, 말하긴 좀 뭐하지만, 그럴 땐 엉덩이에 거머리를 투여하는 것이 도움이 된다네."

안젤무스 학생은 정말로 자신도 알 수가 없었다. 그가 취했었는지 망상에 사로잡혔었는지 혹은 아팠었는지. 그러나 어쨌든 그에게 거머리는 전혀 필요가 없어 보였다. 왜냐하면 예의 망상은 완전히 사라져버렸으며, 온갖 찬사를 늘어놓아 예쁜 베로니카의 환심을 사는 일이 성공하면 할수록 그의 기분도 점점 더 명랑해짐을 느꼈기 때문이다.

소박한 식사 후에 언제나 그렇듯 음악이 연주되었다. 안젤무스는 피아노 앞에 앉아야만 했고, 베로니카는 맑고 낭랑한 목소리로 노래를 불렀다.

"고귀한 아가씨," 헤어브란트 서기관이 말했다. "당신 목소리는 마치 크리스털 방울종 소리 같군요!"

"그렇지는 않아요!" 하는 말이 자기도 모르게 안젤무스 학생의 입에서 튀어나왔다. 모두가 놀라고 당황하여 그를 쳐다보았다.

"크리스털 방울종은 라일락나무에서 신비스럽게 울려 퍼진답니다! 정말로 신비스럽게요!"

14 이미 고인이 된 유명한 학자는 작가이자 서적상이던 니콜라이(Friedrich Nicolai, 1733–1811)를 가리킨다. 계몽주의자로서 그는 질풍노도의 작가들인 괴테와 쉴러를 비롯하여 칸트, 피히테 등을 비판했으며, 괴테의 『젊은 베르테르의 슬픔』을 희화화한 작품 『젊은 베르테르의 기쁨』을 썼다. 괴테는 『파우스트』 1부의 '발푸르기스의 밤'(1808)에서 계몽주의자인 니콜라이를 '엉덩이 환상가'라고 비꼬고 있다.

그러자 베로니카가 손을 그의 어깨에 얹고는 말했다.

"대체 무슨 말씀을 하시는 거죠, 안젤무스 씨?"

그러자 이 대학생은 곧 다시 아주 명랑해져서 연주를 하기 시작했다. 그를 쳐다보는 파울만 교감의 표정이 어두워졌다. 그러나 헤어브란트 서기관은 지휘대 위에 악보를 놓고는 그라운[15] 악장의 고난도 아리아를 매혹적으로 불렀다. 안젤무스는 그 밖에도 여러 곡을 반주했다. 그리고 파울만 교감이 손수 작곡한 푸가풍의 이중창을 안젤무스와 베로니카가 함께 부르자 모두들 더할 나위 없이 흥겨워했다.

밤이 꽤 깊어지자 헤어브란트 서기관이 모자와 지팡이를 집어들었다. 그러자 파울만 교감이 은밀하게 그에게로 가더니 말했다.

"아, 친애하는 서기관, 자네 안젤무스 군에게 직접 말하려 하지 않았나? 있잖나, 아까 우리가 나눈 이야기 말일세."

"물론 기꺼이 하지요." 헤어브란트 서기관이 대답했다. 그리고 모두가 둥그렇게 둘러앉자 지체 없이 다음과 같이 말을 시작했다.

"여기 이 지역에 나이가 지긋한 좀 괴팍한 기인이 한 분 계시답니다. 소문에 의하면 그분은 온갖 비밀 학문을 연구한다고 합니다. 그러나 원래 그런 학문이란 없는 거니까, 제 생각에는 오히려 연구에 몰두하는 고문헌학자일 거라 생각됩니다. 거기다가 취미로 실험도 하는 화학자이겠지요.

제가 말하는 분은 다름 아니라 우리 추밀문서관장 린트호르스트[16]입니다. 아시다시피 그분은 외진 곳에 있는 고가(古家)에서 외롭게 살고 계시

15 Karl Heinrich Graun(1701–1759). 독일 작곡가. 1740년 이후 베를린에서 생활했으며, 프리드리히 2세의 궁정에서 악장 일을 했다. 옛 이탈리아풍으로 씌어진 그의 오페라들은 당시 많은 사랑을 받았다.

16 Lindhorst는 용처럼 생긴 전설상의 괴물인 'Lindwurm'과 맹금류의 둥지인 'Horst'의 합성어로서 뱀이나 용의 보금자리를 뜻한다.

답니다. 근무시간 외에는 서재나 화학실험실에서 지내는데, 그곳에는 아무도 들여보내지 않는답니다. 그분은 많은 희귀본들 이외에도 아랍어, 콥트어, 그리고 그 밖에 전혀 알려져 있지 않은 언어에 속하는 이상한 기호로 씌어진 문서들을 소지하고 있답니다. 그분은 이 문서들을 잘 필사해놓으려고 하고 있습니다. 그래서 아주 정확하게 원본대로 모든 글자를 양피지에, 그것도 먹으로 옮겨 적어놓기 위해 펜으로 도안할 줄 아는 사람을 필요로 한답니다. 그분은 그의 저택의 방을 특별히 따로 내어 자신의 감독 하에 일을 시키며, 일하는 동안 식사 제공은 물론 매일 은화 1탈러[17]씩을 지불하겠다고 합니다. 그 밖에도 필사가 성공적으로 끝났을 경우 상당한 선물까지 약속하고 있습니다. 작업시간은 매일 열두 시부터 여섯 시까지이고, 세 시부터 네 시까지는 식사와 휴식을 한다는군요. 벌써 몇 명의 젊은이들이 그 문서들의 필사를 시도했지만 헛수고였다는군요. 그래서 능숙한 필사자를 보내달라고 결국 제게 청을 하게 된 겁니다.

그래서 나는 자네를 생각했다네, 친애하는 안젤무스 군. 왜냐하면 자네가 글씨를 아주 깔끔하게 쓸 뿐만 아니라 펜으로도 아주 섬세하고 깨끗하게 도안할 수 있다는 걸 알고 있기 때문일세. 그러니 이 어려운 시기에 앞으로 취직이 될 때까지 매일 은화 1탈러씩 벌고, 게다가 선물까지 받고 싶다면 내일 정각 열두 시에 문서관장 댁으로 가게. 그 저택은 자네도 알고 있을 걸세. 그런데 부디 먹 자국을 남기지 않도록 조심하게나. 먹이 필사본에 떨어질 경우 자네는 가차 없이 처음부터 다시 시작해야 할 걸세. 먹이 원본에 떨어지는 날엔 문서관장이 자네를 창밖으로 내던져버릴 수도 있다네. 성질이 불 같은 분이거든."

17 탈러는 옛 화폐의 단위로서 오늘날의 달러는 탈러에서 유래한다. 독일에서는 1520년 대형 은화가 주조되었는데, 앞면에는 초상, 뒷면에는 문장이 새겨져 있었다.

안젤무스 학생은 헤어브란트 서기관의 제안에 대해 정말로 마음속 깊이 기뻐했다. 왜냐하면 그는 깔끔한 필치에 펜으로 도안을 할 수 있을 뿐만 아니라 달필로 공들여 필사하는 것에 대해 진짜로 열정을 품고 있었던 것이다. 그래서 그는 그의 후원자들에게 정중한 표현을 써가며 감사를 드렸고, 다음날 정오에 늦지 않게 가겠다고 약속했다.

이날 밤 안젤무스 학생에게는 오직 반짝이는 1탈러짜리만 보였으며, 은화들이 부딪치는 사랑스런 소리가 들려왔다. 이 가련한 청년이 그런다고 어느 누가 나쁘게 생각할 수 있을까. 그는 뜻하지 않은 불운으로 많은 희망을 잃고 한 푼이라도 아껴 써야만 했으며, 청춘의 욕망이 요구하는 온갖 향락을 포기해야만 했던 것이 아닌가.

다음날 아침 일찍부터 그는 연필과 까마귀 깃털펜, 중국산 먹을 찾아 모았다. 왜냐하면 문서관장도 이보다 더 좋은 도구와 재료를 구할 수 있으리라고는 생각되지 않았기 때문이다. 그는 특히 자신의 달필 작품들과 도안들을 점검하고 정리했다. 문서관장이 원하는 것을 충족시킬 능력을 그가 지니고 있음을 입증할 자료로 삼고자 함이었다. 모든 것이 탈 없이 진행되어갔고 특별한 행운의 별이 그를 지배하고 있는 듯했다. 넥타이는 단번에 제대로 매어졌고 옷 솔기는 터지지 않았으며 검은 비단 스타킹은 한 올도 풀리지 않았다. 이미 깨끗이 솔질한 모자는 또다시 먼지구덩이에 떨어지거나 하지 않았다. 요컨대 정각 열한 시 반에 안젤무스 학생은 그의 담회색 연미복에 검은 공단 바지를 입고, 글씨본과 도안들을 돌돌 말아 주머니에 넣고, 이미 슐로스 가에 있는 콘라디 제과점[18]에서 위장에 좋은 최고급 술을 한 잔 두 잔 마시고 있었다. 아직도 빈털터리인 자신의

18 실제로 당시의 주소록을 보면 콘라디(Wilhelm Conradi) 제과점이 슐로스 가(Schloßgasse) 252번지에 있었다.

주머니를 툭툭 치며 그는 여기서 곧 은화가 짤랑짤랑 소리를 낼 것이라고 생각하고 있었던 것이다.

린트호르스트 문서관장의 정말로 유서 깊은 저택이 있는 외진 거리까지는 길이 상당히 멀었음에도 불구하고 안젤무스 학생은 열두 시 전에 그 집 문 앞에 와 있었다. 그는 거기 서서 크고도 멋진 문 두드리는 청동 장식을 바라보았다. 그러나 시각을 알리는 크로이츠 교회 탑시계의 우람한 종소리의 마지막 타종에 맞춰 그가 문 두드리는 쇠를 잡으려고 하자, 갑자기 파랗게 타오르는 섬광이 역겹게 난무하는 가운데 그 금속 얼굴이 히죽거리며 웃는 것이었다. 아! 그것은 바로 슈바르츠 토어에 있던 사과 장수 노파였다! 뾰족한 이빨들이 축 늘어진 주둥이 안에서 딱딱 부딪치고 있었는데, 그렇게 이를 덜덜 떨면서 그녀는 코맹맹이 소리로 말했다.

"이 얼간이 같으니라구. 이 얼간아, 얼간아! 두고 보자, 두고 봐! 어쩌자구 그렇게 서둘러 달아난 게냐! 이 바보천치야!"

안젤무스는 경악하여 비틀비틀 뒷걸음질을 쳤다. 그는 문 두드리는 쇠를 잡으려 했다. 그러나 그의 손은 종이 달린 줄을 잡더니 그것을 잡아당겼다. 그러자 종은 날카롭게 찢어지는 소리를 내며 점점 더 크게 울렸고, 인적 없는 집 전체에 메아리가 되어 외치며 비웃는 것이었다.

"너는 곧 크리스털 병에 갇히는 신세가 될 거야!"

공포가 안젤무스를 사로잡았고, 경련성 오한을 일으키며 그의 사지를 떨게 했다. 종이 매달린 줄이 떨어지더니 하얗고 투명한 거대한 뱀으로 변해 안젤무스를 칭칭 감고는 점점 더 세게 그를 옥죄었다. 그의 무른 사지는 으깨어져 으드득 소리를 내며 산산조각이 났고, 그의 혈관에서는 피가 튀며 투명한 뱀의 몸속으로 들어가 뱀을 새빨갛게 물들였다. 끔찍한 공포심에 사로잡혀 그는 "날 죽여라, 날 죽여!" 하고 소리치려 했다.

그러나 그의 외침은 그저 목에서 그르렁대는 둔탁한 소리가 되었을 뿐이었다. 뱀은 대가리를 쳐들더니 뜨겁게 달구어진 청동의 날카로운 혀를 안젤무스의 가슴 위에 놓았다. 그러자 칼로 째는 듯한 고통이 생명의 맥박을 단숨에 끊었고, 그는 의식을 잃고 말았다.

그가 다시 정신을 차렸을 때 그는 자기의 초라한 침대에 누워 있었다. 그의 앞에는 파울만 교감이 서 있었고 이렇게 말했다.

"하느님 맙소사, 안젤무스 군, 도대체 자네 무슨 정신 나간 짓을 저지르고 다니는 건가!"

세 번째 야경

린트호르스트 문서관장의 가문에 관한 소식 – 베로니카의 파란 눈동자 – 헤어브란트 서기관

"정신이 물을 내려다보았답니다.[19] 그러자 물이 일렁이더니 거품을 일으키는 물결이 되어 출렁거렸습니다. 그러고는 물을 삼키기 위해 검은 아가리를 탐욕스럽게 떡 벌리고 있는 심연으로 천둥 같은 소리를 내면서 굴러 떨어졌습니다. 마치 승리감에 찬 우승자처럼 화강암은 계곡을 보호하면서 뾰족뾰족한 봉우리를 위로 내뻗치고 서 있었습니다. 마침내 태양이 그 어머니 같은 품속으로 계곡을 안아들여서는, 마치 뜨겁게 타오르

19 린트호르스트가 들려주는 이하의 이야기는 성경의 창세기와 전기 낭만주의의 역사관, 그리고 연금술적 지식이 합쳐져 이루어져 있다. 최근의 정신분석학적 연구들은 '정신이 물을 내려다보는' 장면을 인간이 자신의 모습을 거울처럼 바라보고 의식하는 것으로 풀이하며, 여기서 인류 역사가 시작되었다고 본다.

는 두 팔로 포옹하듯 작열하는 태양빛으로 계곡을 포옹하여 따뜻하게 해주었습니다. 그러자 황량한 모래땅 밑에 잠들어 있던 수천 개의 싹들이 깊은 잠에서 깨어나 햇님 어머니의 얼굴을 향해 초록빛 줄기와 작은 잎들을 내밀었습니다. 마치 초록빛 요람 속에서 방실거리는 갓난아이들처럼 꽃받침과 봉오리 속에서는 꽃들이 휴식을 취하고 있었습니다. 마침내 이 어린 꽃들도 어머니에 의해 잠에서 깨어 일어나게 되었습니다. 그들은 어머니가 그들을 기쁘게 해주려고 수천 가지 방법으로 화려하게 물들여놓았던 빛으로 자신들을 꾸몄습니다. 그런데 이 계곡의 한가운데에는 시커먼 언덕이 하나 있었는데, 이 언덕은 애타는 동경에 부푼 인간의 가슴처럼 위로 아래로 부풀었다 가라앉고는 하는 것이었습니다.

한편 저 아래 계곡의 심연에서부터는 증기가 솟아올라오더니 엄청난 크기로 서로 뭉쳐 악의에 차서 어머니의 얼굴을 가리려고 했습니다. 그러자 어머니는 폭풍을 불러왔고, 폭풍은 그들에게로 몰려가 그들을 산산이 흩어놓았습니다. 맑은 태양빛이 다시 그 시커먼 언덕을 건드리자, 거기서는 아름다운 불꽃 모양의 주홍백합[20] 한 송이가 황홀해 어쩔 줄 몰라하는 가운데 피어났습니다. 그리고 어머니의 키스를 받으려고 아름다운 꽃잎들을 귀여운 입술처럼 벌리는 것이었습니다.

그때 한 줄기 찬란한 광채가 계곡으로 걸어 들어왔습니다. 그것은 포스포루스[21] 청년이었습니다. 백합은 청년을 보자 뜨겁고 애절한 사랑에 빠져 애원했습니다.

'그대 아름다운 청년 포스포루스여, 영원히 제 것이 되어주세요. 왜냐

20 독일어 Feuerlilie는 '불꽃백합'이라는 의미로서 여기서는 '불꽃'의 이미지와 인식의 상징인 '백합'의 이미지를 살리기 위해 '불꽃 모양의 주홍백합'으로 번역했다.

21 포스포루스(Phosphorus)는 화학원소 인(燐, Phosphor)에서 유래하는 이름. 불의 정령으로 '빛을 가져오는 자'라는 의미이다.

하면 저는 당신을 사랑하니까요. 그리고 당신이 저를 떠나시면 저는 죽을 수밖에 없으니까요.'

그러자 포스포루스 청년이 말했습니다.

'그대 아름다운 꽃이여, 내 그대의 것이 되고 싶소. 그러나 그렇게 되면 그대는 타락한 아이처럼 아버지와 어머니를 떠나게 될 것이오. 동무들도 더 이상 알아보지 못하고, 지금 당신과 같은 꽃으로 더불어 즐기는 모든 존재들보다 더 위대하고 막강해지기를 바라게 될 것이오. 그리고 지금 당신의 온몸을 따뜻하게 감싸주는 동경은 수백 개의 빛줄기로 갈라지게 되어 그대를 괴롭히고 고문하게 될 것이오. 왜냐하면 하나의 의미는 수많은 의미들을 낳는바, 내가 그대 안에 던진 불꽃이 타오르게 할 극도의 희열은 희망 없는 고통이기 때문이오. 그 고통 속에서 그대는 파멸할 것이며, 새로운 낯선 존재로 싹트게 될 것이오. 이 불꽃이 사념(思念)인 것이오!'

'아!' 하고 백합이 탄식을 했습니다. '저는 그럼 지금 제 안에서 불타고 있는 열망을 지닌 채 당신의 것이 될 수는 없나요? 제가 그럼 당신을 지금보다 더 많이 사랑할 수가 있을까요? 그리고 당신이 저를 파멸시키게 되면 저는 당신을 지금처럼 바라볼 수가 있을까요?'

그러자 포스포루스 청년은 그녀에게 입을 맞추었고,[22] 그녀는 마치 광선이 온몸을 샅샅이 비춘 것처럼 불꽃이 되어 타올랐습니다. 거기서 낯선 존재가 하나 튀어나왔는데, 사념에 빠져 곧 계곡을 피해 끝없는 공간 속을 헤매는 것이었습니다. 어린 시절의 동무들도 사랑하는 청년도 아랑곳없이 말입니다. 청년은 잃어버린 연인을 애타게 불렀습니다. 왜냐하면

22 여기서 포스포루스와 백합의 키스는 연금술적인 반응을 보여주는 듯하다.

오직 아름다운 백합에 대한 끝없는 사랑이 그를 이 적막한 계곡으로 오게 했기 때문입니다. 화강암들은 청년의 비탄을 접하고 같이 슬퍼하면서 머리를 숙였습니다. 그러나 화강암들 중 하나가 품을 열자, 거기서 날개 달린 검은 용 한 마리가 쉿쉿 소리를 내며 튀어나와서 말했습니다.

'내 형제들인 철광석들은 저 안에서 잠자고 있어. 그러나 나는 언제나 기운이 왕성하게 깨어 있지. 내가 자네를 도와주겠네.'

용[23]은 위아래로 날아다니다 백합에서 튀어나온 존재를 드디어 잡아챘고, 그것을 언덕 위로 데리고 가서 자기의 날개로 품어주었습니다. 그러자 그것은 다시 백합이 되었습니다. 그러나 전부터 남아 있던 사념이 백합의 내면을 갈기갈기 찢어놓았습니다. 포스포루스 청년에 대한 사랑은 심장을 도려내는 듯한 슬픔이었습니다. 이 슬픔으로 인해서 보통 때는 백합을 보면 즐거워하던 꽃들이 독성 있는 향기를 맡고는 시들어 죽어버리고 말았습니다.

포스포루스 청년은 수천 가지 광채를 발하는 번쩍번쩍 빛나는 갑옷을 입고 용과 맞서 싸웠습니다. 그런데 용이 검은 꼬리로 청년의 방패를 치자 맑은 소리가 울려 퍼졌습니다. 그리고 이 맑고 힘찬 음향에 꽃들은 다시 살아나 마치 화려한 빛깔의 새들처럼 용 주위를 팔락이며 날아다녔습니다. 그러자 용은 힘을 잃었고, 싸움에 패하여 깊은 땅속으로 숨어버렸습니다. 백합은 해방된 것이었습니다. 포스포루스 청년은 황홀한 사랑의 뜨거운 열망에 가득 차서 백합을 포옹했습니다. 그리고 환호하며 찬가를 부르는 가운데 꽃들도, 새들도, 아니 고고한 화강암마저도 백합을 계곡의 여왕으로 떠받들며 그녀에게 경배하는 것이었습니다."

23 서양에서 용은 대개 악의 상징으로 여기서도 용은 포스포루스 청년에게서 백합을 빼앗고자 한다. 용은 뱀과 더불어 연금술의 자기표현이기도 하다.

"외람됩니다만 그건 동방식 허황한 이야기군요, 존경하는 문서관장님!" 헤어브란트 서기관이 말했다. "그런데 우리가 부탁드렸던 건 평소 기꺼이 해주셨듯이, 관장님의 그 특이한 인생 이야기, 뭐 여행길에 생긴 모험이라든가 그런 이야기를 들려달라고 부탁드렸던 건데요. 그러니까 좀 사실적인 이야기를 들려달라는 것이었지요."

"아니 도대체 자네들 무슨 소리를 하는 건가!" 린트호르스트 문서관장이 대답했다. "여보게들, 내가 지금 막 이야기한 것이야말로 내가 들려줄 수 있는 가장 사실적인 이야기라네. 그리고 어떤 점에서는 내 인생에 속하는 것이기도 하지. 왜냐하면 내가 바로 그 계곡 출신으로, 마지막 왕비로 지배했던 백합은 나의 증— 증— 증— 증조모님이시라네. 그러니까 나 또한 원래는 왕자란 말일세."

모두들 큰 소리로 웃음을 터뜨렸다.

"그래, 실컷들 웃게나." 린트호르스트가 계속했다. "내가 지금 그저 간략하게 대강 이야기한 것이 자네들에게는 물론 말도 되지 않는 헛소리로 들릴지도 모르지. 하지만 억지로 꾸며댄 것이나 비유적으로 이야기한 것은 전혀 없다네. 아니 그 모든 건 문자 그대로 사실일세. 그 아름다운 사랑 이야기가—나 또한 그 덕분에 존재하는 걸세—자네들 맘에 들지 않을 것을 알았더라면, 차라리 어제 내 동생이 와서 전해준 여러 가지 새로운 소식이나 들려줄 걸 그랬네 그려."

"아니, 뭐라구요? 동생이 있으시다구요, 문서관장님? 대체 어디 계시나요, 어디 살고 있단 말입니까? 역시 공직에 계시나요, 아니면 혹 연금으로 생활하며 혼자 연구하는 학자이신가요?"

사방에서 사람들이 그렇게 질문을 퍼부어댔다.

"아니라네!" 문서관장이 담배 한 모금을 태우며 아주 냉담하고 태연하게 대답했다. "그는 악한 쪽 편을 들어 용들한테로 갔다네."

"무슨 말씀이십니까, 문서관장님," 헤어브란트 서기관이 말을 받았다. "용들한테로요?"

"용들한테로?" 사방에서 마치 메아리처럼 울려 퍼졌다.

"그렇다네, 용들한테로 갔다네." 린트호르스트가 말을 계속했다.

"원래 그건 절망에서 나온 행동이었답니다. 여러분, 여러분은 우리 아버지가 바로 얼마 전에 돌아가셨다는 것을 아실 것입니다. 고작해야 385년밖에 되지 않았답니다. 그래서 저는 아직도 상복을 입고 있지요. 아버지는 아버지가 사랑하던 아들인 저에게 화려한 오닉스 광석을 유산으로 주셨습니다. 동생은 꼭 그것을 갖고 싶어했지요. 그 때문에 우리는 아버지의 시신을 앞에 놓고 철면피들처럼 싸워댔습니다. 그러자 고인이 되신 아버지께서 참다못해 벌떡 일어나서서는 못된 동생을 계단 아래로 내동댕이치셨습니다. 동생은 그것에 맘이 상해서 곧장 용들에게로 가버렸답니다. 지금 동생은 튀니스 근교의 실측백나무 숲에 머물고 있는데, 거기서 유명한 신비로운 홍옥을 지키는 일을 하고 있습니다. 라플란드의 별장으로 이사 온 마술사 하나가 그 보석을 탐내기 때문이지요. 그래서 동생은 그 마술사가 정원에서 샐러맨더[24]의 화단을 돌볼 때면 고작 15분간 틈을 낼 수 있답니다. 제게로 와서 나일 강변에서 일어난 최근 소식들을 재빨리 들려주기 위해서지요."

그곳에 있던 사람들은 두 번째로 큰 소리로 웃음을 터뜨렸다. 그러나 안젤무스는 섬뜩한 기분이 들었다. 린트호르스트의 경직된 진지한 두 눈

24 salamander. 서유럽 신화에 등장하는 전설상의 괴물로서, 불속에 살면서 불을 끌 수 있는 능력을 가지고 있다. 16세기 파라첼수스의 4원소설에서 불의 정령을 샐러맨더라 칭했는데, 호프만은 이를 이어받고 있다.

을 쳐다볼 때 자신도 모르게 속으로 전율하지 않을 수 없었다. 게다가 거칠지만 기이하게 금속성으로 울리는 린트호르스트의 목소리에는 은밀하게 파고드는 무엇인가가 있어서 그는 뼛속까지 울리는 느낌이었다.

헤어브란트 서기관이 안젤무스를 커피숍으로 데리고 온 원래의 목적을 오늘은 이룰 수 없을 듯이 보였다. 그러니까 린트호르스트 저택 앞에서의 사건 이후 안젤무스는 그 집을 감히 두 번째로 방문할 엄두를 내지 못했던 것이다. 왜냐하면 죽기까지야 하진 않겠지만 정신착란에 걸릴 위험으로부터 그가 구제를 받은 것은 순전히 우연이었다고 마음속 깊이 확신하고 있었기 때문이다. 안젤무스 학생이 의식을 잃고 그 집 대문 앞에 쓰러져 있고, 어떤 노파가 케이크와 사과가 든 바구니를 옆에 내려놓고 그를 돌보고 있었을 때 마침 파울만 교감이 막 그 길을 지나가게 되었고, 파울만 교감은 당장 들것을 불러와 그를 집으로 옮겼던 것이다.

"사람들이 저에 대해 뭐라고 생각해도 좋습니다." 안젤무스 학생이 말했다. "저를 멍청한 바보천치로 여기든 말든 말입니다! 문 두드리는 쇠에서 슈바르츠 토어의 그 빌어먹을 마녀 얼굴이 저를 향해 히죽거리며 웃는 것이었습니다. 그다음에 벌어진 일에 대해서는 차라리 아무 말도 하고 싶지 않습니다. 그러나 제가 기절했다 깨어나서 그 망할 놈의 사과장수 노파의 얼굴을 보았더라면(왜냐하면 저를 돌보고 있던 여자는 다름 아닌 바로 그 노파였으니까 말입니다) 저는 순간적으로 쇼크사를 했던지 아니면 미쳐버렸을 것입니다."

파울만 교감과 헤어브란트 서기관이 아무리 달래고 이성적으로 이야기를 해도 아무런 소용이 없었다. 파란 눈의 베로니카조차도 무언가 깊은 생각에 빠져 있는 안젤무스를 그 상태에서 벗어나게 할 도리가 없었다. 이제 사람들은 그를 정말로 신경쇠약으로 여기게 되었고, 그의 관심을 다른 곳으로 돌릴 수단을 궁리했다. 헤어브란트 서기관은 린트호르스트 문서관장 댁에서 일하는 것, 즉 원고 필사 작업이 어떤 다른 일보다 더 도움이 되리라는 의견을 폈다. 문제는 오직 안젤무스를 린트호르스트 문서관장에게 어떻게 적절히 소개할 것인가 하는 것이었다. 헤어브란트 서기관은 린트호르스트가 거의 매일 저녁 어떤 이름난 커피숍[25]엘 간다는 것을 알고 있었다. 그래서 그는 안젤무스 학생이 어떻게든 문서관장과 알게 되고 원고 필사 작업에 대해 의견 일치를 보게 될 때까지 자기가 지불할 테니 매일 저녁 그 커피숍에서 맥주 한 잔에 파이프나 한 대 피우자며 안젤무스 학생을 초대했다. 안젤무스 학생은 이 제안을 매우 감사해하며 받아들였다.

“친애하는 헤어브란트 서기관, 만일 자네가 저 청년의 이성을 되찾게 해준다면 자네는 신께서 내리시는 상을 받게 될 걸세!” 파울만 교감이 말했다. “신께서 내리시는 상이라!” 베로니카가 반복했다. 그러면서 그녀는 두 눈을 들어 경건하게 하늘을 올려다보면서 대학생 안젤무스가 제정신이 아닌 지금도 얼마나 멋진 청년인가를 골똘히 생각했다.

린트호르스트 문서관장이 막 모자와 지팡이를 들고 문밖으로 걸어 나가려 했을 때였다. 헤어브란트 서기관이 안젤무스 학생의 손을 잡더니 문서관장의 길을 막아서며 말했다.

“존경하는 추밀문서관장님, 여기 이 안젤무스 학생은 글씨 쓰기와 도안에 더없이 능숙한데, 관장님의 귀한 문서들을 필사하는 일을 하고자 합니다.”

“그거 듣던 중 반가운 소리군요.” 린트호르스트 문서관장은 제깍 대답

25 아마도 호프만이 다니던 아이헬크라우트 커피숍(Cafe Eichelkraut)을 가리키는 듯하다.

했고, 머리에 군대식 삼각모자를 쓰더니 헤어브란트 서기관과 안젤무스 학생을 밀치고는 요란한 소리를 내며 계단을 내려가버렸다. 두 사람은 어안이 벙벙한 채 서서 그가 그들 코앞에서 돌쩌귀가 소리를 낼 정도로 쾅 닫고 사라져간 문을 바라보았다.

"그거 참 아주 기이한 노인네로구만." 헤어브란트 서기관이 말했다.

"기이한 노인네이시구만요." 안젤무스 학생이 따라서 더듬거리며 말했다. 그는 얼음같이 찬 기운이 사지에 소름을 돋우어 자신이 거의 동상처럼 굳어버리는 것을 느꼈다. 그러나 손님들은 모두 웃으며 말했다.

"문서관장님이 오늘 또다시 그 별난 변덕이 도지신 거예요. 내일은 분명 온화해지셔서는 아무 말씀도 없이 파이프 담배 연기나 바라보시든가 신문을 읽으실 겁니다. 그런 일에 신경 쓰실 필요 없어요."

"그래, 맞는 말이야." 안젤무스 학생이 생각했다. "그런 것에 누가 신경을 쓰겠어! 문서관장님은 내가 그분의 원고를 필사하겠다고 하니 듣던 중 반가운 소리라고 하지 않았던가. 그런데 헤어브란트 서기관은 하필 왜 그분이 막 집으로 가려고 하는데 길을 막아섰던 거지? 아니, 아니야. 린트호르스트 추밀문서관장님은 원래는 좋은 분이야. 놀랄 만치 온화하고. 단지 특이한 말투가 좀 이상야릇할 뿐이지. 그러나 그게 내게 해가 될 게 뭐람? 내일은 정각 열두 시에 그분 댁으로 가야지. 청동 사과장수 노파 수백 명이 훼방을 놓는다 해도 말이야."

네 번째 야경

대학생 안젤무스의 멜랑콜리 — 에메랄드 거울 — 린트호르스트 문서관

장이 독수리가 되어 날아가고, 대학생 안젤무스는 아무와도 마주치지 않은 사연

나를 아껴주는 독자여, 나는 독자에게 이렇게 단도직입적으로 물어보아도 되리라 생각한다. 모든 일상적인 행동과 짓거리가 끔찍한 혐오감을 불러일으키는가 하면, 지금까지 아주 중요하고 가치 있는 일처럼 생각되던 모든 것들이 우스꽝스럽고 하찮아 보이는 그런 시간들이 독자의 인생에서도 있었는지를 말이다. 그리고 그런 기분이 몇 날 몇 주일씩 지속되기도 한 적이 있었는가를. 그럴 때면 독자는 독자 스스로도 무엇을 해야 할지 누구에게 하소연해야 할지를 알 수가 없는 것이었다. 마치 엄하게 자란 겁쟁이 아이처럼 독자의 정신이 감히 발설하지 못하는 소망, 지상의 모든 쾌락을 능가하는 숭고한 소망이 언제 어디에선가는 꼭 실현되고 말리라는 막연한 예감이 독자의 가슴을 부풀게 했던 것이다. 마치 예리한 시선 앞에서는 녹아 사라져버릴 투명한 인물들이 등장하는 뽀얀 꿈처럼, 어디를 가든 어디에 있든 주변에 감도는 그 알 수 없는 무엇을 향한 동경에 사로잡혀, 독자는 지상에서 자신을 둘러싸고 있는 모든 것에 대해서는 말없이 입을 다물고 있었던 것이다. 독자는 마치 희망 없는 연인처럼 음울한 시선으로 소리 없이 방황하며, 사람들이 다채로운 혼잡 속에서 온통 난리법석 부리는 것을 바라보지만 그 모든 것은 독자에게는 아무런 고통도 기쁨도 야기하지 못했던 것이다. 마치 독자가 더 이상 이 세상 사람이 아니기라도 한 듯이 말이다.

경애하는 독자여, 만일 독자가 언젠가 그런 기분인 적이 있었다면 대학생 안젤무스가 지금 처해 있는 상태를 미루어 짐작할 수 있을 것이다. 친애하는 독자여, 내가 바라건대 이미 안젤무스 학생을 독자 눈앞에 성공적으로 생생하게 그려 보인 것이라면 얼마나 좋겠는가. 왜냐하면 실제로 내가 그의 더없이 기이한 이야기를 쓰기 위해 이용하는 이 소설의 야경들[26]에서 정말로 기발한 이야기들을 많이 들려주지 않을 수 없기 때문이다. 그런데 아주 평범한 사람들의 일상생활은 이런 기이한 일들을 마치 유령 이야기처럼 허황한 것으로 치부해버리게 하는 것이다. 그래서 나는 독자가 마지막에는 안젤무스 학생이나 린트호르스트 문서관장의 존재에 대해서 믿지 않을 뿐만 아니라 파울만 교감과 헤어브란트 서기관에 대해서조차도 부당한 의심을 품지 않을까 두렵다. 마지막으로 이름을 댄 이 존경할 만한 두 분은 아직도 드레스덴에서 활보하고 있음에도 불구하고 말이다.

친애하는 독자여, 신비로운 기적으로 가득 찬 요정의 나라에서는 기적들이 더할 나위 없는 환희와 끔찍한 경악을 엄청나게 불러일으킨다. 이 나라에서는 엄숙한 여신이 그녀의 베일을 살포시 들추기까지 하여 우리는 그녀의 얼굴을 볼 수 있으리라고 생각한다. 그런데 그 진지한 시선에는 종종 미소가 어리는데, 그것은 온갖 혼란을 야기하는 마술을 부리며 우리를 데리고 노는 장난기 어린 익살인 것이다. 마치 어머니가 종종 가장 사랑하는 아이들을 장난치며 데리고 놀듯이. 그래! 바로 이 나라, 정신이 우리에게 매우 자주, 적어도 꿈속에서는 문을 열어 보여주는 이 요정의 나라에서, 경애하는 독자여! 당신이 잘 아는 인물들을 다시 잘 찾아보기 바란다. 이 인물들은 사람들이 흔히 말하듯이 소위 평범한 생활에서 매일 당신 주위를 활보하는 그런 인물들인 것이다. 그러면 당신은 저 신비로운 나라가 당신이 지금까지 생각했던 것보다 훨씬 더 가까이 있다

26 '야경'은 이 소설의 장(章)을 가리킨다. 각주 1번 참조.

는 것을 믿게 될 것이다. 바로 이것이 내가 진심으로 바라는 것이며, 나는 이것을 안젤무스 학생의 기이한 이야기를 통해 당신에게 암시하고자 노력하고 있는 것이다.

그러니까 이미 말한 대로 안젤무스 학생은 린트호르스트 문서관장을 본 그날 밤부터 꿈꾸는 듯 생각에 잠기게 되었다. 이로 인해 그는 일상생활과의 외적인 접촉에 대해서는 무감각하게 되었다. 그는 여태껏 알지 못했던 무엇인가가 그의 마음속 깊은 곳에서 동요하며 환희에 찬 고통을 불러일으키는 것을 느꼈다. 이 고통은 동경으로 인간에게 보다 숭고한 다른 존재를 약속해주는 것이었다. 그는 홀로 초원이나 숲을 배회하며, 그의 보잘것없는 삶에 그를 묶어놓고 있는 모든 사슬로부터 해방되어 자기 마음속에서 솟아나는 가지각색의 영상들을 바라보는 가운데 자기 자신을 재발견할 수 있을 때가 가장 행복했다.

그러던 어느 날 그는 멀리까지 산책을 갔다가 집으로 돌아오면서 예의 신기한 라일락나무 옆을 지나치게 되었다. 그 나무 밑에서 그는 그때 요정의 마술에 걸린 듯 그렇게 많은 진기한 것을 보았던 것이다. 그는 자기 고향의 잔디와도 같은 그 초록색 잔디에 마음이 끌리는 것을 느꼈다. 그러나 그가 잔디에 앉자마자 그가 그때 마치 천상에서처럼 황홀해하며 보았던 모든 것들이 마치 두 번째로 보듯 다시 아주 생생한 색채를 띠고 떠올랐다. 이 모든 것들은 마치 낯선 힘이 억지로 그의 영혼에서 내몰기라도 한 듯 잊혀져 있었던 것이다. 그뿐만이 아니었다. 그 귀여운 파란 두 눈동자가 금빛 초록뱀의 것이라는 게 이제 그에게는 그때보다 더 분명해졌다. 이 뱀은 라일락나무 한가운데서 기어나왔으며, 그 날씬한 몸으로 휘감을 때마다 아름다운 크리스털 방울종 같은 소리를 번쩍이며 내쏘아서 그를 황홀한 기쁨에 넘치게 했던 것이다. 바로 그 예수승천일 날처럼 그는 라일락나무를 껴안고는 가지와 나뭇잎들에 대고 외쳤다.

"아, 너 사랑스런 작은 초록뱀아, 내가 너를 볼 수 있도록 다시 한 번만 나타나 여기 가지를 휘감아주렴. 다시 한 번만 그 귀여운 두 눈동자로 나를 바라봐주렴! 아, 나는 너를 사랑해. 그리고 네가 다시 나타나지 않으면 나는 너무나 슬프고 괴로워 죽고말 거야!"

그러나 아무 소리도 나지 않았고 아무런 움직임도 없었다. 그때처럼 라일락나무는 거의 알아차리지 못할 정도로 가지와 잎들을 살랑댔을 뿐이었다. 그러나 안젤무스 학생은 그의 마음속에서 동요를 일으키며 끝없는 동경의 아픔으로 그의 가슴을 갈기갈기 찢어놓는 것이 무엇인지를 이제야 알게 된 것 같았다.

"바로 그거야." 그가 말했다. "너 아름다운 금빛 뱀아, 나는 너를 내 온 영혼을 다해 죽도록 사랑해. 그래서 나는 네가 없이는 살 수가 없어. 너를 다시 보지 못하면, 내 마음의 연인처럼 너를 소유하지 못하면, 나는 절망의 고통 속에서 죽어갈 수밖에 없어. 그러나 나는 네가 내 것이 되리라는 것을 알지. 그러고 나면 저 보다 숭고한 다른 세계에 속하는 아름다운 꿈들이 내게 약속한 모든 것이 다 실현될 거야."

이제 안젤무스 학생은 태양이 그 빛나는 금빛 햇살을 나무 정수리에만 뿌려대는 저녁시간이면 매일같이 라일락나무 밑으로 갔다. 그러고는 온 가슴을 쥐어짜듯 애절한 목소리로 나뭇잎과 가지에다 대고 아름다운 연인인 금빛 초록뱀을 불러대는 것이었다.

한번은 그가 늘 하듯이 그렇게 연인의 이름을 부르고 있으려니, 헐렁한 담회색 외투를 두른 깡마르고 키 큰 남자 하나가 갑자기 그의 앞에 나타나 불같이 이글거리는 큰 눈으로 쏘아보면서 외쳤다.

"허허, 대체 거기서 뭘 그렇게 애원하며 질질 짜고 있는 거요? 허허, 이제 보니 내 원고를 필사하겠다던 안젤무스 군 아닌가?"

안젤무스 학생은 이 우렁찬 목소리에 적잖이 놀랐다. 왜냐하면 그 목소리는 바로 예수승천일에 "허허, 무슨 잔소리들을 그렇게 끓여 붓고 있는 거냐?" 등등을 외쳐대던 바로 그 목소리였기 때문이다. 그는 너무 놀라 단 한마디도 할 수가 없었다.

"안젤무스 군, 대체 무슨 일인가?" 린트호르스트 문서관장이 말을 계속했다(담회색 외투를 입은 남자는 바로 이 사람이었다). "라일락나무에 무슨 볼일이라도 있는 건가? 그리고 일을 시작하러 오겠다고 하고선 대체 왜 오지 않은 건가?"

실제로 안젤무스 학생은 저번 날 저녁에 다시 용기를 얻기는 했지만 아직까지도 린트호르스트 문서관장을 집으로 재차 찾아갈 엄두를 내지는 못하고 있었다. 그러나 그의 아름다운 꿈들이, 더구나 예수승천일에도 이미 연인을 앗아갔던 그 고약한 목소리로 인해 산산이 깨어지게 된 이 순간, 일종의 절망감이 그를 사로잡았다. 그래서 그는 거칠게 소리 질렀다.

"문서관장님, 문서관장님께서 저를 미친놈 취급을 하시든 말든 저는 상관없습니다. 하지만 여기 이 나무에서 저는 예수승천일에 금빛 초록뱀을 보았단 말입니다. 아! 제 영혼의 영원한 연인인 그 뱀은 아름다운 크리스털 같은 목소리로 제게 말을 걸어왔답니다. 그런데 문서관장님, 바로 당신, 당신께서 저 강 건너에서 그렇게 끔찍스럽게 고함쳐 부르셨단 말입니다."

"글쎄, 왜 그랬을까, 이보게 친구!" 린트호르스트 문서관장이 야릇한 미소를 지으면서 담배를 한 모금 태우며 그의 말을 가로챘다. 안젤무스 학생은 가슴이 후련해지는 것을 느꼈다. 마치 이제야 그가 그날의 신비스런 모험에 대해 이야기할 수 있게 된 듯했다. 그리고 먼 곳에서 고함을 쳐댄 것이 바로 문서관장이었다며 그에게 책임 추궁을 한 것이 아주 잘한 일인 듯한 생각이 들었다. 그는 정신을 차리고 말했다.

"그러면 예수승천일 저녁에 제가 어떤 운명적인 일을 겪었는지 모두 말씀드리지요. 그리고 나서 저에 대해 어떤 생각을 하시든 어떤 말을 하시든 맘대로 하십시오."

정말로 그는 사과바구니에 뛰어들어 뒤엎게 된 불행한 사건에서부터 세 마리의 금빛 초록뱀들이 강물 위로 헤엄쳐 사라져버린 것에 이르기까지 기이한 사건들을 빠짐없이 이야기했다. 또 사람들이 그를 술 취한 사람이나 미친 사람 취급을 했다는 말도 했다.

"이 모든 것을 저는 실제로 보았단 말입니다. 그리고 제 가슴 깊은 곳에서는 아직도 제게 말을 걸던 그 사랑스런 목소리들이 맑게 울리고 있답니다. 그건 절대로 꿈이 아니었어요. 그리고 저는 그 금빛 초록뱀들이 실제로 존재한다는 것을 믿지 않을 수 없답니다. 그렇지 않으면 저는 사랑과 그리움 때문에 죽고 말 테니까요. 비록 당신의 미소로 미루어 당신도 그 뱀들이 오직 저의 열에 뜬 과장된 상상력의 산물이라고 생각하신다는 것을 알 수 있지만 말입니다, 존경하는 문서관장님." 안젤무스 학생이 말을 맺었다.

"천만에." 문서관장이 지극히 조용하고 태연하게 대답했다. "안젤무스 군, 자네가 라일락 덤불에서 본 그 금빛 초록뱀들은 바로 내 세 딸들이었다네. 그리고 자네는 분명 내 막내딸인 세르펜티나의 파란 눈을 보고 사랑에 빠진 거야. 나는 그것을 예수승천일에 벌써 알아챘다네. 내가 집에서 작업하는 책상에 앉아 있는데, 재잘거리고 몸 흔들어대는 소리가 하도 요란해서 내가 이 희희낙락한 딸년들에게 서둘러 집에 올 시간이

됐다고 외친 거라네. 벌써 해도 졌고 노래도 실컷 하고 일광욕도 할 만큼 한 터였으니까 말일세."

안젤무스 학생은 마치 그가 오래전부터 예감하고 있었던 어떤 것을 누군가가 이제야 명확한 말로 들려준 것 같은 생각이 들었다. 그리고 라일락나무며 담벼락, 잔디, 그리고 주위의 모든 사물들이 천천히 주위를 돌기 시작하는 듯 느꼈다. 그럼에도 불구하고 그는 정신을 차리고 무언가를 말하려 했다. 그러나 문서관장은 그의 말을 막았고 재빨리 왼쪽 장갑을 벗었다. 그리고는 신비스런 불꽃을 튀기며 빛나는 보석반지를 대학생의 눈앞에 갖다대면서 말했다.

"여보게 안젤무스 군, 여길 들여다보게. 아마 이걸 보면 기뻐할걸."

안젤무스가 들여다보자, 오 이런 기적이! 보석은 마치 불타는 초점에서처럼 사방으로 빛을 발했는데, 이 빛줄기들이 모여 맑게 빛나는 크리스털 거울이 되었다. 거울 속에서는 그 세 마리의 작은 금빛 초록뱀들이 서로 모였다 흩어졌다 하며 온갖 형태로 춤을 추며 뛰놀고 있었다. 수많은 광채를 뿌리며 반짝이는 날씬한 몸끼리 서로 부딪칠 때면, 아름다운 화음이 마치 크리스털 방울종 소리처럼 울려 퍼지는 것이었다. 그런데 한가운데 있던 뱀이 마치 그리움과 갈망에 가득 찬 듯 거울 밖을 향해 작은 머리를 내밀었다. 그 짙푸른 두 눈동자는 이렇게 말하고 있었다.

"저를 알아보시나요? 제 존재를 믿으시나요, 안젤무스? 오직 믿음 속에만 사랑이 있는 거예요. 사랑하실 수 있으세요?"

"오 세르펜티나, 세르펜티나!" 미칠 듯이 황홀한 느낌에 안젤무스 학생이 소리쳤다. 그러나 린트호르스트 문서관장은 그 순간 재빨리 거울 위에다 대고 입김을 쏘였다. 그러자 그의 손에서는 다시 작은 에메랄드 반지만이 빛을 발하고 있을 뿐이었다. 문서관장은 다시 장갑을 꼈다.

"그 작은 금빛 뱀들을 보았나, 안젤무스 군?" 린트호르스트 문서관장이 물었다.

"아 이런 일이, 보다마다요!" 대학생이 대답했다. "그리고 귀엽고 사랑스런 세르펜티나도요."

"잠자코 있게나." 린트호르스트 문서관장이 말을 계속했다. "오늘은 이쯤 해두세. 그건 그렇고 자네가 우리 집에서 일할 결심을 하게 되면, 내 딸들을 자주 볼 수 있을 걸세. 아니 내가 자네에게 그럴 기회를 마련해주겠네. 만일 자네가 일을 아주 잘해주기만 한다면 말일세. 이 말은 글자 하나하나를 아주 정확하고 깨끗하게 필사해준다면 말이지. 그렇지만 자넨 아예 우리 집엘 오지도 않지 않나. 자네가 곧 올 거라는 헤어브란트 서기관의 말을 믿고 내가 쓸데없이 며칠이나 기다렸건만 말일세."

린트호르스트 문서관장이 헤어브란트라는 이름을 대자 안젤무스 학생은 비로소 다시 그가 정말로 두 발로 이 지상에 서 있으며, 자신이 정말로 대학생 안젤무스이고, 자기 앞에 서 있는 사람이 정말로 린트호르스트 문서관장이라는 생각이 들었다. 문서관장의 냉담한 억양은 마치 진짜 마술사가 하듯 불러냈던 보석반지의 신비스런 현상과 너무나 큰 대조를 이루는 가운데 무언가 소름끼치는 요소를 지니고 있었다. 깡마르고 주름투성이인 얼굴의 푹 패인 앙상한 구멍에서 빛나고 있는 두 눈의 쏘아보는 시선으로 인해 이 소름끼치는 인상은 한층 더 강조되었다. 그리고 문서관장이 모험담을 한참 늘어놓았을 때 이미 커피숍에서 그를 사로잡았던 것과 똑같은 공포가 이 대학생을 사로잡았다. 그는 간신히 마음을 가다듬었고, 문서관장이 "그런데 도대체 왜 내게 오지 않은 건가?" 하고 재차 물었을 때 용기를 내어 그 집 문 앞에서 일어났던 일을 모두 이야기했다.

이야기가 끝나자 문서관장이 말했다. "이보게, 친애하는 안젤무스 군.

자네가 말하는 그 사과장수 노파를 나도 잘 안다네. 정말 기막힌 인간으로 내게 온갖 못된 짓을 하고 있지. 문 두드리는 쇠가 되어 우리 집에 오는 기분 좋은 방문객들을 쫓아버리려고 스스로를 청동 도금하다니. 그런 악랄한 짓은 정말 참을 수 없구만. 안젤무스 군, 그런데 자네가 내일 정각 열두 시에 내게 올 때 또다시 그 노파의 히죽거리는 웃음과 코맹맹이 잔소리가 듣기 싫거든 이 액체를 몇 방울만 노파의 코 위에 뿌리게나. 그러면 모든 일이 다 잘 해결될 걸세. 이만 잘 가게나! 안젤무스 군, 나는 좀 서둘러야 하겠네. 그래서 자네더러 같이 시내로 돌아가자고 하면 실례가 될 성싶네. 잘 가게나! 내일 열두 시에 만나세."

문서관장은 안젤무스에게 황금빛 액체가 든 작은 유리병을 준 다음 서둘러 그 자리를 떴다. 그새 깔린 짙은 어둠 속에서 문서관장은 계곡 아래로 걸어간다기보다는 날아가는 것처럼 보였다. 그가 어느새 코젤 정원 근처에 다다랐을 때였다. 바람이 그의 헐렁한 외투에 불어닥치며 외투의 양 자락을 활짝 펼쳐 마치 한 쌍의 큰 날개가 공중에서 펄럭이는 듯이 보였다. 놀란 시선으로 문서관장의 뒷모습을 쳐다보던 안젤무스에게는 마치 큰 새 한 마리가 빨리 날아가기 위해 날개를 펼치는 것처럼 보였다.

이 대학생이 그렇게 어둠 속을 응시하고 있자니 까악 깍 소리를 지르며 담회색의 독수리 한 마리가 공중으로 날아올랐다. 그는 멀어져가고 있는 문서관장으로만 여겼던 것이 바로 이 독수리였음에 틀림없다는 생각이 들었다. 그렇다면 문서관장은 대체 갑자기 어디로 사라져버렸는지 도무지 이해할 수가 없었음에도 불구하고 말이다.

"린트호르스트 문서관장이 아마 직접 날아가버렸을 수도 있을 거야." 안젤무스 학생은 혼자 중얼거렸다. "왜냐하면 이제 나는 지금까지 아주 기묘한 꿈속에서만 보아왔던, 저 머나먼 경이로운 세계에 속하는 낯선 인물들이 모두 나의 깨어 있는 생생한 삶 속으로 걸어 들어와 나를 가지고 논다는 걸 보고 느끼니까 말이야. 그거야 어찌 됐든 좋아! 사랑하는 귀여운 세르펜티나, 그대는 내 가슴속에서 뜨겁게 살아 있다오. 오직 그대만이 내 마음 깊은 곳을 갈기갈기 찢어놓는 이 끝없는 그리움을 잠재울 수 있소. 아, 언제나 내 그대의 사랑스런 눈동자를 바라볼 수 있을까, 사랑하고 사랑하는 세르펜티나!" 안젤무스 학생이 아주 큰 소리로 이렇게 외쳤다.

"그건 천박한 반기독교적 이름이구만." 산보에서 돌아오던 한 남자가 그의 옆에서 저음의 목소리로 중얼거렸다. 안젤무스 학생은 자기가 어디에 있는지를 마침내 기억해내고는 황급히 그 자리를 떠났다. 그러면서 그는 혼자 생각했다. 지금 내가 파울만 교감이나 헤어브란트 서기관과 마주치기라도 한다면 정말 불행한 일이 아닐까? 그러나 그는 둘 중 아무와도 마주치지 않았다.

다섯 번째 야경

궁정고문관 안젤무스의 부인 – 키케로의 『의무에 관하여』 – 긴꼬리원숭이와 다른 악당들 – 리제 노파 – 밤낮의 길이가 같은 추분

"안젤무스는 정말 구제불능이야." 파울만 교감이 말했다. "내가 아무리 잘 가르치고 경고를 해도 소용이 없어. 도무지 어떤 것에도 적응하려 들지를 않으니. 모든 것의 기본인 학교 성적은 최고인데도 말이야."

그러나 헤어브란트 서기관은 약삭빠르고 은밀하게 웃으면서 대답했다. “안젤무스한테 시간과 기회만 좀 주십시오, 존경하는 교감선생님! 좀 괴팍한 녀석이긴 하지만 재능이 많답니다. 제가 많다고 할 때는 추밀비서관이나 궁정고문관은 될 거라는 뜻이죠.”

“추밀……” 교감이 굉장히 놀라며 말을 시작했으나 그 말은 목에 걸린 채 미처 나오지 못했다.

“제발 아무 말씀 마십시오.” 헤어브란트 서기관이 말을 계속했다. “저도 아는 게 있다니까요! 벌써 이틀 전부터 안젤무스는 린트호르스트 문서관장 댁에 가서 필사를 해주고 있답니다. 그런데 문서관장이 엊저녁 제게 커피숍에서 ‘서기관, 내게 아주 괜찮은 사람을 소개해주셨더군요! 그 사람은 뭐가 돼도 될 겁니다’ 이러더라구요. 그런데 문서관장의 연줄을 생각해보십시오. 글쎄 제발 아무 말씀 마시라니까요. 그 이야긴 우리 일 년 후에 다시 하도록 하십시다!”

이 말을 하며 서기관은 계속해서 약아빠진 웃음을 지으며 밖으로 나가버렸다. 놀람과 호기심으로 말문이 막힌 교감은 의자에서 꼼짝도 못한 채 앉아 있었다. 그러나 베로니카에게 이 대화는 아주 특별한 인상을 남겼다. 그녀는 생각하고 있었다. ‘안젤무스 씨가 아주 똑똑하고 사랑스런 청년으로 큰 인물이 되리라는 걸 나는 벌써부터 알고 있었잖아? 그 사람이 나를 정말로 좋아하는지 알 수만 있다면 좋겠는데. 그이는 저번 날 저녁 엘베 강 유람을 할 때 두 번이나 내 손을 꼭 잡았어. 우리가 이중창을 할 때 그이는 가슴속까지 파고드는 아주 야릇한 시선으로 나를 바라보았지. 맞아, 맞아! 그 사람은 나를 정말로 좋아해. 그리고 나는……’

베로니카는 젊은 처녀들이 으레 하듯 화려한 미래에 대한 달콤한 꿈에 빠져들었다.

그녀는 궁정고문관의 부인이 되어 있었다. 슐로스 가나 노이마르크트 혹은 모릿츠 가에 있는 아름다운 집에 살고 있었다. 유행하는 모자와 새로 산 터키산 숄은 그녀에게 아주 멋지게 어울렸다. 그녀는 우아한 네글리제 바람으로 창가에 앉아 요리사에게 그날 해야 될 일을 명령하면서 아침식사를 하고 있다. "그 요리 망치지 않도록 하세요. 궁정고문관님이 특별히 좋아하는 요리니까!" 지나가던 멋쟁이 신사들이 그녀를 곁눈질로 올려다보며 이렇게 속삭이겠지. "저분이 궁정고문관 부인이라네, 정말 천사 같은 여자야. 레이스를 단 저 모자는 부인에게 정말 너무나 잘 어울리는군!" 모 추밀고문관 부인은 하인을 보내 혹시 오늘 궁정고문관 부인이 링크스 바트로 오실 의향이 있는지 물어보게 하겠지. "내 안부 인사를 전해주어요. 내가 정말 유감스러워 하더라구. 오늘 나는 이미 모모 장관 부인 댁에서 차를 마시기로 되어 있단 말씀도요." 그때 안젤무스 궁정고문관이 들어온다. 그이는 벌써 아침 일찍 용무차 나갔다가 돌아오는 길이다. 그는 최신 유행 옷을 입고 있다. "진짜 벌써 열 시네!" 하고 그가 외치며 금시계 단추를 눌러 종을 치게 하겠지. 그러면서 그이는 젊은 아내에게 키스를 해주겠지. "여보, 당신 어때? 내가 당신한테 주려고 뭘 갖고 왔는지 알아?" 그는 익살을 피우며 말을 계속한다. 그리고 한 쌍의 최신 유행을 따라 만든 귀걸이를 조끼주머니에서 꺼내 그때까지 달고 있던 흔한 귀걸이 대신 달아준다. "아, 너무나 예쁜 귀걸이네요." 베로니카가 아주 큰 소리로 외치며 하던 일을 동댕이치고 의자에서 벌떡 일어났다. 귀걸이를 실제로 거울에 비춰보려 한 것이었다.

"대체 웬 소란이냐." 키케로의 『의무에 관하여』를 읽는 데 몰두해 있다가 책을 하마터면 떨어뜨릴 뻔했던 파울만 교감이 말했다. "너도 안젤무스처럼 발작을 일으키는 게냐."

그러나 그때 평소 습관과 달리 며칠씩이나 들르지 않았던 안젤무스 학생이 방으로 들어왔다. 베로니카는 너무나 놀라고 경악했다. 왜냐하면 그의 모습이 실제로 전반적으로 변해 있었기 때문이다. 그는 평소와는 달리 아주 확신에 찬 어조로 인생의 전혀 다른 경향들이 그에게 분명해졌다는 것과, 또 어떤 이들에겐 보이지조차 않지만 자신 앞에는 펼쳐져 있는 멋진 전망들에 대해 이야기했다.

안젤무스 학생이 린트호르스트 문서관장 댁에 급한 볼일이 있다는 말을 남긴 다음, 베로니카의 손에 우아하고 세련되게 입을 맞추고는 이미 층계를 내려가버렸을 때, 파울만 교감은 헤어브란트 서기관의 비밀스런 말을 기억하고서 베로니카보다 더 놀라서 한마디도 할 수가 없었다.

"저분은 벌써 궁정고문관이 다 됐네." 베로니카가 혼자 중얼거렸다. "그리고 그인 내 손에 키스했어. 예전처럼 미끄러지거나 내 발을 밟거나 하지도 않고 말이야! 내게 아주 은근한 시선을 던졌지. 아마도 정말로 날 좋아하나봐."

베로니카는 다시금 아까 꾸던 꿈에 골몰했다. 그런데 그녀가 장차 궁정고문관 부인이 되어 꾸미게 되었을 행복한 가정에 대해 떠오른 아름다운 형상들 가운데 자꾸 어떤 적대적인 인물이 하나 나타나는 것 같았다. 그 인물은 아주 조롱하듯 웃으며 말했다.

"그건 다 정말로 어리석고 시시껍절한 망상일 뿐이야. 게다가 전부 꾸며낸 거짓말이란다. 왜냐하면 안젤무스는 결코 궁정고문관이 되거나 네 남편이 되지 않을 테니까. 그는 널 사랑하지도 않아. 네가 파란 눈에 날씬한 몸매, 그리고 아름다운 손을 갖고 있는데도 말이다."

그러자 얼음같이 찬 기운이 베로니카의 가슴속을 훑고 지나갔다. 그리고 깊은 경악이 그녀가 레이스 달린 모자를 쓰고 우아한 귀걸이를 한 자신을 그려보던 때의 그 좋은 기분을 망쳐버렸다. 그녀의 눈에서는 눈물이 솟구칠 지경이었다. 그녀가 큰 소리로 말했다.

"아, 그건 정말이야. 그인 날 사랑하지 않아. 그리고 나는 결코 궁정고문관 부인은 되지 못할 거야!"

"소설 쓰는 거냐? 소설 써?" 파울만 교감이 소리 지르며 모자와 지팡이를 집어들고는 화가 나서 서둘러 나가버렸다.

"이젠 아버지마저 저러시네." 베로니카가 한숨을 내쉬었다. 그녀는 그런 일엔 아랑곳하지 않고 수틀에 붙어 앉아 계속 수를 놓고 있는 열두 살짜리 누이동생에 대해 정말로 짜증이 났다.

어느새 벌써 세 시가 다 되어 있었다. 방을 치우고 커피 마실 준비를 할 시간이었다. 왜냐하면 오스터 씨네 딸들이 친구인 베로니카에게 오겠다고 했던 것이다. 그러나 베로니카가 치우는 장롱 뒤에서도, 피아노에서 치우는 악보 뒤에서도, 그녀가 찬장에서 꺼내는 커피포트와 잔 뒤에서도 예의 그 인물은 꼬마 요괴같이 튀어나와서는 조롱하듯 웃으며 거미같이 가느다란 손가락을 튀겨 소리를 내며 외쳐대는 것이었다. "그 사람은 네 남편이 되지 않을 거야, 그 사람은 네 남편이 되지 않을 거야!"

그리고 베로니카가 모든 것을 놔둔 채 방 한가운데로 피신하면 그 요괴 같은 인물은 난로 뒤에서 긴 코에 거인처럼 거대한 모습으로 내다보며 그르렁거리고 툴툴댔다. "그 사람은 네 남편이 되지 않을 거야!"

"얘, 넌 대체 들리는 것도 보이는 것도 없니?"

겁이 나고 떨려서 무얼 건드리거나 만지기가 꺼려진 베로니카가 소리 질렀다. 프렌츠헨은 아주 심각한 표정으로 조용히 수틀에서 일어나며 말했다.

"언니, 오늘 대체 왜 이래? 와장창 소리가 나도록 다 엉망으로 던져버리니 말이야. 내가 시중만 들어야 하겠수?"

그러나 그때 벌써 명랑한 소녀들이 왁자지껄 웃으며 밀어닥쳤다. 그리고 그 순간 베로니카는 그녀가 난로의 윗부분을 요괴 같은 인물로 여겼는가 하면, 잘못 닫힌 난로에서 나는 삐걱거리는 소리를 악의에 찬 말로 들었다는 것을 알아차렸다. 하지만 경악에 사로잡혀 베로니카는 얼른 제정신을 차릴 수가 없었다. 친구들은 그녀의 당황하고 창백한 얼굴로 미루어 그녀가 이상하게 긴장해 있다는 것을 알아채지 않을 수 없었다. 그들은 방금 들려주려고 하던 우스꽝스런 이야기를 중단하고 대체 무슨 일이 있었는지를 다그쳐 물었다. 베로니카는 그녀가 이상한 생각에 골몰했었으며, 전엔 그런 일이 없었는데 벌건 대낮에 갑자기 이상하게도 유령에 대한 두려움에 사로잡혔었다는 이야기를 고백하고야 말았다. 그리고 방의 온 구석에서 회색 난쟁이가 그녀를 놀리고 조롱했다는 이야기를 그녀가 얼마나 실감나게 했는지 오스터 집안 아가씨들도 겁이 나서 사방을 둘러보았다. 그러자 그들도 음산한 기분에 겁이 나서 머리가 쭈뼛거리는 것이었다. 그때 프렌츠헨이 김이 나는 커피를 들여왔고, 세 아가씨는 재빨리 정신을 차리고는 자기들의 멍청함에 대해 웃어댔다.

앙겔리카, 이것이 오스터 씨네 큰딸 이름이었는데, 그녀는 군 복무중인 장교와 약혼한 사이였다. 그런데 이 남자에게서 오랫동안 소식이 없자 사람들은 그가 죽었거나 아니면 최소한 심하게 부상을 입었음에 틀림없다는 생각을 하게 되었다. 앙겔리카는 이 일로 너무나 깊이 상심하고 있었다. 그런데 오늘 그녀가 지나치다 싶을 만큼 명랑했기에 베로니카는 좀 이상하다는 생각에 그녀에게 솔직하게 물었다.

"이 아가씨야," 앙겔리카가 말했다. "너 내가 우리 빅토르를 항상 머리와 가슴에 품고 있는 걸 모른단 말이니? 그리고 바로 그 때문에 내가 이렇게 기분이 좋은 거란다. 아 하느님, 난 지금 너무나 기쁘고 행복해! 빅

토르가 무사하대. 그이는 용맹한 군인에게 수여하는 훈장을 받고 기병대위가 되어 곧 나랑 만나게 될 거란다. 적 기마병의 칼에 맞아서 오른 팔에 심한 상처를 입었지만 위험한 상태는 결코 아니래. 그래서 편지를 쓸 수가 없는 거야. 그런데다가 자기 부대를 절대로 떠나지 않으려 하기 때문에 부대 이동이 잦아 내게 아직 연락도 할 수가 없었지. 그러나 오늘 저녁 그이는 우선 몸부터 완쾌되게 하라는 특별 명령을 받을 테고, 그럼 내일은 이리로 오기 위해 출발할 거야. 그리고 마차에 올라타려는 순간 기병대위 승진 발령 소식을 듣게 된단다."

"아니 그런데 앙겔리카야," 베로니카가 끼어들었다. "너 그걸 지금 벌써 다 안단 말이니?"

"얘, 너 나 비웃지마." 앙겔리카가 계속했다. "너 비웃기만 해봐라, 그러면 널 벌주러 당장 저기 거울 뒤에서 그 작은 회색 난쟁이가 내다볼걸? 그건 그렇고 나는 비밀스런 것들에 대한 믿음을 떨쳐버릴 수가 없어. 그런 일들이 종종, 그러니까 정말로 아주 손에 잡힐 만큼 확실하게 내 인생에 나타났단 말이야. 일종의 투시력을 갖고 있고, 그들만이 아는 확실한 수단을 사용해 이 투시력을 작동시킬 줄 아는 사람들이 있다는 것이 특히 내겐 전혀 이상하거나 믿을 수 없는 일로 생각되지 않는걸. 그런 신비를 믿지 않는 사람들이 있지만 말이야. 여기 이 지역에 그런 특별한 능력이 있는 늙은 노파가 하나 있단다. 그 노파는 그런 일을 하는 다른 사람들처럼 카드로 예언을 하거나, 납을 녹여 부어 생긴 형태나 커피를 걸러내고 남은 찌꺼기로 예언을 하거나 하지 않아. 그 노파는 고객을 참여시키는 독특한 준비를 하고, 그러면 매끄럽게 반짝이는 금속 거울에 온갖 형상과 인물들이 뒤섞인 희한한 그림이 나타난단다. 노파는 그 인물이나 형상들을 풀이해서 고객이 알고 싶은 것에 대해 답을 해주는 거야.

나도 어젯밤 그 노파 집에 가서 우리 빅토르 소식을 들은 거야. 그 말이 다 진짜라는 걸 난 한 순간도 의심하지 않아."

앙겔리카의 이야기는 베로니카의 마음에 불씨를 던졌고, 이 불씨는 곧 노파에게 안젤무스와 자신의 장래에 대해 물어봐야겠다는 생각에 불을 지폈다. 그녀는 노파의 이름이 라우어린이고, 제토어[28] 앞의 외진 거리에 살며, 화, 수, 금 저녁 일곱 시부터 다음날 해가 뜰 때까지 밤새도록 만날 수 있다는 것, 고객이 혼자 오는 것을 환영한다는 것 등을 알게 되었다.

그날이 바로 수요일이었다. 베로니카는 오스터 씨네 딸들을 집에 바래다준다는 핑계를 대고 노파를 찾아가기로 결심했고, 정말로 그렇게 했다. 그녀는 노이슈타트(신시가지)에 사는 친구들과 엘베 강 다리 앞에서 작별하자마자 나는 듯 빠른 걸음으로 제토어로 서둘러 갔다. 설명 들은 대로 외지고 좁은 골목에 이르자 그녀는 골목 끝에서 라우어린 부인이 살고 있는 붉은색 오두막을 보았다. 그 집 문 앞에 서자 그녀는 오싹한 게 마음속 깊이 전율을 느끼지 않을 수 없었다. 마침내 그녀는 마음이 내키지 않음에도 불구하고 마음을 다부지게 먹고 종이 달린 줄을 잡아당겼다. 그러자 문이 열렸고, 그녀는 어두운 복도를 지나 앙겔리카가 설명해 준 대로 더듬더듬 이층으로 나 있는 층계를 찾아갔다.

"여기 라우어린 부인이 사시지 않나요?"

아무도 나오지 않자 그녀가 인적이라곤 없는 집 복도에 대고 외쳤다. 그러자 대답 대신 길고도 낭랑한 야옹 소리가 울려 퍼지며 크고도 검은 수고양이 한 마리가 나와 등을 구부리고 꼬리를 이리저리 흔들면서 위엄 있게 앞장서서 걸어가더니 어느 방문 앞에 섰다. 고양이의 두 번째 야옹

28 Seetor는 제가(街) Seegasse의 끝에 있던 문으로 1821년에 철거되었다.

소리에 문이 열렸다.

"아, 누군가 했지, 아가씨구먼. 벌써 오다니! 들어와요, 들어와!"

문으로 나오며 누군가가 외쳤다. 베로니카는 그 인물을 보자 그만 바닥에 얼어붙은 듯 꼼짝을 할 수가 없었다. 까만 누더기를 걸친 깡마른 키다리 노파의 몰골이라니! 말을 하는 동안 앞으로 튀어나온 뾰족한 턱은 요란하게 이리저리 흔들거렸고, 이빨이 다 빠지고 없는 주둥이는 뼈만 앙상한 매부리코 그림자 밑에서 히죽거리는 미소를 짓느라 일그러졌다. 그리고 번득이는 고양이 같은 두 눈은 큰 안경 너머에서 불꽃을 튀기며 이글거렸다. 머리에 두른 알록달록한 수건에서는 뻣뻣한 까만 머리카락들이 삐죽삐죽 내다보고 있었다. 그러나 징그러운 얼굴을 더욱 흉측하게 보이게 하는 것은 왼쪽 뺨에서 코 위로 뻗어 있는 두 갈래의 큰 화상 자국이었다.

베로니카는 숨을 쉴 수가 없었다. 그녀는 외마디 소리라도 질러 꽉 막힌 가슴을 풀려 했다. 그러나 마녀가 뼈마디가 앙상한 손으로 그녀를 잡아 방 안으로 끌어들였고, 내지르려던 소리는 그만 깊은 한숨이 되고 말았다. 방 안에서는 온갖 것들이 꿈틀대고 요동치고 있었다. 정신을 혼미하게 하는 찍찍, 야옹야옹, 꺽꺽, 삐악대는 소리들이 뒤죽박죽으로 들려왔다. 노파는 주먹으로 식탁을 내려치며 소리 질렀다.

"조용히 하지 못해, 이놈들아!"

그러자 긴꼬리원숭이가 징징대는 신음소리를 내면서 천장에 매달려 있는 침대 위로 기어올라가고, 모르모트는 난로 밑으로, 그리고 까마귀는 둥근 거울 위로 날아가 앉았다. 오직 검은 고양이만이 그런 호통에 아랑곳하지 않은 채 방에 들어오자마자 튀어 올라갔던 큰 안락의자에 조용히 앉아 있었다.

방 안이 잠잠해지자 베로니카는 용기를 냈다. 이젠 문밖의 복도에서만큼 그렇게 음산하게 느껴지지도 않았고, 노파조차도 그렇게 추하게 보이지 않았다. 그런데 이제서야 그녀가 둘러본 방 안 풍경이라니! 온갖 흉측한 박제동물들이 천장에 매달려 늘어져 있었다. 바닥에는 그녀가 알지 못할 온갖 기구들이 뒤죽박죽 놓여 있었고, 벽난로에는 푸른 불꽃이 근근이 타고 있다가 간혹 노란 불꽃으로 타다닥 소리를 내며 타오르기도 했다. 이어 위에서 쉿쉿 소리가 나며 흉물스러운 박쥐들이 얼굴을 일그러뜨리고 웃어대는 사람 같은 얼굴로 이리저리 날아다녔다. 불꽃은 가끔씩 검게 그을린 벽을 타고 위쪽까지 핥아댔고, 그런 다음이면 가슴을 찢는 듯 흐느끼는 신음소리가 들려와 베로니카는 오싹하는 공포에 사로잡혔다.

"실례해요, 아가씨." 노파가 히죽거리며 말하고는 큰 먼지털이개를 잡아 청동으로 된 솥에 담갔다가 벽난로에다 대고 뿌렸다. 그러자 불이 꺼지고 방 안은 마치 짙은 연기가 꽉 찬 것처럼 아주 깜깜해졌다. 그러나 골방에 갔던 노파가 램프를 켜들고 곧 다시 들어왔다. 베로니카는 이젠 동물들도, 도구들도 더 이상 볼 수가 없었다. 그것은 그저 초라하게 꾸민 흔한 방에 불과했다. 노파는 그녀에게 좀더 가까이 다가와서는 콧소리로 말했다.

"나는 네가 왜 내게 왔는지 잘 알고 있단다, 얘야. 안젤무스가 궁정고문관이 되면 너와 결혼하게 될지를 알고 싶은 거지?"

베로니카는 경악으로 몸이 굳어버리고 말았다. 노파가 말을 계속했다.

"너는 벌써 너희 집 아버지 옆에서 내게 모든 걸 다 말해주었단다. 커피포트가 네 앞에 있었지? 내가 바로 그 커피포트였단다. 넌 날 알아보지 못했단 말이냐? 얘야, 들어봐라! 안젤무스는 포기해라. 아주 못된 놈이란다. 그놈은 내 아들들 얼굴을 밟았어. 내 사랑스런 아들들, 빨간 뺨을 한 사과들을 말이다. 우리 사과 아들들은 사람들이 사가고 나면 다시 장바구니에서 빠져나와 내 바구니 안으로 굴러들어 오는 놈들인데 말이다. 그놈은 그 늙은이하고 한 통속이야. 엊그제는 빌어먹을 석황[29]을 내 얼굴에 부어 하마터면 장님이 될 뻔했단다. 얘야, 여기 흉터 보이지! 그놈을 포기해라, 포기해! 그놈은 널 사랑하지 않아. 금빛 초록뱀을 사랑하기 때문이란다. 그놈은 결코 궁정고문관도 되지 못할 거야. 불의 정령 샐러맨더들한테 고용될 거니까. 그리고 초록뱀과 결혼할 거야. 그러니 그놈을 포기해라, 포기해!"

원래 베로니카는 고집 세고 한번 마음먹으면 흔들리지 않는 성격이었다. 그래서 소녀다운 공포심을 곧 극복하고는 한 걸음 물러서며 진지하고 단호한 어조로 말했다.

"할머니! 나는 당신이 미래를 내다보는 능력이 있다고 들었어요. 그래서 내가 사랑하고 존경하는 안젤무스가 언젠가 내 남편이 될 것인지를 알고 싶어 왔을 뿐이어요. 호기심이 너무 많고 좀 성급한지도 모르지만요. 그런데 내 소원을 들어주기는커녕 얼토당토않은 잡소리로 나를 우롱하다니, 그건 옳지 않아요. 왜냐하면 난 그저 내가 들은바 당신이 다른 사람들에게 해주는 만큼만을 바란 거니까요. 당신은 내 속마음을 다 알고 있는 듯하니, 지금 나를 괴롭히고 불안하게 하는 많은 것을 파헤쳐 밝혀주는 것이 그리 어려운 일이 아닐 거예요. 그런데 당신이 착한 안젤무스를 그렇게 터무니없이 모함하다니 난 당신한테선 더 이상 아무 말도 듣고 싶지 않아요. 안녕히 계세요!"

베로니카는 황급히 자리를 뜨려 했다. 그러자 노파가 울고 비통해하면

29 유황과 비소를 섞어 만든 부식용액.

서 무릎을 꿇더니 아가씨의 옷자락을 꼭 붙잡고는 외쳤다.

"베로니카야, 너 이 늙은 리제를 몰라본단 말이냐? 내 널 내 품에 안아 얼러 키웠건만."

베로니카는 자신의 눈을 믿을 수가 없었다. 왜냐하면 노파가 늙고, 특히 화상으로 인해 얼굴이 일그러지기는 했지만 파울만 교감 집에서 수년 전에 사라져버린 그녀의 보모였다는 것을 알아보았기 때문이다. 그러자 노파가 이제 아주 딴판으로 보이기 시작했다. 그녀가 쓴 보기 싫은 알록달록한 수건은 품위 있는 두건으로, 그녀가 걸친 까만 누더기는 큰 꽃무늬가 있는 재킷으로 보였다. 그녀가 예전에 차려입고 다니던 모습 그대로였다. 그녀는 바닥에서 몸을 일으켜 베로니카를 품에 안으며 말했다.

"내가 말해준 모든 것이 네겐 어쩌면 정말로 터무니없다고 생각될지도 모르지. 그러나 유감스럽게도 사실이란다. 안젤무스는 자기가 원해서 그런 건 아니지만 내게 많은 해를 끼쳤어. 그는 린트호르스트 문서관장의 손아귀에 들어가고 말았는데, 문서관장은 안젤무스를 자기 딸과 결혼시키려 하고 있지. 문서관장은 내 불구대천지원수란다. 그에 대해 내 네게 온갖 이야기를 들려줄 수 있을 테지만, 너는 이해하지 못하거나 경악할 게다. 그는 현명한 남자야. 하지만 나도 현명한 여자란다. 그래, 그렇단다. 이제 보니 너 안젤무스를 정말로 사랑하는구나. 내 힘닿는 대로 널 도와주마. 네 소원대로 아주 행복해지고 멋진 결혼을 할 수 있도록 말이다."

"하지만 대체 이게 웬일이에요, 리제!" 베로니카가 끼어들었다.

"아무 말 마라, 얘야. 아무 말 마!" 노파가 그녀의 말을 막았다.

"네가 무슨 말을 하려는지 안다. 나도 어쩔 수 없이 지금의 내가 된 거란다. 달리 도리가 없었지. 자, 그럼! 나는 초록뱀에게 품고 있는 어리석은 사랑에서 안젤무스를 구해내어 훌륭한 궁정고문관이 되게 해서 네 품에 안기도록 할 방법을 알고 있지. 그렇지만 네가 도와줘야만 해."

"말만 해요, 리제! 뭐든지 다 하겠어요. 안젤무스를 너무나 사랑하니까요!" 베로니카가 거의 들릴 듯 말 듯하게 속삭였다.

"내 널 알지." 노파가 말을 계속했다. "넌 용감한 아이였어. 도깨비가 온다는 말로 널 잠재우려 하면 넌 바로 도깨비를 보려고 눈을 뜨고 있었단다. 등잔불도 없이 제일 구석진 골방으로 가는가 하면, 종종 아버지의 이발용 망토를 걸치고는 이웃집 애들을 놀래키곤 했지. 자, 그럼! 네가 내 재주로 린트호르스트 문서관장과 초록뱀을 이겨낼 생각이라면, 그리고 진심으로 안젤무스를 궁정고문관이 되게 해 네 남편을 삼고 싶으면, 밤낮의 길이가 같은 다음 번 추분날 밤 열한 시에 내게로 오렴. 그럼 내 널 데리고 여기서 멀지 않은 들판의 십자로[30]로 가서 필요한 준비를 하마. 그런데 네가 혹시 보게 될 이상한 일들 때문에 놀라지 말렴. 그럼 얘야, 잘 가거라. 아버지가 벌써 수프를 끓여놓고 널 기다리고 계시단다."

베로니카는 서둘러 그곳을 떠났다. 그녀에겐 추분날 밤을 놓치지 않겠다는 결심이 단단히 서 있었다. 왜냐하면 그녀는 리제가 말한 대로 안젤무스가 이상한 관계에 얽혀 있다고 생각했기 때문이다. '나는 그 사람을 거기서 풀어낼 거야. 그리고 언제까지나 영원히 내 남편이 되게 할 테야. 궁정고문관 안젤무스는 영원히 내 꺼야.'

30 여기서 십자로는 옛날에 사형수를 목매달아 처형하던 곳을 연상시킨다.

여섯 번째 야경

린트호르스트 문서관장의 정원과 안젤무스를 조롱하는 앵무새들 — 황금 단지 — 영어 필기체본 — 초라한 엉터리 꼬부랑 글씨들 — 정령들의 왕

"그럴지도 모르지." 안젤무스 학생이 혼자 중얼거렸다. "린트호르스트 문서관장 댁 대문에서 내가 무서워했던 것은 내가 콘라디 씨 제과점에서 좀 과도하게 마신 고급 독주가 온갖 환영들을 불러일으켰기 때문일지도 몰라. 그러니 오늘은 술 한 방울도 마시지 말고 말짱한 정신으로 혹시 닥칠지도 모를 온갖 재앙에 대처해야지."

지난번 처음으로 린트호르스트 문서관장한테 갈 때 준비했던 것처럼, 그는 자기의 도안들과 펜글씨 작품들, 먹, 뾰족하게 잘 깍은 까마귀 깃털펜을 찔러넣고는 문을 나서려 했다. 그때 린트호르스트 문서관장에게서 받은 노란 액체가 든 병이 눈에 띄었다. 그러자 다시 그가 겪었던 온갖 기이한 모험들이 타는 듯한 색깔로 생생하게 그의 뇌리에 떠오르며, 이루 말할 수 없는 환희와 고통스런 감정이 그의 가슴에서 교차했다. 부지중에 그는 애절한 목소리로 외쳤다.

"아, 내가 문서관장 댁에 가는 것은 오직 당신을 보기 위해서가 아닌가요, 사랑스럽고 귀여운 세르펜티나?"

이 순간 그는 세르펜티나의 사랑이 지금 그가 하려 드는 힘들고 위험한 작업의 보상이 될 수 있으리라는 생각이 들었다. 그리고 이 작업은 바로 린트호르스트의 문서를 필사하는 일이라는. 그는 그 저택에 들어서는 순간 이미, 아니 어쩌면 최근에 그랬듯이 미처 그 저택에 들어서기도 전에 이미 온갖 이상한 일들을 겪을 수도 있다는 확신이 들었다. 그는 콘라디 제과점의 독주 생각은 떨쳐버리고, 그 대신 그 액체를 재빨리 조끼주머니에 찔러넣었다. 만일 청동으로 된 사과장수 노파가 또 그를 향해 히죽거리고 웃을 경우, 문서관장이 시킨 대로 하기 위해서였다.

정각 열두 시, 그가 문 두드리는 쇠를 잡으려 했을 때, 정말로 그 쇠에서는 노파의 뾰족한 코가 위로 치켜지더니 고양이 같은 두 눈이 번득이는 것이었다. 그는 더 이상 생각할 것도 없이 그 액체를 이 끔찍스런 얼굴에 들이부었다. 그러자 그것은 다시 펴지며 공같이 둥글게 반짝이는 평범한 문 두드리는 쇠가 되었다. 문이 열리고 종소리가 매우 듣기 좋게 온 집 안에 울려 퍼졌다. 딩동— 청년이여, 빨리— 빨리— 뛰어와요, 뛰어와— 딩동. 그는 안심하고 넓고 아름다운 계단을 걸어 올라가며 집 전체에 흐르는 희귀한 향냄새를 즐겼다. 그는 복도에서 망설이며 멈춰 섰다. 그 많은 멋진 문들 중에 과연 어떤 문을 두드려야 할지 알 수가 없었던 것이다. 그때 린트호르스트 문서관장이 헐렁한 비단 잠옷을 입은 채로 나와서 외쳤다.

"아, 안젤무스 군, 드디어 약속을 지켜주어 반갑군. 나를 따라오게나. 자넬 곧 작업실로 데려가야만 하니까 말일세."

이렇게 말하며 그는 재빨리 긴 복도를 걸어 올라가서는 다른 통로로 나 있는 작은 쪽문을 열었다. 안젤무스는 안심하고 문서관장의 뒤를 따라 걸어갔다. 그들은 통로를 지나 어떤 홀로 들어갔다. 그런데 그 홀은 홀이라기보다는 오히려 화려한 온실이라고 할 수 있었다. 왜냐하면 그 홀의 두 벽에는 바닥에서 천장까지 온통 희귀하고 신비로운 꽃들이며, 특이하게 생긴 잎과 꽃이 피어 있는 큰 나무들이 즐비하게 늘어서 있었던 것이다. 마술같이 눈부신 빛이 골고루 비추고 있었는데, 창문이 보이지 않아 도대체 그 빛이 어디서 들어오는지를 알 수가 없었다. 안젤무스

가 덤불과 나무들을 들여다보자, 긴 통로가 한없이 먼 곳으로 뻗어가는 듯이 보였다. 대가 굵은 사이프러스 관목들 한가운데 그늘진 곳에서는 대리석 분수가 빛나고 있었는데, 분수 주변에는 기이한 입상들이 서 있었고 크리스털 같은 물줄기를 내뿜어, 물줄기들은 아름답게 빛나는 백합의 꽃받침 안으로 찰싹찰싹 떨어지고 있었다. 기묘한 목소리들이 신비스런 덤불 숲 사이로 속삭이듯 살랑거렸다. 그리고 매혹적인 향기가 아래위로 물결 치는 듯했다.

문서관장은 어디론가 사라지고 없었고, 안젤무스 앞에는 불타는 듯한

31 유리섬유를 엮어 만든 가발은 실제로 있었다.
32 당시 편지지 외에도 다용도로 쓰인 특수한 재질의 고급 종이.

엄청난 백합꽃 덤불만이 보일 뿐이었다. 이 광경과 요정의 정원의 달콤한 향기에 매혹되어 안젤무스는 마술에 걸린 듯 꼼짝 못하고 서 있었다. 그러자 사방에서 킥킥 웃는 소리가 나기 시작했고, 가느다란 목소리들이 장난치며 조롱하듯 들려왔다.

"대학생님, 대학생님! 대체 어디서 오는 길이세요? 대체 왜 그렇게 멋지게 차려입으셨죠, 안젤무스 씨? 우리하고 수다나 떠실래요? 할머니가 엉덩이로 달걀을 깨신 이야기며, 그 시골 귀족 외출복 조끼에 얼룩이 생긴 이야기를 해드릴까요? 찌르레기 파파한테 배우신 새 아리아를 다 외우실 수 있나요, 안젤무스 씨? 유리 가발[31]을 쓰고 편지지[32]로 만든 장화를 신다니 정말 가관이로군요!"

온 사방에서, 아니 이 대학생의 바로 옆에서 그렇게 외치며 킬킬대고 조롱하는 소리가 들려왔다. 그제야 이 대학생은 온갖 형형색색의 새들이 그의 주변을 날아다니며 그렇게 깔깔거리며 그를 놀려대고 있다는 것을 알아챘다. 그 순간 백합꽃 덤불이 그를 향해 걸어왔고, 안젤무스는 그것이 린트호르스트 문서관장이라는 것을 알아챘다. 문서관장이 입고 있는 노랗고 빨간 꽃무늬가 있는 번쩍이는 잠옷을 그는 꽃 덤불로 착각했던 것이다.

"미안하네, 안젤무스 군." 문서관장이 말했다. "자네를 그렇게 서 있게 하다니. 난 그저 지나가다가 내 아름다운 선인장을 살펴봤을 뿐이야. 오늘 밤에 꽃을 피우게 될 걸세. 그런데 내 이 작은 정원을 자넨 어떻게 생각하나?"

"아, 여긴 정말 너무나 아름다워요, 존경하는 문서관장님." 대학생이 대답했다. "하지만 저 화려한 새들은 보잘것없는 저를 심하게 놀려대고 있어요."

"대체 또 무슨 헛소리들을 한 게냐?"

문서관장이 화를 내며 덤불을 향해 소리쳤다. 그러자 커다란 회색빛 앵무새가 날아올라서는 문서관장 옆의 미르테 가지 위에 앉았다. 앵무새는 휘어진 부리 위에 얹힌 안경 너머로 대단히 심각하고 엄숙하게 쳐다보면서 이렇게 말했다.

"나쁘게 생각하지 마십시오, 안젤무스 씨, 우리 개구쟁이 애들이 또 버르장머리없이 구는군요. 그러나 대학생님 자신도 좀 책임이 있으시죠. 왜냐하면……"

"시끄러워, 잠자코 있게나!" 문서관장이 늙은 앵무새의 말을 끊었다. "나도 그 개구쟁이들을 알지. 하지만 이보게 친구, 자네가 그놈들을 좀 잘 다스려야 할 것 아닌가! 우린 이만 가보기로 하세, 안젤무스 군!"

문서관장은 이국적으로 꾸며진 방들을 또 여러 개 거쳐서 지나갔는데, 대학생이 그 뒤를 쫓아가면서 사방에 차고 넘치는 번쩍이는 희귀한 모양의 가구들이며 생전 처음 보는 물건들을 일별한다는 것은 거의 불가능해 보였다. 마침내 그들은 어느 큰 방으로 들어섰다. 이 방에서 문서관장은 시선을 위로 들어 올리더니 멈춰 섰고, 안젤무스는 이 방의 단순한 장식에서 오는 멋진 광경을 즐길 시간을 얻었다. 하늘빛 파란 벽에서는 키가 큰 야자나무의 금빛 청동 줄기가 솟아나와 있었다. 반짝이는 에메랄드처럼 빛나는 거대한 나뭇잎들은 천장을 아취 모양으로 덮고 있었다. 방 한가운데에는 짙은 색 청동을 녹여 만든 세 마리의 사자 위에 반암판이 놓여 있었는데, 그 위에는 소박한 모양의 황금 단지가 하나 놓여 있었다. 이 단지를 한번 바라보자마자 안젤무스는 그 단지에서 시선을 뗄 수가 없었다.

번쩍번쩍 광이 나는 황금 단지 표면에서는 온갖 형상들이 수많은 빛을 반사하면서 놀고 있는 듯했다. 가끔씩 그는 동경에 차서 두 팔을 벌리고 있는 자기 자신을 보기도 했다. 아! 라일락나무 옆에서는 세르펜티나가 귀여운 눈으로 그를 쳐다보면서 오르락내리락 미끄러지고 있었다. 안젤무스는 미칠 듯 황홀하여 제정신이 아니었다.

"세르펜티나! 세르펜티나!" 그가 큰 소리로 외쳤다. 그러자 린트호르스트 문서관장이 재빨리 몸을 돌리며 말했다.

"뭐라고 하는 건가, 안젤무스 군? 내 생각에 자넨 내 딸을 부른 것 같은데. 하지만 그 앤 집 저 건너편 자기 방에서 지금 막 피아노 교습을 받고 있지. 계속해서 가기나 하세."

안젤무스는 거의 의식이 없는 채로 앞서가는 문서관장 뒤를 따라갔다. 그는 문서관장이 그의 손을 격렬하게 잡으며 말할 때까지 아무것도 보지도 듣지도 못했다.

"이제 다 왔네!"

안젤무스는 마치 꿈에서 깨어난 듯 천장이 높고 책장으로 둘러싸인 방에 와 있는 자신을 발견했다. 이 방은 흔한 도서관이나 서재와 조금도 다를 바가 없었다. 가운데에는 큰 책상이 있고 그 앞에는 폭신한 안락의자가 놓여 있었다.

"당분간 여기가 자네 작업실일세." 린트호르스트 문서관장이 말했다. "자네가 장차 파란 장서실에서 일하게 될지는 나도 아직 알 수 없다네. 아까 자네가 갑자기 내 딸 이름을 부른 방 말일세. 지금은 우선 자네가 맡은 과제를 정말로 내가 원하고 필요로 하는 대로 수행해줄 능력이 있는지 보고 싶구만."

이제 안젤무스 학생은 완전히 용기를 내었다. 그는 내심 만족해하면서, 그리고 또 자기의 뛰어난 재주로 문서관장을 기쁘게 해주리라는 확신에 차서 자기의 도안과 글씨 작품들을 호주머니에서 꺼냈다.

문서관장은 우아한 영어 필기체로 쓴 첫 장을 보자마자 야릇하게 웃으면서 고개를 저었다. 그런 행동은 다음 장을 볼 때마다 반복되었다. 안젤무스 학생은 피가 거꾸로 치솟는 것 같았다. 문서관장의 미소가 결국 조롱과 조소처럼 되는 순간, 그는 매우 불쾌하여 말을 내뱉고 말았다.

"문서관장님은 제 보잘것없는 재주에 별로 만족하지 못하신 듯하군요."

"안젤무스 군," 린트호르스트 문서관장이 말했다. "자넨 펜글씨에 정말로 특이한 재능을 갖고 있구만. 하지만 나는 우선은 자네의 능력보다는 자네의 노력과 열성을 봐야만 할 것 같네. 아마 자네가 사용한 도구와 재료가 좋지 않은 탓일지도 몰라."

안젤무스는 지금까지 인정받아온 자신의 재능과 중국 먹, 그리고 최고급 까마귀 깃털펜에 대해 이야기했다. 그러자 린트호르스트 문서관장이 영어 글씨본을 내밀면서 말했다.

"자네가 직접 판단해보게나!"

안젤무스는 벼락을 맞은 것 같았다. 그가 내보인 글씨들이 지독히도 형편없이 보였던 것이다. 곡선도 볼품없었고 힘이 들어가 있어야 할 획도 제대로 씌어 있지 않았으며, 대문자와 소문자의 대비도 맞지 않았다. 도대체가 어린 학생이 쓴 듯 서툴면서도 삐뚤삐뚤한 졸필들은 종종 다른 때는 괜찮던 행간마저도 망쳐놓고 있었다.

"게다가 자네 먹도 오래 가는 게 아닐세." 린트호르스트 문서관장이 말을 이었다. 그가 손가락을 물이 담긴 컵에 담그더니 글씨에 대고 톡톡 누르자 글자들은 흔적도 없이 사라져버렸다. 대학생 안젤무스는 마치 괴물이 그의 목을 꽉 조르는 것 같았다. 그는 한마디도 내지를 수가 없었다. 그리하여 그는 그 불행한 종잇장을 손에 든 채로 망연히 서 있을 뿐이었다. 그러나 린트호르스트 문서관장은 큰 소리로 웃으며 말했다.

"이 일에 너무 마음 쓰지 말게, 안젤무스 군. 자네가 지금까지 완성하지 못했던 일이 어쩌면 여기 내 집에서 더 잘될지도 모르지. 그건 차치하고라도 자넨 지금까지 써온 것보다 더 나은 도구와 재료들을 쓰게 될 걸세. 안심하고 일을 시작하게!"

린트호르스트 문서관장은 우선 매우 독특한 향기를 발하는 까만 액체와, 묘한 색으로 물들인 깃털에 뾰족하게 깎은 펜, 그리고 특이하게 희고 광택이 나는 종이를 한 장 꺼냈다. 그런 다음 그는 자물쇠가 채워져 있던 장롱에서 아라비아 문서를 하나 가져왔다. 그리고 안젤무스가 작업을 하러 앉자 방을 떠났다.

안젤무스는 지금까지도 아라비아 문자를 종종 필사해왔었다. 그래서 이 첫 번째 과제는 별로 어렵지 않아 보였다.

"그 엉터리 삐뚤빼뚤한 졸필이 어떻게 내 멋진 영어 필기체본에 씌어 있었는지는 하느님과 린트호르스트 문서관장만이 알지 몰라." 그가 말했다. "그러나 내 손으로 쓰지 않은 것만은 죽어도 확실해."

이제 양피지에 글씨가 하나하나 멋지게 씌어질수록 그에겐 점점 더 용기가 생겼다. 그리고 용기가 생기면서 그의 기술도 늘어갔다. 과연 그 펜대로는 글씨가 대단히 멋지게 씌어졌고, 비밀스런 먹은 눈부시게 하얀 양피지에 농도를 맞춰 새까맣게 배어드는 것이었다. 그렇게 긴장하고 정신을 집중하여 열심히 일하는 가운데 그에겐 이 고요한 방이 점점 더 편안하게 느껴졌다. 그가 이 일을 무사히 잘 마치기를 바라며 그렇게 작업에 완전히 빠져 있는데, 정각 세 시에 문서관장이 잘 차려놓은 점심을 먹자고 옆방으로 불렀다.

식탁에서 린트호르스트 문서관장은 아주 명랑했다. 그는 안젤무스 학생과 친분이 두터운 파울만과 헤어브란트 서기관의 안부를 물었으며, 특히 헤어브란트 서기관에 대해서는 아주 재미있는 이야기를 많이 해주었다. 라인 지방산 고급 포도주는 맛있었고 안젤무스는 평소보다 말이 많아졌다. 정각 네 시에 그는 작업을 하기 위해 일어났는데, 이렇게 시간을 꼭 지키려는 것이 린트호르스트 문서관장의 마음에 드는 것 같았다.

식사 전에도 이미 아라비아 문자를 필사하는 것이 잘 되어나갔다면, 이제는 훨씬 더 잘 진행되었다. 아니 이 꼬불꼬불한 이국 글씨를 그가 어떻게 이렇게 빠르고 쉽게 필사할 수 있는지 그 스스로도 알 수가 없었다. 그러나 그의 마음속 깊은 곳에서는 어떤 목소리 하나가 또박또박 이렇게 속삭이는 것 같았다.

"아! 네가 머리와 가슴속에 그녀를 품고 있지 않다면, 그녀의 존재와 그녀의 사랑을 믿지 않는다면, 네가 이 일을 해낼 수 있을 것 같니?"

그러자 나직하게 속삭이는 크리스털 방울종처럼 온 방 안에 울려 퍼지는 소리가 있었다.

"제가 당신 곁 가까운 곳— 가까운 곳에— 가까운 곳에 있어요! 제가 도와드릴게요. 용기를 내세요. 강하셔야 해요, 사랑하는 안젤무스! 당신이 제 것이 되도록 저도 당신과 함께 힘쓸게요!"

그는 환희에 넘쳐 이 소리를 들었으며, 그러자 그에게는 이 알지 못하는 문자들이 점점 더 훨씬 잘 이해할 수 있게 되었다. 그는 원본을 거의 더 이상 들여다볼 필요조차 없었다. 아니, 마치 이 문자들이 양피지 위에 이미 흐릿하게 씌어져 있어 그저 능숙한 솜씨로 그 위를 검게 덧칠하기만 하면 되는 듯했다.

마치 달콤하고 부드러운 숨결처럼 그를 위로해주는 사랑스런 방울종

소리에 휩싸여 그는 그렇게 작업을 계속해나갔다. 시계가 여섯 시를 치자 린트호르스트 문서관장이 방으로 들어왔다. 그는 야릇하게 미소를 지으면서 책상으로 다가왔고, 안젤무스는 말없이 일어났다. 문서관장은 그를 다시 한번 비웃는 듯한 미소를 띠고 바라보았다. 그러나 필사본을 보자마자 그의 미소는 장엄한 표정 뒤로 사라져버렸고, 얼굴의 근육은 모두 장엄한 표정을 짓느라 일그러졌다.

잠시 후 그는 전혀 딴 사람이 된 듯했다. 지금까지 번득이는 불길을 내뿜던 두 눈은 이제 형용할 수 없이 온화한 표정으로 안젤무스를 바라보았고, 창백한 뺨엔 볼그스레한 홍조가 어렸다. 꾹 다문 입가에 맴돌던 조소어린 표정 대신 부드러운 형태의 우아한 입술은 사람의 마음을 파고드는 지혜 넘치는 말을 하기 위해 열리는 듯했다. 인물 전체가 좀더 고귀하며 위풍당당한 모습이 된 것이었다. 헐렁한 잠옷은 마치 굵직하게 주름 잡힌 왕의 망토같이 그의 가슴과 어깨를 감싸고 있었으며, 넓고 시원한 이마에 흘러내린 흰 고수머리 밑으로는 가느다란 금띠가 둘려져 있었다.

"젊은이," 문서관장이 장엄한 어조로 입을 떼었다. "젊은이, 난 자네가 예감하기도 전에 내가 가장 사랑하고 가장 성스럽게 여기는 존재와 자네를 묶고 있는 그 비밀스런 연관관계들을 모두 알고 있었네! 세르펜티나는 자네를 사랑하고 있어. 그녀가 자네 사람이 되고 나면, 그리고 꼭 받아야 될 혼수로 세르펜티나 소유의 황금 단지를 자네가 받게 되면, 비밀스런 운명이 실현되는 걸세. 이 운명의 숙명적인 끈을 적대적인 세력들이 짜놓았지. 그러나 보다 숭고한 삶 속에서 누리게 될 자네의 행복은 투쟁을 통해서만 얻어지는 것이야. 적대적인 원칙들이 자네를 공격할 걸세. 그 공격에 대항하게 될 자네 내면의 힘만이 자네를 치욕과 파멸에서 구할 수 있을 걸세. 여기서 일하는 동안 자넨 수련기간을 무사히 마치게 될 거야. 믿음과 인식이 자네를 그리 멀지 않은 곳에 있는 목적지에 데려다줄 걸세. 자네가 시작하지 않을 수 없었던 것에 성실히 매달리기만 한다면 말이지. 진심으로 그 아이만을 생각하도록 하게. 자네를 사랑하는 그 아이를 말일세. 그러면 자네는 황금 단지의 찬란한 기적을 보게 되고, 언제까지나 행복하게 살게 될 걸세. 잘 가게! 나 린트호르스트 문서관장은 내일 열두 시에 자네 작업실에서 자네를 기다리겠네! 잘 가게나!"

린트호르스트 문서관장이 안젤무스 학생을 부드럽게 문밖으로 떠밀었다. 그러자 문이 닫혔고, 안젤무스는 그가 식사를 했던 방에 와 있었다. 이 방에 있는 유일한 문은 복도로 통하게 되어 있었다. 신비스런 현상들 때문에 완전히 마비된 채로 그는 집 대문 밖에 서 있었다. 그러자 머리 위에서 창문이 하나 열렸다. 올려다보니 린트호르스트 문서관장이었다. 그는 예전에 늘 보았을 때처럼 담회색 상의를 입은 모습 그대로였다. 그가 안젤무스에게 외쳤다.

"어이, 안젤무스 군, 무슨 생각을 그렇게 하는 건가? 아라비아 문자들이 머리를 떠나지 않는 건가? 자네 파울만 교감 댁에 가거들랑 안부를 전해주게나. 그리고 내일 정각 열두 시에 다시 오게. 오늘의 보수는 자네 조끼 오른쪽 호주머니에 이미 들어 있다네."

안젤무스는 정말로 조끼 호주머니에서 빛나는 은화를 발견했다. 그러나 그는 그 돈이 전혀 기쁘지가 않았다.

"이 모든 게 앞으로 어떻게 되어갈 건지 알 수가 없네." 그는 혼자 중얼거렸다. "그저 터무니없는 착각이나 환영이 날 둘러싸고 있는 거라고 할지라도 내 마음속에는 사랑스런 세르펜티나가 살아 숨 쉬고 있는걸. 그리고 나는 그녀를 포기하느니 차라리 아주 죽어 없어지고 말 거야. 내 마음속에 있는 생각은 영원하며, 어떤 적대적인 원칙도 그 생각을 파괴시킬 수 없다는 것을 난 알고 있으니까. 그런데 그 생각은 바로 세르펜티나의 사랑이지 않은가."

일곱 번째 야경

파이프를 톡톡 털어 비우고 자러 간 파울만 교감 이야기 — 렘브란트와 지옥의 브뤼겔 — 마술 거울, 그리고 병명을 알 수 없는 병에 대한 에크슈타인 박사의 처방

마침내 파울만 교감은 파이프를 톡톡 털어 비우며 이렇게 말했다.

"이제 자러 갈 시간이 된 것 같구나."

"그렇고 말고요." 아버지가 자러 가지 않고 오래 앉아 있자 불안해진 베로니카가 대답했다. 왜냐하면 벌써 오래전에 열 시를 쳤던 것이다. 교감이 그의 서재 겸용 침실로 자러 가고, 프렌츠헨의 깊은 숨소리로 미루어 그 애가 곤히 잠들었다는 것이 확실해지자마자, 역시 자는 척했던 베로니카는 조심조심 다시 일어나 옷을 주워입고 외투를 걸치고는 집을 몰래 빠져나왔다.

리제 노파에게 다녀온 순간부터 베로니카의 눈앞에서는 안젤무스가 떠나지 않았다. 그녀 자신도 모르게 어떤 낯선 목소리 하나가 그녀의 마음속에서 계속 반복해대는 것이었다. 즉 그가 그녀를 사랑하지 않는 것은 그녀에게 적대적인 어떤 인물 탓으로, 이 인물이 그를 사로잡고 있다는 것이었다. 그리고 베로니카는 비밀스런 마법을 사용해 이 사슬을 끊을 수 있으리라는 것이었다.

그녀는 날이 갈수록 리제 노파를 더 신뢰하게 되었다. 그리고 음산하고 징그럽던 인상조차도 많이 사그라져, 그녀와 노파와의 관계에서 이상하고 기이하던 것들이 이젠 모두 특이하고 환상적인 빛을 띤 것으로만 보였고, 이런 것에 그녀는 매혹을 느끼기까지 하는 것이었다. 그래서 그녀는 집에서 찾을지도 모르며, 또 수많은 골치 아픈 일들이 생길지도 모를 위험을 무릅쓰고 추분날에 모험을 할 결심 또한 굳혔던 것이다.

마침내 운명적인 추분날 밤이 다가왔다. 이날 밤 리제 노파가 그녀에게 도움을 주고 힘이 되어주기로 했던 것이다. 이미 오래전부터 밤마실에 익숙해진 베로니카는 용기가 솟는 것을 느꼈다. 그녀는 인적 없는 거리를 화살처럼 빠르게 날아갔다. 공중에서 휘몰아치며 그녀의 얼굴에 굵직한 빗방울을 뿌려대는 폭풍우도 아랑곳하지 않았다.

베로니카가 폭삭 젖은 몸으로 노파의 집 앞에 서자 크로이츠 교회의 종탑이 열한 시를 알리는 종소리가 음울하게 울려 퍼졌다.

"아이고 얘야, 얘야, 벌써 왔구나! 그래 기다려라, 기다려!"

위에서부터 외치는 소리가 들려왔다. 그리고 잠시 후 바구니를 들고 그녀의 수고양이를 대동한 노파가 문 앞에 나타났다.

"그럼 우리 가서 해보자꾸나. 이런 일엔 밤이 좋아. 밤에 해야 잘되는 거야." 이렇게 말하며 노파는 차디찬 손으로 오들오들 떨고 있는 베로니카를 잡았다. 그녀는 베로니카에게 무거운 바구니를 안기고, 자신은 솥과 삼발이 그리고 부삽을 챙겨들었다. 그들이 들판에 왔을 때 비는 더 이상 내리지 않았다. 그러나 폭풍은 더 거세게 휘몰아쳤고 공중에서는 수천 개의 목소리들이 울어댔다. 재빨리 도망가다가 서로 뭉쳐 모든 것을 짙은 어둠으로 감싸버린 검은 구름에서는 마음을 찢어놓는 듯한 끔찍한 울부짖음이 들려왔다. 그러나 노파는 걸음을 재촉하며 날카로운 음성으로 외쳤다.

"아들아 불을 밝혀라, 불을 밝혀!"

그러자 그들 앞에서 파란 섬광들이 꿈틀대고 교차했다. 베로니카는 수고양이가 튀는 불꽃을 내뿜고 비추면서 그들 앞에서 이리저리 뛰어가고 있는 것을 알아보았다. 그리고 폭풍이 잠시라도 잦아들 때면 그녀는 고양이가 두려움에 차서 내지르는 끔찍한 비명소리를 들었다. 그녀는 숨이 막힐 것만 같았다. 마치 얼음같이 찬 발톱이 그녀의 마음을 움켜쥐는 것 같았다. 그러나 그녀는 억지로 정신을 차리고 노파를 더 꽉 붙들며 말했다.

"우리 할 건 다 해야만 돼요. 무슨 일이 생기든지 간에요!"

"암 그래야지, 우리 아가!" 노파가 대답했다. "강해야 돼. 그럼 내가 아

주 멋진 것을 선사하지. 거기다가 안젤무스까지 얹어서!"

마침내 노파가 멈춰 서서 말했다.

"이제 다 왔네!"

그녀는 땅바닥에 구멍을 하나 파더니 숯을 쏟아붓고 그 위에 삼발이를 세우고 솥을 앉혔다. 이 모든 것을 그녀는 이상야릇한 몸짓을 하며 했고, 그동안 수고양이는 그녀 주위를 맴돌았다. 고양이의 꼬리에서는 불꽃이 튀겨 동그란 불고리를 형성했다. 곧 석탄이 벌겋게 되더니 마침내 파란 불꽃이 삼발이 밑에서 타올랐다. 베로니카는 외투와 숄을 벗어놓고 노파 옆에 쪼그리고 앉아야만 했다. 노파는 번득이는 눈으로 처녀를 응시하며 그녀의 두 손을 잡더니 꽉 눌렀다. 이제 노파가 바구니에서 꺼내 솥에 던져넣은 것들, 그것들이 꽃인지 금속인지 약초인지 동물인지 구별할 수 없었으나, 이 이상한 것들이 끓으며 부글대기 시작했다. 노파는 베로니카의 손을 놓더니 쇠로 된 국자를 집어 끓고 있는 것들을 젓기 시작했다. 그러는 동안 베로니카는 그녀의 명령대로 솥 안을 뚫어지게 바라보며 그녀의 생각을 안젤무스에 고정시켰다. 이제 노파는 번쩍이는 금속들과 베로니카의 정수리에서 잘라낸 고수머리 한 올, 그리고 그녀가 오랫동안 끼고 있던 작은 반지를 솥 안에 새로 던져넣었다. 그렇게 하면서 그녀는 알아들을 수 없는 비명 같은 소리를 질러댔는데, 이 소리는 어둠 속에서 무시무시하게 울려 퍼졌다. 수고양이도 끊임없이 달리면서 신음소리를 내고 울어댔다.

친애하는 독자여, 나는 독자도 9월 23일에 드레스덴으로 여행을 했으면 한다. 사람들은 밤이 늦었는데도 종착역에서 독자가 계속해서 가겠다고 하자 그것을 만류하지만 아무 소용도 없을 것이다. 친절한 여관 주인은 당신에게 폭풍에 비까지 심하게 내린다고 하면서, 추분날 어둑해질 무렵에 길을 떠나는 것 또한 기분 좋은 일은 아니라고 말할 것이다. 그러나 독자는 그런 것은 개의치 않고 이렇게 생각하리라. 내가 마차 마부에게 팁으로 1탈러를 몽땅 주면 늦어도 새벽 한 시경에는 드레스덴에 도착할 게다. 그곳에선 '황금의 천사'나 '투구' 혹은 '나움부르크 도시'라는 이름의 여관들이 훌륭한 저녁식사와 푹신한 침대를 마련해놓고 나를 기다리고 있을 거야. 그 계산이 옳기는 했다. 그런데 독자는 어둠 속을 그렇게 달려가다가 갑자기 먼 곳에서 이상하게 타오르는 불길을 보게 된다. 더 가까이 다가가자 독자는 불로 된 고리를 보게 된다. 그 가운데에는 솥이 있는데, 거기서는 짙은 연기와 함께 반짝이는 빨간 빛줄기와 불똥들이 솟아오른다. 그 옆에 두 사람이 앉아 있다. 길은 바로 이 불을 통과해서 가게 되어 있다. 그러나 말들이 가지 않으려 저항을 하면서 발을 구르고 뒷발로 선다. 마부가 욕을 해대다가 기도를 올린다. 그리고 말들에게 채찍질한다. 말들은 그 자리에서 꼼짝도 하지 않는다. 독자는 자신도 모르게 마차에서 뛰어내려 몇 걸음 앞으로 달려간다. 그러자 이제 독자는 하얀 얇은 잠옷 바람으로 솥 옆에 무릎을 꿇고 있는 날씬하고 예쁜 아가씨를 똑똑히 보게 된다. 땋아내린 머리는 폭풍에 산발이 되어 진밤색의 긴 머리카락들이 공중에 마구 휘날린다. 천사같이 아름다운 얼굴은 삼발이 밑에서 타고 있는 불의 눈부신 불빛을 받고 있다. 그러나 아가씨의 얼굴은 경악으로 싸늘하게 식어 시체처럼 창백하게 굳어 있다. 응고된 시선, 치켜 올라간 눈썹, 죽음의 공포에 사로잡혀 소리를 내지르려 하지만 이름 모를 고문에 억눌린 가슴에서는 터져 나오지를 못한다. 독자는 소리조차 지르지 못하는 그녀의 벌린 입에서 그녀의 공포와 경악을 읽는다. 그녀는 작은 두 손을 경련이 이는 듯 꼭 잡고 높이 쳐들고 있다. 마치 강력한 마술에 복종하여 이제 곧 나타나게 될 지옥의 괴물들로부터 자기를 지켜달라는 기도를 하면서 수호천사라도 부르는 듯이! 그렇게 그녀는 꼼짝하지 않고 마치 대리석상처럼 무릎을 꿇은 채 거기 있다. 그녀의 맞은편 땅바닥에는 뾰족한 매부리코, 빛나는 고양이 같은 두 눈에 구리같이 노란 얼굴을 한 키가 크고 깡마른 노파가 쭈그리고 앉아 있다. 그녀가 두르고 있는 검은 외투 밖으로는 아무것도 걸치지 않은 뼈만 앙상한 두 팔이 삐죽 나와 있다. 노파는 지옥같이 끓는 죽을 휘저으면서 미친 듯 휘몰아치는 폭풍 사이로 쉰 목소리로 웃어제끼며 뭐라고 외쳐댄다.

친애하는 독자여! 독자가 예전에는 전혀 무섭거나 두려운 걸 알지 못했다고 할지라도, 나는 이 렘브란트의 그림이나 혹은 지옥의 브뤼겔[33] 그림 같은 광경이 실제로 벌어진 것을 보면 경악하여 머리카락들이 온통 곤두서게 됐을 것이라고 생각한다. 그러나 독자는 지옥 같은 짓거리에 사로잡혀 있는 이 소녀에게서 시선을 뗄 수가 없을 것이다. 그리고 독자의 온몸의 열과 신경을 떨게 한 전류는 이 불꽃고리의 비밀스런 힘들에 저항하려는 독자의 용감한 생각에 번개같이 빠르게 불을 붙일 것이다. 독자의 공포는 그 생각 뒤로 사라져버린다. 아니 이 생각 자체가 이 공포와 경악의 결과이자 거기서 싹튼 것이었다. 독자는 독자 자신이 바로 두려움에 죽도록 떨고 있는 이 아가씨가 기도를 올리는 수호천사들 중 하나라는 생각이 들 것이다. 아니 독자가 당장 호주머니에서 권총을 꺼내 노파를 즉시 쏴 죽여버려야만 할 것 같이 느낄 것이다! 그러나 독자는 이런 생각을 골똘히 하는 가운데 큰 소리로 외칠 것이다. "이거 봐요!" 라거나, "거기 무슨 일이요?" 혹은 "당신들 거기서 뭣들 하는 거요?"

마부가 나팔을 귀청이 터져라 불어댄다. 그러자 노파가 몸을 동그랗게

33 브뤼겔 2세(Pieter Breughel the Younger, 1564-1638)는 네델란드의 화가로서, 유령이나 도둑들을 즐겨 그려 '지옥의 브뤼겔'이라고 불린다.

말아 그녀가 끓이던 죽 안으로 들어가버린다. 그리고 갑자기 모든 것은 짙은 연기 속에 사라져버리고 만다. 나는 독자가 간절하게 찾는 그 아가씨를 어둠 속에서 발견했다고 주장하고 싶지는 않다. 그렇지만 독자가 발견했다면 노파의 마술을 망쳐놓고, 베로니카가 분별 없이 빠져든 마술 영역의 마력을 무효로 만들어버렸을 것이다.

하지만 친애하는 독자여, 당신도, 그 밖의 다른 어느 누구도 그 9월 23일, 마녀들이 재주부리기에 유리하던 폭풍이 치던 날 밤 그 길을 지나가지 않았다. 그래서 베로니카는 죽을 것 같은 공포를 느끼면서도 솥 옆에서 작품이 완성될 때까지 참고 기다려야만 했던 것이다. 그녀는 그녀 주변에서 울부짖고 포효하는 소리, 온갖 역겨운 목소리들이 뒤섞여 울어대고 꺽꺽대는 소리를 들었다. 그러나 그녀는 눈을 떠 쳐다보지 않았다. 왜냐하면 그녀를 둘러싼 이 추하고 끔찍한 광경이 그녀를 영영 불치의 광기에 빠지게 할 수도 있다는 것을 느꼈기 때문이다.

노파는 솥을 휘젓는 일을 멈췄다. 연기는 점점 사그라졌다. 마지막에 솥바닥에서는 알콜 불꽃만이 아주 미약하게 타오르게 되었다. 그러자 노파가 외쳤다.

"베로니카, 얘야! 내 아가! 솥바닥을 들여다보렴! 뭐가 보이니, 뭐가 보인다니?"

그러나 온갖 혼미한 형상들이 솥 안에서 엉망으로 돌아가는 듯이 보였음에도 불구하고 베로니카는 대답할 수가 없었다. 그 형상들은 점점 더 또렷해졌다. 그러더니 갑자기 안젤무스가 그녀를 다정하게 바라보며 그녀를 향해 손을 내밀면서 솥바닥에서 나오는 것이었다. 그러자 그녀는 큰 소리로 외쳤다.

"아, 안젤무스가! 안젤무스가!"

노파는 서둘러 솥에 달려 있는 꼭지를 열었다. 그러자 펄펄 끓는 금속이 치직 소리를 내고 타닥거리면서 노파가 옆에 놓은 작은 모형 안으로 흘러 들어갔다. 이제 노파는 튀어 일어나선 추하고 거친 몸짓으로 주변을 빙빙 돌면서 째지는 듯한 음성으로 외쳤다.

"작품이 완성됐다. 내 아들아, 고맙다! 네가 보초를 잘 서줬구나. 훠이– 훠이– 그놈이 오고 있다! 물어 죽여라, 물어 죽여!"

그러자 공중에서 마치 어마어마한 독수리가 내려오며 날갯짓을 해대는 듯 바람이 거세게 불어닥치더니 끔찍한 목소리로 외치는 소리가 들려왔다.

"허허! 이 형편없는 놈들! 이젠 끝장이야 끝장. 어서들 집으로 꺼져!"

노파가 울부짖으며 쓰러졌다. 베로니카는 정신을 잃고 말았다.

그녀가 다시 정신을 차렸을 때는 환한 대낮이었다. 그녀는 침대에 누워 있었고, 프렌츠헨이 모락모락 김이 나는 찻잔을 들고 그녀 앞에 서 있었다.

"언니, 제발 무슨 일인지 말 좀 해봐. 벌써 한 시간이나, 아니 한 시간도 넘게 나 여기 서 있는 거야. 그런데 언니는 마치 열병에 걸린 듯 의식도 없이 신음하며 누워 있어서 우리가 얼마나 무섭고 겁이 났는지 알아? 아버지는 언니 땜에 오늘 학교에도 안 가셨어. 지금 금방 의사선생님을 모시고 올 거야."

베로니카는 말없이 차를 마셨다. 차를 넘기는 동안 어젯밤의 그 추악한 광경들이 생생하게 떠올랐다.

'그렇다면 그 모든 게 나를 괴롭힌 악몽에 불과했단 말인가? 그렇지만 나는 어젯밤 분명 그 노파한테 갔었는데. 어제가 9월 23일이었잖아? 아니면 내가 어제 벌써 심하게 병이 나서 그 모든 걸 다 상상한 건지도 몰라. 그리고 내가 병이 난 건 내가 하도 안젤무스와 그 이상한 노파 생각을 한 탓이야. 그 노파는 자기를 리제라고 하는데 그저 날 우롱하려고 그랬을 테지."

밖으로 나갔던 프렌츠헨이 손에 베로니카의 흠뻑 젖은 외투를 들고 다시 들어왔다.

"이것 좀 봐, 언니!" 그녀가 말했다. "언니 외투가 어떻게 됐는지 좀 봐. 밤에 폭풍 때문에 창문이 열리면서 언니 외투가 놓여 있던 의자가 쓰러졌어. 비가 들이쳐서 외투가 흠뻑 다 젖었다우."

그러자 베로니카의 마음은 무거워졌다. 왜냐하면 이제 그녀를 괴롭힌 게 꿈이 아니라, 그녀가 정말로 노파한테 갔었다는 것이 확실해졌기 때문이다. 그녀는 두려움과 공포에 사로잡혔고, 오한으로 사지가 다 떨렸다. 그녀는 경련하듯 몸을 떨며 이불을 머리끝까지 뒤집어썼다. 그러나 그때 그녀는 무언가 딱딱한 것이 가슴을 누르는 것을 느꼈다. 손으로 잡아 보니 그것은 메달 같은 것이었다. 프렌츠헨이 외투를 가지고 나가자 그녀는 그것을 끄집어내었다. 그것은 반짝반짝 닦인 작고 동그란 금속 거울이었다.

"이게 노파가 준 선물이구나." 그녀가 기운을 차리고 외쳤다. 그 거울에서는 마치 불길 같은 광선들이 쏟아져 나오는 것 같았는데, 이 광선들은 그녀의 마음 깊은 곳까지 파고들면서 그녀의 마음을 아늑하게 덥혀 주었다. 오한이 가시며 말로 표현할 수 없이 쾌적하고 행복한 느낌이 그녀를 감쌌다.

그녀는 안젤무스 생각을 하지 않을 수 없었다. 그리고 그녀의 생각이 안젤무스만을 향하면 향할수록, 거울에서는 마치 생생한 미니 초상화처럼 그가 다정하게 그녀를 향해 미소 짓는 것이었다. 그러나 또 다른 한편 그녀에게는 그녀가 더 이상 그림을 보는 것이 아니라 – 천만에! – 실제로 안젤무스 자신을 보는 것 같은 기분이 들었다. 그는 이상하게 장식된 천장이 높은 방에 앉아서 부지런히 무언가를 쓰고 있었다. 베로니카는 그에게로 다가가서 어깨를 치며 말하려고 했다. "안젤무스 씨, 좀 돌아다 보세요. 제가 왔어요!" 하지만 그것은 불가능했다. 왜냐하면 그의 주변을 눈부신 불줄기가 감싸고 있는 듯했기 때문이다. 그러나 베로니카가 아주 자세히 관찰을 해보니, 그것은 단지 금박으로 테를 두른 커다란 책들일 뿐이었다. 마침내 베로니카는 안젤무스를 눈길로 잡을 수 있게 되었다. 그러자 안젤무스는 마치 자기가 지금 보는 여자가 누구인지 생각해봐야만 하는 듯싶더니 드디어 미소를 지으며 말했다.

"아! 당신이군요, 파울만 양! 그런데 왜 당신은 때때로 작은 뱀처럼 행동을 하는 거죠?"

베로니카는 이 이상야릇한 말에 큰 소리로 웃음을 터뜨렸고, 그 바람에 마치 깊은 꿈속에서인 듯 깨어났다. 그리고 문이 열리며 파울만 교감이 에크슈타인 박사와 함께 방으로 들어오자, 그녀는 작은 거울을 재빨리 감췄다. 에크슈타인 박사는 곧장 침대로 가서는 오랫동안 생각에 깊이 잠긴 채 베로니카의 맥을 짚어보더니 말했다. "이런! 이런!" 그런 다음 그는 처방을 썼고, 다시 한번 진맥을 하고는 또다시 "이런! 이런!" 하며 환자 곁을 떠났다. 파울만 교감은 에크슈타인 박사의 이 말만으로는 베로니카가 도대체 어디가 아픈 건지 제대로 알 수가 없었다.

여덟 번째 야경

종려나무가 있는 장서실 – 불행한 샐러맨더의 운명 – 검은 깃털이 사탕무를 애무하고 헤어브란트 서기관이 술에 만취한 이야기

안젤무스 학생은 이미 여러 날째 린트호르스트 문서관장 댁에서 일을 하고 있었다. 이 작업시간이 그에게는 그의 인생에서 가장 행복한 시간이었다. 왜냐하면 언제나 사랑스런 목소리, 세르펜티나의 위로의 말에 휩싸여 있었기 때문이다. 아니 그뿐인가, 가끔씩 그 쾌감이 그의 전신에 전류처럼 흐르기 때문이었다. 이러한 쾌적한 기분은 종종 최고의 희열로까지 상승되었다. 그의 궁색한 삶의 자잘한 걱정거리나 근심은 모두 그의 뇌리에서 사라져버렸다. 그리고 마치 밝은 태양빛을 받아 떠오른 듯한 새로운 인생에서 그는 예전에는 그저 그를 놀라게 하거나 두렵게 하던 보다 높은 세계의 온갖 신비를 파악하게 되었다.

필사하는 일은 매우 신속히 진척되었다. 그에게는 점점 더, 마치 그가 이미 오래전부터 알아오던 글자들을 단지 양피지에 옮길 뿐으로, 모든 것을 더없이 정확하게 베끼기 위해 원본을 볼 필요조차 거의 없는 것처럼 생각되었다.

린트호르스트 문서관장은 식사시간 이외에는 그저 어쩌다 나타날 뿐이었다. 그러나 그는 언제나 안젤무스가 원본의 마지막 줄을 완성한 그 순간에 정확하게 나타나서 새 원본을 주었다. 그리고 검은 막대기로 먹을 휘젓거나 이미 사용한 펜들을 좀더 날카롭게 깎은 새 펜으로 교환해 준 다음 곧 말없이 다시 가버리곤 했다.

어느 날 안젤무스가 정각 열두 시에 막 층계를 오르고 있을 때였다. 그는 그가 여느 때 드나들던 문이 잠겨 있는 것을 보았다. 그때 린트호르스트 문서관장이 빛나는 꽃무늬가 흐드러지게 피어 있는 이상야릇한 잠옷을 입고 다른 쪽에서 나타났다. 그가 큰 소리로 외쳤다.

"오늘은 이쪽으로 들어오게나, 안젤무스 군. 바가바트기타 대가들[34]이 우리를 기다리시는 방으로 가야만 하니까."

그는 복도를 지나 첫 번째 왔을 때와 똑같은 방과 홀들을 거쳐 안젤무스를 데리고 갔다. 안젤무스 학생은 정원의 신비스런 화려함에 새삼 놀랐다. 그러나 그는 짙은 관목에 매달려 있는 진기한 많은 꽃들이 실은 현란한 색깔을 자랑하는 곤충들임을 분명히 보았다. 이 곤충들은 아래위로 날갯짓을 해대고 서로 뒤섞여 춤추고 돌아가면서 그들의 주둥이로 서로 포옹하고 있는 듯 보였다. 그런가 하면 반대로 장미빛과 하늘빛 파란 새들은 실제로는 향기나는 꽃들이었다. 그리고 그 꽃향기는 꽃받침에서 사랑스런 은은한 음향을 내며 솟아올라, 먼 곳 분수의 찰싹대는 물소리며 키 큰 관목과 나무들의 살랑대는 소리와 어우러져 애절한 그리움을 비밀스런 화음으로 엮어내는 것이었다. 처음 왔을 때 안젤무스를 놀리고 조롱했던 새들은 다시 그의 머리 주위를 날아다니며 가느다란 목소리로 끊임없이 소리를 질러댔다.

"대학생님, 대학생님, 그렇게 서두르실 것 없다구요. 그렇게 구름이나 쳐다보지 마세요. 코방아를 찧을 수도 있으니까. 헤헤! 대학생님, 이 이발용 망토를 걸치세요. 부엉이 아저씨가 머리를 다듬어줄 거예요."

그들은 안젤무스가 정원을 떠날 때까지 그렇게 온갖 멍청한 잔소리들

34 바가바트기타 대가들은 옛 인도의 시인들과 현자들을 가리킨다. 바가바트기타는 인도의 국민 서사시인 「마하바라타」에 나오는 교훈시이다. 프리드리히 슐레겔은 이 시에 대해 그의 저서 『인도인들의 언어와 지혜에 대하여』(1808)에서 "이 교훈시는 인도 종교의 거의 완벽한 짤막한 진수로 그 명성이 높다"라고 쓰고 있다.

을 쉬지 않고 늘어놓았다. 린트호르스트 문서관장은 마침내 하늘빛 파란 방으로 들어섰다. 황금 단지가 놓여 있던 암석은 사라지고 그 대신 자줏빛 우단을 씌운 책상이 방 한가운데 있었다. 그 위에는 안젤무스가 익히 아는 필기 도구들이 놓여 있었고, 그 앞에는 역시 똑같이 우단을 씌운 안락의자가 놓여 있었다.

"안젤무스 군," 린트호르스트 문서관장이 말했다. "자넨 이미 많은 문서를 신속하고 정확하게 베껴주었네. 난 아주 만족해. 자넨 내 신임을 얻었다네. 그러나 가장 중요한 일이 아직 남아 있어. 그건 아주 특이한 글자로 씌어진 책들을 베끼는 것, 아니 그보다는 보고 따라 그리는 것이야. 그 책들을 나는 이 방에 소장하고 있는데, 바로 여기서만 베낄 수 있다네. 그러니 앞으로는 이 방에서 일하게 될 걸세. 하지만 내 자네에게 부탁하건대 아주 신중하고 조심스럽게 해주게. 한 번이라도 획을 잘못 긋던가 혹은, 제발 그런 일은 없기를 바라네만, 원본에 먹이라도 튀는 날엔 자넨 화를 면치 못할 걸세."

안젤무스는 종려나무[35]의 황금빛 줄기에서 작은 에메랄드 같은 초록색 잎들이 뻗어나와 있는 것을 보았다. 문서관장이 이 잎들 중 하나를 잡았고, 안젤무스는 그 잎이 실은 양피지 두루마리라는 것을 알아챘다. 문서관장이 동그랗게 말려 있던 양피지를 펴서 그의 앞 책상 위에 펼쳐놓았다. 안젤무스는 이 특이한 꼬부랑 글씨들을 보고 적잖이 놀랐다. 수많은 점들, 횡선들, 그리고 글씨체와 곡선들은 때로는 식물을, 때로는 이끼를, 때로는 동물을 표현하는 듯 보였으며, 그 모든 것을 정확하게 따라 그릴 수 있으리라던 그의 용기는 거의 사그라지는 듯했다. 그래서 그는 깊은

35 종려나무는 많은 문화권에서 승리와 평화를 상징하며, 기독교에서는 신성과 그리스도의 부활을 상징한다.

생각에 잠겼다.

“용기를 내게, 젊은이!” 문서관장이 외쳤다. “자네가 확고한 믿음과 진실한 사랑을 품고 있기만 하면 세르펜티나가 자넬 도와줄 걸세!”

그의 목소리는 마치 금속이 울리는 것 같은 음향을 냈다. 그리고 안젤무스가 깜짝 놀라서 쳐다보자, 린트호르스트 문서관장은 그가 처음으로 방문했을 때 서재에서 보았던 것처럼 제왕과 같은 모습으로 그의 앞에서 있었다. 안젤무스는 경외감에 넘쳐 무릎을 꿇어야만 할 것 같았다. 그러나 린트호르스트 문서관장은 종려나무 둥치를 타고 높이 솟아올라 에메랄드빛 잎사귀들 사이로 사라져버렸다.

안젤무스는 방금 그와 이야기를 나눈 이가 정령들의 왕으로, 이제 그는 아마도 안젤무스와 세르펜티나 문제를 어떻게 처리해야 할지에 대해, 몇몇 항성들이 사신으로 보내온 광선들과 함께 대화를 나누기 위해 그의 서재로 올라간 것이라는 것을 알았다. 안젤무스는 또 생각했다. ‘아니 어쩌면 나일 강의 수원지에서 새로운 소식이 와 있을지도 모르고, 혹은 라플란드의 마법사가 그를 방문하러 올지도 몰라. 아무튼 나는 열심히 작업을 하는 거야.’ 그렇게 말하며 그는 양피지 두루마리에 있는 낯선 기호들을 찬찬히 살펴보기 시작했다.

정원의 신비스런 음악이 그에게로 울려와 달콤하고 사랑스런 향기로 그를 감쌌다. 그는 또한 그를 조롱하는 새들이 킥킥거리는 소리를 들었지만 무슨 말인지 이해할 수가 없었는데, 그것도 괜찮았다. 때로는 마치 종려나무의 에메랄드빛 잎사귀들이 살랑대고, 그런 다음엔 안젤무스가 그 운명적인 예수승천일에 라일락나무 아래에서 들었던 귀여운 크리스털 방울종 소리가 온 방 안에 빛처럼 울려 퍼지는 것 같기도 했다. 대학생 안젤무스는 이런 소리와 빛에 신기하게도 용기를 얻어 양피지 두루마리의 제목에 온 생각과 마음을 더욱더 집중시켰다. 그러자 그는 이 기호들이 다름 아니라 샐러맨더와 초록뱀과의 결혼 이야기일 뿐이라는 것을 마음속 깊은 곳에서부터 느끼게 되었다.

그때 맑은 크리스털 방울종의 삼화음이 힘차게 울려왔다. "안젤무스, 사랑하는 안젤무스," 나뭇잎 사이에서 이런 소리가 그에게 살랑거리며 들려왔다. 그리고 아, 이런 기적이! 종려나무 둥치를 타고 그 초록뱀이 내려오고 있는 것이었다.

"세르펜티나! 사랑스런 세르펜티나!" 안젤무스는 너무나 황홀하여 미친 듯이 외쳤다. 자세히 보니 그것은 사랑스럽고 아름다운 소녀였기 때문이다. 소녀는 그의 마음속에 살아 있는 짙푸른 두 눈에 말할 수 없는 동경을 가득 담고 그를 바라보면서 그를 향해 서서히 다가오는 것이었다. 나뭇잎들은 몸을 늘어뜨리며 팽창하는 것 같았다. 나무 둥치에서는 사방팔방으로 가시들이 돋아났다. 그러나 세르펜티나는 아주 유연하게 그 사이를 빠져나왔다. 그녀는 바람에 나부끼는 오색영롱한 옷을 날씬한 몸에 휘감아 종려나무에 삐죽삐죽 내민 가시나 가지 끝에 전혀 걸리지 않도록 잘 끌고 왔다. 그녀는 안젤무스가 앉아 있는 의자에 앉더니 그를 팔로 껴안고 꼭 눌렀다. 그녀의 입술에서 나오는 숨결과 그녀 몸의 전류가 흐르는 듯한 체온이 안젤무스에게 느껴졌다.

"사랑하는 안젤무스!" 세르펜티나가 말을 시작했다. "이제 당신은 곧 완전히 내 것이 될 거예요. 당신의 믿음과 당신의 사랑으로 당신은 나를 얻게 될 거예요. 그러면 내가 당신께 우리 두 사람을 영원히 행복하게 해 줄 황금 단지를 갖다드릴게요."

"오 귀엽고 사랑스러운 세르펜티나," 안젤무스가 말했다. "내가 오직 당신만을 갖게 된다면 다른 모든 것은 아무래도 좋소. 당신이 내 것이 되기만 한다면 나는 당신을 본 순간부터 나를 사로잡는 온갖 신비스럽고 이상한 현상들에 싸여 파멸해도 좋소."

"저도 알아요." 세르펜티나가 말을 계속했다. "우리 아버지가 종종 아버지의 변덕스런 기분에 따라 장난삼아 낯선 신비스런 현상으로 당신을 에워싼다는 걸요. 그리고 그런 현상들이 당신에게 공포와 전율을 불러일으켰다는 것을요. 그러나 제가 바라는 바와 같이 이제 다신 그런 일은 벌어지지 않을 거예요. 왜냐하면 저는 이 순간, 사랑하는 안젤무스, 당신에게 온 마음과 정성을 다하여 당신이 우리 아버지를 완전히 알기 위해서, 아니 도대체 아버지와 제게 어떤 사연이 있는지를 정확하게 통찰하기 위해서 꼭 알아두셔야 할 것들을 아주 자세하게 얘기해드리려 온 것뿐이니까요."

안젤무스에겐 이 사랑스럽고 귀여운 소녀가 그를 완전히 껴안아서 그는 그녀와 함께만 움직이고 행동할 수 있는 듯이, 그리고 그의 체내와 신경에서 박동하는 맥박도 오직 그녀의 맥박인 듯이 느껴졌다. 그는 그의 마음속 깊은 곳까지 울리는 말 한마디 한마디에 귀를 기울였다. 그러자 한 줄기 번쩍이는 섬광이 그의 마음속 천국 같은 열락에 불을 붙였다. 그는 날씬하기 그지없는 그녀의 몸에 팔을 감았다. 그러나 오색영롱한 그녀 옷감은 너무나 매끄러워서 그녀는 재빨리 몸을 빼내 한없이 미끄러져 살그머니 달아날 수 있을 듯이 보였다. 그는 그 생각에 몸을 부르르 떨었다. "아, 나를 떠나지 마오, 사랑하는 세르펜티나." 자신도 모르게 그가 외쳤다. "당신만이 내 생명이오!"

세르펜티나가 말했다.

"오늘은 절 사랑하는 당신이 알아들으실 만한 것들을 다 얘기하기 전까지는 가지 않을 거예요. 그러니 알아두세요.

우리 아버지는 저 신비스런 샐러맨더 가문 출신이랍니다. 그리고 제가 태어난 건 아버지가 초록뱀을 사랑하게 됐기 때문입니다.

옛날 옛적 아틀란티스라는 마법의 나라에는 포스포루스라는 막강한 정령들의 왕이 있었습니다. 원소의 정령들은 이 왕의 신하들이었습니다. 어느 때인가 포스포루스가 누구보다 사랑하는 샐러맨더는(이분이 저의 아버지였습니다) 화려한 정원을 산책하고 있었습니다. 이 정원은 포스포루스의 어머니가 매우 아름다운 선물들을 하사하여 정말로 곱게 꾸며 놓았답니다. 샐러맨더는 산책하다가 어느 늘씬한 백합이 나직이 자장가를 부르는 소리를 들었습니다.

'귀여운 두 눈을 꼭 감고 자거라. 내 연인 아침 바람이 너를 깨울 때까지.'

그가 다가가자 그의 뜨거운 숨결에 닿아 백합이 봉오리를 열었고, 그는 꽃봉오리 속에 잠들어 있는 백합의 딸인 초록뱀을 보게 되었습니다. 그러자 샐러맨더는 이 아름다운 뱀에 대한 뜨거운 사랑에 사로잡히고 말았습니다. 그는 백합에게서 딸을 훔쳐내었습니다. 백합꽃의 향기는 이름 지을 수 없는 애절한 노래를 부르며 딸을 찾아 온 정원을 헤매었지만 소용이 없었습니다. 왜냐하면 샐러맨더가 그녀를 포스포루스의 성으로 데리고 가서 포스포루스에게 청했기 때문입니다.

'저를 제가 사랑하는 이 여인과 결혼시켜주십시오. 왜냐하면 그녀는 영원히 제 것이 되어야만 하니까요.'

'어리석은 자여, 네가 무엇을 원하는지 알기나 하는 거냐!' 정령들의 왕이 말했습니다. '들거라, 예전에 그 백합은 나의 연인이었다. 그리고 나와 함께 이 나라를 지배하고 있었다. 그러나 내가 그녀에게 불어넣은 불꽃은 그녀를 파멸의 위험에 처하게 했다. 오직 검은 용과 싸워 승리했기에 그녀는 살아남았고, 꽃잎들은 불꽃을 안에 담고 살아갈 만큼 강하게 된 것이야. 지금은 지령들이 이 검은 용을 사슬에 묶어 지키고 있지. 그러나 만일 네가 초록뱀을 포옹하면 너의 뜨거운 열은 뱀의 육체를 태워버리게 되고, 새로운 존재가 눈 깜짝할 사이에 솟아나 너에게서 빠져나가게 될 것이다.'

샐러맨더는 정령들의 왕의 경고를 무시했습니다. 그는 뜨거운 욕망으로 가득 차서 초록뱀을 그의 품에 안았습니다. 뱀은 재로 화해버렸고, 재 속에서는 날개 달린 존재가 태어나 공중으로 날아가버리고 말았습니다. 그러자 절망의 광란이 샐러맨더를 사로잡아, 그는 불꽃을 뿌리며 정원을 마구 돌아다니며 광폭한 분노로 정원을 다 망쳐놓았습니다. 아름다운 꽃들은 불에 타서 쓰러졌고, 그들의 비탄에 잠긴 신음소리가 공중에 가득했습니다. 몹시 진노한 정령들의 왕이 말했습니다.

'너는 너의 불을 분노로 다 소진해버렸다. 너의 불꽃들은 꺼져버렸고, 너의 광채는 빛을 잃었다. 너는 지령들에게로 내려갈지니, 그들은 너를 놀리고 조롱하며 땅에 붙잡아둘 것이다. 불의 원소에 다시 불이 붙어 너와 함께 새로운 존재로 지상에서 빛을 내뿜으며 올라오게 될 때까지.'

불쌍한 샐러맨더는 완전히 불이 꺼진 채 펄썩 주저앉았습니다. 그러나 포스포루스의 정원사인 늙고 무뚝뚝한 지령이 나와서 말했습니다.

'폐하! 저보다 더 이 샐러맨더에게 비난을 퍼부을 사람이 누가 또 있겠습니까! 저는 그가 태워버린 아름다운 꽃들을 저의 가장 아름다운 금속으로 닦고, 또 그들의 새싹들을 정성껏 보살피느라 아름다운 물감들을 많이 낭비하지 않았습니까? 하오나 그럼에도 불구하고 저는 이 불쌍한 샐러맨더를 받아들이겠습니다. 그는 오직 사랑의 포로가 되어 절망에 빠져 정원을 황폐하게 만든 것입지요. 오, 폐하! 폐하께서도 종종 그런 사

랑에 빠지곤 하셨지 않습니까. 그에게 너무나 가혹한 형벌은 면케 해주십시오!'

'그의 불은 이번에는 꺼져버렸도다.' 정령들의 왕이 말했습니다. '그러나 언젠가 불행한 시기가 올 것이다. 그때는 자연의 언어가 인간이라는 타락한 종족에게 더 이상 이해되지 않고, 원소의 정령들은 그들의 영역으로 내쫓긴 채 먼 곳에서 잘 알아들을 수 없는 둔탁한 음향으로 인간에게 말을 걸게 될 것이다. 그리고 모든 것이 조화를 이루고 살던 영역을 떠난 인간에게는 끝없는 동경만이 그 경이로운 나라에 대한 빈약한 소식이나마 전해주게 될 것이다. 믿음과 사랑이 그의 마음에 거하던 시절에는 그가 거주해도 되었던 이 신비로운 나라에 대한 소식을 말이다.

그 불행한 시기에 샐러맨더의 불의 원소엔 새롭게 불이 붙을 것이다. 그러나 그 불꽃은 오직 인간의 모습으로만 타오를 것이며, 그는 초라한 삶에 파고들어 그 곤궁함을 이겨내야만 할 것이다. 그러나 이 인간에게는 자기의 원초적 상태에 대한 기억이 남아 있을 뿐만 아니라, 그는 다시 온 자연과의 성스러운 조화 속에서 소생하여 자연의 기적들을 이해하게 될 것이다. 그리고 그는 그의 형제인 정령들의 권세 또한 사용하게 될 것이다. 그는 백합 덤불 속에서 그의 초록뱀을 다시 발견하게 될 것인바, 그들의 결혼은 세 딸로 열매를 맺게 될 것인데, 이 딸들은 인간에게는 어머니인 뱀의 모습으로 나타나게 될 것이다. 봄이 되면 그들은 짙은 라일락나무에 매달려 사랑스런 크리스털 목소리를 울려 퍼지게 할 것이다. 사람들의 마음이 냉혹하기 짝이 없을 그 궁핍하고 초라한 시기에 그들의 노래를 알아듣는 한 청년이 나타나면, 아니 그 뱀들 중 한 마리가 그녀의 사랑스런 눈으로 청년을 바라보게 되면, 그 시선은 청년의 마음에 신비스런 먼 나라에 대한 예감을 불러일으키게 될 것이다. 청년이 일상의 짐을 벗어버린다면, 그는 이 나라를 향해 용감하게 날아오를 수 있을 것이다. 그리고 뱀에 대한 사랑과 함께 그의 마음속에는 자연의 신비에 대한, 아니 이 신비스런 세계 속에 있는 자신의 존재에 대한 믿음이 열화같이 생생하게 싹틀 것이며, 그러면 그 뱀은 그의 것이 될 것이다. 그러나 이런 청년이 셋이 나타나 세 딸이 모두 결혼하기 전에는 샐러맨더는 그의 무거운 짐을 벗어버리고 그의 형제들에게로 돌아갈 수가 없을 것이다.'

'폐하,' 지령이 말했다. '제가 그 세 딸들에게 그들이 찾은 신랑과 함께 그들의 인생을 아름답게 해줄 선물을 한 가지 하게 해주십시오. 세 딸들은 모두 제게서 제 소장의 아름다운 금속 단지를 하나씩 받게 될 것입니다. 저는 이 단지를 다이아몬드에서 채취한 빛으로 광을 낸답니다. 단지의 표면에는 지금 온 자연과 조화를 이루고 있는 신비스런 우리나라가 눈부시게 아름다운 빛으로 비칠 것입니다. 그러나 단지 안에서는 결혼하는 순간에 백합꽃이 한 송이 피어날 것입니다. 영원히 시들지 않는 이 꽃은 달콤한 향기를 내뿜으며 이 신실한 청년을 감쌀 것입니다. 그러면 그는 곧 그들의 언어를, 우리나라의 신비를 이해하게 될 것이며, 그 자신도 사랑하는 아내와 함께 아틀란티스에서 살게 될 것입니다.'

사랑하는 안젤무스! 당신은 이제 우리 아버지가 바로 제가 이야기한 그 샐러맨더라는 것을 아실 겁니다. 그는 원래 고귀한 신분임에도 불구하고 평범한 인간으로 비천하고 어려운 생활을 하셔야만 했습니다. 그가 종종 변덕으로 많은 사람들을 심술궂게 조롱하는 것은 바로 그런 이유에서랍니다.

아버지는 제게 종종 말씀하셨답니다. 정령들의 왕인 포스포루스가 그때 나와 내 언니들에게 결혼 조건으로 내걸었던 정신상태를 지금 사람들이 표현하는 말이 하나 있지만, 이 말이 너무나 자주 잘못 사용되고 있다는 것입니다. 즉 사람들은 그것을 천진난만한 시적 심성이라고 부른다고 합니다. 이런 심성을 지닌 청년들은 그들의 태도의 고귀한 단순함 때문에, 그리고 또 그들에게는 소위 세속적인 교양이 부족하기 때문에 우중으로부터 조롱과 야유를 받는다고 합니다. 아, 사랑하는 안젤무스! 당신은 라일락나무 아래에서 제 노래를 이해하셨습니다. 제 시선을 이해하셨습니다. 당신은 초록뱀을 사랑하고 나를 믿으십니다. 그리고 영원히 제 것이 되려고 하시지요! 황금 단지에서는 아름다운 백합이 피어날 것입니다. 그러면 우리는 결합하여 아틀란티스에서 행복하게 살 것입니다!

그러나 숨길 수 없는 것은 샐러맨더들과 지령들이 추악하게 싸움을 벌였을 때 검은 용이 도망을 쳐 공중으로 날아가버렸다는 것입니다. 포스포루스가 그를 다시 묶어놓기는 했지만, 지상에는 용의 검은 날개에서 많은 깃털이 떨어졌으며 여기서 적대적인 영들이 생겨났습니다. 이 영들은 도처에서 샐러맨더들과 지령들에 대항하고 있습니다. 당신에게 그렇게나 적대적이던 그 노파는, 사랑하는 안젤무스! 그리고 우리 아버지가 잘 아시는 대로 황금 단지를 탐내고 있는 그 노파는 바로 이 용의 날개에서 떨어진 깃털과 사탕무의 사랑 덕분에 태어난 존재랍니다. 그녀는 자기의 근본과 자기가 지닌 힘을 알고 있답니다. 그녀는 사로잡혀 있는 용의 신음소리와 몸부림을 통해 많은 신비로운 관계들의 비밀을 알게 되었고, 외부에서 인간의 내면에 영향을 미치기 위해 모든 수단방법을 다 동원한답니다. 그것에 대항해서 우리 아버지는 샐러맨더의 내부에서 치솟는 불길로서 그녀와 싸우고 있습니다. 그녀는 해로운 약초들과 독성 있는 동물들에게 있는 모든 적대적인 원칙들을 모아서, 유리한 조합으로 섞어서 많은 못된 마법을 행하고 있습니다. 인간의 마음을 공포와 경악으로 사로잡아, 인간을 용이 투쟁에서 패배할 때 생산해낸 저 악령 세력의 종이 되게 하는 것입니다. 그 노파를 조심하세요, 사랑하는 안젤무스. 그녀는 당신의 어린애같이 경건한 마음이 이미 그녀의 사악한 마술을 많이 망쳐놓았기 때문에 당신을 적대시하고 있습니다. 저를 사랑하는 마음, 변치 마세요, 변치 마세요. 당신은 곧 목적지에 다다르게 될 거예요!"

"오 나의, 나의 세르펜티나!" 안젤무스가 외쳤다. "내가 어찌 당신에게서 떠날 수 있겠소. 어찌 내가 당신을 영원히 사랑하지 않을 수 있단 말이오!"

그는 그의 입가에 뜨거운 키스를 느끼고 마치 깊은 꿈에서인 듯 깨어났다. 세르펜티나는 사라져버리고 없었다. 시계가 여섯 시를 쳤다. 그러자 그가 필사하는 일을 전혀 하지 않았다는 것이 그의 마음을 무겁게 짓

눌렀다. 그는 문서관장이 무슨 말을 할까 근심에 가득 차서 종이를 바라보았다. 그런데 오, 이게 웬 기적인가! 그 비밀스런 원고의 필사는 잘 완성되어 있었다. 그리고 그가 글자들을 좀더 면밀히 관찰하자 그는 그것이 세르펜티나가 들려준 이야기를 써놓은 것이라는 생각이 들었다. 마법의 나라 아틀란티스의 정령들의 왕인 포스포루스가 사랑하던 신하인 세르펜티나 아버지에 대한 이야기 말이다.

그때 린트호르스트 문서관장이 담회색 외투를 걸치고 머리에는 모자를 쓰고 손에는 지팡이를 들고 들어왔다. 그는 안젤무스가 필사한 양피지를 들여다보고는 코담배를 한 줌 들이키더니 미소 지으며 말했다.

"내 그럴 줄 알았지! 자! 여기 은화가 있네, 안젤무스 군. 그럼 우리 이제 링크스 바트로 가도록 하세. 나만 따라오게나!"

문서관장이 급히 정원을 가로질러 걸어갔다. 정원은 노랫소리, 휘파람소리, 말소리가 뒤엉켜 얼마나 시끄러웠는지 안젤무스는 그 소리에 완전히 멍해져서 거리로 나오자 하늘에 감사를 드렸을 정도였다. 그들은 채 몇 걸음도 가지 않아서 헤어브란트 서기관을 만나게 되었는데, 그는 친절하게도 그들에게 합세했다. 슈바르츠 토어 앞에서 그들은 가져간 파이프를 채웠다. 헤어브란트 서기관은 성냥을 갖고 있지 않은 것을 한탄했다. 그러자 린트호르스트 문서관장이 매우 못마땅한 듯 외쳤다.

"성냥이라니! 여기 불은 자네가 원하는 만큼 얼마든지 있는데!"

그렇게 말하며 그가 손가락을 튀기자 거기서 큰 불꽃이 계속해서 솟아나와 파이프에 당장 불을 붙였다.

"이 화학적인 마술을 보게나." 헤어브란트 서기관이 말했다. 그러나 안젤무스는 샐러맨더를 생각하고는 마음속으로 전율하지 않을 수 없었다.

링크스 바트에서는 헤어브란트 서기관이 독한 맥주를 너무나 많이 마셔대더니, 평소에는 온순하고 조용한 사람이던 그가 꽥꽥대는 테너로 대학생들이 부르는 단가들을 불러대기 시작했고, 사람들마다 붙들고는 그가 자기 친구인지 아닌지를 물어댔다. 안젤무스는 결국 그를 집까지 데려다주어야만 했다. 린트호르스트 문서관장은 이미 오래전에 자리를 뜬 후였다.

아홉 번째 야경

대학생 안젤무스가 어느 정도 이성을 찾게 된 이야기 — 펀치 파티 — 대학생 안젤무스가 파울만 교감을 부엉이로 여겨 교감이 몹시 성낸 이야기 — 먹 얼룩과 그 결과

안젤무스 학생이 매일매일 겪는 온갖 신기하고 진기한 일들은 그를 평범한 일상생활에서 완전히 멀어지게 했다. 그는 더 이상 친구도 하나 만나지 않았고, 매일 아침 초조하게 열두 시가 되기를 학수고대했다. 그에게 파라다이스를 열어주는 시간이었던 것이다. 그런데 그가 마음을 다해 사랑스런 세르펜티나와, 린트호르스트 문서관장 댁의 요정의 나라를 생각함에도 불구하고, 때때로 그는 자기도 모르게 베로니카 생각을 하지 않을 수 없었다. 아니 때로는 마치 그녀가 그에게 다가와 얼굴을 붉히면서 그녀가 그를 얼마나 사랑하고 있는지, 또 그를 놀리고 조롱하는 환영들로부터 그를 떼어내려 그녀가 얼마나 노력하고 있는지를 고백하는 듯했다. 때로는 갑자기 그에게 침입한 어떤 낯선 세력이 잊고 있던 베로니카에게로 그를 저항할 수 없게끔 끌고 가고, 그는 그 아가씨에게 사슬로 꽉 묶여 있는 듯 그 세력이 하는 대로 따르지 않을 수 없는 것 같았다.

바로 그날 밤, 그러니까 그가 세르펜티나를 처음으로 아름다운 처녀의 모습으로 보았으며, 샐러맨더와 초록뱀의 결혼의 신비스런 비밀에 대해 알게 된 그날 밤, 베로니카는 그 어느 때보다 생생하게 그의 눈앞에 나타났던 것이다. 그랬다! 깨어났을 때에야 그가 단지 꿈을 꾸었을 뿐이라는 것을 분명히 알게 되었다. 왜냐하면 그는 베로니카가 실제로 그에게로 와서 그의 심금을 울리는 고통에 찬 표현으로 호소했다고 확신하고 있었기 때문이다. 그녀는 그가 오직 그의 내면을 파괴시키게 될 환상적인 현상들 때문에 그녀의 사랑을 희생시키고 있는가 하면, 더 나아가 그로 인해 그가 불행해지고 파멸하고 말리라고 호소했던 것이다. 베로니카는 그가 본 그 어느 때보다도 사랑스러웠다. 그는 그녀를 뇌리에서 떨쳐버릴 수가 없었고, 이 상태는 그에게 고통을 야기했다. 어느 날 아침 그는 산책을 하며 그 고통에서 벗어나기를 바랐다.

어떤 알 수 없는 마술의 힘이 그를 피르내어 토어[36]로 이끌어서, 그가 막 골목길로 접어들려 할 때였다. 뒤에서 오던 파울만 교감이 큰 소리로 외쳤다.

"이런, 이런! 안젤무스 군! 여보게! 자네 대체 어디 처박혀 있는 건가, 통 볼 수가 없으니. 베로니카가 또 한번 자네와 같이 노래 부르기를 간절히 원한다는 걸 자네 알고 있나? 그럼 이리 오게. 지금 어차피 우리 집으로 가는 길 아닌가?"

안젤무스 학생은 어쩔 수 없이 교감과 함께 갔다. 그들이 집으로 들어

36 피르나 광장에 있던 문으로 1820년까지 있었다.

서자 베로니카가 얼마나 깨끗하고 조신하게 옷을 차려입고 맞아주었는지, 파울만 교감이 너무 놀라 물었을 정도였다.

"대체 왜 그렇게 차려입은 게냐. 손님이 올 줄 알기라도 했니? 아무튼 여기 내가 안젤무스 군을 데려왔지!"

안젤무스가 예의바르고 점잖게 베로니카의 손에 키스를 하는 순간, 그는 그녀가 손을 살포시 누르는 것을 느꼈고, 그것은 마치 전류처럼 그의 온몸과 신경을 떨게 했다. 베로니카는 명랑하고 사랑스럽기 그지없었다. 그리고 파울만이 그의 서재로 가버리자, 그녀가 얼마나 장난기 있게 놀리며 안젤무스를 몰아세웠는지 그는 모든 수줍음을 잊고 마지막에는 이 들뜬 처녀와 함께 방 안에서 쫓아다니며 잡기 장난을 했을 정도였다. 그러나 그때 또다시 불운의 악마가 그의 목을 죄어왔다. 그가 책상에 부딪히자 베로니카의 귀여운 반짇고리가 떨어졌던 것이다. 안젤무스가 그것을 주워들자, 뚜껑이 열리며 작고 동그란 금속 거울이 반짝 빛을 발했다. 그는 아주 호기심에 차서 거울을 들여다보았다. 베로니카도 조용히 그의 뒤로 살금살금 다가와 한 손을 그의 팔에 끼고는 그에게 몸을 밀착시키며 어깨 너머로 거울을 들여다보았다. 그러자 안젤무스는 마음속에서 투쟁이 시작되는 것 같은 기분이 들었다. 여러 생각들과 영상들이 빛을 발하며 모습을 드러내곤 다시 사그라졌다. 린트호르스트 문서관장, 세르펜티나, 초록뱀…… 마침내 평온해지더니 온갖 얽힌 것들이 명확히 인식되기 시작했다. 그에게는 이제 그가 오직 끊임없이 베로니카만을 생각했다는 것, 아니 어제 파란 방에서 그에게 나타났던 여자 또한 바로 베로니카였으며, 샐러맨더와 초록뱀의 결혼에 대한 환상적인 이야기 또한 오직 그가 쓴 것으로 이야기 들은 것이 결코 아니라는 것이 명백해졌다. 그는 스스로도 자기의 몽상에 대해 놀라면서, 그것을 오직 베로니카를 향한 사랑으로 인해 생긴 열광상태와 또 린트호르스트 문서관장 댁에서의 작업 탓으로 돌렸다. 문서관장의 방들에서는 그 밖에도 사람을 몽롱하게 하는 이상한 향기가 난다고 그는 생각했다. 그는 작은 뱀과 사랑에 빠졌으며, 높은 관직에 있는 추밀문서관장을 샐러맨더로 여긴 기막힌 상상력에 진심으로 웃지 않을 수 없었다.

"맞아요, 맞아! 그건 베로니카요!" 그는 큰 소리로 외쳤다. 그러나 그가 머리를 돌린 순간 바로 베로니카의 파란 두 눈동자를 들여다보게 되었다. 그 눈동자에서는 사랑과 그리움이 빛을 발하고 있었다. 그의 입술 위에 그녀의 입술이 뜨겁게 닿는 순간, 아하! 하는 낮은 신음소리가 그녀의 입술에서 새어나왔다.

"오, 나는 행복한 사람이오." 황홀해진 대학생이 한숨을 쉬었다. "그저 어제 꿈을 꾸었을 뿐인데 그것이 오늘 정말로 내게 실현이 되다니."

"당신이 궁정고문관이 되시면 정말로 저와 결혼하실 건가요?" 베로니카가 물었다.

"물론이죠!" 안젤무스가 대답했다.

그 순간 문이 삐걱거리는 소리가 났고 파울만 교감이 들어왔다. "그래, 안젤무스 군. 내 자네를 오늘 그냥 보낼 줄 아나? 우리 집에서 수프를 들자구. 그런 다음엔 베로니카가 맛있는 커피를 준비해줄 거야. 헤어브란트 서기관이 오기로 돼 있으니 같이 마시기로 하세."

"아, 교감선생님," 안젤무스가 대답했다. "제가 필사일 때문에 린트호르스트 문서관장님께 가야 한다는 걸 아시지 않습니까?"

"이 친구야, 보게나!" 파울만 교감이 그에게 회중시계를 들어 보이며 말했다. 시계는 열두 시 반을 가리키고 있었다. 안젤무스는 린트호르스트 문서관장한테 가기에는 너무 늦었다는 것을 알았다. 그래서 그는 교감 뜻대로 하기로 했다. 특히 베로니카를 하루 종일 바라보며 서로 몰래 눈짓을 주고받거나 은근히 손을 잡아볼 수도 있고, 아니 어쩌면 또 한 번 키스를 쟁취할 수도 있기를 바랐기에 더욱 기꺼이 그렇게 했다. 이제 안젤무스의 희망사항은 그만큼이나 고조되어 있었고, 그를 정말로 완전히 미친 바보가 되게끔 했을 그 모든 환상과 상상들로부터 해방될 것이라는 확신이 들면 들수록 그는 점점 더 기분이 좋아졌다.

헤어브란트 서기관은 식사시간 후에 정말로 왔는데, 커피를 마시고 어둑해질 무렵 싱긋이 웃고 두 손을 비벼대며 즐거운 소식을 전했다. 즉 그가 무언가를 가져왔는데, 이것을 베로니카가 아름다운 손으로 뒤섞어 제대로 모양을 갖추고, 동시에 페이지를 매기고 표제를 붙이면 이 선선한 시월 밤에 그들 모두를 기쁘게 해주리라는 것이었다.

"자네가 가져왔다는 그 비밀스런 게 뭔지 당장 내놓게나, 서기관." 파울만 교감이 외쳤다. 그러나 헤어브란트 서기관은 그의 상의 호주머니에 손을 세 번이나 넣고 빼기를 재연하여 화주 한 병과 레몬 그리고 설탕을 끄집어냈다. 반 시간도 채 안 되어서 파울만네 식탁 위에는 향기로운 펀치의 김이 모락모락 솟아올랐다. 베로니카가 술을 따랐고, 이 절친한 사람들 사이에서는 온갖 즐겁고 신나는 대화가 이어졌다.

그러나 술기운이 오르자 안젤무스에게는 그가 짧은 기간 동안 경험한 신기하고 진기한 온갖 영상들이 다시 되살아났다. 인광(燐光)처럼 빛을 발하는 비단 잠옷을 입은 린트호르스트 문서관장, 하늘빛 파란 방과 금빛 종려나무, 그러니까 그가 어쨌든 세르펜티나의 존재를 다시 믿어야만 할 것 같은 기분이 드는 것이었다. 그의 내면이 술렁이며 부글부글 끓었다.

베로니카가 그에게 펀치를 한 잔 내밀었다. 그는 그 잔을 잡으면서 그녀의 손을 살며시 건드렸다. "세르펜티나! 베로니카!" 그는 속으로 한숨을 쉬었다. 그는 깊은 꿈에 빠져 들어갔다. 그러나 헤어브란트 서기관이 아주 큰 소리로 외쳤다.

"린트호르스트 문서관장은 참 이상한 노인네란 말입니다. 도대체 어떤 사람인지 아무도 알 수가 없다구요. 아무튼 그분이 오래 사시기를! 안젤무스 군, 건배하세!"

그러자 안젤무스는 다시금 꿈에서 깨어나서는 헤어브란트 서기관과 잔을 부딪치며 말했다.

"그건 말입니다, 존경하는 서기관님, 린트호르스트 문서관장이 원래 샐러맨더이기 때문이랍니다. 그 샐러맨더는 초록뱀이 사라져버리자 분노하여 정령들의 왕인 포스포루스의 정원을 엉망진창으로 만들었답니다."

"뭐가 어쨌다구?" 파울만 교감이 물었다.

"그렇습니다." 안젤무스가 계속했다. "그래서 그분은 지금 궁정의 문서관장으로 여기 드레스덴에서 세 딸과 함께 살게 된 겁니다. 그런데 이 세 딸들은 다름 아닌 작은 금빛 초록뱀들로 라일락나무에서 일광욕을 하면서 마치 세이렌들처럼 요염하게 노래를 불러 청년들을 유혹한답니다.

"안젤무스 군, 안젤무스 군!" 파울만 교감이 외쳤다, "자네 제정신인가? 도대체 무슨 엉터리 같은 소릴 지껄이는 겐가?"

"그의 말이 맞아요." 헤어브란트 서기관이 끼어들었다. "그 문서관장이란 사람은 빌어먹을 샐러맨더라구요. 손가락을 튀겨 불길을 일으킨다구요. 그 불길은 마치 불타는 해면처럼 양복 호주머니를 태운다니까요. 그래 그래, 자네 말이 옳아, 안젤무스 동생, 그리고 그걸 믿지 않는 자는 내 적이야!"

그렇게 말하며 헤어브란트 서기관이 주먹으로 식탁을 내려치자, 잔들이 달그락거리며 흔들렸다.

"서기관! 자네 미쳤나?" 화가 난 교감이 소리 질렀다. "이봐 학생, 이봐 학생, 자넨 대체 또 무슨 짓을 저지른 건가?"

"아!" 대학생이 말했다. "당신도 한 마리의 새에 지나지 않아요. 가발을 다듬어주는 부엉이라구요, 교감선생님!"

"뭐라구? 내가 새— 부엉이— 이발사라구?" 교감은 성이 머리꼭대기까지 올라 소리 질렀다.

"이보게, 자넨 미쳤어, 미쳤다구!"

"하지만 그 노파가 그분 목을 조를 거야." 헤어브란트 서기관이 외쳤다.

"맞아요, 노파는 막강해요." 안젤무스가 끼어들었다. "비록 낮은 신분 출신이긴 하지만요. 왜냐하면 그 여자 아버지는 초라한 빗자루이고 엄마는 별볼일없는 사탕무니까요. 그러나 그녀의 힘은 온갖 사악한 생물들한테서 나오는 거예요. 그녀를 둘러싸고 있는 독이 있는 악당들한테서죠."

"이건 정말 구역질나는 중상모략이에요." 베로니카가 분노해서 눈을 번득이며 말했다. "리제 노파는 여자 마술사예요. 그리고 검은 수고양이도 사악한 동물이 아니란 말예요. 그녀 사촌으로 예절 바르고 교양 있는 청년이라구요."

"그 샐러맨더는 수염을 태우거나 비참하게 죽거나 하지 않고 음식을 처먹을 순 있는 거야?" 헤어브란트 서기관이 말했다.

"아니죠, 아니에요!" 안젤무스가 말했다. "절대로 그런 일은 없을 겁니다. 그리고 초록뱀은 저를 사랑해요. 왜냐하면 제가 천진난만한 심성을 지녔으며 세르펜티나의 눈을 들여다보았기 때문이지요."

"그 눈알을 수고양이가 할퀴어 뽑아버릴 거예요." 베로니카가 외쳤다.

"샐러맨더, 샐러맨더가 그들을 전부 다 퇴치해버릴 거야." 파울만 교감이 진노해서 고함을 쳤다. "아니 대체 내가 정신병원에 와 있는 거냐? 나도 실성한 거야? 내가 무슨 미친 소리를 지껄이고 있는 거지? 그래, 나도 미쳤구나, 나도 미쳤어!"

그렇게 말하며 파울만 교감은 벌떡 일어나서는 머리에서 가발을 벗어 천장을 향해 던졌다. 천장에 부딪힌 고수머리들은 신음소리를 내며 완전히 엉망으로 흐트러졌으며 분가루를 멀리까지 사방으로 뿌렸다. 그러자 안젤무스와 헤어브란트 서기관은 환성을 내지르면서 펀치 그릇과 잔을 천장을 향해 던졌고, 깨진 유리조각들이 와장창 소리를 내고 울리며 사방으로 튀었다.

"샐러맨더 만세! 노파를 쳐부숴라! 금속 거울을 깨버려라, 고양이 눈깔을 빼버려라! 하늘을 나는 작은 새야, 작은 새― 에휴― 에휴― 만세, 샐러맨더!"

그렇게 세 사람은 마치 미친 사람들처럼 엉망으로 소리 지르고 고함을 쳐댔다. 프렌츠헨은 큰 소리로 울면서 튀어 도망가버렸다. 그러나 베로니카는 괴롭고 슬퍼서 훌쩍거리면서 소파에 엎드려 있었다.

그때 문이 열리더니 모든 것이 갑자기 고요해졌다. 회색 외투를 걸친 작은 남자가 들어왔다. 그의 얼굴에는 무언가 독특한 위엄이 서려 있었다. 특히 안경이 걸쳐져 있는 꼬부라진 코는 지금까지 본 코 중에서 가장 멋진 코였다. 그는 또한 유별난 가발을 쓰고 있었는데, 그 가발은 차라리 깃털모자 같아 보였다.

"어이, 안녕들 하시오." 이 웃기게 생긴 작은 남자가 코맹맹이 소리로 말했다. "여기 안젤무스 학생이 계신가요? 린트호르스트 문서관장님께서 안부를 전하십니다. 오늘 안젤무스 씨가 오실 줄 알고 기다리셨는데 허탕치셨거든요. 그러나 내일은 꼭 제시간에 늦지 않게 와주십사 하고 간곡히 부탁하셨습니다."

그렇게 말하며 그는 다시 문을 열고 나갔다. 그 위엄 있는 작은 남자가 실은 회색 앵무새라는 것을 이제야 사람들은 모두 알게 되었다. 파울만 교감과 헤어브란트 서기관은 방 안이 울리도록 웃음을 터뜨렸다. 그러는 사이 베로니카는 간간히 마치 형언할 수 없는 슬픔으로 가슴이 찢어지는 듯 훌쩍이며 신음을 했다. 그러나 안젤무스는 마음속으로 경악하여 광기에 사로잡혔고, 정신없이 문밖으로 뛰쳐나와 거리로 달려나갔다.

그는 기계적으로 자기가 사는 집, 자기 방을 찾아 들어갔다. 잠시 후 베로니카가 평온하고 다정하게 그에게 다가와 물었다. 그가 왜 술에 취해서 그녀에게 그렇게 겁을 주었느냐고. 그리고 린트호르스트 문서관장 댁에서 일을 하게 되면 새로운 망상에 빠지지 않도록 부디 조심하라고.

"안녕히 주무세요, 안녕히, 내 사랑하는 친구여." 베로니카가 나직하게 속삭이며 그의 입술에 살포시 키스를 했다. 그는 팔로 그녀를 껴안으려 했다. 그러나 꿈속의 환영은 사라져버렸고, 그는 원기를 회복하고는 기분 좋게 깨어났다. 이젠 그 자신조차 펀치의 효과에 대해서 실컷 웃지 않을 수 없었다. 그러나 베로니카를 생각하면 그는 정말로 흐뭇한 기분에 젖는 것을 느꼈다.

"오직 그녀 덕이야," 그가 중얼거렸다. "내가 그 멍청한 망상에서 깨어난 건. 정말이야, 자기가 유리로 된 존재라고 생각한 사람이나, 혹은 자기가 보리이삭이라고 생각하고는 닭들한테 쪼아 먹힐까봐 방 밖으로 나가지 않았던 사람보다 나는 조금도 나을 게 없어.[37] 그러나 내가 궁정고문관이 되면 나는 파울만 양과 즉시 결혼할 거야. 그리고 행복하게 살 거야."

37 자기가 보리이삭이라고 생각한 사람 이야기는 라일(Joh. Chr. Reil)이 쓴 『열의 인식과 치료』(1802), 4권, 267쪽에 나오는 에피소드.

그러나 점심 때 린트호르스트 문서관장의 정원을 통해 갈 때, 그는 그 모든 것이 지금까지는 왜 그렇게 이상하고 신비스럽게 보일 수 있었는지 아무리 놀라도 부족할 듯했다. 그는 그저 흔한 식물들과 온갖 종류의 제라늄, 미르테나무 둥치, 그런 것들만을 보았을 뿐이었다. 평소에는 그를 놀려대던 윤기 나는 화려한 새들 대신 몇 마리의 참새들만이 이리저리 날아다닐 뿐이었다. 참새들은 안젤무스를 보자 알아들을 수 없는 듣기 싫은 소리를 질러댔다. 파란 방 또한 그에게 아주 다르게 느껴졌다. 그리고 그는 도대체 그 유치한 파란색과, 어울리지 않는 빛나는 잎사귀를 한 종려나무의 부자연스런 금빛 둥치들이 어떻게 한 순간이나마 그의 마음에 들 수 있었는지 이해할 수가 없었다.

문서관장은 그 특유의 아주 독특한 냉소 어린 미소를 띠고 그를 바라보고는 물었다.

"그래, 어제 펀치가 맛있었나, 친애하는 안젤무스?"

"아, 분명 앵무새가 관장님께 말했겠군요." 안젤무스 학생은 매우 부끄러워하며 대답했다. 그러나 그는 말문이 막혔다. 왜냐하면 어쩌면 앵무새의 출현도 마비된 감각의 착각일 수도 있다는 생각을 다시금 했기 때문이다.

"아이, 나도 그 모임에 있었다네." 린트호르스트 문서관장이 끼어들었다. "자네 대체 날 보지 못했단 말인가? 자네들이 부린 그 난리통에 나는 하마터면 크게 다칠 뻔했다네. 왜냐하면 헤어브란트 서기관이 천장에 던지려고 스프 접시를 잡던 그 순간에 나는 바로 그 접시 안에 앉아 있었거든. 그래서 황급히 교감의 파이프 꼭지 위로 물러서야 했지. 그럼 안녕, 안젤무스 군! 열심히 하게나. 일하지 않은 어제 보수도 주겠네. 지금까지 성실히 일해주었으니."

"문서관장이 어떻게 저런 멍청한 소릴 지껄일 수가 있담." 안젤무스는 혼자 중얼거리며 문서관장이 평상시와 같이 그의 앞에 펼쳐놓은 문서의 필사를 시작하기 위해 책상에 앉았다. 그러나 그가 보니 양피지 두루마리에는 수많은 이상한 꼬부랑 글자들과 무늬들이 뒤죽박죽으로 씌어 있었다. 이 글자들은 끊임없이 시선을 혼동시켜, 그에게는 이 모든 것을 정확하게 따라 그리는 것이 거의 불가능해 보였다. 아니, 이 모든 것을 내려다보자니 양피지는 화려한 문양이 있는 대리석이나 혹은 이끼로 얼룩진 돌덩이 같아 보였다.

그럼에도 불구하고 그는 가능한 시도를 해보고자 용기를 내어 펜을 먹에 담갔다. 그러나 먹은 전혀 흐르려 하지 않았다. 초조해져서 그는 펜을 힘껏 흔들었다. 그런데 오, 하느님 맙소사! 펼쳐져 있는 원본 위에 큰 얼룩이 떨어져버렸다. 그 얼룩에서는 파란 섬광이 치지직거리며 솟아 우지끈 소리를 내며 방을 가로질러 천장으로 휘감으며 올라갔다. 그러자 사방의 벽에서 짙은 연기가 솟았으며, 나뭇잎들은 폭풍우라도 휩쓸고 지나간 듯 솨솨 소리를 내기 시작했다. 나뭇잎들 사이에서는 번쩍이는 독사의 눈길이 타오르는 불길 속에서 아래를 내쏘아보고 있었다. 그런데 독사의 시선은 연기에 불을 붙여 불길이 안젤무스 주위에서 타닥타닥 타면서 춤추기 시작했다. 종려나무의 금빛 둥치들은 거대한 뱀들이 되어 그 끔찍한 대가리들을 날카로운 금속성 소리를 내며 서로 부딪치는가 하면, 비늘로 뒤덮인 몸으로 안젤무스를 휘감아왔다.

"미친 자여! 이제 네가 뻔뻔하게 저지른 죄과에 대한 벌을 받을지어다!"

왕관을 쓴 샐러맨더는 무시무시한 목소리로 그렇게 외쳤다. 그는 마치 불타고 있는 눈부신 빛처럼 뱀들 위로 모습을 드러냈으며, 이제는 떡 벌린 아가리에서 안젤무스를 향해 불을 폭포처럼 내뿜었다. 그러자 불길이 그의 육체를 점점 더 빈틈없이 에워싸는가 싶더니 딱딱하고 얼음같이 차가운 물질이 되는 것 같았다. 그러나 안젤무스의 사지가 점점 더 오그라들며 죄어와 굳어버림과 동시에 그는 정신을 잃었다. 그가 다시 의식을 되찾았을 때, 그는 옴짝달싹할 수가 없었다. 그는 마치 반짝이는 빛에 둘러싸인 듯했는데, 그가 손이고 무엇이고 움직이기만 하면 그는 그 물체에 부딪히는 것이었다.

아! 그는 린트호르스트 문서관장 서재의 책장 위 뚜껑이 잘 닫혀져 있는 크리스털 병 안에 앉아 있었던 것이다.

열 번째 야경

유리병에 갇힌 대학생 안젤무스의 고통 — 크로이츠 김나지움[38] 학생들과 법관 시보들의 행복한 인생 — 린트호르스트 문서관장 댁 장서실에서의 전투 — 샐러맨더의 승리, 그리고 대학생 안젤무스의 해방

친애하는 독자여! 독자는 유리로 된 병 안에 갇혀본 적이 없으리라고 나는 생각한다. 혹시 심술궂은 생생한 꿈이 독자를 그렇게 동화 같은 환상에 사로잡혀 있도록 했다면 또 혹 모르지만 말이다. 만일 그런 적이 있었다면 독자는 이 가련한 대학생 안젤무스의 불행을 아주 생생하게 느끼게 될 것이다. 그러나 그런 꿈을 한 번도 꾸어본 적이 없다면, 독자의 생

38 Kreuzschule. 드레스덴에 있는 기독교 김나지움.

동하는 상상력을 발휘하여 나와 안젤무스를 위해 얼마 동안만 크리스털 병 안에 갇혀보기 바란다. 독자는 현란한 빛에 에워싸여 있다. 주변의 모든 사물들은 빛나는 무지갯빛을 받아 그 빛에 에워싸여 나타난다. 그 빛 속에서 모든 것은 명멸하고 흔들리며 굉음을 울린다. 독자는 마치 대기가 독자에게 밀착해 얼어붙기라도 한 듯 옴짝달싹하지 못하는 가운데 부표하고 있어, 정신은 이 죽어 있는 육체에 명령을 내리지만 아무런 소용이 없다. 천근 같이 무거운 짐은 독자의 가슴을 점점 더 무겁게 무겁게 짓누른다. 매번 숨을 쉴 때마다 이 협소한 공간에서 그나마 떠돌던 공기는 점점 더 희박해진다. 독자의 맥박 혈관이 부풀어오르고, 힘줄이란 힘줄은 모두 다 죽음과 사투를 벌이는 가운데 끔찍한 공포에 끊어진 채 피를 흘리며 꿈틀댄다.

사랑하는 독자여! 유리로 된 감옥에 갇힌 채 이렇게 형용할 수 없는 고통에 사로잡혀 있는 안젤무스를 불쌍히 여겨주기 바란다. 그러나 그는 죽음도 그를 구원해줄 수 없다는 것을 느끼고 있었다. 왜냐하면 극심한 고통에 깊이 기절해버렸던 그는 아침 햇살이 방 안을 밝고 다정하게 비출 때면 다시 깨어났으며, 그와 함께 그의 고문은 새로이 시작되었기 때문이다. 그는 팔다리를 꼼짝도 할 수 없었다. 그러나 그의 생각은 유리에 부딪혀 불쾌한 울림이 그를 마비시켰고, 평소 그의 내면에서 정신이 하는 말 대신 광기의 둔탁한 소음만을 들을 수 있을 뿐이었다. 그러자 그는 절망하여 외쳤다.

"오 세르펜티나 – 세르펜티나, 이 지옥 같은 고통에서 나를 구원해주오!"

그러자 마치 나직한 한숨이 그 주위에서 나부끼는 것 같았다. 이 한숨은 초록빛 투명한 라일락 잎사귀들처럼 병 주위를 감쌌다. 굉음이 멈추고 혼란하게 하던 현란한 빛도 사라져버렸다. 숨쉬기가 한결 편해졌다.

"결국 이 불행은 내 책임이야. 아! 사랑하는 귀여운 세르펜티나여! 내 네게 범죄를 저지르지 않았던가? 내 비겁하게도 너의 존재를 의심하지 않았던가? 내 너의 존재와, 또 나를 행복하게 해줄 모든 것에 대한 믿음을 잃지 않았던가? 아, 이제 너는 결코 내 것이 될 수 없겠지. 황금 단지를 나는 영원히 잃어버리고 말았구나. 황금 단지의 기적도 나는 결코 보지 못하겠구나. 아, 단 한 번만이라도 너를 볼 수 있다면, 그대의 사랑스럽고 귀여운 목소리를 들을 수 있다면, 사랑스런 세르펜티나여!"

안젤무스는 깊고 살을 에는 듯한 고통에 사로잡혀 이렇게 탄식했다. 그러자 누군가가 바로 그의 옆에서 말했다.

"이봐요 학생, 대체 왜 그러는지 모르겠네. 대체 왜 그렇게 애끓는 탄식을 늘어놓는 거요?"

안젤무스는 같은 책장 위 그의 옆에 유리병 다섯 개가 더 있는 것을 알아차렸다. 그 병들 속에서 그는 각각 세 명의 크로이츠 고교 학생과 두 명의 법관 시보를 보았다.

"아, 내 불행의 동지분들이여." 그가 외쳤다. "그렇게 명랑한 표정을 하고 있다니, 당신들은 대체 어떻게 그리 즐겁고 태연할 수 있단 말이오? 당신들도 나와 똑같이 유리병 안에 갇혀 있고 옴짝달싹할 수가 없건만. 아니 도대체 뭘 제대로 생각할 수조차 없건만. 그러다간 당장 와장창 죽도록 시끄러운 소리가 나거나 머릿속이 끔찍하게 윙윙 울리니까 말이오. 그러나 당신들은 분명 샐러맨더나 초록뱀의 존재를 믿지도 않겠지요."

"이봐요 대학생님, 당신 헛소리를 늘어놓고 있구만." 한 고등학생이 대답했다. "우린 지금처럼 잘 지낸 적이 없어요. 우리가 온갖 괴상한 문서들을 베낀 대가로 그 정신 나간 문서관장한테서 받는 은화 덕이지요.

우리는 이젠 더 이상 이탈리아 합창을 외울 필요도 없답니다. 우린 매일 같이 요제프 술집이나 다른 술집에 가서는 독한 맥주를 마셔대지요. 예쁜 아가씨들 눈동자를 들여다보기도 하고 진짜 대학생들처럼 노래를 불러대지요. '가우데아무스 이기투어'[39] 하면서 말입니다. 그리고 정말 흥겹게 지낸답니다."

"저 양반들 말이 맞아요." 법관 시보 하나가 끼어들었다. "저도 내 옆에 있는 이 동료처럼 은화를 넉넉히 받고 있지요. 그래서 네 벽 사이에 앉아 힘든 서류를 베끼는 일을 하는 대신 부지런히 포도밭 산책을 하고 있답니다."

"아니 그런데 귀하신 신사분들!" 안젤무스 학생이 말했다. "당신들은 모두 유리로 된 병 안에 앉아 있고, 산책은커녕 옴짝달싹할 수도 없다는 걸 느끼지 못한다는 겁니까?"

그러자 학생들과 법관 시보들이 경쾌한 웃음을 터뜨리곤 소리쳤다.

"이 대학생 미쳤구만. 유리로 된 병 안에 앉아 있다고 상상하다니. 실은 엘베 강 다리에 서서 막 강물을 내려다보고 있으면서. 우리 계속 가십시다!"

"아" 하고 대학생이 한숨을 쉬었다. "저들은 결코 사랑스런 세르펜티나를 본 적이 없어. 그들은 자유가 무엇인지도, 믿음과 사랑으로 인생을 사는 것이 무엇인지도 모르는 거야. 그래서 그들의 어리석음, 그들의 천박한 생각 때문에 샐러맨더가 그들을 처넣은 감옥의 압박을 느끼지도 못하는구나. 그러나 나, 이 불행한 자는 내가 말할 수 없이 사랑하는 그녀가 나를 구해주지 않으면 치욕과 고통 속에서 죽어버리고 말 거야."

39 '가우데아무스 이기투어(gaudeamus igitur)'는 '우리 즐기자'라는 뜻으로 중세부터 유럽 여러 나라 대학생들이 가장 즐겨 부른 라틴어 노래.

그러자 세르펜티나의 음성이 은은히 바람결인 듯 방 안에 울려 퍼졌다.

"안젤무스! 믿으세요, 사랑하세요, 희망을 가지세요!"

그리고 말 한마디 한마디가 안젤무스의 감옥 안으로 비쳐 들어와, 크리스털 병은 그 힘에 굴복하여 점점 팽창하지 않을 수 없었고, 감옥에 있던 안젤무스의 가슴은 생동하며 숨을 내쉴 수 있게 되었다. 그가 처한 상황의 고통은 점점 줄어들었고, 그는 세르펜티나가 아직도 그를 사랑하고 있으며, 그로 하여금 크리스털 병 안에서의 체류를 참아낼 수 있게 하는 것은 오직 그녀뿐이라는 것을 알게 되었다. 그는 더 이상 그의 옆에 있는 경박한 불행의 동지들 걱정은 하지 않고, 자신의 생각을 오직 사랑스런 세르펜티나에게로 집중했다.

그런데 갑자기 다른 쪽에서 알아듣기 힘들게 중얼거리는 기분 나쁜 소리가 들려왔다. 그는 이 소리가 뚜껑이 반쯤 깨진 낡은 커피포트에서 유래한다는 것을 이내 확실히 알 수 있었다. 이 커피포트는 그의 맞은편 작은 장롱 위에 놓여 있었다. 그가 좀더 자세히 주시하자, 그것은 점차로 늙고 쭈그러진 노파의 흉측한 얼굴 모습을 띠기 시작했다. 그리고 곧 책장 앞에는 슈바르츠 토어의 사과장수 노파가 서 있었다. 그녀는 히죽대고 그를 비웃으며 쉰 소리로 외쳤다.

"이런, 이런, 꼬마야! 이제 그렇게 하고 있을 수밖에 없지? 넌 크리스털 병에 갇히는 신세가 될 거야! 내가 벌써 오래전에 널 보고 예언하지 않던?"

"맘대로 비웃고 조롱해보시지, 이 저주받을 마녀 같으니라구." 안젤무스가 말했다. "이 모든 것은 다 당신 탓이야. 하지만 샐러맨더가 당신을 해치울 거다, 비열한 사탕무 같으니라구!"

"호호!" 노파가 대답했다, "그렇게 거만하게 굴 건 없어! 넌 내 아들들 얼굴을 짓밟고 내 코에 화상을 입혔어. 하지만 난 아직도 너한테 호의를 갖고 있단 말이다, 이 악당아. 왜냐하면 너도 이전에는 쓸 만한 놈이었거든. 그리고 내 딸년도 너를 좋아하니까. 그런데 내가 널 도와주지 않으면 넌 크리스털 병에서 결코 나올 수가 없단 말이야. 내가 네게 올라갈 수는 없어. 하지만 네 머리 위 천장에 사는 내 친척인 들쥐가 네가 서 있는 널빤지를 갉아서 두 조각을 내게 되면 네가 굴러 떨어질 테고, 그럼 내가 앞치마로 널 받으마. 네 코가 깨지지 않고 그 반반한 얼굴을 잘 보존하도록 말이지. 그런 다음 난 널 즉시 베로니카 양에게로 데려갈 거야. 넌 궁정고문관이 된 다음에 베로니카와 결혼해야만 한단 말이야."

"날 내버려 둬, 이 마귀 같은 할망구야." 안젤무스가 분노에 차서 소리쳤다. "내가 죄를 짓게 된 건 오직 네가 부린 악마 같은 농간 때문이야. 지금 난 그 벌을 받고 있는 거라구. 하지만 난 이 모든 걸 참고 견디어낼 거야. 왜냐하면 난 사랑스런 세르펜티나가 날 사랑과 위로로 감싸주는 이곳에서만 살 수 있기 때문이야. 이 할망구야, 내 말을 잘 듣고 절망에나 빠져라! 난 네 세력에 대항할 거야. 난 영원히 세르펜티나만을 사랑할 거야. 난 결코 궁정고문관은 되지 않아. 너를 통해 나를 악으로 유혹하는 베로니카는 절대로 쳐다보지도 않을 거야! 초록뱀이 내 것이 될 수 없다면 나는 슬픔과 그리움에 파멸하고 말 거야! 물러가라— 물러가라— 이 비겁한 괴물아!"

그러자 노파는 방 안이 시끄럽게 울리도록 웃어대며 외쳤다.

"좋아, 그럼 거기 앉아서 뒈져버려. 그런데 이제 내가 작업을 시작할 시간이구나. 내가 여기 온 목적은 다른 데 있단 말이다."

그녀는 검은 외투를 벗어 던지고 구역질나게 흉물스런 나체가 되었다. 그런 다음 그녀가 원을 그리며 맴돌자 대형 고서적들이 굴러 떨어졌다.

거기서 그녀는 양피지들을 찢어내서는 이것들을 재빨리 교묘한 형태로 서로 붙인 다음 몸에다 둘렀다. 그녀는 곧 이상야릇하고 화려한 비늘갑옷을 입은 형상이 되었다. 책상 위에 있던 먹병에서는 검은 수고양이가 불을 내뿜으며 튀어나와 노파를 보고 울어댔다. 노파는 큰 소리로 환호하며 고양이와 함께 문밖으로 사라져버렸다.

안젤무스는 그녀가 파란 방으로 가버린 것을 알았다. 곧이어 먼 곳에서 쉭쉭하는 소리와 바람이 휘몰아치는 소리가 들려왔다. 정원에서는 새들이 소리를 질러댔고 앵무새가 꽥꽥거렸다.

"살려줘요— 살려줘—, 도둑이야— 도둑!"

이 순간 노파가 방 안으로 다시 튀어 들어왔다. 팔에는 황금 단지를 안고 꼴사나운 몸짓으로 공중에 대고 거칠게 소리를 질러댔다.

"조심해라! 조심해! 아들아, 초록뱀을 죽여라! 조심해라 아들아, 조심해!"

안젤무스에겐 마치 깊은 신음소리, 세르펜티나의 목소리가 들리는 것 같았다. 그러자 경악과 절망이 그를 사로잡았다. 그는 온 힘을 모아 혈관과 힘줄이 터져라 크리스털 병을 향해 온 몸을 부딪쳤다. 유리 깨지는 듯한 소리가 온 방 안에 울려 퍼졌다. 문서관장이 그의 번쩍이는 비단 잠옷을 입고 문에 서 있었다.

"허허! 몹쓸 것들, 이 무슨 해괴한 짓들인고. 마녀 같으니! 이리 오지 못해, 이봐!"

그가 이렇게 소리쳤다. 그러자 노파의 검은 머리카락들이 마치 가시털처럼 뻣뻣하게 곤두섰다. 그녀의 시뻘건 눈동자는 지옥의 불길을 담고 번득였으며, 딱 벌린 아가리 사이로 날카로운 이빨들을 악물며 그녀는 쇳소리로 내뱉었다.

"자, 가자! 자, 가자! 가서 꺼라, 꺼버려." 그러면서 웃고 조롱하고 야유하며 툴툴거렸다. 그녀는 황금 단지를 품에 꼭 껴안으며, 거기서 한 주먹씩 찰진 흙을 꺼내 문서관장을 향해 던졌다. 그런데 흙덩이는 문서관장의 잠옷에 닿자마자 꽃이 되어 떨어져 내렸다. 그때 잠옷의 백합꽃들에 불이 붙어 타올랐고, 문서관장은 활활 타고 있는 백합들을 마녀를 향해 던졌다. 마녀는 고통으로 울부짖었다. 그러나 그녀가 껑충껑충 뛰며 양피지 갑옷을 흔들어대자, 백합은 불이 꺼져 재가 되어 떨어져내렸다.

"자 덤벼라, 아들아!"

노파가 쇳소리로 고함치자 고양이가 공중으로 튀어올라 문가의 문서관장에게로 돌진했다. 그러나 회색 앵무새가 고양이를 향해 날아가서는 구부러진 주둥이로 목덜미를 물어뜯자 그의 목에서는 뜨거운 빨간 피가 솟구쳤다. 그러자 세르펜티나의 음성이 들려왔다.

"우린 살았어요! 우린 살았어요!"

노파가 분노와 절망에 차서 문서관장에게로 달려들었다. 그녀는 황금 단지를 뒤로 던지고는 깡마른 주먹의 긴 손가락으로 문서관장을 움켜쥐려 했다. 그러나 문서관장은 재빨리 잠옷을 벗어서 노파를 향해 던졌다. 그러자 양피지에서 타닥대던 파란 불꽃이 치지직 소리를 내며 활활 타올랐다. 노파는 울부짖고 신음하면서, 타오르는 불꽃을 끄기 위해 황금 단지에서는 흙을 좀더 많이 파내려, 책에서는 좀더 많은 양피지를 움켜쥐려 기를 썼다. 그리고 그녀가 용케도 흙이나 양피지를 둘러쓰자 불이 꺼졌다. 그러나 이제는 마치 문서관장의 몸속에서 나오는 듯 활활 타오르며 치지직 소리를 내는 광선들이 노파를 향해 쏘아졌다.

"자, 자! 끝장내라! 샐러맨더에게 승리를!"

문서관장의 목소리가 방 안에 웅장하게 울려 퍼졌고, 수백 개의 번쩍이는 섬광들이 불 같은 원을 그리며 비명을 내지르는 노파를 휘감고 맴돌았다. 고양이와 앵무새는 광분하여 싸우는 가운데 서로 바람소리를 일으키며 내달았다. 마침내 앵무새가 힘센 날개로 고양이를 바닥에 쓰러뜨렸고, 발톱으로 고양이를 꿰뚫어서 꼼짝 못하게 하자, 고양이는 사투를 벌이며 끔찍하게 울부짖으며 신음했다. 앵무새가 날카로운 부리로 고양이의 타는 듯한 두 눈알을 뽑아버리자 피가 끓는 거품처럼 튀었다.

노파가 바닥에 고꾸라져 문서관장의 잠옷 아래 쓰러져 있는 곳에서는 연기가 뭉실뭉실 솟아올랐다. 그녀의 울부짖는 소리, 살을 에는 듯한 끔찍한 신음소리가 멀리까지 울려 퍼졌다. 고약한 냄새를 풍기며 퍼지는 연기가 사라지자 문서관장이 잠옷을 들어 올렸다. 그러자 그 밑에는 꼴사나운 사탕무가 한 개 놓여 있었다.

"존경하는 문서관장님, 여기 제가 때려 눕힌 적을 데리고 왔습니다." 앵무새가 부리로 까만 머리카락을 하나 물고 와 린트호르스트 문서관장에게 건넸다.

"아주 잘했네, 친구." 문서관장이 대답했다. "여기 역시 내가 물리친 노파가 누워 있네. 뒷처리는 자네가 알아서 해주게. 자넨 바로 오늘 중으로 변변치 않은 사례로 코코넛 여섯 개와 새 안경을 받게 될 걸세. 보아하니 고양이가 파렴치하게도 자네 안경을 깼구먼."

"내 목숨이 붙어 있는 한 충성을 다하리다, 존경하는 친구이자 후원자시여!" 앵무새가 매우 만족스러워하며 대답했다. 그는 사탕무를 부리에 물고 린트호르스트 문서관장이 열어준 창밖으로 날아갔다.

문서관장은 황금 단지를 잡고는 큰 소리로 외쳤다.

"세르펜티나야, 세르펜티나야!"

그러나 안젤무스 학생이 그를 파멸시켰던 비겁한 노파가 죽어 사라진 것을 기뻐하면서 문서관장을 바라보자, 그는 다시 위풍당당한 정령들의 왕의 모습을 하고서 형용할 수 없이 우아하고 기품 있게 안젤무스를 올려다보았다.

"안젤무스," 정령들의 왕이 말했다. "자네가 믿음을 잃은 것은 자네 탓이 아니라 사악한 원칙 탓일세. 이 사악한 원칙은 자네 마음속에 파괴적으로 파고들어 자네 자신을 분열시키려 했다네. 자네는 진정으로 사랑을 지켰어. 이제 자유의 몸이 되어 행복하게 살게나."

안젤무스의 내면을 한 줄기 섬광이 번쩍 스치며 지나갔다. 크리스털 방울종의 아름다운 삼화음이 그 어느 때보다도 크고 우렁차게 들려왔다. 그의 온몸의 세포와 신경들이 전율했다. 그러나 화음이 방 안에 점점 더 웅장하게 울려 퍼지더니 안젤무스를 에워싼 유리가 파열해버렸다. 안젤무스는 아름답고 사랑스런 세르펜티나의 품 안으로 굴러 떨어졌다.

열한 번째 야경

자기 가족 사이에 퍼진 광기에 화가 난 파울만 교감 — 헤어브란트 서기관이 궁정고문관이 된 사연, 그리고 그가 엄동설한에 구두와 비단 양말만 신은 채 외출한 사연 — 베로니카의 고백 — 김이 모락모락 나는 수프 앞에서 치른 약혼식

"이봐 서기관, 말 좀 해보게! 어제 그 빌어먹을 펀치 기운이 어떻게 우리 머리 꼭대기까지 올라와 그렇게 온갖 멍청한 짓을 하게 할 수가 있었단 말인가?"

다음날 아침 파울만 교감이 방 안으로 들어서며 이렇게 말했다. 방에는 아직도 깨진 유리조각들이 가득 널려 있었고, 그 한복판에는 가발이 처참하게도 본래의 구성 요소로 해체된 채 펀치에 둥둥 떠 있었다.

전날 밤 안젤무스가 문밖으로 뛰쳐나갔을 때, 파울만 교감과 헤어브란트 서기관은 마치 미친 사람들처럼 소리를 질러대고 머리를 서로 부딪치면서 온 방 안을 비틀비틀 헤매고 다녔었다. 마침내 프렌츠헨이 비틀거리는 아빠를 간신히 침대로 데려갔고, 헤어브란트 서기관은 제풀에 지쳐 소파에 쓰러졌으며, 베로니카는 그 방을 떠나 침실로 도망가버렸다.

헤어브란트 서기관은 그의 파란색 손수건을 머리에 동여매고 있었는데 아주 창백하고 우울해 보였다. 그가 신음하듯 말했다.

"아, 교감선생님, 베로니카 양이 맛있게 만든 펀치 탓이 절대 아니에요! 그게 아니라 그 모든 게 다 그 빌어먹을 대학생 탓이라구요. 그 녀석이 오래전부터 비정상인 걸 알아채지 못하셨나요? 또 광기가 전염된다는 걸 모르신단 말입니까? 바보 한 명이 수많은 바보를 양산해낸다, 죄송합니다만, 이건 옛 속담입니다. 더구나 술이 한 잔 들어가게 되면 쉽게 바보가 되어 자기도 모르는 새 남이 하는 대로 따라하거나 정신 나간 향도병(嚮導兵)이 하는 대로 갑자기 기동훈련을 따라하게 되는 겁니다. 교감선생님, 그 회색 앵무새 생각을 하면 제가 아직도 지독한 어지럼증을 느낀다는 걸 믿으시겠습니까?"

"아," 교감이 끼어들었다. "거 무슨 뚱딴지같은 소린가! 그건 문서관장의 조수였다네. 회색 외투를 두르고 안젤무스 학생을 찾고 있었지."

"그럴지도 모르지요." 헤어브란트 서기관이 대답했다. "그러나 전 기분이 아주 좋지 않다는 고백을 하지 않을 수 없군요. 밤새도록 오르간 소리와 휘파람 소리가 그치질 않았거든요."

“그건 나였네.” 교감이 대답했다. “난 코를 심하게 곤다네.”

“네, 뭐 그럴지도 모르지요.” 서기관이 말을 계속했다. “그런데 교감선생님, 교감선생님! 실은 어제 그렇게 축제를 준비한 데는 이유가 있었습니다. 그런데 안젤무스가 제 모든 계획을 다 망쳐놓았단 말입니다. 선생님은 모르세요. 오, 교감선생님, 교감선생님!”

헤어브란트 서기관은 벌떡 일어나 머리에 두른 손수건을 잡아챘고 교감을 껴안았다. 그는 그의 뜨거운 손으로 교감을 잡고 또 한 번 애절한 목소리로 “오, 교감선생님, 교감선생님!”을 외치더니, 모자와 지팡이를 집어들고는 황황히 사라져버렸다.

“안젤무스가 또다시 내 집 문턱을 넘게 두나봐라.” 파울만 교감이 혼잣말을 했다. “그놈은 그 고약한 정신이상으로 쓸 만한 사람들 정신까지 혼미하게 한단 말이야. 서기관도 이젠 끝장났군. 나는 지금까지는 그래도 버텼지만, 어제 술기운에 날 노골적으로 떠보던 악마가 결국엔 쳐들어와 날 가지고 제멋대로 놀지도 몰라. 그러니 사탄아 물러가라! 안젤무스도 꺼져라!”

베로니카는 아주 깊은 생각에 빠져 있었다. 그녀는 한마디도 하지 않았고, 단지 때때로 아주 야릇하게 미소 지을 뿐이었다. 그녀는 혼자 있는 것을 제일 좋아했다.

“저 애까지도 안젤무스가 마음에 걸리는 거야.” 교감이 잔뜩 성이 나서 말했다. “녀석이 얼씬거리지도 않는 게 다행이군. 내가 무서워서 그런 걸 알지. 안젤무스 놈은 그래서 오지도 않는 거야.”

이 마지막 말을 파울만 교감은 매우 큰 소리로 말했다. 그러자 그 자리에 있던 베로니카의 눈에서 당장 눈물이 솟구쳤다. 그녀가 한숨을 쉬며 말했다.

"아, 안젤무스가 올 수나 있나요? 벌써 오래전에 유리병 안에 갇힌 걸요."

"뭐? 뭣이 어째?" 파울만 교감이 외쳤다.

"아 맙소사, 아 맙소사, 저 애도 벌써 서기관처럼 헛소리를 하는구나. 곧 증세가 나타날 거야. 아, 너 이 빌어먹을 못된 안젤무스 놈아!"

그는 곧장 에크슈타인 박사에게로 달려갔다. 그는 미소를 짓더니 또다시 말했다. "이런, 이런!"

그러나 그는 아무런 처방도 써주지 않았고, 그가 한 몇 마디 되지 않는 말에다가 떠나면서 덧붙였다.

"신경성 발작입니다! 그냥 두면 저절로 나을 겁니다. 신선한 공기를 쐬게 하세요. 마차를 타고 산책을 시키십시오. 다른 생각을 하게 하시구요. 극장엘 보내시죠. '행운아'나 '프라하의 자매'[40] 같은 작품을 보여주세요. 저절로 나을 겁니다!"

'저 의사가 저렇게 말을 많이 하는 예는 드문데,' 파울만 교감은 생각했다. '정말 수다스럽군.'

여러 날이, 여러 주가, 여러 달이 흘렀다. 안젤무스는 사라져버리고 없었다. 헤어브란트 서기관도 모습을 나타내지 않았다.

2월 4일, 서기관이 최고급 기지로 된 최신 유행하는 양복을 입고, 비단 양말에 구두를 신고, 날씨가 사뭇 추운데도 불구하고 생화 한 다발을 손에 들고, 정각 열두 시에 파울만 교감의 방으로 들어왔다. 교감은 그가

40 '행운아'와 '프라하의 자매'는 뮐러(Wenzel Müller, 1759–1835)의 오페라. 호프만은 그의 문학작품 『시인과 작곡가Der Dichter und der Komponist』에서 이 두 오페라를 훌륭한 작품이라며 칭찬하고 있다.

그렇게 쪽 빼입은 모습에 적잖이 놀랐다. 헤어브란트 서기관은 정중하게 파울만 교감에게로 걸어가서는 그를 예절 바르게 포옹한 다음 이렇게 말했다.

"오늘, 선생님의 사랑스런 따님 베로니카의 성명축일을 맞아 저는 오래전부터 마음속에 품고 있던 이야기를 솔직하게 다 말씀드리고자 합니다. 지난번 제가 그 빌어먹을 펀치용 재료를 제 윗도리 주머니에 가져왔던 그 불행하던 날 밤, 저는 기쁜 소식을 한 가지 전해드리고 그 복된 날을 즐겁게 축하하고자 생각했었습니다. 저는 그때 이미 제가 궁정고문관이 되었다는 것을 알고 있었습니다. 그런데 지금 저는 이 승진에 대해 왕의 서명과 인장이 있는 문서를 받아 주머니에 갖고 왔습니다."

"아, 아! 헤어브란트 서기, 아니 난 궁정고문관이라고 말하려고 한 걸세." 교감이 더듬거리며 말했다.

"하지만 존경하는 교감선생님," 이제는 궁정고문관이 된 헤어브란트가 말을 계속했다. "선생님께서야말로 제 행복을 완벽하게 해주실 수 있습니다. 벌써 오래전부터 저는 속으로 베로니카 양을 사랑해왔습니다. 그리고 그녀가 제게 던져준 많은 다정한 눈길을 자랑스럽게 생각하고 있습니다. 그녀의 눈길은 그녀도 저를 별로 싫어하지 않는다는 것을 확실하게 보여주었습니다. 단도직입적으로 말씀드려서, 존경하는 교감선생님! 저 헤어브란트 궁정고문관은 선생님의 사랑스런 따님 베로니카 양에게 구혼하는 바입니다. 선생님께서 반대하지 않으신다면, 저는 베로니카 양과 조만간 혼인해 제 집으로 데려가려 생각하고 있습니다."

파울만 교감은 너무나 놀라서 손뼉을 치며 외쳤다.

"이런— 이런— 이런— 서기, 아니 내 말은 궁정고문관, 그런 걸 누가 생각인들 해봤겠나! 그래, 베로니카가 자네를 정말로 사랑한다면 나로서도 반대하지는 않겠네. 어쩌면 그 애의 최근 우울증도 단지 자네를 몰래 사랑하기 때문인지도 모르겠네, 궁정고문관! 사랑에 빠지면 이상해지는 거 아닌가."

그 순간 베로니카가 들어왔다. 그녀는 요즘 늘상 그랬듯이 창백했으며 심란해 보였다. 헤어브란트 궁정고문관은 그녀에게로 걸어가서 그녀의 성명축일에 대해 적절한 축하의 말을 하면서 작은 상자와 함께 향기로운 꽃다발을 건넸다. 그녀가 상자를 열자 한 쌍의 번쩍이는 귀걸이가 빛을 발하며 그녀를 반겼다. 그녀의 두 뺨에 홍조가 얼핏 스쳐 지나갔고, 그녀의 두 눈은 약간의 생기를 띠었다. 그녀가 외쳤다.

"어머나, 이럴 수가! 이건 제가 벌써 몇 주일 전에 달아보고 기뻐했던 바로 그 귀걸이예요!"

"아니 어떻게 그럴 수가!" 헤어브란트 궁정고문관이 좀 놀라서 민감한 반응을 보이며 말을 막았다. "이 보석은 제가 바로 한 시간 전에 슐로스가에서 거금을 주고 산 건데요?"

그러나 베로니카는 그 말에는 귀를 기울이지 않았고, 어느새 보석을 귀에 달은 다음 그 효과를 감상하기 위해 이미 거울 앞에 서 있었다. 파울만 교감은 근엄한 표정과 진지한 어조로 그녀에게 그와 친분이 두터운 헤어브란트의 승진과 그의 구혼에 대해 털어놓았다. 베로니카는 궁정고문관을 뚫어질 듯한 시선으로 바라보더니 말했다.

"당신께서 저와 결혼하고 싶어하신다는 것을 저는 진작부터 알고 있었어요. 그럼 그렇게 하겠어요! 저는 당신께 제 몸과 마음을 드리겠어요. 하지만 지금 당장 말씀드릴 게 있어요. 그러니까 아버지와 신랑감인 두 분께 제 마음을 짓누르고 있는 여러 가지를 고백해야만 하겠어요. 지금 당장이요. 이제 보니 프렌츠헨이 식탁에 수프를 막 갖다놓고 있는데 수프가 식어도 할 수 없어요."

분명 교감과 궁정고문관의 입가에 떠도는 대답을 기다리지도 않은 채 베로니카가 말을 이었다.

"아마 제 말을 믿으실 수 없을 거예요, 사랑하는 아버지! 제가 안젤무스를 진심으로 사랑했다는 것을요. 지금 궁정고문관이 되신 헤어브란트 서기관이 안젤무스가 그런 직위에 오를 만한 인물이라고 단언했을 때, 저는 그이 말고는 어떤 다른 사람도 제 남편이 되어선 안 된다고 마음먹었어요. 하지만 그러자 어떤 낯설고 사악한 존재들이 그이를 제게서 빼앗아가려는 듯했어요. 저는 리제 노파에게로 가서 보호해줄 것을 청했지요. 리제는 전에 제 보모였는데 지금은 점쟁이, 위대한 마술사예요. 리제는 저를 도와 안젤무스를 제 사람으로 만들어주겠다고 약속했어요. 우리는 추분날 자정에 십자로로 갔고, 그녀는 지옥의 망령들을 주문으로 불러왔고, 검은 고양이의 도움을 받아 우리는 작은 금속 거울을 만들어냈어요. 제가 안젤무스의 생각을 지배하기 위해서는 제 생각을 그이에게로 향한 채 그 거울을 들여다보기만 하면 되는 거예요. 그러나 전 지금 그 모든 짓을 한 것을 진심으로 후회하고 있어요. 저는 악마의 마술 따윈 다 그만두겠어요. 샐러맨더가 그 노파에게 승리했답니다. 저는 그녀의 비명 소리를 들었지만 도와줄 방법이 없었어요. 그녀가 사탕무로 변해 앵무새한테 먹혀버리자, 제 금속 거울도 소리를 내며 깨져버렸답니다."

베로니카가 깨어진 거울 두 조각을 꺼냈고, 반짇고리에서 곱슬머리를 한 가닥 꺼내서는 이 두 가지를 헤어브란트 궁정고문관에게로 내밀며 말을 계속했다.

"여기 이걸 받으세요, 사랑하는 궁정고문관님. 거울 조각들은 오늘 밤 열두 시에 엘베 강 다리에서, 그러니까 십자가가 서 있는 지점에서 강물

속으로 던져버리세요. 그곳은 얼어붙지 않았거든요. 그리고 곱슬머리는 사랑하는 마음으로 간직하세요. 저는 악마의 마술 따위에선 손을 떼겠다는 것을 다시 한번 말씀드려요. 그리고 진심으로 안젤무스의 행복을 빌겠어요. 지금 그이는 저보다 훨씬 더 아름답고 부자인 초록뱀과 결혼해서 살고 있답니다. 저는, 사랑하는 궁정고문관님, 당신의 정식 아내로서 당신을 사랑하고 존경하겠어요!"

"아 하느님 맙소사! 아 맙소사!" 파울만 교감이 너무나 괴로워하며 외쳤다. "저 애는 정신이 돌았어, 돌았다구. 궁정고문관 부인은 결코 될 수 없을 거야. 실성했다니까!"

"천만에요." 헤어브란트 궁정고문관이 끼어들었다. "베로니카 양이 그 괴상한 안젤무스에게 어느 정도 호감을 갖고 있다는 것은 저도 알고 있습니다. 베로니카 양은 어찌해야 할지 모른 나머지 그 점쟁이 여자한테 간 건지도 모르지요. 제 생각에 그 여자는 제토어 앞에서 카드점이나 커피 찌꺼기 점을 쳐주는 여자일 겁니다. 바로 라우어린 노파죠. 사람들에게 악영향을 미치는 비밀스런 마술이 실제 있다는 것도 부인할 순 없겠지요. 옛 고전에서도 그런 이야기를 읽을 수 있습니다. 하지만 베로니카 양이 샐러맨더의 승리나 안젤무스와 초록뱀의 결혼에 대해 이야기한 것은 아마도 그저 시적인 비유일 겁니다. 동시에 그녀가 그 대학생과의 영원한 이별을 노래한 한 편의 시겠지요."

"당신 맘대로 생각하세요, 존경하는 궁정고문관님!" 베로니카가 끼어들었다. "정말로 바보 같은 꿈이라고 생각하시든지."

"난 절대로 그러지 않을 거요." 헤어브란트 궁정고문이 대답했다. "왜냐하면 안젤무스 또한 비밀스런 세력들한테 잡혀 있다는 걸 내 잘 아니까 말이오. 그런 세력들이 그 사람을 희롱해 별별 미친 짓을 다 하게 만들고 있단 말이오."

파울만 교감은 더 이상 참지 못하고 폭발하고 말았다.

"그만, 하느님 맙소사, 그만두지 못해! 대체 우리가 또다시 그 빌어먹을 펀치를 과도하게 마신 건가, 아니면 안젤무스의 정신이상이 우리한테도 전염된 건가? 궁정고문관, 자넨 왜 또다시 그런 헛소릴 지껄이는 건가? 나는 그게 사랑이라고 믿고 싶네. 사랑이 자네 머릿속을 헷갈리게 하는 거야. 그건 결혼을 하면 나아지겠지. 그렇지 않다면 자네도 좀 정신이 이상하게 된 건 아닐까 염려스럽네, 친애하는 궁정고문관. 그리고 부모의 병이 유전될 후손도 걱정되고. 자, 그럼 이 기쁜 혼약에 내 아버지로서 축복을 해주겠네. 그리고 자네들 신랑 신부가 키스하는 것을 허락하지."

그들은 즉시 그렇게 했고, 식탁에 차려놓은 수프가 식기 전에 정식 약혼은 성사되었다.

그로부터 몇 주 후 헤어브란트 궁정고문관 부인은 정말로 그녀가 이미 일찍이 머릿속에 그려보았던 대로 노이마르크트 시장 광장에 있는 아름다운 집 창가에 앉아서 미소를 지으며 우아하게 차려입은 멋쟁이들을 내려다보고 있었다. 이 멋쟁이 신사들은 지나가면서 빤히 위를 쳐다보며 말했다.

"헤어브란트 궁정고문관 부인은 정말로 천사같이 아름다운 여자란 말이야!"

열두 번째 야경

안젤무스가 린트호르스트 문서관장의 사위로서 이주해 살고 있는 기사령에 대한 소식, 그리고 그곳에서 세르펜티나와 사는 이야기―소설의 끝

나는 정말로 내 마음속 깊이 안젤무스 학생의 행복을 느꼈다. 그는 아름다운 세르펜티나와 사랑으로 결합하여 이제는 저 비밀스럽고 신비스런 나라로 이주해 살고 있었다. 그는 이 나라가 그의 기이한 예감에 가득 찬 가슴이 이미 오래전부터 동경하던 자신의 고향임을 알아차렸다. 그러나 친애하는 독자여, 독자에게 안젤무스를 둘러싸고 있는 그 모든 아름다움을 그저 몇 마디만으로라도 암시하려는 내 모든 노력은 수포로 돌아가고 말았다. 서글프게도 나는 내가 어떻게 하든 내 표현이 무기력함을 알게 된 것이다. 나는 나 자신 보잘것없고 초라한 일상생활에 사로잡혀 있음을 느꼈고, 나 자신이 불만스러워 괴로워하다 병들고 말았다. 나는 마치 몽유병자처럼 헤매고 돌아다녔다.

친애하는 독자여! 요컨대 나는 '네 번째 야경'에서 독자에게 서술했던 바의 안젤무스 학생 같은 상태에 빠지고 만 것이다. 나는 내가 지금까지 무사히 끝낸 열한 장의 야경들을 훑어보면서, 마지막 종석이 될 열두 번째 야경을 결코 끝낼 수 없으리라는 생각으로 애타게 괴로워했다. 왜냐하면 이 작품을 끝내기 위해 밤에 책상에 앉을 때마다, 내겐 마치 참으로 심술궂은 정령들이(그들은 살해당한 마녀의 친척 혹은 진짜 사촌들일지도 모른다) 표면이 잘 닦인 금속 거울을 내게 들이대는 것 같았기 때문이다. 마치 펀치를 마셔 취한 헤어브란트 서기관처럼 창백한데다가 밤을 지샌 탓에 지치고 우울한 모습의 내 자아가 비쳐 보이는 금속 거울을 말이다. 그러면 나는 펜을 집어던지고는 침대 속으로 달려가는 것이었다. 저 행복한 안젤무스와 아름다운 세르펜티나에 대해 꿈이라도 꾸기 위해서 말이다.

이미 그렇게 몇 날 몇 밤이 흘러갔다. 나는 드디어 전혀 뜻하지 않게 린트호르스트 문서관장으로부터 서신을 하나 받게 되었는데, 그 서신에는 다음과 같이 씌어 있었다.

귀하께서는 전에는 대학생이었으나 지금인 시인이 된 내 착한 사위 안젤무스의 기이한 운명에 대해 열한 장의 야경을 쓰셨다고 들었습니다. 그리고 지금은 열두 번째 장이자 마지막 장인 야경에서 아틀란티스에서의 그의 행복한 생활에 대해 몇 가지를 쓰려고 대단히 괴로워하신다지요. 아틀란티스에 저는 아담한 기사령을 소유하고 있는데, 안젤무스는 내 딸과 함께 그곳으로 이주해 살고 있습니다.

저는 독자들에게 제 실체가 드러나는 것을 그리 좋아하지는 않습니다. 왜냐하면 그것이 추밀문서관장으로서의 공직 수행에 있어 저를 수많은 난관에 봉착하게 할지도 모르기 때문입니다. 아니 어쩌면 대학에서는 이런 질문까지 토의에 붙이게 될지도 모르기 때문입니다. 즉 일개 샐러맨더가 과연 법적으로 구속력을 지닌 국가 공복으로서 선서를 하고 직무를 수행할 수 있을 것인가, 또 신용이 필요한 업무를 그에게 어느 정도까지 맡길 수 있을 것인가 하는 문제에 대해서 말입니다. 가발리[41]나 스베덴보리[42]에 의하면 원소의 정령들은 결코 신임할 수 없다고 하니 말입니다. 또 제 실체가 드러나게 되면, 제 가장 친한 친구들은 제가 혹시 갑자기 만용을 부려 불길을 일으켜서는 그들의 머리나 외출복을 태우지나 않을까 두려워 이제 저와의 포옹은 피하려 들 겁니다.

그러나 이런 모든 우려에도 불구하고 저는 귀하께서 이 작품을 완성하도록 협조하고자 합니다. 왜냐하면 이 작품에는 저와, 또 제가 사랑하는 혼인한 딸애(제가 나머지 두 딸도 벌써 여의었다면 얼마나 좋겠습니까)에 대해 좋은 말이 많이 씌어 있기 때문입니다.

그러니 열두 번째 야경을 쓰시고자 한다면, 그 빌어먹을 5층 계단을 내려오십시오. 귀하의 작은 방을 떠나 제게로 오십시오. 귀하께서 이미 잘 알고 계시는 그 파란 벽의 종려나무 방에서 귀하는 적당한 필기 도구들을 발견하게 되실 겁니다. 그러면 독자들에게 당신이 직접 보신 것을 몇 마디 말로 전달할 수 있을 것입니다. 그편이 그저 들은풍월로만 아는 안젤무스의 인생에 대해 장황하게 늘어놓는 것보다 훨씬 나을 것입니다.

귀하의 충실한
샐러맨더 린트호르스트
궁정추밀문서관장 올림

린트호르스트 문서관장의 물론 좀 거칠긴 하지만 친절한 이 서한은 내게 무척 반가운 것이었다. 이 기이한 노인은 내가 어떤 희한한 방법을 통

41 프랑스의 드 빌라르(Montfaucon de Villars, 1638-1673) 신부가 쓴 『가발리 백작 혹은 신비한 학문에 대한 대화』(1670)를 가리킴. 원소들의 정령과 인간의 관계를 다룬 책으로 1782년 독일어로 번역되었다.

42 Emmanuel von Swedenborg(1688-1772): 스웨덴의 물리학자이자 철학자로 초자연적인 힘과 신의 비밀스런 계시를 믿음. 칸트의 「어느 유령을 보는 자의 꿈」(1766)은 스베덴보리를 비판한 글이다.

해 그의 사위의 운명에 대해 알게 되었는지를 — 나는 비밀을 지킬 의무가 있는 만큼 이 방법에 대해서는 독자에게조차 밝힐 수가 없다 — 익히 잘 알고 있는 듯했다. 그러나 그는 그것을 내가 겁냈던 만큼 그렇게 나쁘게 생각하고 있지는 않은 것 같았다. 그분 자신이 내 작품을 완성하도록 도와주겠다는 것이었으니 말이다. 그리고 그것으로 미루어 나는 정령들의 세계 속에서의 그의 신비스런 존재가 출판을 통해 알려지는 것에 그가 근본적으로 동의한다는 결론을 내릴 수 있었다. 그리고 그것은 틀리지 않을 것이다. 나는 생각했다. "어쩌면 그분은 자기가 그렇게 할수록 남아 있는 두 딸을 더 빨리 결혼시킬 수 있으리라는 희망을 갖고 있을지도 몰라. 왜냐하면 혹시 초록뱀에 대한 동경에 불을 지필 불꽃이 이런저런 청년의 가슴에 떨어지게 되고, 그러면 그 청년은 예수승천일에 라일락나무 밑에서 그 뱀들을 찾게 되고 그 뱀들을 발견하게 될지도 모르기 때문이지. 안젤무스가 유리병에 갇히게 되었을 때 그에게 닥쳤던 불행은 그 청년에게 모든 의혹과 불신을 각별히 조심하라는 경고를 하게 될 거야."

열한 시 정각에 나는 내 독서용 램프를 끄고 린트호르스트 문서관장에게 살그머니 갔다. 그는 이미 현관 복도에서 나를 기다리고 있었다.

"오셨군요, 존경하는 작가 양반! 당신이 내 호의를 오해하지 않아줘서 다행이오. 따라오시오!"

이렇게 말하며 그는 눈부신 빛이 충만한 정원을 통해 하늘빛 파란 방으로 나를 데리고 갔다. 그 방에서 나는 안젤무스가 일하던 자줏빛 책상을 보았다.

린트호르스트 문서관장은 사라졌다가 곧 금으로 된 아름다운 잔을 손에 들고 다시 나타났다. 이 잔에서는 파란 불꽃이 활활 높이 타오르고 있었다.

"여기," 그가 말했다. "내가 작가 선생의 친구인 요한네스 크라이슬러 악장[43]이 좋아하는 술을 가져왔오. 이건 설탕을 넣은 화주에 불을 붙인 거라오. 맛 좀 보시구려. 나는 곧 내 잠옷을 벗어던진 후, 당신이 앉아서 바라보고 쓰는 동안, 당신이 여기 계신 것을 즐기기 위해 이 잔 속에 들어갔다가 나왔다 하겠소."

"마음대로 하시지요, 존경하는 문서관장님." 내가 대답했다, "하지만 제가 이 술을 마시게 되면, 당신은……"

"걱정하실 건 조금도 없어요." 문서관장이 외치며, 잠옷을 재빨리 벗어던지더니 술잔 안으로 들어가 불꽃 속으로 사라져버렸다. 나는 적잖이 놀랐다.

주저하지 않고 나는 불길을 살살 불어대면서 술을 맛보았다. 술맛은 정말 끝내주게 좋았다!

부드럽게 살랑거리며 부는 바람에 종려나무의 에메랄드빛 나뭇잎들은 마치 아침 바람의 입김에 애무를 받는 듯 생동하기 시작했다. 이 잎들은 잠에서 깨어난 듯 일어나 기지개를 켜며, 마치 먼 곳에서인 듯 아름다운 하프의 음들이 알려오는 신비에 대해 비밀스럽게 속삭이는 것이었다! 벽에서는 파란 빛이 떨어져나와선 향기로운 안개처럼 오르락내리락거렸다. 종려나무 위 까마득히 높은 둥근 천장 끝까지, 마치 어린애들이 즐거워 함성을 지르듯 오르고 내리며 요동치는 향기 사이로 눈부신 햇살들이 빛났다. 햇살들은 점점 더 눈부시게 쌓였다. 그 밝은 태양빛 속에서 끝이

43 요한네스 크라이슬러 악장(der Kapellmeister Johannes Kreisler)은 『수고양이 무르Kater Murr』(1821) 등 호프만의 여러 작품에 나오는 주인공으로, 낭만적인 예술가의 전형이다. 호프만은 크라이슬러와 자신을 동일시해 편지에 때로는 크라이슬러라고 서명하기도 했다.

보이지 않는 광대한 숲이 펼쳐졌는데, 그 속에서 나는 안젤무스를 보게 되었다.

불타는 듯한 히야신스와 튤립, 그리고 장미가 아름다운 화관을 쳐들었고, 그들의 향기는 아주 부드러운 소리로 행복한 안젤무스에게 외치고 있었다.

"우리들 사이에서 거니세요, 거니세요. 사랑하는 이여, 우리를 이해하는 당신, 우리들의 향기는 사랑의 동경이랍니다. 우리는 당신을 사랑해요. 그리고 영원히 당신의 것이랍니다! 금빛 햇살들이 뜨거운 소리로 이렇게 말하며 타오르고 있네요. 우리는 사랑으로 불붙은 불이랍니다. 향기는 그리움이지요. 그러나 불은 욕망이에요. 그리고 우리는 바로 당신의 가슴속에 거하고 있어요. 우리는 바로 당신의 것이어요!"

무성한 덤불들과 키 큰 나무들은 살랑이고 솨솨 소리를 내며 말했다.

"우리한테로 오셔요! 행복한 자여, 사랑하는 이여! 불은 욕망이지요. 그러나 소망은 우리를 식혀주는 그늘이랍니다! 우리는 당신의 머리를 사랑하는 마음으로 감싸고 분답니다. 왜냐하면 당신은 우리를 이해하니까요. 그건 사랑이 당신의 가슴속에 거하기 때문이지요."

샘물과 시냇물들은 졸졸 흐르며 솟아올랐다.

"사랑하는 이여, 그렇게 빨리 지나가지 마세요. 우리의 크리스털같이 맑은 물속을 들여다보세요. 당신의 모습이 우리 안에 거하고 있어요. 우리는 당신의 모습을 사랑하는 마음으로 간직한답니다. 왜냐하면 당신은 우리를 이해하셨으니까요!"

오색찬란한 새들은 환호하며 지저귀고 노래 불렀다.

"우리에게 귀 기울여보세요, 귀 기울여보세요. 우리는 사랑의 기쁨이며 환희이며 열락이랍니다!"

그러나 안젤무스는 동경에 가득 차서 저 먼 곳에서 모습을 드러내는 아름다운 사원을 바라보고 있었다. 정교한 기둥은 나무들이고, 석좌들과 추녀는 신비스런 문양과 형상으로 화려한 장식을 드리운 아칸더스 잎들처럼 보였다. 안젤무스는 그 사원을 향해 걸어갔다. 그는 마음속 깊이 즐거워하며 다채로운 대리석과 신비스럽게 이끼 낀 계단을 바라보았다.

"아 그래," 그가 너무나 황홀해하며 외쳤다. "그녀는 이제 멀지 않은 곳에 있는 거야!"

그때 사원 안에서 아름답고 사랑스런 자태의 세르펜티나가 걸어나왔다. 그녀는 한 송이의 아름다운 백합꽃이 피어 있는 황금 단지를 들고 있었다. 끝없는 동경의 이름 모를 환희가 그녀의 사랑스런 두 눈동자에서 타고 있었다. 그녀는 그런 시선으로 안젤무스를 바라보며 말했다.

"아, 사랑하는 이여! 백합꽃이 봉오리를 열었어요. 지고한 것이 실현되었어요. 우리의 행복 같은 행복이 어디 또 있을까요?"

안젤무스는 뜨거운 갈망을 느끼며 그녀를 열정적으로 껴안았다. 백합은 활활 타오르는 햇살을 받으며 그의 머리 위에서 타고 있었다. 그리고 나무들과 덤불들은 점점 더 큰 소리로 생동하고, 샘물들은 더 맑게 더 즐겁게 환호했다. 새들과 온갖 다채로운 곤충들이 공중에서 어지럽게 돌며 춤을 추었다. 공중에서 물속에서 즐겁고 기쁘게 환호하는 소동이 가득했다. 지상에서는 사랑의 축제가 벌어지고 있었다!

그러자 번쩍이는 섬광이 사방에서 번쩍이며 풀숲을 통과해 지나갔다. 다이아몬드가 마치 번쩍이는 눈망울처럼 땅속에서 내다보고 있었다! 샘물에서는 분수들이 솟구쳐 나왔다. 진귀한 향기가 살랑거리는 날갯짓과 함께 불어왔다. 그것은 백합꽃에게 경배하며 안젤무스의 행복을 알리는 원소의 정령들이었다.

그러자 안젤무스가 머리를 들었다. 그의 머리는 성스러운 빛의 광휘에 둘러싸인 듯했다. 그건 시선이었을까? 말이었을까? 노래였을까? 이런 소리가 은은하게 울려왔다.

"세르펜티나! 그대에 대한 믿음과 사랑이 내게 자연의 내면을 열어주었소! 그대는 내게 백합을 가져다주었소. 백합은 포스포루스가 생각에 불을 붙이기도 전에 이미 지상의 원초적 힘인 금에서 싹을 틔웠다오. 백합은 모든 존재들의 성스러운 화음에 대한 인식이오. 그리고 이러한 인식 가운데 나는 지고한 행복을 누리며 영원히 살 것이오. 그래요, 나 이 행복한 자는 지고한 것을 인식했소. 나는 그대를 영원히 사랑할 것이오. 오 세르펜티나! 백합의 금빛 찬란한 빛은 결코 바래지 않을 것이오. 왜냐하면 믿음과 사랑처럼 인식 또한 영원하기 때문이오."

내가 환영을 통해 아틀란티스 그의 기사령에 살고 있는 안젤무스를 실제로 볼 수 있었던 것은 샐러맨더의 마술 덕이었다. 그 모든 것이 마치 안개에 휩싸인 듯 사라져버렸을 때, 자줏빛 책상 위에 놓여 있던 종이에 내가 이 환영을 아주 말끔하고 생생하게 써놓은 것을 발견한 것은 정말 멋진 일이었다.

그러나 이제 나는 날카로운 고통으로 온몸이 찔리고 찢어지는 듯 느꼈다.

"아, 행복한 안젤무스여, 당신은 일상의 짐을 벗어던지고, 아틀란티스에 있는 당신의 기사령에서 아름다운 세르펜티나에 대한 사랑으로 힘차게 날갯짓을 하며 환희와 기쁨 속에서 살고 있소! 그러나 나는 얼마나 가련한지! 이제 곧, 그래 불과 몇 분 후면 나는 아틀란티스의 기사령이 되려면 아직 먼 이 아름다운 홀에서조차 나가, 내 지붕밑 방으로 돌아갈 것이오. 초라하고 가난한 내 인생은 내 의식을 사로잡고 있소. 그리고 내 시선은 마치 짙은 안개에 둘러싸인 듯 수많은 불행한 일들로 휩싸여 있으니, 나는 아마도 백합꽃은 결코 바라볼 수 없을 거요."

그러자 린트호르스트 문서관장이 가만히 내 어깨를 두드리며 말했다.

"조용히, 조용히 해요, 존경하는 작가 양반! 그렇게 한탄하지 말란 말입니다! 당신 자신도 방금 아틀란티스에 가 계시지 않았소. 그리고 당신도 그곳에 적어도 아담한 농장 하나를 당신 마음속의 시적인 소유재산으로 갖고 있는 것 아니오? 도대체 안젤무스의 행복이란 바로 시 속의 삶이 아니고 무엇이겠소? 모든 존재의 성스러운 화음이 자연의 가장 심오한 비밀임을 계시해주는 시 말이오."

메르헨의 끝

어부

Der Fischer

요한 볼프강 폰 괴테(Johann Wolfgang von Goethe, 1749-1832)

물결이 철썩, 굽이쳐 올랐네,
한 어부 물가에 앉아
낚싯대를 조용히 응시하고 있었네.
차갑도록 잔잔한 그의 가슴.
그렇게 앉아 파도소리에 귀 기울일 때,
물결이 갈라지며 솟구쳐 오르네.
철썩철썩 요동치는 물결 속
물에 젖은 여인이 자태를 드러내네.

그녀가 그에게 노래했네, 말했네.
"인간의 지혜, 인간의 간계로
그대 어찌 내 피붙이를 유인해 올려
뜨거운 죽음을 맞보게 하느냐?
오, 그대가 안다면, 저 바닥
행복한 작은 물고기의 삶을,
그대 이대로 내려와
그곳에서 비로소 건강해지리라.

사랑스런 해도 달도
바닷물에 즐겨 몸을 담그지 않더냐?
파도를 숨 쉰 해와 달의 얼굴이
두 배나 고와져 돌아오지 않더냐?
저 깊은 하늘이 그대를
물에 씻긴 파란 빛으로 유혹하지 않더냐?
그대 자신의 얼굴이 그대를
저 영원한 이슬을 향해 유혹하지 않더냐?"

물결이 철썩, 굽이쳐 올랐네,
그의 맨발을 적셨네.
그의 가슴은 연인의 안부를 듣는 듯
동경과 그리움에 부풀어 올랐네.
그녀가 그에게 말했네, 노래했네.
그러자 그는 어찌할 수 없었다네.
반쯤 그녀가 끌어당기고, 반쯤 그 스스로 잠겼으니,
그 후 아무도 그를 본 사람이 없었네.

Historie von der schönen Lau
아름다운 라우 이야기

에두아르트 뫼리케

윤현자 옮김

작품 해설

「아름다운 라우 이야기」는 에두아르트 뫼리케의 메르헨 『슈투트가르트의 난쟁이』에 틀이야기 형식으로 들어 있는 작품이다. 뫼리케는 낭만주의와 사실주의의 중요한 서정시인이며, 슈바벤 비더마이어의 대표 작가이다. 비더마이어는 '소박한 소시민적 생활'을 뜻하는 용어였으나, 독일 문학사조로서의 비더마이어는 1815년에서 1848년까지의 비정치적인 사회 분위기와 문학 경향을 뜻한다. 독일 비더마이어는 주로 독일의 남동 지역을 중심으로 발전했다. 뫼리케는 수습목사 목회지로 또는 경제적인 이유로 평생 뷔르템베르크 내의 여러 도시를 자주 옮기면서 생활한 탓에 그 지역을 누구보다 잘 아는 진정한 슈바벤의 작가였다. 그리하여 그의 작품 속에는 자연의 아름다움과 평화로운 전원 생활, 그리고 소시민적인 자족감이 투영되어 있다.

「아름다운 라우 이야기」 역시 '슈바벤의 진주'라고 불리는 블라우보이렌에 실재하는 블라우토프라는 연못을 둘러싼 민담과 전설을 바탕으로 지어진 이야기이다. 사람들은 블라우토프에 물의 여인이 살고 있다고 믿었다. 그것은 이 연못이 가뭄에도 수량이 줄지 않고, 그 깊이를 재려고 연추를 내리기만 하면 연추가 사라졌으며, 연못의 색은 누군가가 잉크를 풀지 않고는 도저히 불가능할 정도로 신비한 푸른색을 띠기 때문이다.

라우(Lau)는 '물'이라는 뜻의 La에서 lo, lau, 'b' lau로 넘어가는 과정에서 생긴 이름이라는 설도 있고, '파란색'이라는 뜻의 'blau'에서 왔다는 설도 있다. 아름다운 라우가 파란 연못, 즉 '파란 항아리'라는 뜻의 블라우토프에 살고 있는 물의 여인이므로 두 가지 다 타당하다고 할 수 있다. 라우는 다른 전설이나 소설 속의 물의 여인들과는 여러 면에서 다르다. 멜루지네와 운디네 같은 물의 여인들의 이야기는 그녀들이 처녀였을 때 시작하여 인간 남자를 만나 결혼을 하고 파경에 이르는 과정을 담고 있다면, 라우 이야기는 이미 결혼한 여인으로 시작한다. 그리하여 다른 여인들의 이야기가 사랑과 배신을 주요 모티프로 하여 비극적인 결말을 맺는다면, 라우 이야기는 '살아 있는 아기'의 출산을 위한 진정한 웃음을 주제로 하고 있으며 결국 '해피엔딩'으로 끝난다. 또한 다른 여인들은 물의 여인이라는 자신의 존재를 드러내지 않으려고 노력하지만 라우는 자연 존재로서의 자신의 정체성을 찾는 여인이다.

라우는 왜 블라우토프에 살게 되었으며, 어떻게 고향으로 돌아가게 되는가? 라우는 원래 흑해 바다왕국을 지배하는 왕의 아내인데, 원인 모를 마법에 걸려 '죽은 아이'만을 낳게 되었고, 이로 인해 웃음을 잃어버린다. 왕은 왕궁에서는 그녀를 치료할 수 없다고 믿어 그녀를 머나먼 블라우토프로 유배를 보내게 되었던 것이다. 그녀의 시어머니는 그녀가 진심으로 다섯 번을 웃어야만 이 마법에서 풀려날 수 있다고 알려주었다. 웃음을 잃어버린 왕비가 외진 시골의 연못에서 어떻게 웃음을 되찾을 수 있을까? 이 해답을 작가는 화려한 왕비에게는 전혀 어울리지 않는 가장 전원적이고 인간적인 면에서 찾았다. 즉 베타 부인이라는 푸근하고 넉넉한 전형적인 슈바벤의 어머니상을 통해 따뜻한 사랑과 배려, 그리고 진솔한 대화로 라우의 웃음을 이끌어냈던 것이다. 베타 부인은 라우가 살고 있는 연못의 주변을 말끔하게 청소해주어 라우의 마음을 열게 했고, 그녀를 인간 세계로 초대해 딸처럼 대해주었다. 그리고 부인들의 저녁모임에 동석하게 하여 인간들이 만드는 따뜻함을 느끼게 한다. 라우는 물의 여인이므로 차갑고 변덕스러운 물의 특징을 지니고 있었다. 그러나 저녁을 마친 여인들이 각자 자신의 뜨개질거리를 가지고 난로 주변에 모여서 주고받는 대화와 여러 이야기를 들으며 라우는 차츰 인간을 신뢰하게 되었고 자신도 모르게 웃을 수밖에 없었다. 소위 '아줌마들의 수다'가 그녀에게는 최고의 치료제였던 것이다. 사산으로 생긴 '우울증'을 앓고 있던 라우에게 타인의 진심 어린 관심과 사랑이 가장 좋은 치료 방법임을 제시한 점은 현대 우울증 치료의 핵심과 거의 동일하다.

라우의 웃음에서 가장 중요한 '무의식적인 웃음'은 베타 부인의 아들 자버를 통해서 이루어진다. 자버는 수도원 요리사로 매우 엉뚱하고 유쾌한 인물로 그려진다. 그는 라우가 꿈속의 웃음을 인정하지 않은 베타 부인에게 심술이 나서 연못의 물을 범람시킬 때, 우스꽝스러운 말과 행동으로 라우를 웃게 했다. 그리고 라우가 부인들과 있는 중에 흑해 왕이 그녀를 만나러 온다는 소식을 듣고 기절한 그녀를 업어서 연못에 데려가려는 생각을 한 것도 자버였다. 그는 이러한 절박한 순간에도 라우를 '물고기'라고 칭하면서 투덜대고, 마지막으로 그녀를 보내기 전에 물의 여인과 키스한 첫 남자가 되려고 그녀에게 키스한다. 그의 이러한 엉뚱함으로 인해 라우는 무의식적으로 웃게 된다. 결국 그녀에게 키스하다 물벼락만 맞고 말지만, 자버는 라우에게 매우 중요하고 재미있는 치료사임은 분명하다.

마법에서 풀린 라우는 그녀를 도와준 베타 부인의 가족들에게 마법의 물건들을 선물로 주고 고향으로 돌아가 왕에게 사랑받고 아이들도 낳고 행복하게 살게 된다. 베타 부인의 자손들은 계속해서 라우를 잊지 않고 기념하고 있으며 라우는 아이들과 함께 가끔씩 블라우토프를 방문한다고 한다.

이 작품을 번역하면서 가장 힘들었던 점은 슈바벤의 사투리였다. 사투리 자체의 해석도 문제였으나 그것을 어떻게 우리식으로 표현해야 하는가 하는 점이 더욱 어려웠다. 그리고 고어체의 문장으로 되어 있어 편하게 읽을 수가 없는 점도 난제였다. 역자가 이해를 위해 도움을 청했던 독일인들 모두 이 텍스트가 쉽게 이해할 수 없으며 지금은 거의 사라진 표현들이라고 고개를 저었다. 결국 답을 찾지 못하고 평이하게 번역한 점은 끝내 아쉬움으로 남는다.

윤현자

블라우토프는 수도원 바로 뒤편의 가파른 암벽 옆에 있는, 신기한 샘으로 이루어진 크고 둥근 연못이다. 연못이 동트는 쪽으로 파란 물줄기를 흘려보내면, 이 물이 흘러 도나우 강에 닿는다. 연못 안쪽은 자루가 긴 깔때기 같은 모양을 하고 있다. 물 색깔은 아주 파란색으로, 말로 표현할 수 없을 정도로 매우 신비로운 색을 발한다. 그러나 물을 길어보면, 그릇 안에 담긴 물은 그저 투명하게 보일 뿐이다.

옛날에 이 연못 깊은 바닥에는 머리칼이 물결처럼 굽이치는 물의 여인이 살고 있었다. 그녀의 몸은 어디로 보나 아름다운 보통 여인네와 같았고, 단지 손가락과 발가락 사이에 물갈퀴가 있다는 것만이 다른 점이었다. 꽃같이 희고 양귀비잎보다 더 부드러운 물갈퀴였다. 이 소도시에는 오늘날까지 남아 있는 낡은 건물이 있다. 예전에 큰 주점이었는데, 그 전에는 수녀원이었던 탓에 주점의 이름이 논넨호프[17]였다. 60년 전만 해도 그곳에 물의 여인 그림이 걸려 있었다. 연기에 그을리고 세월이 흘렀지만 색깔만은 여전히 알아볼 수 있었다. 그림 속의 여인은 두 손을 가슴 위에 포개고 있었다. 얼굴은 흰빛을 띠고 머리칼은 검은색이었으나, 아

17 Nonnenhof. 수녀들의 집이라는 뜻이다.

주 커다란 두 눈은 파란색이다. 사람들 사이에서 그녀는 연못의 나쁜 라우라고도 불렸고, 또는 아름다운 라우라고도 불렸다. 그녀가 사람들에게 때로는 화난 모습으로, 때로는 착한 모습으로 나타났기 때문이었다. 그녀가 마음이 상해 연못을 범람하게 만들면, 때때로 도시와 수도원이 위험에 빠지기도 했다. 그러면 시민들은 그녀를 달래기 위해 줄지어 거창한 선물을 가져왔다. 선물은 금그릇과 은그릇, 술잔, 대접, 작은 칼 같은 물건들이었다. 그러나 신부들은 이교적인 관습과 우상 숭배라고 이를 격렬하게 반대했고, 결국 이런 행위는 완전히 없어지게 되었다. 그 때문에 물의 여인은 수도원을 적대적으로 여겼다. 하지만 에메란 신부님이 오르간을 치고 주변에 사람이 아무도 없을 때면, 백주대낮에 몸을 반쯤 드러낸 물의 여인이 위로 올라와 음악소리를 듣는 일이 드물지 않았다. 그때 그녀는 머리에 넓은 꽃잎들로 만든 화환을 쓰고, 목에도 화환을 걸고 있었다.

어느 날 한 버릇없는 목동이 수풀 속에서 몰래 라우를 엿보다가 소리쳤다.

"이봐, 청개구리야! 날씨 좋지?"

그러자 그녀는 번개보다 더 빠르고 수달보다 더 표독스럽게 물 위로 올라와서 소년의 머리를 휘어잡았다. 그러고는 소년을 물속 방들 중 한 곳으로 끌어다 놓았다. 그녀는 정신을 잃은 소년이 여기에서 고통스럽게 죽어 썩어가게 할 작정이었다. 그러나 소년은 곧 정신을 차렸다. 소년은 문을 발견하여 계단과 복도를 지나고 많은 방들을 통과한 다음 아름다운 홀에 들어가게 되었다. 그곳은 아늑했고 한겨울인데도 온기가 남아 있었다. 라우와 그녀의 시종들은 이미 잠들어 있었다. 홀 한쪽 구석에는 금빛 장식이 달린 높은 촛대 위에서 희미하게 촛불이 타오르며 밤을 밝히고 있었다. 벽 쪽에는 그보다 훨씬 값진 가구들이 빙 둘러 있었고, 벽과 바닥은 모두 여러 가지 색깔과 무늬의 카펫으로 장식되어 있었다. 소년은 재빨리 촛대에서 초를 꺼내들었다. 그리고 가져갈 다른 것이 없는지 급히 둘러보았다. 소년은 장롱에서 뭔가를 꺼내 움켜쥐었다. 그것은 주머니에 들어 있었는데 엄청나게 무거웠다. 소년은 아마도 그것이 금일 것이라고 생각했다. 그다음에 소년은 그곳을 빠져나와 달렸다. 두께가 족히 주먹 두 개는 됨직한 구리문 앞에 도착한 소년은 빗장을 밀고 돌계단을 올라갔다. 그런데 층계참이 여러 모양으로 되어 있어서 때로는 왼쪽으로 가다가 때로는 다시 곧 오른쪽으로 이어졌다. 분명히 사백 계단은 되는 것 같았다. 마침내 계단이 끝나고 소년은 어지럽게 갈라진 틈들과 마주쳤다. 이제 소년은 초를 버려야 했다. 생명의 위험을 무릅쓰고 한 시간 동안이나 어둠 속에서 이리저리 기어다닌 끝에 갑자기 소년의 머리가 땅 밖으로 나왔다. 때는 한밤중이었고, 주위는 나무가 빽빽한 숲이었다. 한참을 헤맨 끝에 동이 틀 무렵에야 마침내 소년은 사람이 다니는 길을 찾을 수 있었다. 소년은 바위 위에 서서 아래쪽의 도시를 내려다보았다. 그때 소년은 주머니에 든 것이 무엇일지 보고 싶어졌다. 그런데 소년이 주머니에서 꺼낸 것은 다름 아닌 납 한 조각뿐이었다. 이 무거운 납은 원뿔 모양에 길이는 한 뼘 정도였고, 위쪽 끝에 바늘귀가 달려 있었다. 그리고 세월 탓에 색이 하얗게 바래 있었다. 소년은 화가 나서 그 쓰레기를 내던졌고, 납은 계곡 안으로 떨어졌다. 소년은 그 뒤에 이 도적질에 대해 누구에게도 말하지 않았다. 스스로 부끄러움을 느꼈기 때문이었다. 하지만 소년의 이야기를 통해서 사람들은 처음으로 물의 여인의 집에 대해 알게 되었다.

이제 우리는 아름다운 라우의 고향이 이곳이 아니었다는 사실을 알아

야 한다. 라우는 제후의 딸이었으며, 게다가 모계는 반인반어의 혈통을 갖고 있었다. 라우는 흑해에 사는 늙은 도나우 강 정령과 결혼했다. 그런데 라우가 계속 죽은 아이만을 낳았기 때문에 남편은 그녀를 쫓아냈다. 그렇게 사산을 한 것은 라우가 특별한 이유도 없이 항상 슬퍼했기 때문에 생겨난 일이었다. 시어머니는 라우가 진심으로 다섯 번을 웃기 전에는 살아 있는 아이를 낳을 수 없을 것이라고 예언했다. 다섯 번째 웃을 때는 라우도 늙은 왕도 알아서는 안 되는 어떤 일이 있어야만 한다고도 했다. 그래서 주위 사람들이 여러 가지로 노력을 해봤지만 도무지 성공을 하지 못했다. 결국 늙은 왕은 더 이상 라우를 자신의 궁에 두고 보고 싶지 않았다. 그래서 그의 누이가 살고 있는 도나우 강 상류에서 멀지 않은 이곳으로 라우를 보내버린 것이었다. 시어머니는 라우의 시중을 들도록, 또 라우가 심심하지 않도록 몇 명의 시녀와 시종을 딸려 보냈다. 또 오리발로 걷는 명랑하고 똑똑한 소녀들도 함께 보냈다. (물의 여인 중 평민 출신의 발은 진짜 오리발 모양이었다.) 라우가 물 밖에서는 화려한 옷을 입고—그러나 발은 맨발인 채로—걸어다녔기 때문에 시녀들은 라우에게 하루에 여섯 번씩 다른 옷을 입혔다. 이것은 순전히 지루함을 쫓기 위한 일이었다. 그리고 시녀들과 시종들은 라우에게 옛날 이야기와 동화를 들려주고, 음악을 연주하고, 춤을 추고, 또 그녀 앞에서 익살을 떨었다. 목동이 들어왔던 홀이 왕비의 방이자 침실이었다. 그리고 이 방에서 블라우토프로 이어지는 계단이 있었다. 이곳이 서늘하기 때문에 라우는 따뜻한 낮시간과 많은 여름밤에 이곳에 누워 있었다. 라우는 새, 토끼, 원숭이 같은 재미있는 동물들도 갖고 있었으며, 그녀에게는 또 무엇보다도 익살스런 난쟁이가 있었다. 예전에 왕비의 숙부 한 사람도 그녀와 같은 슬픔에 빠져 있었는데 이 난쟁이의 도움으로 슬픔에서 빠져나올 수 있었다. 라우는 매일 저녁마다 난쟁이와 함께 다멘치엔[18]이나 체스, 또는 늑대와 양 놀이를 했다. 난쟁이는 말을 서툴게 옮길 때마다 아주 보기 드문 표정을 짓곤 했다. 그런데 한 번도 같은 표정이 없었으며, 아니, 매번 조금 전보다 더 골난 것 같은 표정을 지었다. 하녀들은 그 표정을 보고 웃음을 참지 못했다. 분명 저 지혜의 왕 솔로몬이라 해도 웃음을 참을 수 없었을 것이다. 친애하는 독자 여러분도 만약 그곳에 있었다면 역시 그랬을 것이다. 그런데 아름다운 라우에게만은 전혀 아무런 효과가 없었

18 어린이들이 하는 판놀이의 하나.

다. 그녀는 겨우 입만 몇 번 삐죽거릴 뿐이었다.

해마다 겨울이 시작될 즈음에 고향에서 사신들이 왔다. 그들이 망치로 정문을 두드리면 하녀들이 물었다.

"가슴이 철렁 내려앉도록 문을 두드리는 사람은 누구신가요?"

그러면 그들이 말했다.

"왕께서 보내신 사람들이오!
그대들이 어떤 좋은 일을 하며 시간을 보냈는지
우리에게 진실되게 알려주시오."

하녀들이 대답했다.

"작년에 우리는 노래를 불렀어요.
작년에 우리는 춤을 추었어요.
거의 성공할 뻔했었지요!
친애하는 신사분들, 다음해에 오세요."

그렇게 그들은 다시 집으로 돌아갔다. 그러나 왕비는 사신이 오기 전이나 후나 여전히 슬플 뿐이었다.

논넨호프의 뚱뚱한 여주인 베타 자이졸핀 부인은 경건하고 우직하며, 신앙심이 깊고 사교적이며 선한 사람이었다. 특히 그녀는 여행을 다니는 가난한 젊은이들에게는 진정한 여행자의 어머니로 이름이 나 있었다. 주점은 대개 큰아들 슈테판이 맡아보았다. 슈테판은 이미 결혼했다. 또 다른 아들 자버는 수도원의 요리사였고, 두 딸은 아직 어머니와 함께 살고 있었다. 자이졸핀 부인은 연못 바로 옆에 작은 텃밭을 가지고 있었다. 어느 이른 봄, 날이 처음 따뜻해졌을 때 부인은 텃밭에 가서 밭이랑을 고르고 있었다. 양배추와 양상추 씨를 뿌리고, 콩과 양파를 심으려는 것이었다. 그녀는 울타리 너머로 아름다운 파란 물을 기분 좋게 바라보았다. 그런데 그 옆에 오랫동안 쌓인 역겨운 쓰레기더미를 보고는 기분이 불쾌해졌다. 쓰레기더미가 그곳의 풍광을 망치고 있었다. 그녀는 일을 마치고 텃밭의 문을 잠그고 나서 다시 한번 괭이를 집어들었다. 그리고는 억세게 자란 잡초들을 잰 손놀림으로 뽑아내고, 종자바구니에서 호박씨 몇 개를 가려내어 여기저기에 심어놓았다. (그때 마침 수도원 원장이 위쪽 창가에 서 있었다. 수도원장은 마치 적대자에게 하듯 손가락을 들고 위협적으로 흔들며 그녀에게 인사를 건넸다. 수도원장은 깔끔한 이 여주인 보기를 좋아했다. 그러나 나이가 사십이 넘지 않아 보이는 그녀의 눈에 수도원장은 그저 뚱뚱한 신사일 뿐이었다.) 황폐했던 이곳이 그 후 여름 내내 푸르러져서 그것만으로도 즐거운 일이었고, 그다음에 가을이 되자 크고 노란 호박들이 비탈에 매달려 연못까지 늘어졌다.

한번은 여주인의 딸 유타가 지하실에 내려간 일이 있었다. 그곳에는 옛날부터 우물이 하나 있었다. 몸통은 돌로 되어 있고 뚜껑 없이 열려 있는 우물이었다. 유타는 우물 안에서 불빛을 받고 있는 아름다운 라우를 보고는 기겁을 했다. 라우는 가슴팍까지 몸을 드러낸 채 물에 둥둥 떠 있었다. 유타는 완전히 겁에 질려 뛰어올라와 어머니에게 이 사실을 전했다. 어머니는 조금도 두려워하지 않고 혼자서 아래로 내려갔다. 아들이 어머니를 보호하기 위해 따라가겠다는 것도 말렸다. 이 여인이 벌거벗고 있기 때문이었다.

이 놀라운 손님은 이렇게 인사말을 했다.

"물의 여인이 왔습니다.
기어서 헤엄쳐서,
거칠고 구불구불한, 돌로 만든 통로를 지나
논넨호프의 여주인에게 왔답니다.
여주인은 나를 위해 허리를 굽히고,
내 연못을
과실과 덩굴로 장식해주었지요.
그것에 감사하는 것이 당연한 일이지요."

라우는 물처럼 투명한 돌로 만든 팽이를 손에 들고 있었다. 그녀는 그것을 여주인에게 주면서 말했다.

"부인, 나를 기억하는 의미로 이 장난감을 받으세요! 유용하게 쓸 곳이 있을 겁니다. 당신이 정원에서 이웃 여인에게 성당봉헌 기념일이 두렵다고 한탄하는 소리를 들은 적이 있거든요. 그때 항상 시민들과 농민들이 다툼을 벌이고 살인까지 일어날지 모른다고 걱정을 하셨지요. 그러니 부인, 만약 또다시 술 취한 손님들이 먹고 마시고 춤을 추다가 싸움을 시작하면, 이 팽이를 손에 들고 주점 문 앞 현관에서 팽이를 돌리세요. 그러면 집 전체에서 아주 강력하면서도 마음에 호소하는 것 같은 소리가 들릴 것이고, 그다음에는 곧바로 모든 사람들이 주먹을 내려놓고 온순해질 거예요. 왜냐하면 사람들이 갑자기 정신을 차리고 이성을 되찾게 되기 때문이지요. 그렇게 사람들이 온순해지면 팽이 위에 당신 앞치마를 던지세요. 그러면 팽이가 곧 다시 감기고 조용히 멈출 겁니다."

물의 여인은 그렇게 말했다. 베타 부인은 황금 줄과 흑단 지지대를 포함하여 이 보물을 기쁘게 받았다. 그리고 딸 유타를 불러서(유타는 줄곧 계단 옆 배추 항아리 뒤에 서 있었다) 선물을 보여주었다. 베타 부인은 물의 여인에게 감사하며, 심심하면 아무 때라도 물 위로 올라와도 좋다고 친절하게 그녀를 초대했다. 그러자 물의 여인은 그곳을 떠나 사라졌다.

오래 지나지 않아, 블라우토프 옆 주점이 과연 어떤 보물을 얻게 된 것인지 드러나게 되었다. 이 보물이 그 위력과 높은 미덕을 통해 악한 행동들을 언제라도 곧바로 진정시켰을 뿐 아니라, 이 보물로 인해 많은 손님들이 오게 되었기 때문이다. 천민이든 귀족이든 이 근방에 오는 사람은 이것을 보기 위해 찾아왔다. 특히 헬펜슈타인 백작과 비르템베르크 백작이 왔고, 또 몇몇 고위 성직자도 찾아왔다. 롬바르디아 출신의 한 유명한 대공은 바이에른 대공을 찾아왔다가 프랑스로 가는 길에 들러, 여주인이 허락한다면 큰돈을 내고 이 물건을 사고 싶다고 청했다. 다른 어떤 나라에서도 절대로 그와 비슷한 것을 볼 수도 없고 들을 수도 없었던 것이다. 팽이가 돌아가기 시작하면 처음에는 조용한 소리로 시작하다가, 높기도 하고 깊기도 한 소리가 점점 더 강력해졌다. 그리고 갖가지 파이프의 울림과 같은 소리가 지붕 아래까지, 그리고 지하실 안까지, 모든 층 전체를 통해 점점 웅장하게 솟아오르고 고조되었다. 모든 벽과 마룻바닥, 기둥과 난간들 곳곳으로 소리가 울려 퍼져서 메아리치는 것 같았다. 그러다가 앞치마가 그 위로 던져지고 팽이가 힘을 잃게 될 때도, 음악소리가 바로 끊기는 것이 아니었다. 이미 퍼져 있던 강력한 울림과 웅웅거리고 윙윙대는 소리의 홍수가 15분 정도는 이리저리 밀려다녔다.

우리 슈바벤 지방에서는 나무로 만든 이런 팽이를 통상 '하버가이스'[19]라고 부른다. 베타 부인의 팽이는 그것의 가장 중요한 기능에 따라서 보통 '농부 달래기'라고 불렸다. 이 팽이는 커다란 자수정으로 만들어졌는데, 자수정에는 음주를 억제한다는 의미가 담겨 있다. 왜냐하면 이것이 술의 무거운 증기를 빠르게 머리에서 몰아내며, 애초부터 술에 취하는 것을 막아주기 때문이다. 그래서 군주들이나 종교 지도자들 역시 흔히 이 자수정을 손가락에 끼곤 했다.

물의 여인은 한 달에 한 번씩 찾아왔다. 그 사이사이에 예고 없이 들르기도 했다. 그래서 여주인은 집 위쪽에 방울을 달고 끈을 연결했다. 끈이 벽을 타고 우물까지 연결되어 물의 여인이 오는 것을 즉시 알아차릴 수 있도록 한 것이었다. 그리하여 물의 여인은 어머니와 두 딸, 그리고 며느리까지 포함하여 이 성실한 여인들에 대해 점점 더 큰 신뢰를 느끼게 되었다.

어느 여름날 오후였다. 그때는 마침 손님이 아무도 없었고, 아들은 하인들과 하녀들을 데리고 건초 작업을 하러 가고 없었다. 베타 부인은 큰딸과 함께 지하실에서 포도주를 따르고 있었고, 라우는 심심풀이로 우물 속에서 그 일을 바라보고 있었다. 라우와 잠깐 수다를 떨다가 여주인이 말을 꺼냈다.

"우리 집과 뜰을 한번 구경하지 않으시겠어요? 유타가 당신에게 옷을 줄 수 있을 거예요. 둘의 사이즈가 같거든요."

그러자 라우가 말했다.

"그래요. 저도 오랫동안 사람들의 집을 보고 싶었답니다. 사람들이 그 안에서 어떤 일을 하며 어떻게 실을 잣고 뜨개질을 하는지, 또 당신의 딸들이 어떻게 결혼식을 하는지, 그들의 어린아이들이 어떻게 요람에서 흔들리는지, 그런 것들을 보고 싶었어요."

19 Habergeiß. 남독 지방의 팽이. heben, 즉 '올린다'는 뜻에서 나온 것으로 팽이가 돌아가면서 위로 깡충깡충 뛰어오르는 모습을 나타낸다.

그러자 딸이 즐거워하며 서둘러 올라가 면수건을 가져와서는 라우에게 주었다. 그리고 딸은 각별히 신경을 쓰고 입가에 웃음을 머금은 채, 라우가 우물에서 나오는 것을 도와주었다. 소녀는 재빨리 수건으로 라우의 몸을 감싸고는 그녀의 손을 잡고 지하실의 가장 뒤편에 있는 좁은 계단을 올라갔다. 이 계단을 올라가 마룻바닥에 있는 문을 들어올리면 곧바로 딸들 방으로 통하기 때문이었다. 방에 도착하자 라우는 몸을 닦고 의자에 앉았다. 그동안 유타가 라우의 발을 비벼 말려주었다. 발바닥을 비빌 때 라우가 뒤로 움찔하며 키득거렸다.

"이것이 웃은 게 아닐까?"

라우는 혼자말로 물었다.

"웃은 게 아니면 뭐겠어요?"

소녀가 큰 소리로 말하며 환호했다.

"이 날을 축복하소서! 처음으로 행운이 찾아왔도다!"

여주인은 부엌에서 웃음소리와 환호소리를 들었고, 어떻게 된 일인지 궁금해하며 방으로 들어왔다. 그러나 그 이유를 들었을 때 그녀는 '오 불쌍한 사람! 그것은 웃음이라고 하기가 어렵겠는걸!' 하고 생각했다. 하지만 그런 내색은 하지 않았다. 유타는 집에 찾아온 이 손님에게 옷을 입히기 위해 옷장에서 가장 좋은 것으로 옷 몇 벌을 꺼냈다.

"보세요, 내 딸이 당신을 수잔 프라이스네스텔[20]로 만들려고 하는군요."

어머니가 말했다. 그러자 라우가 즐겁게 외쳤다.

20 Susan Preisnestel. 예쁘게 치장한 소녀를 빗댄 익살스런 표현. Preis는 남자 셔츠의 가장자리, prisen은 '테두리를 두르다'라는 뜻. 예전 슈바벤 지방의 여성 전통 의상에서는 보통 가슴받이를 단단히 조이기 위해 은실로 주름 장식을 만들었는데, 여기에 쓰인 실크나 울로 된 끈을 프라이스네스텔이라 불렀다.

"아니요, 저를 당신들 동화에 나오는 아센구르텔[21]로 만들어주세요!"

그러더니 라우는 남루한 둥근 주름치마와 윗도리를 집어들었다. 그녀는 신발도 양말도 신지 않았고, 묶지도 않은 머리칼은 발목까지 늘어졌다. 그런 모습으로 라우는 바닥에서 꼭대기까지 집 안 곳곳을 돌아다니면서 부엌을 지나고 방들을 지났다. 그녀는 투박한 그릇과 그것의 사용법을 보고 감탄했고, 깨끗하게 닦여진 탁자와 그 위에 길게 늘어선 주석 주전자들, 그리고 모두 똑같이 뚜껑이 달려 있는 컵들, 구리로 만든 설거지통과 솥을 유심히 살펴보았다. 또 방 한가운데 식탁보 위에 있는 직조공 길드 장식품도 눈여겨보았다. 실크 리본과 은실로 장식된 이것은 작은 유리상자 안에 들어 있었다. 라우는 흘끗 거울에 비친 자신의 모습을 보았다. 그러자 그녀는 당황해하면서 한동안 멍하니 멈춰 서 있었다. 이어 며느리가 그녀를 자기 방으로 데려가서 3그로셴 하는 새 거울을 선물했다. 그러자 라우는 신기한 것을 가지게 되었다고 말했다. 그녀의 많은 보물 가운데 이런 것은 없기 때문이었다.

라우가 작별을 하기 전에 알코브[22]의 커튼 뒤를 보게 되었다. 그곳은 젊은 아내와 남편의 침대이자 아이들의 잠자리였다. 그곳에는 잠에서 막 깨어나 발그레한 뺨을 한 어린 손자가 셔츠만 입은 채 한 손에는 사과를 들고 훌륭한 울름의 도공의 솜씨로 만들어진 둥근 의자 위에 앉아 있었다. 초록색 유리로 만들어진 의자였다. 이것이 무척이나 손님의 마음에 드는 것 같았다. 그녀는 그것을 아주 귀여운 의자라고 불렀다. 그런데 갑자기 고약한 냄새에 코를 찡그렸다. 세 여인이 몸을 돌리며 웃었기 때문

21 Aschengruttel. 이 밖에도 슈바벤 지방에서는 Aschengrittel, Aschengrusel로 불렀다. 원래 Aschenputtel은 그림 동화에 나오는 여주인공으로, 우리에게는 신데렐라로 알려져 있다.

22 침대를 놓은 벽 쪽의 움푹 들어간 부분.

에 라우도 뭔가를 알아차리고 역시 크게 웃기 시작했다. 정직한 여주인은 배를 잡고 웃으면서 말했다.

"이번에는 진짜 웃었어요. 이제 하느님께서 당신에게 여기 있는 우리 한스처럼 예쁜 어린아이를 선물하시기를!"

이 일이 있던 그날 밤, 아름다운 라우는 블라우토프 깊은 곳에서 편안하고 기분 좋게 자리에 누웠다. 그것은 수년 동안 없던 일이었다. 그리고 곧바로 잠이 들었고, 엉뚱한 꿈을 꾸었다.

정오가 지난 시간인 것 같았다. 이 더운 계절에 사람들은 들판에 있거나 풀을 베고 있는데, 수도사들은 시원한 방에서 휴식을 취하고 있었다. 그래서 수도원 전체와 그 주변이 아주 고요한 그런 시간이었다. 그러나 얼마 지나지 않아 수도원장이 밖으로 산책을 나와서 혹시 여주인이 텃밭에 있지 않나 살펴보고 있었다. 그런데 여주인은 뚱뚱한 물의 여인이 되어 긴 머리를 늘어뜨리고 연못 속에 앉아 있었다. 수도원장은 곧바로 그녀를 발견하고 그녀에게 인사하면서 키스를 했다. 그런데 키스가 너무 강렬해서 그 소리가 수도원 종탑에 메아리쳤다. 종탑은 이 소리를 수도원 식당으로 전했고, 식당은 교회에, 교회는 마구간에, 마구간은 어물전에, 어물전은 세탁소에 전했다. 그리고 세탁소에 있는 양동이와 물통들이 소리치며 서로에게 이 소리를 전했다. 수도원장은 이 소음에 너무나 깜짝 놀랐다. 그가 여주인에게 몸을 구부렸을 때, 그의 모자가 블라우토프로 떨어졌다. 그녀는 재빨리 수도원장에게 모자를 주었고, 수도원장은 뒤뚱거리며 황급히 그곳을 떠났다.

그런데 이때 우리 하느님께서 무슨 일이 있나 보려고 수도원에서 나오셨다. 하느님께서는 기다란 흰 수염을 하고 붉은 치마를 입고 계셨다. 그리고 그때 바로 시야에 잡힌 수도원장에게 물으셨다.

"수도원장, 어쩌다 모자가 그렇게 젖었는가?"

수도원장이 대답했다.

"숲에서 멧돼지가 저에게 나타났지 뭡니까?
저는 황급히 멧돼지를 피해 달아났죠.
정신없이 뛰었고 온몸이 땀에 젖었지요.
그래서 제 모자가 이렇게 젖은 것 같습니다."

이 거짓말에 화가 난 우리 하느님께서는 손가락을 높이 쳐들어 수도원장에게 손짓을 하시고는 수도원을 향해 걸어가셨다. 원장이 다시 한번 여주인을 돌아보자, 여주인이 탄식하며 외쳤다.

"아이고 저런, 아이고 저런, 착하신 늙은 원장님이 감옥에 가시네!"

여기까지가 아름다운 라우의 꿈이었다. 꿈에서 깨어날 때 그녀는 자기가 자면서 아주 크게 웃었다는 것을 알고 있었고, 또 그것이 심장으로도 느껴졌다. 아직도 그녀의 가슴이 쿵쾅거리고 있었기 때문에 블라우토프 표면에 파문이 일 정도였다.

어제 낮시간 동안 매우 무더웠기 때문에, 지금 밤시간에는 번개가 번쩍거렸다. 번갯불이 블라우토프 전체를 밝게 비추었다. 멀리서 천둥이 울리는 것을 라우는 바닥에서도 느낄 수 있었다. 이렇게 그녀는 만족스러운 기분으로 손으로 머리를 괸 채 잠시 더 누워서 번개 치는 모습을 쳐다보았다. 그러는 도중에 이제 혹시 아침이 된 것인지 알아보기 위해 자리에서 일어났으나 겨우 자정이 조금 지난 시간이었다. 둥근 달이 루젠성 위에 아름답게 떠 있었다. 공기 속에는 건초 냄새가 가득했다.

라우는 논넨호프에 가서 자신의 새로운 행운을 알릴 수 있는 시간까지 참고 있기는 힘들겠다고 생각했다. 이 한밤중에 위로 올라가 유타의 방문 앞으로 갈 뻔도 했다. (최근에 고향에서 사신이 다녀간 후에 몹시 괴로웠을 때 위로를 받기 위해 한 번 그렇게 한 적도 있었다.) 하지만 라우는 마음을 달리 먹고 참고 있다가 좀더 좋은 시간에 위로 올라갔다.

베타 부인은 그 꿈이 약간은 자신의 명예를 훼손하는 것 같았지만 그래도 친절하게 라우의 꿈 이야기를 들어주었다. 하지만 다 듣고 난 뒤에는 신중하게 말했다.

"잠자면서 생긴 그런 웃음은 믿지 마세요. 악마는 간교하답니다. 그러한 속임수를 기쁜 소식으로 사신에게 보내신다면, 언젠가 거짓말에 대해 벌을 받을 것이고, 고향에서도 좋지 않을 수 있습니다."

이 말에 아름다운 라우는 입을 삐죽거리며 말했다.

"이 꿈이 고귀하신 부인께는 불쾌했나 보군요!"

라우는 작은 소리로 작별을 고하고 아래로 내려가 버렸다.

정오가 다 되었을 때, 수도원의 샤프너 신부가 포도주 창고를 담당하는 수사를 급히 불렀다.

"연못이 뒤집어진 것 같은 느낌이 들어요. 그 나쁜 라우가 포도주통에게 다시 헤엄치는 법을 가르치려나 봅니다. 서둘러 덧문을 닫으시고, 모든 것을 단단히 닫아두세요!"

수도원의 요리사, 여주인의 아들은 장난을 좋아하는 재미있는 사람이었다. 라우도 그를 좋아했다. 이 젊은이는 재미있는 장난을 쳐서 라우의 화를 가라앉혀야겠다고 생각했다. 그는 창고로 달려가 침대판자를 꺼내왔다. 그리고 블라우토프 옆에, 물이 넘쳐흐르곤 하던 잔디에 판자를 박았다. 그다음에는 마치 아주 충실한 하인이 주인이 침대에서 떨어져 어떤 해를 입게 될까봐 두려움에 벌벌 떠는 것처럼 말하고 행동했다. 그렇게 판자를 정말 열심히 박았는데 결국 시냇물 위에 펼쳐놓은 꼴이 되자, 라우는 화를 내면서도 웃음을 터뜨렸다. 라우는 수도원 정원에서도 들릴 정도로 아주 큰 소리로 웃었다.

이날 저녁 라우가 여자들에게 왔다. 그들은 벌써 요리사에게 들어서 그 얘기를 알고 있었다. 여자들은 너무나 기뻐하면서 라우의 행운을 빌었다. 여주인이 말했다.

"자버는 어렸을 때부터 엉뚱한 아이였지요. 그런데 이제 그 애의 엉뚱함이 우리에게 도움을 주는군요."

그러나 한 달이 지나고 또 한 달이 지나가도, 세 번째, 네 번째 웃음은 찾아오지 않았다. 성 마르틴 축일이 지난 지 몇 주 되지 않았을 때 사신들이 또다시 다녀갔다. 착한 가족들은 또 무슨 일이 일어나지 않을까 두려워했고, 모두가 라우를 위로하는 수밖에 없었다. 그들의 두려움이 크면 클수록 희망은 더 적어졌다.

라우의 근심을 잊어버리게 하려고 베타 부인은 저녁모임을 만들어 라우를 초대했다. 저녁식사 후에 친척 중에 대여섯 명의 유쾌한 하녀들과 여자들이 각자 뜨갯거리를 가지고 외딴 방에 함께 모이는 것이었다. 라우는 매일 저녁 유타의 낡은 치마와 윗도리를 입은 채 이곳에 와서는, 따뜻한 난로에서 멀리 떨어진 구석 바닥에 앉아서 여자들의 수다를 들었다. 라우는 처음엔 말없이 듣기만 했지만 곧 모두와 친해졌다. 어느 날 저녁 베타 부인은 시절에 따라 손자들을 위한 성탄구유를 꾸미는 일을 하느라 바빴다. 구유에 누우신 아기예수와 함께 있는 성모 마리아, 그리고 그 옆에는 동방박사 세 사람이 있었다. 선물을 가져온 동방박사들은 각자 그곳까지 타고 온 낙타와 함께 있었다. 이것들을 모두 깨끗이 닦고 붙이기 위해서 베타 부인은 안경을 낀 채 불 옆 탁자에 앉아 있었다. 물의 여인은 부인이 일하는 것을 아주 재미있어하면서 바라보고 있었다. 그러면서 베타 부인이 해주는 성스러운 이야기들도 즐겁게 들었다. 그러나 여주인이 바라는 것처럼 라우가 이 이야기들을 올바른 이성으로 이해하거나 마음으로 받아들이는 것은 아니었다.

베타 부인은 그 밖에 교훈적인 우화나 격언, 재치 있는 질문이나 수수께끼 같은 것들도 알고 있었다. 그녀는 그런 것들을 하나하나 풀어놓으며 맞추게 했다. 특히 물의 여인이 원래부터 그런 것을 좋아했고, 또 어쩌다가 그것을 맞추면(그것이 그렇게 쉽게 되는 일은 아니었다) 아주 만족스러워하는 듯 보였기 때문이었다. 그중 하나가 특히 그녀의 마음에 들었다. 깊이 생각할 것도 없이 그녀는 그것이 의미하는 바를 이렇게 말했다.

"나는 메마른 여왕이에요.
머리 위에는 우아한 왕관을 쓰고 있지요.
나를 진실한 마음으로 섬기는 자들은
큰 대가를 받게 되지요.
시녀들은 내 머리를 아름답게 손질하고
내게 수많은 동화를 들려줘야 하지요.
시녀들이 내 머리칼을 한 올도 흐트러지지 않게 하지만
그렇다고 내가 절대로 대머리는 아니지요.

나는 공짜로 유람을 다니지요.
빠르게 가기도 하고, 우아하게 가기도 하지요.
다만 그렇다 해도 제 집을 떠나지는 않아요.
여러분, 말해보세요, 이게 뭘까요?

전보다 한층 밝아진 모습으로 라우가 말했다.

"언젠가 내가 고향으로 돌아가 있을 때, 만약 슈바벤 사람이, 특히 여러분의 도시 출신의 사람이 전쟁 때문이라든가 다른 이유로 왈라키아 지방을 지나 우리의 물가에 오게 된다면, 그때 내 이름을 부르세요. 강이 아주 넓게 바다로 들어가는 그곳에서 말이에요. 강물의 담수가 바다를 강물색으로 물들이고 있는 그곳, 이 바다 안쪽 10마일까지 내 남편의 나라가 펼쳐져 있답니다. 타지인이 내 이름을 부르면 내가 가서 그를 도와주겠어요. 그때 그것이 바로 나라는 것을 알도록, 내가 그를 해치려는 이가 아니라는 것을 그 사람이 알 수 있도록, 나에게 이 수수께끼를 내도록 하세요. 나를 제외하고는 우리 종족의 그 누구도 여기에 답을 할 수가 없을 거예요. 그곳에서는 아무도 슈바벤 지방에 있는 그런 베틀과 실감개를 본 적이 없고, 또 슈바벤 말을 모르기 때문이지요. 그러니까 이것이 암호가 될 거예요."

또 어느 날 저녁에는 바일란트 박사와 늙은 지방 백작 콘라트 폰 뷔르템베르크 경에 대해 이야기를 하게 되었다. 이 백작이 살던 시절에는 아직 슈투트가르트라는 이름을 가진 도시가 존재하지 않았다. 후대에 이 도시가 세워지게 되는 그 푸른 골짜기에 위풍당당한 성 한 채만이 서 있었다. 배수로와 도개교를 갖춘 이 성은 콘라트 경의 숙부이자 슈파이어 참사위원인 브루노 경이 축성한 것이었다. 그리고 성에서 그리 멀지 않은 곳에 돌로 만든 높은 집이 서 있었다. 이 집에는 옛날에 아주 괴팍한 남자가 혼자 늙은 하인 한 명과 함께 살고 있었다. 남자는 자연 치료법과 의술에 능통했으며 그의 주인인 백작과 함께 세계 각지를 여행했다. 남자는 더운 나라들에도 갔으며 그곳에서 많은 희귀한 동물들과 각종 식물, 바다괴물 같은 것들을 슈바벤으로 가져왔다. 그의 집 복도에 가면 낯선 물건들이 수없이 벽에 걸려 있는 것을 볼 수 있었다. 악어와 뱀 껍질, 날아다니는 물고기 같은 것이었다. 백작은 거의 매주 한 번 그의 집에 왔다. 남자는 다른 사람들과는 거의 교제를 하지 않았다. 사람들은 그 남자가 금을 만든다고 주장했다. 또는 그가 자신의 모습을 사람들 눈에 보이지 않게 만들 수 있다고 확신하기도 했다. 그가 가진 잡동사니 속에 바다괴물의 이빨을 보관하고 있기 때문이었다. 언젠가 그가 홍해에서 깊이를 탐사하기 위해 연추를 늘어뜨렸을 때, 물속에서 무언가가 움찔거렸다. 거의 밧줄이 찢어질 정도로 거센 움직임이었다. 바다괴물이 추를 물면서 괴물의 이빨 두 개가 빠져버린 것이다. 이빨은 송곳처럼 뾰족하고 반짝거리는 검은색이었다. 그중 하나는 아주 단단하게 박혀 있었고, 다른 하나는 쉽게 뺄 수 있었다. 그런 이빨을 가령 은이나 금을 입혀 몸에 지니고 다니는 것은 높은 권력을 갖고 있다는 표시이기도 했고, 또 이것은 돈으로 얻을 수 없는 귀한 물건이기도 했다. 그러나 박사는 그런 보물은 바로 현명하고 사려 깊은 군주에게 가장 합당한 것이라고 생각했다. 군주가 자기 나라든 적의 나라든 어디에서나 귀와 눈을 갖고 있도록 하기 위함이었다. 그래서 박사는 그렇지 않아도 은혜를 입고 있는 백작에게 두 개의 이빨 중 하나를 주었다. 그리고 백작이 전혀 모르고 있던 이 이빨의 비밀스런 힘도 알려주었다. 그날 이후로 백작은 다른 어떤 귀족이나 고문관보다 박사를 더 너그럽게 대했고 그를 진정 자신의 절친한 친구로 여겼다. 그리고 다른 이빨 하나가 박혀 있는 연추는 시기심 없이 기꺼이 박사가 갖도록 했다. 그러나 꼭 필요한 경우가 아니면 그것을 사용하지 않겠다는 약속을 하게 했다. 또한 박사가 세상을 떠나기 전에 그것을 백작에게 유산으로 남겨주거나, 아니면 어떻게 해서든 완전히 자취를 찾지 못하도록 세상에서 없애버릴 것을 맹세하게 했다. 그런데 백작이 바일란트보다 2년 정도 일찍 죽었는데, 그 보물을 아들들에게 남기지 않았다. 그래서 사람들은 신에 대한 두려움과 현명한 예감으로 백작이 그것을 무덤 속으로 가지고 갔거나 아니면 어디엔가 숨겨두었을 것이라고 믿고 있다.

이제 그 박사도 임종의 시간이 다가오자 충직한 하인 쿠르트를 침대로 불러 말했다.

"친애하는 쿠르트! 오늘 밤이 내게는 마지막 밤이 될 것 같다. 그래서 내가 너의 충실한 봉사에 감사하면서 몇 가지 일을 일러두려고 한다. 저기 책들 옆에, 구석 맨 아래 서랍 안에 금화 백 개가 든 주머니가 있단다. 그것을 즉시 갖도록 해라. 너는 여생 동안 그것으로 충분히 살 수 있을 것이다. 두 번째로, 상자 안에 있는 낡은 필사본 책은 지금 내가 보는 앞에서 여기 이 난로 속에 넣어 태워라. 세 번째로, 저기에서 연추를 찾아서 그것을 네 물건들 속에 숨겨라. 그리고 네가 이 집을 떠나 네 고향으로, 그러니까 블라우보이렌으로 가서 네가 해야 할 첫 번째 일은 그 연추를 블라우토프에 버리는 것이다."

박사는 이렇게 하면 신의 특별한 섭리가 없는 한 그것이 영원히 그 어떤 인간의 손에도 들어가지 않을 것이라고 생각했다. 그 당시에는 라우가 아직 블라우토프에 나타나지 않았었고, 그래서 블라우토프의 깊이를 알 수 없는 것으로 여겨졌기 때문이었다.

이 말을 들은 후 충성스런 하인은 어떤 것은 당장 이행하고 또 어떤 것은 약속을 함으로써 주인이 말한 모든 일을 처리했다. 그리고는 죽을 날이 얼마 남지 않은 박사와 눈물을 흘리며 작별인사를 했다.

나중에 법원 직원들이 와서 사소한 잡동사니들을 모두 수색하고 봉인하기 전에 쿠르트는 연추를 치워두었다. 그러나 그가 전혀 약은 사람이 아니었기 때문에 금화 주머니는 숨기지 않고 그대로 놓아둘 수밖에 없었다. 그런데 사람들이 가고 난 후 주머니에는 한 푼도 남아 있지 않았다. 하찮은 유품들만이 그의 평생임금으로 지불되었을 뿐이었다.

그렇지 않아도 슬픈 마음으로 그가 보따리를 꾸려 고향에 도착했을 때 벌써 그에게는 그런 불운이 찾아올 것 같은 예감이 들었다. 이제 그는 다른 일을 하기에 앞서 주인의 명령을 이행하는 것밖에 아무 생각도 없었다. 그가 23년 동안 한 번도 고향에 오지 않았었기 때문에 마주치는 사람들 중에 아는 사람이 없었다. 그래도 이 사람 저 사람에게 "안녕하십니까!" 하고 말을 걸어보았는데, 아무도 그의 인사에 대꾸하지 않았다. 그가 지나쳐 갈 때마다 사람들은 당황하며 집들 주위를 돌아보았다. 그쪽에서 누군가가 인사를 했는지 살펴보는 것 같았다. 누구에게도 이 남자가 눈에 보이지 않았기 때문이었다. 이것은 그가 보따리 안에 들어 있는 연추를 왼쪽으로 매고 있었기 때문에 생긴 일이었다. 보따리를 오른쪽으로 옮겨 매자 그가 사람들 눈에 보였다. 그러나 그는 혼잣말로 중얼거렸다.

"예전에는 블라우보이렌 사람들이 순박했었는데!"

블라우토프 옆에서 그는 밧줄 장인인 사촌을 발견했다. 사촌은 아들을 데리고 일을 하고 있었다. 사촌이 수도원의 벽을 따라 뒤쪽으로 걸어가면서 줄을 팽팽하게 당기고, 소년은 계속해서 바퀴로 줄을 풀고 있었다.

"안녕하신가, 사촌!"

쿠르트가 큰 소리로 말하면서 그의 어깨를 쳤다. 밧줄 장인은 주위를 둘러보더니 얼굴이 창백해졌다. 그리고는 일감을 팽개치고 걸음아 나 살려라 하고 달아났다. 쿠르트는 웃으면서 말했다.

"맙소사, 사촌은 내가 귀신인 줄 아는가 보군! 사람들이 분명 내 주인이 아니라 내가 죽은 줄 알고 있는 게야. 이걸 어쩐다!"

이제 쿠르트는 연못으로 가서 보따리를 풀고 연추를 꺼냈다. 이때 문득 정말로 이 연못에 바닥이 없는지 알고 싶다는 생각이 들었다. (아마 쿠르트 역시 그의 주인처럼 호기심이 많은 기인이었을 것이다.) 그리고 앞에 밧줄 장인이 두고 간 바구니 안에 크고 튼튼한 줄이 세 개 들어 있는 것을 보았기 때문에, 그는 이것들을 끌어와서 줄 하나에 연추를 묶었다. 마침 파놓은 지 얼마 안 되는 나무통들이 연못 중앙쯤까지 들어가 있었다. 그는 통 속에서 안전하게 위치를 잡고 추를 아래로 내려뜨렸다. 이때 그는 양팔 간격마다 매듭을 하나씩 묶었고, 그 길이 세 개를 합해서 한 길로 계산하여 큰 소리로 수를 세었다.

"한 길, 두 길, 셋, 넷, 다섯, 여섯, 일곱, 여덟, 아홉, 열."

이때 첫 번째 밧줄묶음이 다 되었다. 그래서 그 끝에 두 번째 밧줄을 묶어 또다시 길이를 재고 스물까지 세었다. 그런데 두 번째 밧줄도 거의 끝까지 물속으로 내려갔다.

"아이고, 이거 정말 깊기도 하구먼!"

그는 세 번째 밧줄을 끝에 묶고 계속해서 숫자를 세었다.

"스물하나, 스물둘, 스물셋, 스물넷―귀신이 곡할 노릇이네, 팔 아파 죽겠군!―스물다섯, 스물여섯, 스물일곱, 스물여덟, 스물아홉, 서른.―이제는 작별이다. 줄이 바닥났어! 이제 끝이야. 나도 없고 너도 없고, 모두 다 써버렸어!"

떠나기 전에 그는 올라서 있는 나무토막에 밧줄을 감고 잠깐 숨을 돌렸다. 그리고 스스로 판단을 내렸다.

"이 연못은 진짜로 바닥이 없어."

뜨개질을 하는 부인들 중 하나가 이 우스운 이야기를 하는 동안, 여주인은 미소를 짓고 있는 라우 쪽으로 묘한 눈짓을 했다. 이 측량이 어떻게 된 일인지 라우가 가장 잘 알고 있기 때문이었다. 그러나 두 사람은 아무 말도 하지 않았다. 하지만 독자 여러분께는 얘기하지 않을 수가 없겠다.

그날 오후 아름다운 라우는 물속 깊은 곳의 모래 위에 누워 있었다. 그리고 라우의 발치에는 가장 총애하는 시녀 알라일라가 앉아 있었다. 알라일라는 그녀가 평상시 하던 대로 황금 가위로 라우의 발톱을 자르고 있었다.

이때 맑은 구멍으로부터 서서히 원추형의 검은색 물체가 내려왔다. 처음에 그것이 무엇인지 알아차리기 전까지는 둘은 매우 놀랐다. 연추가 90피트에서 바닥에 닿자 장난꾸러기 시녀가 줄을 잡고 두 손으로 당겼다. 계속 당기다가 줄이 더 이상 내려오지 않자, 그다음에는 재빨리 가위를 집어 연추를 잘랐다. 그리고 어제 연못 안으로 떨어진 어린아이 머리통만한 굵은 양파를 집어들고는, 녹색 싹이 나는 그 양파를 밧줄에 묶었다. 남자가 줄을 끌어올렸을 때 자기가 던져넣었던 것과 다른 연추를 발견하고 깜짝 놀라게 하려는 것이었다. 한편 아름다운 라우는 연추 안에서 바다괴물 이빨을 발견하고는 놀랍기도 하고 기쁘기도 했다. 라우는 그것의 힘을 잘 알고 있었다. 물의 여인들이나 물의 남자들이 그 물건을 아주 소중하게 생각하진 않지만, 사람들에게 주고 싶어하지는 않는다. 특히 그들이 바다와 그 안에서 발견되는 것을 맨 처음부터 그들의 소작이자 영토로 간주하기 때문이다. 그렇기 때문에 아름다운 라우가 고향으로 갈 때 이 우연한 포획물을 가지고 간다면 남편인 늙은 물의 정령으로부터 큰 칭찬을 받을 수 있을 것이었다. 그래도 라우는 저 위에 서 있는 그 남자를 아무런 보상 없이 보내고 싶지는 않았다. 라우가 그 순간 가지고 있는 것은 목에 건 아름다운 진주목걸이뿐이었다. 라우는 얼른 진주목걸이를 빼서 이제 막 올라가려고 하는 그 굵은 양파에 감았다. 그녀는 그러고도 충분하지가 않아서 황금 가위까지 걸고는 그 물건들이 올라가는 모습을 초롱초롱한 눈으로 쳐다보았다. 그런데 시녀는 위에 있는 사람이 어떻게 행동할지가 너무나 궁금해서 추를 따라 위로 올라갔다. 시녀는 수면 두 뼘쯤 아래에서 쿠르트가 놀라고 당황하는 모습을 보고 즐거워했다. 그러다가 그녀는 두 손을 위로 들어 올려 하얀 손가락들을 부채처럼 펼치고 여러 번 허공에 휘둘렀다. 그곳에는 그전에 벌써 사촌인 밧줄 장인의 비명소리를 듣고 도시의 많은 사람들이 와 있었다. 이들은 블라우토프 주위에 서서 신기한 구경거리를 쳐다보고 있었는데 갑자기 이 무서운 손이 나타난 것이었다. 사람들은 한꺼번에 사방으로 흩어져서 달아났다.

그러나 그 늙은 하인은 그 시간부터 일주일 내내 정신이 빠져 있었다. 그는 라우의 선물은 쳐다보지도 않고 사촌 집의 난로 뒤에 앉아서 하루 종일 백번 정도 옛날 속담을 되뇌고 있었다. 그 속담이 어디서 와서 어떻게, 언제 처음 사람들 사이에 퍼지게 되었는지는 슈바벤 지방의 어떤 학자도 확실히 알지 못한다. 그 말을 노인이 직접 만든 것은 아니었다. 이것은 오늘날도 그런 것처럼 노인이 살던 시대 전에도 오랫동안 누가 이것을 실수 없이 또박또박 빠르게 발음할 수 있는가를 가지고 장난삼아 아이들에게 시키던 말인데 내용은 다음과 같다.

"나무토막 위에 납이 있다네 바로 블라우보이렌 근처에,
바로 블라우보이렌 근처에 나무토막 위에 납이 있다네."

여주인은 이것을 정말로 지루한 말의 반복이라고 칭하며 말했다.

"최소한 이 말이 정신이 제대로 된 사람의 말이라고 생각하는 사람도 없을 거야. 예언은 고사하고 말이야!"

쿠르트는 7일째 되는 날 아침에 마침내 다시 정신을 차렸다. 그리고 사촌이 진짜 한 재산이 될 만한 값진 물건들을 보여주자 쿠르트는 미소를 짓더니 그것을 안전하게 보관했다. 그러고는 그것을 가지고 어떤 일을 시작할지 밧줄 장인 사촌과 함께 상의했다. 그들은 쿠르트가 진주와 가위를 가지고 곧바로 루트비히 백작의 임시 체류지가 있는 슈투트가르트로 가서 백작에게 물건을 사도록 제안하는 것이 가장 좋겠다고 생각했

다. 그래서 쿠르트는 그렇게 했다. 또한 백작도 그리 인색하지 않았다. 백작은 한 장인이 감정한 바에 따라 매우 진귀한 물건인 이 장식품을 사서 부인에게 주려고 했다. 그런데 늙은 쿠르트가 이 물건을 어떻게 손에 넣게 되었는가를 듣자, 백작은 깜짝 놀라 일어나 무섭게 화를 내며 즉시 뒤돌아가 버렸다. 이로써 그가 마술 이빨을 잃어버리게 된 것을 알았기 때문이었다. 백작은 예전에 이 보물에 대해 약간 들은 적이 있었다. 그래서 아버지인 콘라트 경이 세상을 떠난 후에 박사에게 이것을 달라고 간청했지만 얻지 못했던 것이다.

이것이 뜨개질하는 부인들이 수다를 떨었던 이야기였다. 그러나 그들은 가장 중요한 것은 모르고 있었다. 뜨개질을 하며 그들 사이에 있던 한 대모는 아름다운 라우가 그 연추를 아직 가지고 있는지, 또 그것을 가지고 무엇을 하는지를 듣고 싶어서, 조심성 없이 그 말을 지껄였다. 그러자 베타 부인이 자기 식으로 그녀를 넌지시 비꼬면서 라우에게 말했다.

"아, 그래요. 그러면 이제 당신은 가끔씩 몸을 보이지 않게 숨기고는 이 집 저 집 돌아다니면서 여자들이 점심에 무엇을 요리하는지 살펴보려구요? 호기심 많은 사람들에게는 아주 쓸모 있는 물건이네요!"

그 사이에 하녀들 중 하나가 그 바보스런 문구를 낮은 소리로 외우기 시작했다. 그러자 다른 사람들도 똑같이 따라하면서 서로 좀더 잘해보려고 했다. 하지만 세 번 네 번을 해도 그 말이 입에서 매끄럽게 나오는 사람은 없었다. 사람들은 깔깔대며 웃었다. 마지막으로 아름다운 라우가 할 차례였다. 유타가 어서 해보라고 라우를 재촉했다. 라우는 귀까지 발갛게 되었지만 일어서서 침착하게 천천히 말했다.

"나무토막 위에 납이 있다네 바로 블라우보이렌 근처에."

여주인은 그녀에게 그렇게 하면 안 되고, 기름을 바른 것처럼 매끄럽게 해야 한다고 소리쳤다. 그래서 라우는 다시 시작했지만, 곧 여기저기서 덜컥거렸고 뒤죽박죽이 되었으며 무슨 말인지 알아들을 수가 없었다. 이제 자연스럽게 방 안 가득 웃음이 터져 나왔다. 그리고 그 가운데서 아름다운 라우도 웃음을 터뜨렸다. 모두에게 보일 정도로 하얀 이를 드러내고 웃는 밝은 웃음이었다.

이들이 이렇게 즐겁고 유쾌하게 웃고 있는 동안 뜻밖에 깜짝 놀랄 만한 일이 일어나고 있었다.

여주인의 아들이 급히 계단을 뛰어올라와 어머니를 불렀다—그는 막 존더부흐에서 마차로 집에 왔고, 하인들이 마구간에서 잠들어 있는 것을 발견했다—. 문 앞으로 뛰어온 아들은 모두가 들을 수 있게 큰 소리로 말했다.

"맙소사, 어서 라우를 집으로 보내세요! 시내에서 나는 저 시끄러운 소리가 들리지 않으세요? 블라우토프의 물이 모두 빠져나갔고, 아래쪽 골목은 벌써 물속에 잠겼어요. 홍수가 밀려오는 것처럼 호수 옆 언덕에서도 바람이 몰아치는 소리, 굴러가는 소리로 난리가 났다고요!"

자버가 이렇게 말하는 동안에 안에서 라우가 외쳤다.

"왕이에요. 제 남편이요. 그런데 제가 집에 없으니!"

이렇게 말하면서 라우는 정신을 잃고 의자에서 바닥으로 쓰러졌다. 그 소리에 방이 흔들릴 정도였다. 아들은 다시 밖으로 달려나갔고, 뜨개질을 하던 여자들은 큰 소리로 걱정을 하며 치마를 잡고 집으로 뛰어갔다. 방에 남은 다른 사람들은 불쌍한 라우를 어떻게 해야 할지 알 수가 없었다. 라우는 죽은 듯이 바닥에 쓰러져 있었다. 한 사람이 옷으로 라우를 덮어주었고, 다른 사람은 그녀의 몸을 문질렀고, 세 번째 사람은 창문을 활짝 열었다. 그렇게 힘을 합쳐 해봐도 아무 소용이 없었다.

이때 갑자기 그 유쾌한 요리사가 문 안쪽으로 머리를 들이밀고 말했다.

"그녀가 여기 있을 줄 알았지! 그런데 보아하니 분위기가 그리 재미있지는 않은 것 같군요. 오리는 물속으로 가게 해야지요! 그러면 헤엄을 칠 걸요!"

어머니가 화를 내며 말했다.

"너 말 잘했다! 지하실에서도 우물 속에서도 라우가 돌에 부딪쳐 목을 삘 수도 있지 않겠니?"

"지하실이라니요!"

아들이 말했다.

"우물이라니요! 그건 절대로 안 되죠. 나한테 맡겨보세요. 필요 앞에서는 법칙 따윈 필요 없는 것이지요. 내가 라우를 블라우토프로 데려가겠어요."

그러면서 요리사가 힘센 청년답게 물의 여인을 번쩍 안았다.

"이리 와, 유타! 질질 짜지 말고! 내 앞에 가면서 등불이나 비추라구!"

"하느님 맙소사! 그래도 뒤쪽으로 돌아서 정원을 통해 가거라. 거리에 사람들이랑 등불이 북적대고 있잖니."

여주인이 말했다.

"물고기가 꽤 무거운걸!"

요리사가 걸어가면서 말했다. 그렇지만 그는 흔들리지 않는 발걸음으로 계단을 내려가 뜰을 지나서 왼쪽 오른쪽으로 덤불과 울타리를 통과해 갔다.

연못에 이르렀을 때 그들은 물이 벌써 눈에 띄게 빠진 것을 발견했다.

그러나 그들은 세 명의 시녀가 수면 아래 바싹 머리를 대고 초조하게 이리저리 헤엄치면서 왕비를 찾고 있는 것은 알아차리지 못했다. 유타가 등불을 올려놓았고, 요리사는 안고 온 라우를 내려놓았다. 그는 호박이 늘어진 언덕에 조심스럽게 라우의 등을 기대놓았다. 이때 요리사의 마음 속에서 또 장난기가 발동하면서 귀에 속삭이는 소리가 들렸다.

'네가 만약 그녀에게 키스한다면, 네 생애 내내 행복할 거야. 그리고 물의 여인에게 키스한 적이 있노라고 말할 수도 있겠지.'

요리사는 제대로 생각해보기도 전에 벌써 일을 실행에 옮겼다. 그때 연못에서 물이 휙 날아와서 순식간에 등불을 꺼버렸다. 주위는 칠흑같이 깜깜했다. 그리고는 어디에서 나타났는지 물에 젖은 여섯 개의 손이 튼튼한 양쪽 뺨을 후려친 것 같았다. 누이가 소리쳤다.

"무슨 일이야?"

"아마 이런 걸 따귀 맞는 소리라고 하지. 흑해에서 그런 것까지도 알고 있을 줄 생각 못 했어!"

이 말을 하면서 그는 서둘러 그곳을 몰래 빠져나갔다. 하지만 메아리가 치면서 저 위쪽 수도원의 담과 지붕에서 따귀소리가 울려 퍼졌기 때문에 그는 그 자리에 멈춰 섰다. 그는 당황한 채 어디로 가야 할지 알 수가 없었다. 앞에도 뒤에도 적이 있는 것 같았기 때문이었다. (그가 키스했던 입을 자랑하며 떠벌이지 않도록 하기 위해서 그런 경고가 필요한 것이었다. 물론 그가 한 일이 아름다운 라우의 행복에 도움이 되는 일이라는 사실은 그가 모르고 있었다.)

이렇게 시끄러운 소동이 벌어지는 동안 기절해 누워 있는 왕비가 전에 꿈속에서 수도원장이 뛰어가는 것을 볼 때와 똑같이 진심으로 크게 웃는 소리가 들렸다. 요리사는 흐릿하게 그 소리를 들었다. 그는 그것이 자기 때문일 것이라고 생각했고, 그것이 근거가 있기도 했다. 하지만 이 소리를 듣고 그는 이제 왕비가 더 이상 어려움을 겪지 않을 것을 깨닫고 기뻐했다.

곧바로 좋은 소식을 가지고 유타도 집으로 왔다. 유타는 아름다운 라우가 마지막으로 오늘 몸에 걸쳤던 치마와 윗옷을 팔에 들고 있었다. 연못에서 유타가 있는 앞에서 라우를 맞이한 하녀들로부터 유타는 크게 위로가 되는 말을 들었다. 왕이 아직 오지 않았다는 것이었다. 하지만 머지않아 왕이 올 것이며, 거대한 수로에 벌써 물이 가득 차 있다고 시녀들은 말했다. 수로는 넓고, 천장이 높은 돌길로서 인간들의 집터 아래 깊은 곳에 있으며, 산 한가운데를 통과하며 곧게 뻗어 있었다. 그곳에서부터 2마일 정도 떨어진 곳에 늙은 물의 정령의 누이가 지배하는 도나우 강이 있었다. 이 지역의 강들과 시내, 샘들은 도나우 강에 예속되어 있었다. 강과 시내와 샘에 명령이 떨어지면 이들은 단시간 내에 그 수로에 물을 쏟아부어 모든 수중동물, 해마와 바다마차들이 달릴 수 있도록 만들었다. 때때로 축제 같은 기회에 뿔과 북으로 이루어지는 음악과 수많은 횃불들이 어우러진 광경이 펼쳐지면 멋진 볼거리가 되었다.

이제 시녀들은 서둘러 여왕을 방으로 데려가 향유를 바르고 머리를 땋고 화려한 옷을 입혔다. 라우는 기꺼이 시녀들에게 몸단장을 맡겼고 자신이 알아서 하기도 했다. 늙은 왕도 자신도 알아서는 안 되는 다섯 번째 웃음을 포함해서 모든 웃음이 이루어졌음을 마음속으로 느끼고 있었기 때문이었다.

파수꾼이 자정을 알리고 세 시간 정도 지난 후에 논넨호프에서는 벌써 모두가 잠들어 있었다. 그런데 그때 지하실 종이 크게 두 번 울렸다. 그것은 급한 일이 있다는 신호였기 때문에 여자들과 딸들이 서둘러 지하실로 내려갔다.

다른 때처럼 라우가 우물에서 그들에게 인사를 했다. 다만 라우의 얼굴이 기쁨으로 아름답게 빛나고 두 눈이 반짝였는데, 그것은 이제까지 한 번도 보지 못한 모습이었다. 그녀가 말했다.

"아시겠지만 자정쯤에 남편이 왔답니다. 오늘 밤에 나의 행운이 완성될 것이라고 시어머님이 얼마 전에 미리 알려주셨대요. 그래서 남편이 지체하지 않고 제후들과 숙부, 그리고 내 오빠 쥔트와 많은 신하들을 거느리고 함께 길을 떠났답니다. 아침이면 우리는 떠날 거예요. 왕께서는 마치 오늘 내가 처음 신부가 된 것처럼 내게 다정하고 너그럽게 대한답니다. 그들이 술잔 돌리기를 마치면 바로 연회를 끝내고 출발할 거예요. 나는 친구들에게 인사하고 마음을 전하기 위해서 내 방으로 자리를 피하고는 이리로 왔어요. 베타 부인, 사랑하는 유타, 며느님, 그리고 아기까지 모두 고마워요. 지금 여기 없는 사람들, 남자들과 하녀들에게도 인사 전해주세요. 3년에 한 번씩 여러분에게 제 소식이 전해질 거예요. 어쩌면 그보다 먼저 내가 직접 올 수도 있겠지요. 그때는 라우가 여러분 댁에서 웃었다는 것을 말해줄 살아 있는 증거를 내 팔에 안고 함께 올 거예요. 저 자신이 그런 것처럼 제 가족들도 여러분이 제게 해준 일을 언제나 생각할 겁니다. 자 이제, 친애하는 부인, 많은 손님들을 위한 이 집에 제가 축복을 내려드리겠어요. 방랑하는 가난한 젊은이들에게 당신께서 공짜 음식과 잠자리를 제공하면서 좋은 일을 하신다는 얘기를 자주 들었어요. 여러분이 장차 그런 일을 계속하면서 사람들에게 도움을 줄 수 있도록 우물 옆에 은전이 가득 찬 돌항아리를 두겠어요. 거기에서 마음대로 가져다 나눠주세요. 마지막 동전이 마르기 전에 제가 다시 항아리를 가득 채울 겁니다. 또 백 년마다 닷새의 행운의 날을 두어 여러 가지 선물로 축복을 하려고 해요. (5는 나의 행운의 숫자니까요.) 그러니까 여행자들 중에서 내가 첫 웃음을 터뜨렸던 그 날짜에 처음으로 당신 집의 문턱을 넘는 사람은 당신이나 당신 자손으로부터 다섯 종류의 선물을 받을 겁니다. 누구든지 이 상을 받으면 선물을 받은 장소와 시간을 누설하지 않겠다고 서약을 해야 합니다. 하지만 여러분은 그 선물들을 매번 이곳 우물 옆에서 발견할 것입니다. 아시겠지만 당신의 자손이 이 주점을 운영하는 동안은 언제까지라도 이 선물은 유지될 것입니다."

이렇게 말한 다음 라우는 나지막한 소리로 여주인과 여러 가지 이야기를 나누고 마지막으로 말했다.

"연추를 잊지 마세요! 절대로 어린 제화공이 연추를 손에 넣지 못하게 하세요."

그리고는 라우가 다시 한번 작별을 고하고 한 사람 한 사람에게 키스했다. 두 부인과 처녀들은 많이 울었다. 라우는 유타에게 녹색으로 세공된 반지를 끼워주며 말했다.

"안녕, 유타! 우리는 특별히 절친한 사이였지요. 앞으로도 계속 그렇게 지내요!"

이제 라우는 물에 들어가 손을 흔들고 사라졌다.

우물 뒤쪽 안으로 움푹 들어간 부분에 정말로 약속했던 선물이 들어있는 항아리가 있었다. 벽 안쪽에 작은 철문이 달려 있는 구멍이 있었는데, 그것이 어디로 통하는지는 아무도 모르고 있었다. 그런데 그것이 이제 열려 있었다. 누군가가 물건들을 이 길을 통해 가져다 놓았으며 그렇기 때문에 모든 것이 물에 젖지 않은 채 있다는 것을 알아챌 수 있었다. 그곳에는 다음과 같은 것들이 놓여 있었다. 용의 껍질로 만든 주사위통이 있었는데 위쪽 불룩한 부분들에는 금이 입혀져 있었다. 그리고 손잡이가 화려하게 장식된 단도와 상아로 만든 방직용 북도 있었으며, 이국적으로 직조된 아름다운 옷감과 그 밖에 여러 가지 물건들이 있었다. 또 이것들과 따로 떨어져, 장미나무로 만든 주걱이 놓여 있었다. 손잡이가 긴 이 주걱은 위에서부터 아래로 정교한 그림이 그려져 있고 도금이 되어 있었다. 여주인은 이 주걱이 유쾌한 요리사를 기억하여 주는 선물일 것이라고 말했다. 다른 사람들 모두 한 사람도 빠짐없이 선물을 받았다.

베타 부인은 착한 라우가 시킨 일을 세상을 떠날 때까지 충실히 지켰으며 그녀의 자손들도 똑같이 했다. 정말로 라우가 아이를 데리고 논넨호프에 왔었는지에 대해서는 이 이야기를 전하는 오래된 책에는 씌어 있지 않다. 하지만 나는 그랬을 것이라고 믿고 싶다.

고요한 계곡
Der stille Grund

요제프 폰 아이헨도르프(Joseph von Eichendorff, 1788–1857)

달빛이 헤매이네
골짜기 골짜기
샘물은 길을 잃은 듯
고독 속을 흐르네.

나는 보았네
건너편 가파른 언덕 위 숲을.
검은 전나무들이
깊은 호수를 들여다보고 있네.

나는 나룻배 한 척을 보았네
그런데 노 젓는 이 아무도 없네.
노는 부서지고,
작은 배도 반은 물에 잠겨 있네.

바위 위에 요정이 앉아
금발머리를 땋아 내리네
혼자 있다고 생각한 듯

아름답게 노래를 불렀네.

그녀의 고운 노랫소리에
나무도 샘물도 숨죽여 흐르고
달빛 반짝이는 밤이
꿈을 꾸는 듯 속삭였네.

그러다 나는 깜짝 놀라 일어섰네
먼 곳 아침 교회 종소리가
숲과 협곡을 넘어
공기를 가르며 울려왔기에.

내 때맞춰
그 종소리를 듣지 못했던들
이 고요한 계곡에서
결코 빠져나오지 못했으리.

Die versunkene Glocke
가라앉은 종

게르하르트 하우프트만

천현순 옮김

작품 해설

게르하르트 하우프트만(Gerhart Hauptmann, 1862-1946)의 『가라앉은 종Die versunkene Glocke』은 1896년 초 스위스의 루가노와 멘드리지오에서 집필을 시작해서, 같은 해 11월 베를린에서 완성을 보게 된다. 이 작품은 같은 해 12월 2일 베를린에 있는 〈독일극장〉에서 초연되어 대단한 성공을 거두었고, 이듬해인 1897년에 단행본으로 출판되어 단번에 많은 독자층을 확보하는 쾌거를 이루었다.

하우프트만은 1885년 베를린에 있는 자연주의 시문학 단체인 〈돌파Durch〉와 접촉하게 된 이후로 줄곧 사회비판적인 자연주의 드라마를 써오다가, 1890년대 후반에 들어서는 이와 다소 거리를 둔 신낭만주의적인 분위기를 자아내는 드라마 작품을 몇 편 발표한다. 그중 하나가 바로 '독일 메르헨 드라마'라는 부제가 붙은 『가라앉은 종』이라 할 수 있다. 하지만 그의 이러한 문학적 경향을 자연주의 드라마와의 '완전한 결별'로 단정하기에는 다소 무리가 있는 듯하다. 왜냐하면 하우프트만의 후기 작품에서 사회비판적인 드라마 작품들을 다시 볼 수 있기 때문이다. 이런 관점에서 볼 때, 그의 메르헨 드라마는 현실 세계에 기초한 사회극 이외에 그의 또 다른 문학적 세계, 즉 신화와 메르헨에 기초한 초현실적인 세계를 보여주고 있다고 하겠다.

이 작품에서 메르헨의 요소가 구체화되어 나타나는 인물은 라우텐델라인이다. 종 만드는 장인인 하인리히는 산 속에 새로이 건축된 교회에 종을 헌납하기 위하여 종을 실은 마차와 함께 산 위로 올라가지만, 숲의 정령 발트쉬라트의 '짓궂은 장난'으로 인해 산 아래로 떨어져 부상을 당하고, 그가 싣고 가던 종은 호수 깊은 곳에 가라앉게 된다. 부상당한 하인리히는 비티헨 할머니가 살고 있는 오두막 근처 풀밭에 쓰러지게 되고, 거기서 처음으로 요정 라우텐델라인을 만난다. 라우텐델라인의 아름다움에 넋을 잃은 그는 그녀에게 자기 곁에 있어줄 것을 호소하면서 꿈꾸는 듯한 목소리로 그녀를 '동화(메르헨)'라 부른다. 하우프트만에게 있어서 메르헨이 갖는 의미와, 이런 메르헨의 의미가 라우텐델라인에게서 어떻게 구체화되는지에 대해서는 앞으로 좀더 연구가 이루어져야 할 것으로 보인다.

하우프트만은 '라우텐델라인'이라는 이름을 오래전부터 전해 내려오던 담시 「아름다운 울리히와 라우텐델라인Schön Ulrich und Rautendelein」(호프만 폰 팔러스레벤과 에른스트 리히터가 펴낸 『쉴레지엔 지방의 멜로디를 담은 민요 모음집 Schlesische Volkslieder mit Melodien』(1842)에 수록됨)에서 착안했다고 한다. 반은 아이의 모습이고, 반은 처녀의 모습을 띤 라우텐델라인은 이 작품에서 '때론 좋기도 하고, 때론 나쁘기도 한' 모순적인 이미지를 보여주고 있다. 즉 그녀는 내면에 선한 이미지와 악한 이미지 모두를 내포하고 있는 것이다. 이러한 모순적인 모습은 서구 사회의 역사적인 맥락 속에서 그녀에 대한 이중적인 이미지를 부각시키고 있는데, 즉 그녀는 한편으론 주인공 하인리히에게 젊음과, 생동하는 봄기운과, 무한한 예술에 대한 열정을 가져다주는 아름다운 요정의 이미지를 갖고 있고, 다른 한편으론 19세기 말을 특징짓는 데카당한 사회 분위기 속에서 '팜므 파탈'이라는 멍에를 쓰고 있다. 팜므 파탈이란 아름다운 육체로 남성을 적극적으로 유혹하여 죽음으로까지 몰고 가는 특유의 여성 인물 유형을 말한다.

라우텐델라인의 외형적인 모습에는 전통적인 물의 여인들에게서 찾아볼 수 있는 다양한 면들이 보이고 있다. 숲 속의 우물가에 앉아 금발머리를 빗으며 아름다운 노래를 부르는 모습은 로렐라이와 세이렌에서 유래하고, '어린아이 같은 천진난만한 소녀'의 모습은 운디네에서 왔다. 라우텐델라인은 정신을 잃고 쓰러져 있는 하인리히에게 기운을 차리게 하는 우유를 먹이는데, 이러한 행위는 민속 메르헨에서 위기에 처한 남자 앞에 홀연히 나타나 구원해주는 여성 인물과 비슷한 점을 보여준다. 라우텐델라인과 운디네의 결정적인 유사성은 비극적인 결말에 있다. 그녀들은 인간 남자를 만나 처음으로 인간의 감정을 경험하게 되고, 이러한 경험으로 인해 눈물과 그리움이라는 감정을 알게 된다. 그런 다음 자신을 배반한 남자의 최후의 순간에 동참하여 그들이 겪는 죽음의 고통을 덜어준다. 대부분의 물의 여인들이 독신인 남자를 만나 사랑하는 데 반해서, 라우텐델라인은 결혼한 남자를 적극적으로 유혹하여 사랑한다. 이 작품의 결말은 비극적인 운디네 문학의 전통을 그대로 따르고 있는데, 그것은 남자의 배반으로 인한 사랑의 종말과 남자의 죽음이다.

이 작품에서 두드러지게 나타나는 이야기의 구성 방식은 이분법적이라 할 수 있다. 하나는 기독교적인 세계관과 맞물려 나타나는 인간 중심의 시민 사회이고, 다른 하나는 신화적이고(특히 게르만 신화) 신비로운 초자연적 존재들을 중심으로 펼쳐지는 자연 세계이다. 이 작품에서 인간 세계를 대표하는 인물은 하인리히의 부인인 마그다, 목사, 교장과 이발사라 할 수 있고, 자연 세계를 대변하는 이들은 요정 라우텐델라인, 물의 정령 니켈만, 숲의 정령 발트쉬라트와 비티헨 할머니라 할 수 있다. 공간도 양분되어, 인간을 중심으로 펼쳐지는 공간은 '저지대 골짜기'이고, 요정들과 정령들을 중심으로 펼쳐지는 공간은 태양과 밀접히 맞닿아 있는 '높은 산 속'이다. 이 작품에서 동화적이고 신비로운 자연 세계는 실제 존재하는 리젠게비르게(Riesengebirge)라고 하는 거대한 산맥을 중심으로 펼쳐지고 있다. 서로 다른 이 두 세계를 연결해주는 '다리 역할'을 하는 인물이 주인공 하인리히라 할 수 있다. 그는 저지대 골짜기에서도 '낯선 듯하면서도 친숙하고', 높은 산 속에서도 '낯선 듯하면서도 친숙한' 인물로 그려지고 있다. 즉 그는 어느 세계에도 안주하지 못하고, 이 두 세계 사이를 방황하는 '한 인간에 불과한' 인물인 것이다. 라우텐델라인에 의해 젊음과 새로운 삶에 대한 의지를 부여받은 하인리히는 높은 산 속으로 들어와 예술가로서의 원대한 계획을 세운다. 즉 그는 기독교적인 세계관과 신비로운 자연 세계를 결합해주고, '빛의 새로운 탄생'을 세상에 알려주는 새로운 종을 만들려는 계획에 착수한다. 하지만 이러한 예술가로서의 원대한 계획은 그의 나약함으로 인해 수포로 돌아가고 만다. 이 작품에서 비티헨 할머니가 이야기해주고 있는 것처럼, 주인공 하인리히는 '강하기는 했지만, 충분히 강하지는 못한' 세기말의 나약한 예술가의 모습을 비유적으로 보여주고 있다.

이 작품에서 종이 갖는 의미도 크게 두 가지 점으로 정리해볼 수 있다. 숲의 정령 발트쉬라트의 '짓궂은 장난'으로 인해 호수에 빠져 가라앉은 '과거의 종'과, 하인리히가 산 속으로 들어와 새로이 착수하고 있는 '현재의 종'이다. 주인공 하인리히에게 이 두 가지 유형의 종은 서로 다른 추억과 사랑을 상징한다. '과거의 종'은 부인 마그다와의 사랑과 추억을, '현재의 종'은 라우텐델라인과의 사랑과 추억을 암시해준다. 또한 이념적인 측면에서 볼 때, 호수에 가라앉은 '과거의 종'은 주인공 하인리히에게 있어 신앙심 깊은 기독교인으로서 인간에 대한 복무를 의미하고, 산속에 들어와 현재 착수하고 있는 새로운 종은 기독교적인 세계관을 넘어서서 예술가로서의 원대한 포부와 열정을 상징하고 있다. 4막에서 호수에 가라앉은 종이 마그다 부인의 죽음으로 인해 다시 울려 퍼지게 되자, 하인리히는 과거에 대한 추억과 인간으로서의 자기 본분을 깨닫게 되고, 급기야는 라우텐델라인을 버리고 산 속을 떠나 저지대 골짜기로 내려간다. 5막에서 하인리히는 인간 세계에 혐오감을 느끼고 다시 산 속으로 돌아와 라우텐델라인을 찾아 헤매지만, 그녀는 이미 물의 정령의 신부가 되어 있었고, 그가 착수했던 새로운 종은 불에 타 잿더미가 된다. 결국 이 작품에서 예술가로서도 그리고 인간으로서도 나약했던 하인리히는 두 종과 두 여자 모두를 잃게 되고, 결국 죽음에서 마지막 도피처를 찾게 된다.

이외에도 이 작품에서 중요한 상징적인 의미를 내포하고 있는 것은 '태양'이다. 하인리히는 산 속에 들어와 새로운 종을 만드는 일에 착수하는데, 이는 결국 '인류 근원의 어머니이신' 태양을 찬미하고자 하는 그의 예술가로서의 원대한 계획에서 비롯되고 있다. 기독교적인 세계관에서 볼 때 이러한 생각은 지극히 이교도적인 사고이며, 이로 인해 하인리히는 그를 구원하러 찾아온 목사와 마찰을 빚게 된다. 마지막 장면에서 하인리히는 비티헨 할머니가 따라놓은 죽음의 술을 마시면서 서서히 죽어가는데, 이와 더불어 아침 해가 떠오른다. 하인리히의 죽음과 더불어 떠오르는 아침 해는 이 작품에서 어떠한 의미로 읽힐 수 있을까? 하인리히는 결국 죽음을 통해 구원을 얻게 되는 것일까?

이 작품 곳곳에서 괴테, 셰익스피어, 입센, 니체, 고대 그리스 희극(특히 아리스토파네스) 등에서 영향을 받은 흔적이 발견된다. 신비로운 자연 세계에 대한 묘사, 동화처럼 들리는 게르만 신들의 이야기, 상징적인 언어, 작품 곳곳에 내재되어 있는 의미의 다양함으로 인해 독일에서는 많은 관객과 독자들을 매료시켰다. 또한 이 드라마는 하우프트만의 첫 번째 아내 마리 티네만Marie Thienemann과 젊은 여배우 애인 마가레테 마르샬크Margarete Marschalk—훗날 두 번째 아내가 되는—사이에서 겪었던 마음의 갈등을 일종의 변명처럼 담고 있는 작품이기도 하다. 그러나 하우프트만의 다른 작품들에 비해 이 드라마는 한국의 독자들에게는 아직 알려지지 않은 생소한 작품이다. 이 작품이 출판되어 한국에서도 널리 읽혀진다면, 어떠한 반응을 보이게 될지 자못 기대가 된다.

작품 곳곳에 실린 쉴레지엔 방언과 더불어, 하우프트만이 자연주의 드라마 작품과 엄밀히 구분하기 위하여 신낭만주의적인 색채를 보여주는 신조어들로 인해 쉽지 않은 번역이었다. 작품에 실린 쉴레지엔 방언과 어울리는 사투리를 찾기란 쉽지 않았다. 그럼에도 불구하고 역자는 쉴레지엔 방언의 뉘앙스를 살리기 위해 역자에게 친숙한 전라도 사투리를 사용하여 번역을 시도해보았다. 여러 가지로 부족하고 어려운 번역이었지만, 이 작품을 번역하는 데 여러모로 큰 도움을 주신 쾰른대학의 에거스 씨와 쾰른대학에서 철학을 전공하고 있는 동료 클라우스에게 진심으로 깊은 감사를 드린다.

천현순

등장인물

하인리히: 종 만드는 장인

마그다 부인: 그의 아내

아이들

이웃 여인

목사

교장

이발사

비티헨 할머니

라우텐델라인: 물의 요정

니켈만: 물의 정령

발트쉬라트: 음탕한 숲의 정령

요정들

남녀 나무정령들

여섯 난쟁이

메르헨의 무대는 산과 그 산기슭에 있는 어느 마을이다.

제 1 막

(전나무 흔들리는 소리로 가득 찬 산 속 들판. 왼쪽 뒤로, 돌출된 암벽 밑에 반쯤 가려진 채 서 있는 작은 오두막 한 채. 오른쪽 앞으로, 숲 가장자리에 있는 오래된 두레 우물이 있다. 우물가 도드라진 곳에 라우텐델라인이 앉아 있다. 반은 아이의 모습이고, 반은 처녀의 모습인 라우텐델라인은 요정 같은 존재이다. 그녀는 자기를 성가실 정도로 못살게 구는 벌 한 마리를 쫓아내면서 붉은 빛 도는 숱 많은 금발머리를 빗고 있다.)

라우텐델라인: 야, 황금빛 재잘쟁이야, 너 어디서 왔니? 야, 달짝지근한 것만 홀짝거리는 녀석아, 밀랍을 만드는 꼬마들아! 야, 태양같이 생긴 새야, 날 좀 귀찮게 하지 마! 저리 가! 날 좀 내버려두란 말이야! 난 말이야, 우리 할머니의 황금빗으로 머리를 단정하게 빗은 다음 서둘러 집에 가야 한단 말이야. 우리 할머니가 집에 돌아오면 날 야단친단 말이야. 다시 말하는데, 저리 가! 날 좀 내려버려두란 말이야. 아유, 너 여기서 뭘 찾고 있는 거니? 내가 꽃인 줄 아니? 내 입이

꽃송이니? 숲 속으로 날아가, 벌아, 시냇물 건너가면 크로커스도 있고, 바닐라도 있고, 앵초도 있단다. 거기 꽃 속에 파고들어가 비틀거릴 때까지 들이마셔. 진심으로 말하는데, 네 갈 길을 가란 말이야. 네 집으로 가, 네 거처로 말이야. 네가 눈 밖에 났다는 걸 너도 알고 있잖아. 숲 속 할머니도 널 미워하잖니. 네가 밀랍으로 교회에다 봉헌 양초를 공급해주니까 그렇지. 내 말을 이해했겠지! 이런 식으로 굴 거야? 이봐, 할머니 댁 지붕에 있는 낡은 굴뚝아, 내 쪽으로 연기를 좀 피워줄래? 그래서 이 못된 것을 쫓아줘! 이쪽으로, 훠이 훠이. 이쪽으로 말이야, 훠이 훠이. 숫거위야, 훠이 훠이, 행진! (벌이 날아가 버린다.) 그래, 이제야 겨우 쫓아냈네. (라우텐델라인은 잠시 방해받지 않고 머리를 빗다가, 우물 위로 머리를 숙여 불러댄다.) 이봐요, 니켈만! 못 들었나봐. 내 노래나 부르자.

모르겠어요. 내가 어디에서 왔는지.
모르겠어요. 내가 어디로 가는지.
내가 숲 속의 새인지 요정인지.
저기에 피어나 숲을 향기로 메우는
꽃들이 어디에서 왔는지 들은 이가 있나요?
하지만 가끔씩 난 불타오르는 열정을 느끼곤 해요.
아버지와 어머니가 그렇게도 알고 싶네요.
그럴 수 없다면 섭리대로 살아야겠죠.
난 예쁜 금발머리 숲의 요정이니까요.

(또다시 우물에 대고 불러본다.) 이봐요, 늙은 니켈만님, 좀 나와 보세요! 숲 속 할머니는 전나무 열매를 따러 갔단 말이에요. 심심해 죽겠어요. 아무 얘기나 해주세요. 제발요! 그러면 내가 오늘 저

녁에 도둑처럼 몰래 코헬 강 근처에 사는 농부 집 닭장에 숨어들어가 검정 장닭 한 마리를 훔쳐다 줄게요. 나온다! 이봐요, 니켈만! 개골개골 맹꽁맹꽁 소리가 들리네. 은구슬 같은 물거품이 솟구치네. 니켈만이 우물 속에서 지금 올라오면, 새까만 거울을 깨뜨려버릴 텐데. 그 거울 속에선 내가 나에게 저 밑에서부터 아주 즐겁게 고개를 끄덕이고 있지. (우물 속에 비친 그녀의 거울상과 놀면서) 야, 안녕, 사랑스러운 우물의 요정아! 네가 대체 누구지? 야, 뭐라고? 라우텐델라인이라고? 네가 모든 아가씨들 중에서 가장 예쁘다는 거니? 그래요, 라고? 나…… 나는 라우텐델라인이야. 거기서 뭐라고 그러니? 너 손가락으로 너의 쌍둥이 젖가슴을 가리키는 거니? 여기 좀 봐라! 나 프레야 여신[1]처럼 예쁘게 생기지 않았니? 내 머릿결이 순수한 태양빛으로 만들어지지 않았느냔 말이야. 금덩이처럼 불그스레한 빛을 발하면서, 물에 반사되어서도 저 밑에서 빛을 발하잖아! 붉은 어망처럼 생긴 네 머리카락을 내게 보여주고, 물고기를 낚는 것처럼 물속 깊이 펼쳐보렴. 그렇게 돌멩이라도 잡아보렴, 이 멍청한 계집애야! 곧 네 자신만만함이 없어질걸. 그리고 난 항상 그렇듯 나란다. 이봐요, 니켈만! 시간 좀 같이 보내요. 저기 있네. (니켈만이 우물 속에서 가슴께까지 올라오고 있다.) 하 하 하! 당신은 하나도 예쁘지 않다고요! 당신을 부르기라도 할라치면 닭살이 돋고요, 당신을 보면 더 심해진다고요.

니켈만: (물의 정령인 그는 머리에 갈대를 꽂고 물에 젖은 채, 바다표범처럼 길게 숨을 돌리고 있다. 그러면서 그는 밝은 빛에 익숙해질 때

1 게르만 신화에 등장하는 사랑의 여신으로, 프레이르 신의 여동생이기도 하다. 그녀는 매의 날개 모양의 망토를 입고, 들고양이가 이끄는 마차를 타고 다닌다고 전해진다.

까지 두 눈을 깜박거리고 있다.) 꽥 꽥 꽥.

라우텐델라인: (흉내 내면서) 꽥 꽥 꽥, 그렇지요, 봄이 오는 냄새가 나지요. 놀랐을 거예요. 담장 구멍에 사는 도롱뇽도 알고, 이, 두더지, 송어, 메추라기, 수달, 물쥐, 파리, 볏짚, 공중의 말똥가리새, 토끼풀 속에 있는 토끼도 안다고요! 어떻게 당신이 이걸 모를 수가 있어요?

니켈만: (허풍 떨 듯이 화를 낸다.) 꽥 꽥 꽥!

라우텐델라인: 잠을 자고 있었나요? 당신은 듣지도 보지도 못하나요?

니켈만: 꽥 꽥 꽥, 그렇게 시건방지게 굴지 마라, 알겠니! 야, 이 풋내기, 풋내기 같은 것아! 이 달걀 노른자위 같은 것아! 알에서 반쯤 미끄러져 나온 댕기물떼새 같은 것아! 종다리 새알껍데기 같은 것아! 말하자면, 꽥이다! 너한테 말하는데 말이야, 개골, 개골! 꽥 꽥 꽥이다!!!

라우텐델라인: 백부님께서 그렇게 화를 내시겠다면, 난 나 자신을 위해 원무를 추겠어요! 괜찮은 젊은이들을 얼마든지 찾을 수 있다고요. 난 예쁘고 사랑스럽고 젊으니까요. (환호성을 지르며) 와아! 난 사랑스럽고 젊으니까요.

발트쉬라트: (아직 보이지 않는다.) 야호!

라우텐델라인: 자, 숲의 정령님, 나랑 춤을 춰요!

발트쉬라트: (염소 다리에, 염소 수염에, 뿔이 달린 숲의 정령이 우스꽝스럽게 껑충껑충 뛰어 풀밭 쪽으로 넘어오고 있다.) 춤은 못 추지만 뜀뛰기를 몇 번 해볼게. 아무리 빠른 염소라도 나처럼 하지는 못할 거야. 이게 네 마음에 들지 않는다면, (음탕하게) 또 다른 놀이를 하나 알고 있지. 꼬마 요정아, 나와 함께 숲 속으로 들어가보자. 거기 가면 목초지가 하나 있는데 말이야, 오래되고 오목해서 닭소리도 물소리도 들리지 않는단다. 거기서 내가 네 몸이 오묘한 피리소리를 내도

록 해줄게. 그러면 그 소리에 맞춰 모두가 춤을 추게 되는 거지.

라우텐델라인: (숲의 정령으로부터 살짝 달아나면서) 내가? 당신하고? (비꼬듯이) 염소 다리! 털북숭이 다리! 돈 많은 여자들이나 쫓아다니시지! 난 깨끗하고 날씬하잖아. 염소 냄새 나니 저리 가라고요! 당신이 좋아하는 당신 마누라님한테나 가보시죠. 매일 어린애를 가지는 여자 말이에요. 일요일에는 세 명이니, 다 합하면 아홉이나 되지. 아홉 명이나 되는 더럽고 작달막한 정령 자식들이! 하 하 하! (거만하게 웃으면서 집으로 퇴장한다.)

니켈만: 꽥 꽥 꽥, 말괄량이 같으니라구. 시퍼런 불에 타죽어라!

발트쉬라트: (소녀를 낚아채려고 하다가 그냥 서 있다.) 잘 길들일 만했는데 말이야. (그는 짧은 곰방대를 꺼내들고, 발굽에 성냥개비를 그어 곰방대에 불을 붙인다. 휴식)

니켈만: 네 집은 어떻게 되어가냐?

발트쉬라트: 그저 그렇지! 여기 아래는 온기가 돌고 있네. 너희네는 쾌적하지? 우리네 저쪽 위는 바람이 불고 휘휘 소리를 낸다. 습한 구름이 풀밭 위로 서서히 지나가면서, 마치 젖은 수세미를 짜내는 것처럼 비를 뿌리지. 지랄 같지 뭐.

니켈만: 그 밖에 새로운 것은 없냐, 숲의 정령아?

발트쉬라트: 어제 나는 첫 햇상추 샐러드를 먹었다. 오늘 오전에는 한 시간 동안 집에서 나와 산 밑에 있는 낭떠러지를 가로질러 깊은 숲 속으로 들어갔지. 그들[2]은 땅을 파고 돌을 깨고 있었어. 빌어먹을 쓸데없는 짓이야! 진짜, 그들이 예배당이나 교회를 짓는 것보다 더 구역

2 저지대 골짜기에 사는 사람들.

질나는 일은 없는 것 같아. 또 그 저주받을 종소리는 어떻고!

니켈만: 게다가 그들이 빵을 캐러웨이 열매로 만든 향료와 반죽하는 것보다 더한 것은 없을 거야.

발트쉬라트: 하지만 이런 고통과 탄식이 무슨 소용이 있어! 견디는 수밖에 없지. 낭떠러지 옆 가파른 곳에 뾰족 창문과 탑과 꼭대기에 십자가가 달린 새로운 건물이 들어서고 있잖아. 내가 잽싸지 못했더라면 그 짐승 같은 종이 괴성을 지르며 여기에 있는 우리를 괴롭혔을 거고, 또 안전한 높은 곳에 매달려 있었을 거야! 하지만 그 종은 호수에 가라앉아 있지. 이런 세상에! 그건 엄청나게 재미있는 일이었어. 난 높은 산 풀밭에 서서 소나무 그루터기에 기댄 채 예배당을 바라보면서 신맛을 내는 나뭇가지 하나를 씹고 있었지. 그리고 내가 쳐다보고 있는 예배당과 내가 씹고 있는 나뭇가지에 대해 생각하고 있었어. 진짜로 말하는데, 내 앞에 피처럼 붉은 나비 한 마리가 돌에 붙어 있는 것을 보았지. 그것이 얼마나 두려워하며 바동거리고 날갯짓을 하던지. 마치 푸른 눈동이나물 꽃에 앉아 훌쩍거리기라도 하는 것처럼 말이야. 나비를 불러보았지. 그러자 나비는 내 손등 위로 날아들어 왔어. 난 그 작고 이쁜 것을 진작 알아보았다구! 이런저런 얘기를 하더군. 일테면, 개구리들이 벌써 연못가에 알을 낳는다는 둥 그런 얘기들 말이야. 무슨 얘기를 들었는지 이젠 나도 몰라. 마침내 나비는 서럽게 울어댔어. 난 내가 할 수 있는 한, 나비를 위로해주었지. 그러자 나비는 다시 말을 하기 시작했어. 영차 영차 채찍소리를 내면서, 사람들이 엎어놓은 쇠버터그릇 비슷한 뭔가를 골짜기에서 위로 질질 끌며 올라오고 있었대. 쳐다보기에도 소름끼치는 것이어서, 남녀 할 것 없이 모든 이끼의 정령들은 공포에 질려버렸대. 생각할

수도 없는 일인데 말이야, 그 물건을 예배당 탑에 높이 매달고선 매일같이 쇠방망이로 그걸 쳐댈 거래. 모든 선량한 대지의 정령들을 죽도록 괴롭힐 거라고 그러더군.

나는 말했지. 흠, 그렇구만. 그러고는 그 작은 것은 대지 쪽으로 날아가버렸지. 난 염소떼를 슬그머니 덮쳐서 배부르게 포식했지. 난 풍만하게 부푼 염소젖 세 통을 싹 마셔서 비웠어. 어떤 아가씨도 거기서 한 방울도 더 짜낼 수는 없을 거야! 그런 다음 나는 불그스레한 빛을 띤 뗏목 옆으로 갔지. 거기에 그들이 한 남자와 말을 싣고 오더군. 젠장! 참을성 있게 굴어야 한다고 나는 생각하고 있었지. 그러고는 가시덤불과 돌 뒤에 숨어 그들 뒤를 따라 기어갔지. 여덟 마리나 되는 말들이 삼으로 짠 덮개가 씌워진 채 콧김을 내뿜고 있었는데, 그 끔찍하게 생긴 괴물단지를 앞쪽으로 끌지 못하고 있었어. 옆구리를 헉헉대고 무릎을 떨면서 말들이 숨을 돌리고 있었지. 새로 끌기 위해서 말이야. 널빤지를 대서 만든 마차가 그 무거운 종을 끌기 힘들 거라는 걸 난 알아챘지. 그때 내가, 숲의 정령의 방식대로 말들에게 그런 수고를 덜어주었던 거지. 그들은 바로 낭떠러지 옆을 따라가고 있었거든. 나는 그 마차바퀴를 잡아챘지. 그러자 마차바퀴의 창살이 부러지고, 종이 흔들거리다가 미끄러져 떨어져, 금이 가고, 또 부딪치고, 결국엔 거꾸로 깊은 곳으로 떨어져버렸지. 에구! 그 종이 떨어지면서 어찌나 소리를 내던지 말이야! 절벽에서 절벽으로 쇠로 만든 공 같은 것이 소리를 내고 울리더니, 또다시 메아리치며 울렸지! 아래쪽 깊은 곳에서 솟구치는 물살이 그 종을 영접했지. 그 깊은 곳에 머물러 있으라지! 거기서 그 종은 잘 쉬고 있다구. (발트쉬라트가 말하는 사이에 날이 어두워지기 시작했다. 그의 이야기가 거의 끝날 무렵, 숲 속에서 힘없이 도움을 요청하는 소리가 여러 번 들려왔다. 아프고 지친 몸을 오두막 쪽으로 천천히 끌면서 하인리히가 나타난다. 그와 동시에 숲의 정령은 숲 속으로 사라지고, 니켈만은 우물 속으로 사라진다.)

하인리히: (30세의 종 만드는 장인으로, 창백하고 비탄에 잠긴 얼굴을 하고 있다.) 여보세요, 들리세요? 문 좀 열어주세요! 저는 길을 잃었어요. 도와주세요! 낭떠러지로 떨어졌단 말이에요. 도와주세요, 도와주세요, 여러분! 아! 더 이상은 못 하겠구나. (그는 오두막 문 근처 풀밭에 기절하여 쓰러진다. 자줏빛 구름떼가 산 위로 흘러간다. 해가 저문다. 신선한 밤공기가 평야로 흘러온다. 비티헨 할머니가 등에 바구니를 짊어지고 숲 속에서 절뚝거리며 오고 있다. 그녀의 머리는 백발이고 헝클어져 있다. 그녀의 얼굴은 여자의 얼굴이라기보다는 남자의 얼굴에 더 가깝다. 솜털 수염이 덥수룩하다.)

비티헨 할머니: 라우텐델라인아, 와서 나 좀 돕기라, 드는 것 좀 도와달랑께. 내가 솔찬히 많이 실었나벼. 라우텐델라인아, 와보랑께! 나는 숨도 제대로 못 쉬것다. 도대체가 이 애기가 어디따냐? (날아 들어온 박쥐 한 마리에 대고) 오매, 늙어빠진 박쥐 놈이네, 니도 쪼까 있으면 듣게 될 꺼다! 니 모이주머니가 하나 가득 차게 될 꺼고만. 잘 들어봐! 천장으로 날아가서 봐라, 그 애기가 그짝에 있는지를 말여. 그 애가 싸게 와야 허것다고 야그해라, 오늘 쏘나기가 내린다고 혀쓴께. (가늘게 번갯불이 번쩍이는 하늘을 노려보면서) 오매나! 너무 심하게 굴지 마라! 숫염소 고삐를 쪼까 당겨봐! 그 뻘건 수염을 그렇게 심하게 뻔뜩거리지 말랑께![3] 야, 라우텐델라인아! (길가로 뛰어드는 다람쥐에 대고 소리치며) 다람쥐야, 내가 니한티 너도밤나무 열매 하

나 줄끼고마! 니가 쪼까 빠르잖여, 넌 잽싸게 달릴 수 있는 발이 있잖여! 저 너머 집으로 뛰어가서, 뒷다리를 들고 서서, 그 애가 와야 허거따고 야기해라. 라우텐델라인을 불러오랑께! (그녀의 발에 하인리히가 채인다.) 대체 이게 뭔겨? 누가 대체 여기 누워 있는겨? 이런 젠장, 자넨 대체 여기서 뭐하는겨? 이봐! 남정네! 이란 일은 없었는디 그라네. 자네 혹시 죽기라도 한 거 아녀? 라우텐델라인아! 이제 어쩐담! 저 밑에 사는 사람들이 나를 성가실케 구는고만. 관리와 목사는 또 안 그러겄어! 사람이 개마냥 추격당했고만. 그라면 그들은 우리 집서 시체 하나만 찾으면 되겄지. 이제 난 내 집을 좀 돌아봐야 쓰겄고만. 그자들이 내 집을 차지해 땔감으로 쓸지도 모릉께. 이봐! 남정네! 안 들리는 모냥이네. (라우텐델라인은 오두막에서 나와 의문스러운 시선으로 바라보고 있다.) 인자사 오는겨! 여기 좀 보랑께! 손님이 하나 오셨고만. 그란디 이게 뭔 손님인겨! 완전히 가만히 있는 손님이랑께. 건초더미 한 다발 가져다가 잠자리를 맨들어 줘봐라!

라우텐델라인: 우리 집에다가요?

비티헨 할머니: 그렇게까지 할 건 없다! 이 남정네를 방 안으로 들여서 우리한티 생기는 거시 뭐가 있겄냐. (집 안으로 퇴장한다. 라우텐델라인은 잠시 집으로 들어가 건초다발을 들고 나타난다. 그녀가 하인리히 옆에 무릎을 꿇고 앉으려 할 때 마침 하인리히가 눈을 뜬다.)

하인리히: 내가 어디 있는 거지? 착한 아가씨, 말 좀 해줘!

라우텐델라인: 있잖아요, 산 속에 있어요!

하인리히: 산 속에 있다고? 그렇군. 그런데 내가 어떻게 이쪽으로 오게

3 게르만 신화에서 뇌우를 관장하는 토르 신은 턱에 빨간 수염이 나 있고, 숫염소가 끄는 마차를 타고 다니면서 망치를 휘둘러 번갯불을 일으킨다고 전해진다.

되었지? 내게 말 좀 해줘.

라우텐델라인: 친애하는 손님, 그건 내가 말해줄 수가 없네요. 어떻게 해서 그렇게 되었는지에 대해서는 신경 쓰지 마세요. 여기 건초다발과 말린 풀이 있어요. 이 위에 머리를 눕히고 쉬세요. 휴식이 필요할 거예요.

하인리히: 휴식이 필요하지, 그래, 네 말이 맞다. 하지만 난 휴식하곤 거리가 먼 사람이란다. 아, 휴식하고는 거리가 먼 사람이란 말이야, 꼬맹아. (불안하게) 나한테 무슨 일이 일어났는지를 알고 싶구나.

라우텐델라인: 그건 나도 알고 싶다고요!

하인리히: 나한테는…… 생각해보건대…… 또 생각해보건대, 나한테는 모든 게 꿈만 같다. 정말로, 내가 지금도 꿈을 꾸고 있는 것 같아.

라우텐델라인: 여기 우유가 있어요. 기운이 하나도 없으니 마셔야만 해요.

하인리히: (황급하게) 그래, 마셔야지. 가지고 있는 것을 줘봐라. (그는 그녀가 받쳐주는 항아리에서 마신다.)

라우텐델라인: (그가 마시는 동안에) 내가 보기에 당신은 산에 익숙하지 않고, 골짜기에 사는 사람들 중 하나인 거 같아요. 그리고 당신은 길을 잃어버린 것 같아요. 최근에 사냥꾼 한 사람도 도망가는 산짐승을 쫓다가 우리 산비탈에서 넘어져 죽었거든요. 다만 그 사람은 당신과는 다른 종류의 사람이었다는 생각이 드네요.

하인리히: (우유를 마시고 난 후, 도취한 듯 놀라워하며 라우텐델라인을 뚫어지게 바라보다가) 오, 얘기해, 계속해서 얘기해! 네 우유는 기분을 돋우는 청량제이고, 네 이야기는 그 이상이구나. (다시 힘이 빠지는 듯 괴로워하며) 다른 종류의 더 좋은 사람이었단 말이지. 그런 사람들도 굴러 떨어진단 말이지. 계속해서 얘기해봐라, 꼬맹아!

라우텐델라인: 내 얘기가 무슨 도움이 되겠어요! 차라리 나가서 우물에서 시원한 물을 떠다 드릴게요. 먼지와 피를 닦아내야 하니까요.

하인리히: (애원하듯이) 여기 있어다오. 오, 여기 있어다오! (라우텐델라인은 그한테 손목을 잡힌 채 어정쩡하게 서 있다. 하인리히가 계속해서 말한다.) 너의 그 묘한 눈빛으로 나를 바라보려무나! 자, 봐라. 너의 눈동자 속에서 세상이, 산들과 하늘의 공기와 떠도는 구름떼와 그렇게도 다정히 어우러져 새롭게 다시 나를 유혹하고 있구나. 있어다오, 꼬맹아! 오, 여기 있어다오!

라우텐델라인: (불안하게) 당신이 원하는 대로 이루어지이다. 단지……

하인리히: (더욱더 열정적이고 애원하듯이) 내 곁에 있어다오! 가지 말고 여기 있어다오! 넌 아직 모를 거다…… 상상도 못할 거다, 네가 나한테 어떤 존재인지를. 오, 날 깨우지 말아다오! 내 말은, 꼬맹아, 나는 굴러 떨어졌단다…… 아니, 네가 말하렴, 너는 창조주로부터 맑은 천상의 목소리를 부여받았으니, 난 그저 듣고자 한다. 말 좀 해봐라! 무슨 말이든 하지 않을래? 어떤 노래든 부르지 않을래? 난 굴러 떨어졌다고 벌써 내가 말했잖아. 나도 모르겠어, 어떻게 해서 그렇게 되었는지 말이야. 내가 발을 내딛던 그 길이 사라져버린 것이었을까? 내가 추락했다는 사실은 당연한 것이었을까, 부당한 것이었을까? 요컨대, 나는 굴러 떨어졌었어. 먼지와 돌과 풀과 뒤엉킨 채 심연의 깊은 곳으로 말이야. (더욱 열에 떠서) 난 버찌나무를 잡았지! 너도 알겠지만, 그래, 그건 야생종 버찌였어. 그게 바위 틈새로 어린 줄기를 뻗치고 있었지. 그런데 그 어린 줄기가 부러졌고, 또 그렇게 오른쪽에 있던 꽃을 활짝 피운 어린 나무도 부러졌고, 그로 인해 연홍빛 꽃잎들이 우수수 떨어지며 흩날렸지. 난 깊이를 알 수 없는 심연 속으

로 급강하했고, 결국 숨을 거두었지. 이제 난 죽어 있어. 그게 나라고 말해줘! 어느 누구도 날 깨우지 않는다고 말해줘!

라우텐델라인: (부정확한 목소리로) 내 생각으론, 당신은 살아 있어요!

하인리히: 알고 있어, 알고 있단 말이야. 삶이 죽음이고, 죽음이 삶이라는 것을 예전엔 몰랐었지. (또다시 맥이 빠지는 듯이) 난 굴러 떨어졌어. 난 살아 있었고 굴러 떨어졌지. 그 종이 굴러 떨어졌어. 우리 둘이서, 나와 그 종이 말이야. 내가 먼저 굴러 떨어졌고, 그 종이 나중에 굴러 떨어졌던가? 아니면 그 반대였던가? 그걸 안다고 할 자가 있을까? 아무도 그걸 알 수 없을 거야. 혹시 알게 된다고 해도 나한텐 마찬가지야. 그건 살았을 때 일이고 지금 나는 죽어 있으니까. (연약하게) 있어다오! 내 손은…… 아직도…… 우유처럼 하얗고, 내 손은 납처럼 무거워 들기가 힘들구나. 하지만 너의 부드러운 머리카락이 내 손등 위로 흘러 내려오면 그건 마치 베데스다[4]의 물결과도 같구나…… 네가 얼마나 귀여운지! 있어다오! 내 손은 경건하고, 너는 성스럽구나. 난 언젠가 널 보았지. 어디에서 내가 너를 보았을까? 나는 전력을 다했고, 너를 받들어 모셨지…… 얼마나 오래 그랬을까? 너의 목소리를 금광의 종 속에 담아두고, 그 목소리를 태양의 잔칫날의 황금과 결합시키겠다는 것, 그러한 걸작품을 만들어내는 일은 언제나 수포로 돌아갔지. 그래서 난 피눈물을 흘리며 울었단다.

라우텐델라인: 울었다고요? 네? 저는 당신을 이해할 수가 없어요. 눈물이 뭐예요?

하인리히: (급히 자세를 똑바로 하려고 애쓰면서) 날 좀 일으켜줘, 사랑

4 예루살렘 부근의 연못으로 그 물은 병자를 고치는 신비한 능력이 있다(요한복음 5장 2절).

스런 아이야! (그녀가 그를 붙들어준다.) 그렇게 내게로 몸을 숙여 다가오는구나. 너의 사랑스런 두 팔로 그렇게 나를 이 딱딱한 지상에서 풀어다오. 시간이 나를 마치 십자가에 매달듯이 이 지상에 매어두고 있단다. 날 구해다오! 네가 할 수 있다는 걸 난 알고 있어. 또 너의 연약한 손으로, 여기 내 이마에서…… 나를 해방시켜다오. 사람들이 내 이마에 가시관을 씌웠단다. 왕관이 아니란 말이야! 사랑만이, 오직 사랑만이 할 수 있어! (그는 반쯤 앉은 자세로 앉혀진다. 기진맥진한 채) 그래, 고맙다. (나약하고 넋이 나간 듯이) 여기는 좋구나. 이상한 소리가 충만하구나. 전나무의 새까만 팔들이 참으로 신비롭게 움직이고 있구나. 나무들이 머리를 정말로 멋지게 흔들고 있어. 동화 같아! 그래, 동화가 숲을 통해 바람처럼 부는구나. 비밀스럽게 속삭이고, 소곤거리고 있어. 바삭거리는 소리를 내고, 잎사귀 하나를 주워 올리고, 숲의 풀잎들을 스치며 노래를 부르고 있어. 그리고 봐라! 질질 끌리는 안개 같은 가운을 하얗게 늘어뜨리면서 그것이 가까이 오고 있어. 그게 팔을 뻗어 하얀 손가락으로 나를 가리키고 있잖아. 그게 더 가까이 오더니 나를 건드린다…… 내 귀를, 내 혀를, 내 두 눈을, 이제 그게 사라져간다. 그리고 네가 와 있구나. 네가 그 동화란다! 동화여, 나에게 키스해다오! (그가 기절한다.)

라우텐델라인: (혼잣말로) 당신은 기이하게 말을 하네요. 당신을 이해하지 못하겠어요. (자리를 뜨려고 재빨리 결심하고) 그렇게 누워 잠깐 눈 좀 붙이세요!

하인리히: (꿈속에서) 동화여, 키스해다오!

라우텐델라인: (주춤한 채로 서서 그를 응시하고 있다. 날이 점점 더 어두워진다. 갑자기 그녀는 두려워하며 성급히 불러댄다.) 할머니!

비티헨 할머니: (보이지 않은 채, 오두막 안에서 부른다.) 애기야!

라우텐델라인: 좀 나와보세요!

비티헨 할머니: 니가 나헌티 와서 불 댕기는 것 좀 도와줘라.

라우텐델라인: 할머니!

비티헨 할머니: (위에서처럼) 듣고 있냐, 후딱 오랑께. 난 염소헌티 먹이도 줘야 허고 젖도 짜야 한당께.

라우텐델라인: 할머니, 좀 도와주세요! 이 분이 죽어가고 있어요, 할머니.

비티헨 할머니: (오두막 문턱에 나타난다. 그녀는 왼손에 우유 대접을 들고서 고양이를 부른다.) 야옹아, 야옹아, 와봐라! (하인리히를 염두에 두고, 지나치듯) 거긴 잡초도 안 자랄겨. 사람의 자석은 죽는 뱁이지, 어쩌겠냐. 뭐, 상관없지라. 그 남정네를 그냥 죽게 놔둬라! 어짜피 좋아질 껏도 아닐 틴디. 자, 야옹아! 와봐라! 여기 우유 쪼까 있다. 야옹이가 대체 어딘는겨? 워이, 워이, 워이, 남자 나무정령들이여! 여기 내가 종제기 하나와 주전자 하나 가져 왔네. 워이, 워이, 워이, 여자 나무정령들이여! 여기 내가 금방 구운 빵 한 덩이를 가져왔네. 여기에 할타 먹을 것도 있고, 씹어 먹을 것도 있당께. 제후와 백작들이 이제 이걸 차지할려고 날뛸 거시고만. (대략 열 명 정도 되는 작고 우스꽝스러운 남녀 나무정령들이 서둘러서 숲 쪽에서 비틀거리며 나오더니 대접을 덮친다.) 이런 놈들 보게! 항상 찬찬히 혀. 너도 한 조각, 너도 한 입, 모두 각자 한 모금씩. 너희들은 뭐 땀시 이리저리 뛰어다니는겨, 이 작달막한 놈들아! 그렇게는 안 된당께. 오매나, 오늘 꺼 다 처먹어버렸네, 이 양반들이. 이 양반들아! 여긴 온통 뒤죽박죽 난리고만. 이제 꺼져버려! (남녀 나무정령들이 오던 것처럼 숲 속으로 퇴장한다. 달이 떠오른다. 오두막 너머에 있는 절벽 위

로 발트쉬라트가 나타난다. 그는 양손을 조가비 모양으로 해서 입에 갖다 대고 도와달라는 외침의 소리를 메아리처럼 흉내 내고 있다.)

발트쉬라트: 도와줘! 도와줘!

비티헨 할머니: 대체 뭔 일이다냐?

부르는 소리: (멀리 숲 속에서) 하인리히, 하인리히!

발트쉬라트: (위에서처럼) 도와줘, 도와줘!

비티헨 할머니: (발트쉬라트에 대고 을러댄다.) 불쌍한 산사람들을 괴롭히는 짓꺼리일랑 그만두랑께. 큰 소쿠리나 밀어 넘어뜨리든가, 개새끼 한 마리나 성가실케 허든가, 견습공이나 하나 늪지대로 유인혀서 목과 다리를 뿐질러버리게 하는 거시 더 낫제, 안 그러냐.

발트쉬라트: 할머니! 당신네나 조심하셔야겠어요. 손님들을 맞이하게 될 테니까. 그것도 때깔 나는 손님들이죠. 그 멍청한 계집애가 깃털 위에 무엇을 싣고 오게요? 비누 거품을 들고 있는 이발사죠! 그 멍청한 계집애가 머리 위에는 무엇을 싣고 오게요? 머리를 묶은 교장과 십자가를 들고 있는 목사죠. 이 세 사람이 그 때깔 난다는 별난 사람들이죠.

부르는 소리: (그전보다 더 가까이에서) 하인리히!

발트쉬라트: (위에서처럼) 도와줘!

비티헨 할머니: 시퍼런 불이 니놈을 태워버렸으면 쓰겄다! 저 놈이 나한티 교장을 떠넘기고, 거기다가 목사까지 떠넘기고 있네. (숲의 정령에게 불끈 쥔 주먹으로 을러대면서) 네 이놈, 두고 보자! 잊지 마라! 내가 니한티 모기도 보내주고, 큰 쇠파리도 보내줄랑께. 그것들이 니한티 달겨들면 니는 너무나 무서워 어디로 가야 할지 모를걸!

발트쉬라트: (심술 궂게 좋아하며 사라지면서) 그 사람들이 와요. (퇴장

한다.)

비티헨 할머니: 올 테면 오라지, 나하고 무슨 상관여! (여전히 하인리히의 모습과 고통으로 인해 풀이 죽어 서 있는 라우텐델라인에게) 집 안으로 들어가기나 혀! 불 꺼라! 자야 되겄고만. 후딱후딱 혀!

라우텐델라인: (우울해하면서, 반항적으로) 싫어요!

비티헨 할머니: 싫다고 혔냐?

라우텐델라인: 그래요, 할머니!

비티헨 할머니: 대체 뭐 땜시 그려?

라우텐델라인: 그 사람들이 그를 데리고 갈 거예요.

비티헨 할머니: 그래서 어쨌다는겨?

라우텐델라인: 그래서는 안 된단 말이에요.

비티헨 할머니: 아니, 이 애기가, 애기야! 자, 시키는 대로 혀! 저 딱하디 딱한 양반일랑 그냥 놔둬라. 자기들이 원하는 대로 하라고 놔두랑께. 죽은 자는 죽은 자들과 함께 있어야 혀. 그 사람은 죽어야만 한당께. 죽게 내버려둬. 그게 그 사람한티도 좋을겨. 봐라, 산다는 거시 그들한틴 얼마나 고통스러운 거시고, 또 산다는 거시 그들 가슴을 얼마나 찢어지게 허고, 저미게 허는지를 말여.

하인리히: (꿈속에서) 태양이 도망간다!

비티헨 할머니: 저짝에 있는 저 남정네는 태양을 한 번도 못 봤는 모냥이네. 어서 와라! 그자는 누워 있게 내버려두고! 자, 어서! 좋은 뜻에서 이러는겨. (집 안으로 퇴장한다.)

라우텐델라인: (혼자 남아 귀를 기울인다. 또다시 "하인리히, 하인리히!" 라고 부르는 소리가 들린다. 그러자 소녀는 재빨리 꽃이 핀 가지 하나를 꺾어서 하인리히를 중심으로 땅 위에 원을 그린다. 거기에 대

고 말하기를) 제일 먼저 꽃을 피운 벼이삭으로 나는 완벽한 마술 동그라미를 그린다. 할머니가 나한테 가르쳐준 대로 말이야. 여기에 머물러다오, 객이여, 털끝 하나 상하지 않고! 네 것이며 내 것으로 여기에 있어다오! 어느 누구도 이 안에 들어올 수 없나니. 그게 사내아이든, 여자아이든, 젊은이든, 중년 남자든, 노인이든 말이야. (그녀는 어둠 속으로 사라진다. 목사, 이발사, 교장이 차례대로 숲 속에서 나타난다.)

목사: 불빛이 보여요!

교장: 나도요!

목사: 여기가 어디지요?

이발사: 하나님은 아시겠지요! 또다시 부르는 소리가 들려요. 도와줘, 도와줘, 하고 말이에요.

목사: 이건 선생의 목소리잖아요.

교장: 난 들리지 않는데요.

이발사: 저 높은 산꼭대기에서 들려왔어요.

교장: 사람이 하늘을 향해 떨어진다면 그럴 수도 있지요. 하지만 사람은 거꾸로 떨어지잖아요. 산에서 골짜기로 떨어지지, 골짜기에서 산으로는 아니잖아요. 내가 이렇게 말하면 구원받지 못하겠지만요, 선생은—나는 죽고 싶지 않다고요!—저기 오십 길 아래에 있어요. 여기 위가 아니란 말이에요.

이발사: 나 원 참! 부르는 소리가 안 들리세요? 이게 하인리히 선생의 목소리가 아니라면, 난 산신령님의 수염을 이발하겠어요. 그 정도로 장담할 수 있다고요. 지금 또다시 소리가 나잖아요.

교장: 어디에서요?

목사: 우리가 대체 어디 와 있는 거요? 우선 그 말을 먼저 나한테 좀 해주세요! 내 얼굴에서 피가 나고 있어요. 난 전혀 발을 내디딜 수가 없단 말이에요. 발이 아파죽겠어요. 난 더 이상 못 가겠다고요.

부르는 소리: 도와줘!

목사: 부르는 소리가 또 나는데요.

이발사: 이건 우리하고 아주 가까운 곳에서 나는데요! 열 걸음도 떨어지지 않은 곳에서 말이에요.

목사: (지쳐 주저앉으면서) 여러분, 난 정말 녹초가 됐어요. 난 더 이상 갈 수 없단 말이에요. 하나님의 이름으로 말하는데, 날 여기에 남겨두고 가세요. 당신들이 날 피멍이 들도록 두들겨 팬다 해도 이 자리에서 움직이게 하지 못할 거예요. 난 더 이상 갈 수 없답니다. 얼마나 멋진 예배식이었나요! 그런데 그렇게 끝나다니요, 하나님 맙소사! 누가 알았겠어요! 신앙심 깊은 선생의 최고의 걸작품인 그 종이……! 가장 높으신 분의 길들은 전혀 알 수 없고, 게다가 신비하기까지 하군요.

이발사: 목사님, 우리가 어디 와 있냐고 물었잖아요? 그렇다면 제가 한 말씀 드리지요. 가능한 한 빨리 여기를 벗어나세요! 나라면 여기 숲 속의 빈터에 있느니 차라리 벌거벗은 채로 말벌 집에서 저녁을 보내겠어요. 하나님, 도와주소서! 미끄러지기 쉬운 산비탈이에요. 우리는 비티헨 할머니 집에서 백 발자국도 떨어지지 않은 곳에 있어요. 빌어먹을 여편네! 자, 여기를 떠납시다!

목사: 난 더 이상 갈 수 없어요!

교장: 자, 제발 부탁이니, 갑시다! 이 부근은 대단히 위험한 지대입니다. 마녀의 짓거리는 날 두렵게 하지 못하지요. 하지만 이곳보다 더 음

산한 곳도 찾아보기 힘들 거예요. 온갖 불량배들이나 도둑들, 밀수업자들에게는 진짜 천국 같은 곳이죠! 도둑질과 피비린내나는 살인으로 아주 악명 높은 곳이라서 공포심을 배우고자 했던 페터란 놈이 이곳에 온다면 분명 배우게 될 거예요.

이발사: 당신은 하나 곱하기 하나만 알고 있는데, 하나 곱하기 하나 말고 또 다른 게 있답니다. 교장선생님, 전 당신이 마녀들의 짓거리가 어떤 것인지 알게 되기를 원치 않아요. 마녀 할멈이 있는데 말이죠, 그녀는 못생기기가 그녀의 집구멍에 사는 두꺼비 같고, 저기 저 너머에서 끔찍한 짓을 획책하고 있답니다. 당신에겐 병을 가져다줄 거고, 또 가축을 갖고 계시면, 가축우리에는 페스트를 보낼 거예요. 그래서 소는 우유 대신에 피를 생산하게 되고, 양은 벌레가 생기고, 말은 난폭해지죠. 댁의 아이들에게는 종기머리나, 그녀가 맘먹으면, 기형아나 종양도 퍼뜨리지요.

교장: 이 양반들 꿈꾸고 있군! 밤이 당신들을 혼란스럽게 했나 보죠? 마녀에 대해서 이야기하고 있다니. 징징대는 소리를 좀 들어봐요! 난 내 눈으로 그분을 보았다고요.

목사: 누구 말이오?

교장: 우리가 찾고 있는 사람, 하인리히 선생 말이에요.

이발사: 마녀가 그를 흉내 내고 있는 거예요!

목사: 이건 마녀 짓입니다!

교장: 마녀 짓이 아니에요. 2 곱하기 2는 4지, 절대로 5가 될 수 없고, 마녀란 존재하지 않아요! 그런데 저기 종 만드는 하인리히 선생이 있어요. 그토록 간절히 내가 축복을 바라고 있던 것처럼 말이에요. 잘 봐요. 이제 구름이 달에서 벗어날 테니까요. 신사양반들 주의하세

요! 어때요? 자, 내 말이 맞지요?

목사: 정말로 선생이다!

이발사: 하인리히 선생이야! (세 사람 모두 하인리히한테 급히 가려고 하다가 마술 동그라미에 부딪혀 뒤로 튕겨진다.)

목사: 아야!

이발사: 아야!

교장: 아야, 아야!

라우텐델라인: (그녀가 나뭇가지에서 뛰어내리는 모습이 잠시 보인다. 그녀는 괴이한 비웃음을 흘리며 사라진다.) 하 하 하 하 하 하!! (휴식)

교장: (어리둥절해서) 이게 뭐였지요?

이발사: 뭐였지요?

목사: 웃는 소리가 났어요.

교장: 내 눈에서 훤한 불똥이 튀는 것 같았어요. 내 머리에 호두만큼 큰 구멍이 하나 생긴 것 같아요.

목사: 여러분은 웃음소리를 들었나요?

이발사: 난 누군가 웃는 소리를 들었고, 또 뭔가가 삐걱거리는 소리도 들었어요.

목사: 웃는 소리가 들렸어요. 저기 희미한 달빛 속에서 움직이는 소나무 쪽에서 들려왔어요. 저기! 이제 막 부엉이가 날아가고 울던 데 말이에요.

이발사: 이제 여러분은 제 말을 믿겠지요? 이게 어떻게 그 할멈과 연관되는지를 말이에요. 또 할멈이 밥만 먹지는 않는다는 것을 말이에요. 여기가 괜찮으세요? 아니면 저처럼 공포로 인해 소름이 돋나요? 그

할멈은 마귀의 여편네예요!

목사: (십자가상을 높이 들고서, 결심한 듯 오두막을 향해 나아가면서) 당신 말이 맞다고 합시다. 그리고 저기에 둥지를 틀고 사는 것이 악마 자신이라고 하고, 우리 힘냅시다! 대적합시다! 우리는 하나님의 말씀으로 이겨내고자 합니다. 사탄의 간계가 이번처럼 명백한 적도 드뭅니다. 그 사탄은 종 만드는 장인과 함께 종을 내던져버리게 했지요. 하나님의 심복과 종을 말이에요. 이들은 높은 절벽가에서 평화와 영원한 사랑의 메아리를 노래하고, 은총의 복음을 노래하여 울려퍼지게 하도록 되어 있었지요. 여기 우리는 하나님의 전사들입니다! 내가 문을 두드릴게요.

이발사: 하지 마세요!

목사: 두드리겠어요. (그는 문을 두드린다.)

비티헨 할머니: 대체 누군겨?

목사: 그리스도인이오!

비티헨 할머니: 그리스도인 아니면 이교도것지. 뭐 땜시 그려?

목사: 문 열게나!

비티헨 할머니: (문을 열고 나타난다. 손에는 호롱불을 들고 있다.) 어쨌다는겨? 뭐 땜시 그러는겨?

목사: 부인, 자네가 모르는 하나님의 이름으로……

비티헨 할머니: 얼씨구! 참말로 경건하게 시작허는고만.

교장: 주둥이 닥쳐, 이 벼락 맞을 계집 같으니라구! 한마디도 꺼내지 마. 더는 참을 수 없다. 그리고 넌 죽을 날이 얼마 남지 않았어. 너의 파렴치한 사생활과 행동거지가 교구 사람들로 하여금 너를 얼마나 증오하게 만들었던지, 네가 지금 사람들이 시키는 대로 하지 않으면

아침이 오기 전에 너의 지붕에는 불이 붙을 것이고, 너의 소굴에서는 불길과 연기가 하늘을 향해 치솟게 될 것이다.

이발사: (계속해서 십자가를 그으면서) 난 너의 사악한 시선이 하나도 두렵지 않다. 이 저주받을 암고양이 같으니라고. 계속해서 나를 불타는 듯이 쏘아보려무나! 너의 시뻘건 눈으로 내 시체를 보게 될지라도 그곳에는 십자가가 서 있을 게다. 시키는 대로 하거라! 그를 내놔!

목사: 부인, 자네가 알지 못하는 하나님의 이름으로 내가 다시 한번 말하는데 말이야, 그 지옥의 도깨비 같은 짓은 이제 그만두고 도와주게! 저기 누워 있는 남자는 종 만드는 장인이자 하나님의 심복으로서 그에게는 영광되게도, 그리고 온갖 지옥의 무리들에게는 저주스럽고 치욕스럽게도 그는 허공의 제국에서 지배할 재능을 타고났다네.

비티헨 할머니: (아직도 저항하는 듯한 태도로 호롱불을 들고 하인리히 쪽으로 걸어간다.) 그만허면 됐구만! 저짝에 누워 있는 불쌍한 난쟁이를 데리고 가! 나하고 뭔 상관이 있다고 그려. 난 그 남자헌티 아무 짓도 안 혔는디. 그놈은 지 수명은 살겨. 일테면 말여, 그가 숨을 쉬고 있는 만큼은 살겠다는 말여. 물론 그란디, 그가 내쉬는 숨은 그렇게 오래갈 것 같지는 안코만 그려. 자네들이 그를 장인이라고 불렀지. 그렇게 부르는 걸 보니 장인다움이 별것 아닌가벼. 자네들헌티는 저 남정네가 만든 그 쇠로 된 종이 잘 울려오나 보네. 자네들은 아무것도 듣지 못하는 귓구멍을 가지고 있고만. 저 종은 잘 울리지 않는당께. 그 남자 자신헌티도 말여. 저 물건 곳곳이 어째서 잘못되었는지를 그는 잘 알고 있을 거시고만. 저 종은 없는 것이 낫당께. 그리고 곳곳마다 벌어진 틈이 있당께. 여기, 들것을 가져다가 저 사내놈을 집으로 데리고 가게나! 위대한 장인이라고. 풋내기 장인이로고

만! 일어나봐. 자네는 설교허는 데 목사를 도와줘야 쓰것고, 아새끼들 두들겨 패는 데 핵교선상님도 도와줘야 쓰것고, 거품 내는 데 이발사도 도와줘야 쓰것고만 그려. (하인리히는 들것에 눕혀졌고, 이발사와 교장이 그를 들어 올린다.)

목사: 이 부도덕하고 악덕한 여편네야. 아무 말 말고 지옥으로나 가버려!

비티헨 할머니: 자네는 말 삼가허게! 난 자네의 설교를 알고 있승께. 난 알고 있어, 알고 있당께. 감각이라는 거시 곧 죄가 된다는 거시제. 대지는 관 같은 거시고, 푸른 하늘은 그 뚜껑이며, 별들이라는 거슨 곧 작은 구녁들이고, 태양이라는 거슨 자유로 향하는 하나의 커다란 구녁 같은 거시라고. 목사가 없다면, 이 세상은 멸망할 거시고, 우리 주 하나님은 허새비 같은 거시라제. 자네들은 매를 맞아야만 쓰것고, 자네들은 그럴 만도 허제. 자네들은 졸장부들이고, 더 이상은 아니랑께. (그녀는 문을 쾅하고 닫는다.)

목사: 저런 마귀 같은 것이……

이발사: 이런 맙소사, 조용히 하세요! 그녀를 더 이상 화나게 하지 맙시다. 그렇지 않으면 우리한테 해로우니까요. (목사, 교장, 이발사가 하인리히를 데리고 숲 속으로 퇴장한다. 달은 청명하게 떠오르고, 숲 속 들판은 조용하다. 첫 번째, 두 번째, 세 번째 요정이 차례대로 숲 속에서 차례대로 나타나서, 원무를 추며 돌고 있다.)

첫 번째 요정: (속삭이는 어조로) 자매여!

두 번째 요정: 자매여!

첫 번째 요정: 산지대에는 달이 새하얗고 창백하게 지배하고 있고, 언덕과 계곡, 골짜기에는 어스름이 차갑게 사방을 지배하고 있네.

두 번째 요정: 넌 어디에서 왔니?

첫 번째 요정: 빛이 물속에서 부서지는 곳, 그리고 물결이 빛을 받아 번쩍거리며 재잘거리듯 깊은 심연으로 떨어지는 곳에서 왔단다. 그곳에서 나는 습한 밤에 빠져나왔단다. 괄괄거리며 물거품을 내는 계곡에서 나는 솟아나왔고, 물방울이 떨어지는 바위 문을 지나 뛰쳐나왔단다.

세 번째 요정: (오고 있다.) 자매들이여, 너희들은 여기서 원무를 추고 있는 거니?

첫 번째 요정: 움직여봐, 너도 같이 붙어!

두 번째 요정: 너는 어디에서 왔니?

세 번째 요정: 귀를 기울이고 들어봐! 원을 흩뜨려서는 안 돼. 절벽 사이에 내가 태어난 깊고 청명한 호수가 있는데, 황금 별들이 그 안에서 검은 보석처럼 반짝거린단다. 달이 빛날 때 난 내 무거운 은색 옷을 거머쥐었고, 산에 부는 산들바람이 나를 암벽과 계곡을 넘어 데려다주었단다.

네 번째 요정: (오고 있다.) 자매들이여!

첫 번째 요정: 자매여, 춤을 추세.

모두: 둥글게 둥글게.

네 번째 요정: 홀레 부인의 꽃밭에서 나는 몰래 빠져나왔단다.

첫 번째 요정: 서로 엮이어 돌아가며 춤을 추자!

모두: 둥글게 둥글게. (번갯불이 인다. 아주 멀리에서 우르릉 쾅하는 천둥소리가 들린다.)

라우텐델라인: (갑자기 멈추어 선다. 양손을 머리 뒤쪽에 대고, 집 문가에서서 빤히 바라보고 있다. 달이 그녀를 비춘다.) 이게 웬일이야! 요정들아!

첫 번째 요정: 귀를 기울여봐! 외치는 소리가 들리잖아.

두 번째 요정: 아야! 내 옷이 찢어졌네. 꺼져버려, 이 늙어빠진 나무 그루터기야!

라우텐델라인: 웬일이야! 요정들아!

세 번째 요정: 아우! 내 치마! 다시 물이 되어 이리저리 파도치고 출렁거리면서, 새하얀 물거품을 일으키고 잿빛 나는 만곡을 이루고 있잖아.[5]

라우텐델라인: (같이 원무를 추면서) 너희들 춤에 나도 끼워줘! 둥글게 둥글게. 은색의 요정아, 이 깜찍한 것아! 내 옷이 어떤지 보렴. 내 할멈이 나를 위해 번쩍거리는 은색실로 지어주었단다. 갈색의 요정아! 갈색을 띤 내 몸의 호화찬란한 빛을 눈여겨보렴. 그리고 너, 금색의 요정아! 내 금발머리를 눈여겨보려무나. 내가 이걸 높이 돌돌 말아 올리면, 내 금발머리가 붉은 비단 연기 같잖아. 너도 그렇게 해봐. 또, 이게 내 얼굴 위에 내려뜨려져 있으면 말이야, 내 금발머리는 금빛 물결 같지.

모두: 춤을 추며 서로 엮이어 돌아라. 둥글게 둥글게.

라우텐델라인: 종 하나가 물속으로 빠졌단다. 요정들아, 그게 어디에 있는지 좀 말해줄래?

모두: 춤을 추며 서로 엮이어 돌아라. 둥글게 둥글게. 데이지와 물망초는 우리 같은 포유동물을 감동시키지 못한답니다. (발트쉬라트가 욕정에 차서 오고 있다. 천둥소리가 점점 더 커진다. 뒤이어 세차게 휘몰아치는 소리가 나더니 비가 쏟아진다.)

5 세 번째 요정은 호수의 요정으로서 물로 된 치마를 두르고 있었는데, 라우텐델라인이 부르는 소리에 치마가 찢겨져 다시 물이 되어 호수에서 파도를 일으키며 출렁거리고 있다.

발트쉬라트: 데이지와 물망초는 내가 땅속으로 짓밟아버릴 거야. 흙탕물이 튀고, 풀은 우지직 하는 소리를 내겠지. 요정들아! 야! 그렇게 나는 할 거라고. 몸을 굽혀 씹하고, 자, 아싸! 황소는 귀릿짚 속으로 숨을 가쁘게 내쉬고, 어린 스위스 젖소는 목을 뻗치고 그놈을 향해 울어대지. 수컷 조랑말의 갈색 살가죽 위에는 신랑 되는 파리와 신부 되는 파리가 있지. 모기들은 애무하는 춤을 추며 말꼬리 주변을 돌고 있고. 어렵쇼! 늙은 마부잖아! 아가씨하고는 잘 되어가냐? 뜨거운 가축우리에서 두엄이 썩는다면, 부드럽게 누울 수가 있단다. 어렵쇼! 저렵쇼! 하하 호호 하하! 얼음장 밑에서 속닥거리는 일은 이제 끝났어. 삶이란 요란하고 뜨겁게 약동하는 것이야. 수고양이가 야옹거리면 암고양이도 야옹거리지. 매, 나이팅게일, 참새, 토끼, 사슴, 암탉, 수탉, 자고, 메추라기, 백조, 황새, 두루미, 종달새, 방울새, 딱정벌레, 좀나방, 나비, 개구리, 두꺼비, 도롱뇽, 이는 서로 얼키설키 살아가고 사랑을 나누고 있지. (그는 요정 가운데 한 명을 붙잡아서 숲 속으로 달아난다. 나머지 요정들은 뿔뿔이 흩어진다. 라우텐델라인은 홀로 생각에 잠겨 숲 속 들판 한가운데 멈춰 서 있다. 강풍과 천둥과 비를 몰고 왔던 날씨가 개고 있다.)

니켈만: (우물가로 올라온다.) 꽥 꽥 꽥, 꽥 꽥 꽥, 야! 뭣 때문에 거기 서 있냐?

라우텐델라인: 아, 친애하는 물의 정령님! 난 너무 슬퍼요. 아, 너무 슬프단 말이에요.

니켈만: (약삭빠르게) 꽥 꽥 꽥, 대체 어느 쪽 눈이 그래?

라우텐델라인: (우스워져서) 왼쪽 눈이 그래요. 날 믿지 못하겠다는 말인가요?

니켈만: 아니, 물론, 믿고말고.

라우텐델라인: (손가락으로 그녀의 왼쪽 눈을 만지면서) 이게 뭔지 한번 보세요!

니켈만: 대체 뭘 말하는 거냐?

라우텐델라인: 내 눈 속에 있는 거 말이에요.

니켈만: 대체 눈 속에 뭐가 있다고 그러냐? 좀 보여줘 봐라!

라우텐델라인: 나한테서 뜨거운 물 한 방울이 떨어졌단 말이에요.

니켈만: 그래, 그래! 하늘에서 말이냐? 자, 와서 좀 보여줘 봐!

라우텐델라인: (손가락 위의 눈물방울을 그에게 내밀면서) 아주 작고 반짝거리는 뜨거운 물방울이에요. 여기 좀 보세요!

니켈만: 아이고! 예쁘구나! 너만 괜찮다면, 널 위해 내가 그걸 연분홍 조가비 속에 잘 간직해둘게.

라우텐델라인: 아니에요, 내가 당신의 우물가에 놓을게요. 대체 이게 뭐예요?

니켈만: 아름다운 다이아몬드라고나 할까. 그 안을 들여다보면, 이 보석에서 세상의 모든 고통과 행복이 반짝이고 있단다. 사람들은 그걸 눈물이라 부른단다.

라우텐델라인: 눈물이라고요? 제 생각에 이게 눈물이라면, 내가 울었단 말이네요. 이제 눈물이라는 게 뭔지 알 것 같아요. 뭐든지 얘기해주세요!

니켈만: 내 쪽으로 와라, 사랑스런 아이야!

라우텐델라인: 저, 아니에요, 이대로도 좋아요. 무슨 말씀이세요! 당신의 낡아빠진 우물가는 부서지기 쉽고 축축해요. 또 지네, 거미들밖에는 없고요…… 아무튼지요! 게다가 당신과 그 외의 모든 것들이 나를

역겹게 한단 말이에요.

니켈만: 꽥 꽥 꽥, 정말 유감이구나.

라우텐델라인: 또다시 이런 방울이 떨어지네요.

니켈만: 장마철이라서 그렇지! 저 멀리에서 대가이신 토르[6] 신이 번쩍거리고 있구나! 그의 수염에서는 들여다보일 정도로 엷은 보랏빛 구름뭉치가 마치 어린아이가 눈을 깜박거리듯 여릿여릿 떨어진단다. 번개가 치면 까마귀가 날아다니는 것이 보이는데 말이야, 저 아래 음침한 곳에서 빙빙 돌면서 어지럽게 그 구름뭉치와 어우러진단다. 강한 비바람으로 인해 그 까마귀의 날개는 젖곤 하지. 귀를 기울여 들어보렴, 얘야! 어머니인 대지가 얼마나 갈증이 나서 들이마시는지를 말이야. 또 나무와 풀과 파리와 벌레가 연달아 번쩍거리는 번갯불에 얼마나 반가워하는지를 말이야. 개골! (번개가 친다.) 골짜기에서 났어! 대가여, 잘하셨습니다! 토르 신이 부활절 전야의 축하하는 불을 붙이고 있구나. 그가 휘두르는 망치가 번쩍거리며 불타오르고 있잖아. 만 이천 마일이나 뻗치는 빛이라니. 교회탑이 흔들거리잖아. 종을 안치한 자리가 산산조각이 나고, 연기구름이 일고……

라우텐델라인: 저기, 좀 들어봐요! 좀 잠자코 있어요! 사람들이 알고 싶어 하는 것만 이야기하세요.

니켈만: 꽥 꽥 꽥! 아무것도 아닌 쬐그만 참새가. 너 같은 참새한테 무슨 생각이 떠오르겠냐? 쓰다듬어주면 쪼아대기나 하면서. 그렇게 하는 게 옳은 줄 아니? 그러니 자기 하고 싶은 대로 하고, 결국에는 뺨만 얻어맞지. 내 말이 맞지 않냐? 뭐가 알고 싶어서 그러냐, 너는? 또다

6 게르만 신화의 천둥의 신 이름.

시 멀거니 있구나.

라우텐델라인: 아무것도 알고 싶지 않아요. 날 가만히 놔두세요!

니켈만: 아무것도 알고 싶지 않다고?

라우텐델라인: 그래요.

니켈만: (간절하게) 그래, 한마디라도 해봐라!

라우텐델라인: 난 떠나고 싶어요. 당신들 모두로부터 떠나고 싶단 말이에요. (그녀는 눈에 눈물이 가득 고인 채 먼 곳을 응시하고 있다.)

니켈만: (가슴 아프고 조급하게) 내가 무슨 잘못을 했냐? 어디로 가려고 그래? 생각이 꼬이니 인간 세상이 네 맘에 든단 말이냐? 너한테 경고해두겠는데, 인간은 대개 우리한테는 모순과도 같은 것이란다. 이 세상에서 나왔으면서도, 또한 이 세상에서 나온 것이 아니지. 절반은 어디 있느냐고? 누가 알아! 절반은 여기에 있지. 반은 우리 형제이고, 또 우리에게서 나왔으면서도, 우리에겐 적대적이고, 다른 한편으론 낯설고 타락한 존재들이란다. 자유로운 산 속 출신이면서도 저 저주받을 무리들 편이 된 모든 이들에게 화가 있을지어다. 저 무리들은 뿌리는 약한데도 망상에 빠지기 쉬워서, 땅속에 묻힌 자신의 뿌리를 파괴시키고, 그리하여 근본적으론 병든 채, 창고에서 싹을 틔우고 있는 감자처럼 번식하고 뻗어나가고 있지. 허덕거리고 굶주린 저 무리들은 빛을 향해 손을 뻗치지만, 그들의 어머니인 태양을 알지 못하지. 가벼운 봄바람은 병든 나뭇가지를 가볍게 꺾고, 초록색 줄기를 어루만지듯 스쳐가고, 신선한 공기를 충분히 공급해주고 있잖아. 다 그만둬, 저들 무리에 끼어들지 마라! 넌 네 머리 둘레에다가 맷돌을 묶는 거야. 그들은 음침한 안개 낀 밤 속으로 너를 몰아넣을 거야. 너는 울음이라는 것을 배우게 될 거야, 여기서는 웃고 지냈지

만 말이야. 넌 오래된 책 한 권에 매이게 될 거고, 그들처럼 어머니이 신 태양의 저주를 받게 될 거야.

라우텐델라인: 할머니는 당신이 현명한 사람이라고 말해요. 그렇다면 당신의 퐁퐁 솟는 샘을 들여다보세요. 거기 있는 어떤 물줄기도 가늘고 왜소하지 않잖아요. 그 물줄기는 인간들 세상으로 흘러가려고 하고, 또 흘러가야만 해요.

니켈만: 개골, 꽥 꽥 꽥, 하지만 넌 안 돼! 천 살 먹은 사람이 하는 말 좀 들어보렴. 그 심복들은 제 갈 길 가게 내버려두고, 인간들로 하여금 빨래나 빨고, 물레나 돌리고, 그들의 정원에서 배추나 채소를 씻도록 놔두려무나. 눈물을 삼키는 게 뭔지 모르겠구나, 부르르, 몸서리가 난다. (뜨겁고 절박하게) 하지만 라우텐델라인 공주야! 넌 왕의 신부가 될 거잖아. 난 초록색 크리스털 왕관을 가지고 있단다. 그걸 내가 금빛 나는 홀에서 너에게 씌워줄게. 그 홀에는 복도와, 새파란 돌로 만든 천장과, 붉은 산호초로 만든 식탁과 함이 있는데……

라우텐델라인: 당신의 왕관은 오로지 사파이어로 되어 있지요. 그러니까 당신 딸들한테나 자랑하라고 주세요. 내 금발머리를 나는 훨씬 더 좋아하거든요. 이게 나한텐 왕관이고, 또 무겁지도 않아요. 당신의 함과 식탁이 산호초로 만들어졌다고 해도, 도롱뇽과 물고기와 함께하는 내 삶은 어떻겠어요? 아재비와 갈대 속에서, 해조류와 악취 속에서, 우물과 늪지대에서, 개골, 개골, 개구리와 함께하는 삶은 어떻겠냐고요! (그녀는 가버린다.)

니켈만: 어디 가냐?

라우텐델라인: (가볍고, 낯설게) 당신과 무슨 상관이에요?

니켈만: (가슴 아프게) 어허, 상관 있지, 꽥 꽥 꽥.

라우텐델라인: 내 맘에 드는 곳으로요.

니켈만: 네 맘에 드는 곳이 어딘데?

라우텐델라인: 이쪽 저쪽이요.

니켈만: 이쪽 저쪽이라니?

라우텐델라인: (팔을 높이 쳐들며) 그리고, 인간 세상으로요! (그녀는 급히 서둘러 숲 속으로 사라진다.)

니켈만: (너무 놀라서) 개골! (흐느껴 울면서) 개골! (조용히) 개골! (머리를 흔들면서) 꽥 꽥 꽥!

제 2 막

(종 만드는 장인 하인리히의 집. 옛 독일식의 거실 내부. 뒷벽의 절반은 움푹 파여 있는데, 그 자리에 연통이 달린 화덕이 뚜껑이 열린 채 놓여 있다. 화덕 속 석탄은 차갑게 식어 있고, 그 위로 구리 솥이 매달려 있다. 앞쪽으로 튀어나온 다른 쪽 벽 절반에는 원반 유리가 달린 창문이 하나 있는데, 그 아래에 침대가 하나 놓여 있다. 양쪽 벽에는 각각 문이 달려 있는데, 왼쪽 문은 작업실로 통하고, 오른쪽 문은 집 안 복도로 통하게 되어 있다. 오른쪽 앞쪽으로 의자와 식탁이 있다. 그 위에는 우유가 가득 찬 단지와 컵, 빵 한 덩어리가 놓여 있다. 식탁에서 멀지 않은 곳에 손으로 들어 나를 수 있는 통이 놓여 있다. 아담 크라프트나 페터 피셔 같은 조각가들의 작품이 벽을 장식하고 있는데, 무엇보다도 색칠한 나무로 만든, 십자가에 못박힌 분의 상이 두드러져 보인다.

하인리히의 아홉 살과 다섯 살짜리 두 아들은 일요일이라 깔끔하고 단정하게 옷을 차려입고 우유컵을 앞에 두고 식탁에 앉아 있다. 마그다 부인도 마찬가지로 단정한 옷차림으로 오른쪽에서 방 안으로 들어오고 있는데, 손에는 앵초 한 다발을 들고 있다. 이른 아침이다. 점점 더 밝아진다.)

마그다 부인: 얘들아, 내가 뭘 들고 있는지 봐라! 방금 정원 뒤에서 이 꽃이 가득 피어 있는 곳을 발견했단다. 이걸로 우리는 아버지의 업적을 기리는 영광된 날에 걸맞게 화려하게 장식할 수 있을 거야.

첫째 아이: 나에겐……

둘째 아이: 나한텐 작은 꽃다발을 주세요.

마그다 부인: 각자에게 다섯 송이씩 꽃을 주마. 그런데 너희들도 알다시피, 그중 한 송이만으로도 천국을 열 수 있단다. 이제 우유를 마시고 빵 한 조각을 먹고 가도록 하자. 교회 가는 길이 멀잖니, 멀고 가파르잖아.

이웃 여인: (창가에서) 벌써 일어나셨어요, 사모님?

마그다 부인: 그럼요, 물론이죠! 전 밤새도록 눈을 못 붙였어요. 하지만 나를 깨어 있도록 하는 게 근심이 아니었기에, 마치 두더쥐처럼 푹 쉬기라도 한 것처럼 생기가 넘쳐요. 제 생각으론 날이 맑을 거예요.

이웃 여인: 그럼요, 그럴 거예요.

마그다 부인: 당신도 우리랑 함께 가시겠지요? 같이 가요. 우리랑 같이 가면 좋은 순례길이 될 거예요. 아이들의 걸음으로는 당신에 맞춰 빨리 걷기가 어렵겠지만요. 솔직히 말하면, 아주머니, 저는 걷지 않고 차라리 날아가고 싶어요. 기쁘고 마음이 너무 조급해서 그래요.

이웃 여인: 당신 남편은 지난 밤 집에 돌아오지 않았나요?

마그다 부인: 무슨 생각을 하시는 거죠? 저는 사람들이 모여들 때 그 종이 그저 종루에 꽉 매달려 있기만 하면 좋겠어요. 시간이 짧았지요.

그래서 서둘러야만 했고 게으름을 피울 수가 없었지요. 우리 하인리히 선생이 한 시간이라도 잠을 잘 수 있었다면, 숲 속 풀밭에서 쉬면서 잠시라도 눈을 붙일 수 있었다면, 저는 자애로운 하나님께 감사드릴 거예요. 어쨌든지요. 고생이 많았지만, 그 보상은 더 많답니다. 새 종이 얼마나 경건하고 깨끗하고 놀랄 만큼 청명하게 울리는지 당신은 믿으실 수 없을 거예요! 주목해주세요. 그 종이 오늘 목청을 드높일 테니까, 처음으로 말이에요! 그건 기도이자 설교와도 같은 것이며, 천사의 찬양이자 위로이자 행복과도 같은 것이랍니다.

이웃 여인: 그래 맞아요, 맞습니다. 그런데 이상한 것은, 당신도 알다시피, 사모님, 저의 집 대문에서 산에 있는 교회를 볼 수 있잖아요. 이 말은 즉, 그 종이 탑에 안전하게 매달리게 되면, 곧 흰색 깃발이 휘날려야만 하잖아요. 그런데 흰색 깃발 같은 건 전혀 볼 수가 없다는 거예요.

마그다 부인: 아주 유심히 살펴보세요. 확실히 그 깃발을 발견하게 될 거예요.

이웃 여인: 아니에요, 확실히 없어요.

마그다 부인: 그렇다면 말이죠, 당신 말이 진짜로 맞는다고 해도 별 상관은 없어요. 저처럼 당신도 그런 작업이 얼마나 힘이 드는지를, 그리고 그런 예술의 대가가 얼마나 밤낮으로 심사숙고하고 씨름하고 일하는지를 아신다면, 예정대로 정확하게 마지막 못이 대들보에 박히지 않았다고 해서 지금 그걸 이상하게 생각하지 않으실 거예요. 어쩌면 이미 깃발이 손짓하는 게 보일지도 몰라요.

이웃 여인: 아니에요. 온 동네 사람들이 저 위에 뭔가 심상치 않은 일이 있다고 생각하고 있어요. 불길한 징조도 있었거든요. 암벽 꼭대기에

살고 있는 농부는 발가벗은 여자가 수퇘지를 타고 곡물밭 사이로 가는 것을 보았대요.[7] 그가 돌 하나를 집어들고서 그 허깨비 같은 것에 대고 던졌는데, 곧장 그의 손이 관절까지 마비가 되었다고 해요. 이건 산에 사는 나쁜 정령들이 그 새 종 때문에 화가 났다는 것을 말해주는 거래요. 당신이 그 일에 대해서 아무것도 모른다는 게 놀라울 따름이네요. 관리가 여러 사람들과 함께 올라갔어요. 사람들 말은……

마그다 부인: 사람들 말이라니요? 관리가 올라갔다고요? 이런 맙소사.

이웃 여인: 아직 아무런 얘기는 없어요. 확실한 소문도 없고요. 그러니 걱정할 필요는 없지요. 제발 흥분하지 마세요. 그러지 마세요. 불행한 소식에 대해선 아직 아무런 얘기가 없으니까요. 그 종을 실은 마차가 부서졌다고, 그래서 그 종에 무슨 일이 생겼다고들 말하네요. 어떤 일인지는 모르겠고요.

마그다 부인: 네, 그 이상 다른 일은 없다면, 종이야 어찌 됐든 선생이 무사하다면 나는 이 꽃다발조차 내 품에서 내려놓지 않겠어요. 하지만 지금은 아무것도 확실히 알 수 없으니까, 제 애들 좀 돌봐주세요. (그녀는 두 아이를 들어 올려 재빨리 창문 밖으로 내민다.) 그래주실 수 있죠?

이웃 여인: 그럼요, 물론이죠. 제가 애들을 데려갈게요.

마그다 부인: 네, 애들을 당신 집에 좀 데려가주세요. 부탁드립니다. 전 최대한 서둘러야 하니까요. 그리고 제가 할 수 있는 게 있다면 살펴보고 도우려고 그래요. 저는 꼭 (그녀는 서둘러 나간다.) 저의 선생

7 숫돼지를 탄 발가벗은 여자는 음탕한 짓을 하는 마녀를 가리킨다.

이 계신 곳으로 가야 해요. (이웃 여인은 창가를 떠난다. 사람들이 웅성대는 소리가 들리고, 그에 덧붙여 크고 날카롭게 외쳐대는 소리가 들린다. 마그다의 목소리다. 목사가 급히 들어온다. 그는 한숨을 내쉬며 눈을 닦는다. 그는 무엇을 찾는 듯이 이리저리 살펴보더니 재빨리 침대를 열어젖힌다. 그는 다시 달려나가고 문에서 하인리히가 누워 있는 들것과 부딪친다. 교장과 이발사가 들것을 들고 있다. 부상자는 녹색 나뭇가지 위에 눕혀져 있다. 마그다 부인이 넋이 나간 듯 뒤따르는데, 깊이 절망한 모습이다. 한 남자와 한 여자가 그녀를 인도한다. 그녀 뒤로 사람들이 뒤따라 밀려 들어온다. 하인리히는 침대 위에 눕혀진다.)

목사: (마그다에게) 정신 차리세요, 사모님. 제발 진정하세요. 우리는 그가 죽었다고 생각하고 들것에 싣고 왔지만, 그는 점차 의식을 회복하고 있어요. 그를 본 의사가 확신하는 것처럼 아직 희망을 가지셔도 됩니다.

마그다 부인: (목에서 심하게 가래 끓는 소리를 내면서) 희망이라고요, 하나님 맙소사! 단 한 순간이었어요. 저는 너무도 행복했었단 말이에요. 무슨 일이죠? 이 안에서 무슨 일이 일어나고 있는 건가요? 애들은 어디 있죠?

목사: 제발 진정하세요. 참으십시오, 사모님! 끈기와 겸허한 마음을 가지세요! 그리고 아시다시피 하나님의 도움은 종종 가장 고통스러울 때 가장 가까이 있답니다. 그러나 하나님께서 이승에서는 더 이상 완쾌될 수 없다고 신중한 결단을 내리셨다면, 당신 남편이 영원한 기쁨의 나라로 들어간다는 한 가지 사실이 당신에게는 확실한 위로가 될 겁니다.

마그다 부인: 목사님, 대체 저에게 무슨 말씀을 하시는 겁니까? 제게 위로가 필요한가요? 그는 회복될 겁니다. 꼭 회복되어야만 해요!

목사: 그럼요, 우리도 그렇게 되기를 희망합니다. 그렇지 못하다면, 이건 단지 하나님의 뜻이지요. 이렇든 저렇든 간에 선생은 승리를 하시는 겁니다. 그는 가장 높으신 분을 위해 종을 주조했어요. 또 가장 높으신 분을 위해 그는 계곡과 낭떠러지가 하나님께 도전하고 있는 산 위로 올라갔던 것이지요. 거기엔 어두운 세력들이 아직도 살아 움틀거리는데 말이죠. 가장 높으신 분을 위해 그는 또한 굴러 떨어졌고, 못된 지옥의 악령들과 싸우고 있는 중이랍니다. 이 악령들은 그가 주조한 종의 복음을 꺼려해서 지옥 공동체를 형성하여 그에게 타격을 주고 있는 것이지요. 하나님께서 그들에게 벌을 내려주실 겁니다.

이발사: 이 근방에 기도로 병을 낫게 하는 기적을 행하는 여인이 하나 있습니다. 예전에 예수의 제자들이 그랬던 것처럼 말이에요.

목사: 수소문해서 그녀를 찾아 데려오게나.

마그다 부인: 그한테 무슨 일이 일어난 거죠? 당신들은 여기서 뭘 멍하니 쳐다보고 있는 거죠? 나가주세요! 이건 경건치 못한 호기심일 뿐이에요. 나가세요! 그런 눈빛으로 그를 쳐다보지 마세요! 담요로 그를 덮어주세요. 당신들은 그를 죽이고 있거나, 최소한 더럽히고 있단 말이에요. 그러니 이제 나가주세요. 구경을 하시려거든 곡예사한테나 가보세요! 무슨 일이 있었지요? 대체 왜 다 꿀먹은 벙어리가 되셨나요?

교장: 무슨 일이 일어났는지에 대해서는 해명하기가 어렵답니다. 종이 굴러 떨어지려고 하자 그가 붙잡으려고 했을까요? 확실한 건 종이 굴러 떨어졌던 곳에 내려가보시면 아시겠지만, 당신은 무릎을 꿇고

하나님께 감사하게 될 거예요. 당신 남편이 아직도 살아 있다는 건, 말하자면 정말 기적 같은 일이니까요.

하인리히: (힘없이) 물 좀 주세요!

마그다 부인: (잽싸게 일어서면서) 나가들 주세요!

목사: 자, 여러분 나가주세요! 여기는 절대적인 안정이 필요합니다. (사람들이 퇴장한다.) 친애하는 사모님, 제 도움을 필요로 하신다면, 제가 있는 곳을 아시고 계시겠죠.

이발사: 제 도움도 필요하시다면, 말씀해주세요.

교장: 저는 여기에 머물러 있으려 하는데요.

마그다 부인: 안 돼요, 아무도, 그 어느 누구도 여기에 있어서는 안 돼요!

하인리히: 물 좀 주세요! (목사와 교장과 이발사가 조용히 상의한 후, 어깨를 들썩거리고 고개를 흔들면서 물러난다.)

마그다 부인: (물을 들고 하인리히에게 급히 가면서) 깨어났어요, 하인리히?

하인리히: 목이 말라. 물 좀 줘. 내 말이 안 들리는 거야?

마그다 부인: (무의식적으로) 참아요, 좀 참아보세요!

하인리히: 참을성을 기르라고, 마그다? 조금 있으면 난 참을성을 기를 만큼 기르게 될 거야. 조금 있으면 당신도 참을성을 길러야만 할 거야. (그는 물을 마신다.) 고마워, 마그다.

마그다 부인: 아, 하인리히, 그렇게 말하지 마세요. 당신이 그렇게 말하면 난 정말 두려워요.

하인리히: (몹시 성급하게) 당신은 두려워할 필요가 없어. 당신은 살아야만 하니까, 나 없이도 살아야만 하니까.

마그다 부인: 난 할 수 없어요…… 난 당신 없이는 살고 싶지 않아요.

하인리히: 당신이 겪는 고통은 어린애 같은 거야. 날 더 이상 고문하지 마. 그런 고통은 무가치한 거야. 당신은 어머니이니까 말이야. 이 말을 이해하고 받아들여줘.

마그다 부인: 지금만큼은 제발 좀 나한테 화내지 말고 심하게 굴지 말아 주세요.

하인리히: (괴로워하며) 진실을 말하고 있는데, 당신은 내가 화를 내고 심하게 군다고 말하는군. 당신의 세계는 아이들 잠자리야. 거기에 당신의 행복이 있고 당신의 삶이 있고 당신의 고통이 있는 거야. 당신의 모든 것이 그 새하얀 아마포 속에 있어. 그걸 부정한다는 건 정말 벌받을 일이야.

마그다 부인: (그에게 몸을 던진다.) 하나님 맙소사! 난 당신을 우리 아이들보다, 나 자신보다, 또 그 어느 것보다 더 사랑한단 말이에요.

하인리히: 그럼, 일찍 고아가 될 불쌍한 것들아, 너희들에게 화가 있겠구나! 그리고 너희들 입에서 빵과 우유를 뺏어 먹도록 저주받은 내겐 세 곱절로 화가 있을지어다. 그런데 그것들은 내 혀에서 독이 될 것 같구나. 그게 다행이다. 안녕! 이렇든 저렇든 간에. 우리가 헤어나올 수 없는 것에는 그저 내맡기면 되는 거야. 많은 사람들한테 죽음의 긴 그림자는 환영받는 빛이었지. 나한테도 그래. (부드럽게) 손 좀 줘봐. 난 당신에게 말과 행동으로 못되게 굴었지. 당신 사랑을 여러 번 아프게 했어. 이제 용서해다오, 마그다! 난 그러지 않으려고 했는데, 매번 그렇게 할 수밖에 없었어. 누가 날 그렇게 하도록 강요했는지는 알 수 없지만, 그 무언가가 당신을 아프게 하도록 날 종용했고, 또 그렇게 함으로써 나 자신도 아프게 하도록 날 강요했지. 용서해줘, 마그다.

마그다 부인: 당신을 용서하라고요? 뭘 용서하라는 거예요? 날 사랑하신다면, 하인리히, 그렇게 말하지 말아주세요. 안 그러면 난 눈물이 나니까요. 차라리 야단치는 게 더 나아요. 당신이 나한테 어떤 분인지 당신도 알고 있잖아요.

하인리히: (괴로워하며) 난 모르겠어.

마그다 부인: 당신은 날 받아들였고 나를 높여줬고 날 사람이 되도록 해주었잖아요. 회색으로 뒤덮힌 비 내리는 하늘 아래에서처럼, 나는 무지하고 가난하고 두려움에 떨며 살아왔어요. 당신은 날 기쁨으로 끌어주고 인도해주었지요. 난 당신이 나를 거칠게 부여잡고 어둠에서 빛으로 이끌어주었을 때보다 더 큰 당신의 사랑을 느껴본 적이 없었어요. 그런데 내가 당신을 용서해야 한다니요? 이 모든 것, 내 인생은 몽땅 당신 덕분인데요?

하인리히: 인간의 영혼들이 얽혀 짜는 베는 참 혼란스럽기도 하구나.

마그다 부인: (그의 머리를 쓰다듬어주면서, 부드럽게) 내가 당신한테 이것저것 잘하려고 했던 것은, 집 안에서나 작업실에서나 당신을 한 시간이라도 즐겁게 해주려고 했던 것은, 또 당신 눈에 거슬리지 않으려고 했던 것은, 하인리히, 나같이 순진무구한 사람이 이게 뭔지를 어떻게 다 알겠어요. 하지만 이 모든 것을 당신한테 주고자 했던 것은 당신한테 진 빚을 보상하기 위해서였을 뿐이에요.

하인리히: (불안해하며) 나는 죽소. 좋아요. 하나님께서는 선의에서 그렇게 하시는 거요. 내가 살아 있으면 말이지, 마그다, 내게로 몸을 좀 굽혀봐요. 내가 죽는 게 우리 두 사람한테 더 나으니까 말이오. 꽃을 피웠기에, 그리고 내게 꽃을 피워주었기에, 내가 당신에게 꽃을 피우도록 일깨워주었다고 생각하고 있지. 잘못 생각하고 있는 거야. 그

건 영원히 기적을 행하는 분이 행하신 거야. 그는 봄날 아침에 숲 한 가운데서 수억 개나 하는 꽃잎들을 차가운 겨울바람으로 떨어뜨리곤 하지. 내가 죽는 게 우리 두 사람한테 더 나은 거야. 봐라, 난 늙고 병들고 역겨운 모습이잖아. 나를 좀더 훌륭한 종(鐘)으로 만들지 못한 그 장인이 지금 나를 내던져버린다고 해도 난 슬퍼하지 않아. 또 그가 자기가 만든 졸작인 나를 낭떠러지 아래로 밀쳐버렸을 때 나는 환영했어. 사실 내 작품은 엉터리였거든. 밑으로 떨어져버린 그 종 말이야, 마그다, 그건 산 정상의 메아리를 깨울 수 있도록 만들어진 작품이 아니었어.

마그다 부인: 당신 말을 한마디도 이해하지 못하겠어요. 그 종은 극찬을 받았잖아요. 완벽하고 금속에 공기방울 하나 없고, 소리도 그처럼 깨끗하다고요! "장인이 만든 종이 천사들의 합창처럼 울려 퍼진다"라고 모두들 이구동성으로 말했잖아요. 그 종이 밖에 서 있는 나무들 사이에 매달려 자신의 목소리를 장엄하게 드높일 때는……

하인리히: (아주 성급하게) 그 종은 골짜기에서나 울리지 산 속에서는 울리지 않는단 말이야!

마그다 부인: 그렇지 않아요. 목사님께서 깊이 감동받아서 교회 집사님한테 "그 종이 산 속에서 얼마나 경쾌하게 울려 퍼질까……"라고 하시는 말씀을 나처럼 당신도 들었어야 했는데 말이에요.

하인리히: 그 종은 골짜기에서나 울리지 산 속에서는 울리지 않는다는 것을 오직 나만이 알고 있지. 목사님은 그걸 모르신단 말이야. 이봐, 난 죽을 거고, 죽기를 원해. 왜냐하면 말이오, 흔히들 얘기하듯이 여차한 경우에는 의사선생의 도움으로 잠시 건강해질 수도 있겠지. 병원이나 뭐 그 비슷한 곳 신세질 만큼 말이지. 이건 다시 말해, 때로는

쓰기도 하고 이따금씩 달기도 했던 인생이라는 뜨거운 약물, 그걸 들이마실 적마다 나에게 강한 힘을 주던 그 삶이라는 뜨거운 약물을 맛없는 국물로 만드는 것과 같은 거야. 멀겋고 오래 두어 쉬어터진 차가운 국물로 말이야. 그 멀건 국물이 맛있는 사람은 마시라지. 내게 그런 국물은 먼발치에서도 구역질 난다고. 잠자코 있어. 계속해서 듣기만 해. 예전의 기쁨을 만끽할 수 있도록 해주고, 예전 일을 다시 수행할 수 있도록 힘을 줄 거라고 믿는 그런 의사를 데려온다고 해도, 마그다, 그런다 해도 난 이제 끝났소.

마그다 부인: 나한테 그런 식으로 말하다니, 하나님 맙소사! 당신같이 축복받은 분이 어떻게 그런 생각을 하게 되었나요? 당신은 하늘이 주신 선물로 넘쳐흐르며, 최고의 찬사를 받으며, 모든 사람들로부터 사랑을 받고 있는 최고의 장인이시잖아요. 당신이 쉬지 않고 기쁜 마음으로 만든 종이 아마도 백 개는 될 거예요. 그 종들은 백 개의 종탑에서 당신의 명성을 노래하고 있고, 당신 영혼의 깊은 아름다움을 마치 잔에서 물을 붓듯이 평원과 초원을 가로질러 퍼뜨리고 있잖아요. 당신은 초저녁의 붉은 자줏빛과 이른 새벽의 황금빛으로 뒤섞여 있답니다. 당신은 부자입니다. 그렇게 많은 것을 줄 수 있으니 말이에요. 당신은 하나님의 목소리입니다! 주는 자의 행복, 오직 주는 자의 행복만을 마셨기 때문이지요. 거지들의 탄식이 우리의 은총의 양식인 것처럼 말이에요. 당신은 감사할 줄 모르는 마음으로 당신의 일상의 작업을 보고 있지는 않은가요? 그런데, 하인리히! 당신은 대체 왜 나를 당신이 역겨워하는 삶 속으로 몰고 가려는 거예요? 나는 어쩌라고요? 심지어 당신이 쓸모없는 동전 한 닢처럼 이런 삶을 거부한다면, 내 인생은 어쩌란 말이에요?

하인리히: 내 말을 오해하지 말아줘. 지금 당신 스스로 소리를 울렸잖아. 내가 만든 종 가운데 그 어떤 종도 그처럼 깊고 청명하게 소리를 내지 못했어. 내가 종들을 그토록 많이 만들었지만 말이야. 고마워! 하지만 당신은…… 내 말을 이해해야 마땅하고, 또 이해해야만 해, 마그다! 그럼 다시 한번 말할게. 내 최근 작품은 실패로 끝났단 말이야. 그들이 영차 영차 힘들어하며 씩씩하게 욕을 해대며 그 종을 산 위로 끌고 갔을 때, 난 불안한 심정으로 그 뒤를 따라갔었지. 근데 그 종이 굴러 떨어졌어. 그건 수백 길 아래로 떨어지더니 산간 호수에 가라앉아버렸지. 나의 정기와 예술의 마지막 결실이 저기 산간 호수에 놓여 있단 말이야. 내 한평생 더 좋은 결실은 맺지 못했고, 또 더 좋은 결실을 맺을 수도 없었을 거야. 그처럼 난 내 인생 전부를 그 그릇된 작품에 고스란히 바쳤단 말이야. 그런데 이제 내 인생이 그 산간 호수에 놓여 있어. 내 자신은 이미 음울하고 가련한 여생을 근근이 살아가고 있건만. 난 슬퍼하지 않아. 그러면서도 또다시 잃어버린 것에 대해 미련을 갖기도 해. 계속해서 남아 있는 한 가지 사실은, 그 종도 내 인생도 다시는 되돌아오지 못한다는 거야. 묻혀버린 소리를 다시 듣고자 하는 갈망에 나는 매달려왔는데, 슬프다! 내가 그리도 열심히 살아온 인생이 단지 번민과 후회, 광기와 어둠, 오류와 분노와 실패로 가득 찬 자루 하나를 위해서였다니.

그러면서도 난 이해하지 못하겠단 말이야! 난 더 이상 골짜기에서 일하는 데 매력을 느끼지 못하겠어. 빠르게 흐르는 내 피처럼 골짜기의 평화는 날 진정시켜주지 못해. 내가 저 산 위에 서 있은 다음부터, 내 마음속에는 산 위로 올라가고자 하는 생각뿐이고, 맑은 날 안개 낀 바다 위를 거닐고 싶고, 산 정상의 힘으로 작업을 수행하고자 하는 생각뿐이야. 그런데 난 그렇게 할 수가 없으니 지금 죽어가는 거야. 그리고 내가 기를 써서 올라간다 해도, 오직 굴러 떨어질 수밖에 없을 것이기에 차라리 죽어버리려고 해. 내가 살고자 한다면, 젊어져야만 하는데 말이야. 산의 기적과도 같은 환상적인 꽃봉오리에서……, 두 번째로 만개한 꽃 속에서 새로운 열매를 맺어야만 하는데 말이야. 심장에선 건강한 힘을, 손에선 원기를, 힘줄에선 강철 같은 힘을 느껴야만 하는데 말이야. 들어보지도 못한 새로운 일에 투신하여 엄청난 승리자의 쾌감을 느껴야만 하는데 말이야.

마그다 부인: 오, 하인리히, 하인리히! 당신이 그토록 갈망하는, 당신에게 젊음을 가져다줄 그런 샘물을 내가 어디에서 구할 수 있는지를 알기만 한다면, 난 기꺼이 발이 부르트도록 돌아다닐 텐데요. 그래요, 그 샘물이 당신 입술에 젊음을 가져다주기만 한다면야, 나 자신은 그 물에 빠져죽어도 괜찮아요.

하인리히: (괴로워하고, 절망하고, 헛소리를 하면서) 사랑하는 이여, 내 사랑이여! 아니야, 난 그 샘물을 원치 않아. 그 물은 네가 받아둬. 샘물에는 피가, 오직 피만이 있을 뿐이야. 난 원치 않으니 날 좀 내버려둬. 가버려. 날 죽게 내버려두란 말이야. (그는 기절한다.)

목사: (다시 들어온다.) 좀 어때요, 사모님?

마그다 부인: 상당히 좋지 않아요. 그는 마음속 깊이 완전히 병들어 있어요. 이해할 수 없는 번민으로 인해 너무나 지쳐 있네요. 제가 뭘 두려워해야 하고 뭘 희망해야 할지 모르겠어요. (그녀는 재빨리 숄을 두른다.) 당신이 기적을 행한다는 여자에 대해 말씀하셨죠……

목사: 그래요, 맞아요, 사모님. 저도 그 때문에 왔거든요. 그녀는 여기서 1마일도 떨어지지 않은 곳에 살고 있어요. 뭐랬더라, 그 여자 이름이

뭐라고 그랬더라? 경계선 너머 전나무 숲이라고 생각되는데요, 맞아요, 전나무 숲에 그 여자가 살고 있는데, 뭐라고 그랬더라……

마그다 부인: 비티헨 할머니 말인가요?

목사: 무슨 말씀을 하시는 건가요? 그 여잔 사악한 여자예요. 죽어버려야만 하는 마귀 할멈이란 말입니다. 사람들은 이미 이 사탄에 대항할 준비를 단단히 하고 있어요. 그 할멈을 완전히 끝장내려고 사람들이 돌과 몽둥이와 횃불을 들고 가고 있어요. 일어난 불상사에 대한 모든 책임을 그 여자에게 돌리고 있어요. 아니, 내가 말하는 사람은 그 여자가 아니라 핀데클레 부인이라고 하는데, 신앙심 깊고 믿을 만하죠. 그녀는 어느 양치기의 미망인이라고 하는데, 그 남편이 옛날부터 전해 내려오던 처방책을 그녀한테 남겨주었다고 해요. 그러니까 효험 있는 묘약의 처방책이라고 하네요. 여기 사는 많은 사람들이 나한테 확언해주었듯이 말입니다. 그쪽으로 가보실래요?

마그다 부인: 그럼요, 그래요, 목사님.

목사: 지금 이 시간에요? (라우텐델라인이 하녀처럼 옷을 차려입고 딸기를 들고 있다.)

마그다 부인: 얘, 왜 그러니, 넌 누구지?

목사: 이 아인 농가에서 자란 안나랍니다. 이 애한테 아무것도 물어보지 마세요. 유감스럽게도 벙어리이니까요. 이 애가 당신한테 딸기를 가져다주려고 왔네요. 벙어리라는 것만 빼고는 좋은 아이예요.

마그다 부인: 얘, 이리 좀 와보렴! 대체 내가 무슨 말을 하려고 했었지? 봐라, 저기 있는 남자가 아프단다. 그이가 깨어나거든 곧장 좀 살펴봐주거라. 내가 무슨 말을 하는지 알아들었니? 핀데클레 부인, 이름이 그랬지 아마? 그런데 갈 길이 너무 멀단다. 난 자리를 떠서는 안 되는

데 말이야. 그저 잠깐이면 돼. 옆집 아주머니가 도와주실 거야. 말했듯이 난 곧 돌아올 건데…… 아, 하나님, 너무 괴로워요! (퇴장한다.)

목사: 잠깐만 여기에 서 있거라. 더 좋은 건 네가 앉아 있는 거야. 여기 어디선가 사람들이 네 힘을 필요로 하거든, 똑똑하게 굴고 뭔가 도움이 될 만한 일을 하도록 해라. 네가 좋은 일을 하면 하나님께서 그에 대해 보답해주실 거야. 얘야, 내가 안 본 사이에 많이 변했구나. 얌전히 있어야 한다. 신앙심 깊은 처녀로 있어야 해. 넌 자비로우신 하나님으로부터 엄청난 아름다움을 물려받아 태어났으니까 말이야. 아니 얘야, 진짜, 사람들이 널 그렇게 보면 있지, 넌 그런 것 같기도 하고, 또 그렇지 않은 것 같기도 해. 별안간 있지, 네가 동화에 나오는 공주처럼 보이는구나. 내가 이런 생각을 하게 될 줄은 몰랐구나. 그의 이마를 좀 식혀주거라! 내 말 알아들었지? 그는 열이 있어. (하인리히에 대고) 주여, 낫게 해주소서! (목사가 퇴장한다.)

라우텐델라인: (지금까지는 수줍고 공손히 있다가, 이제는 완전히 변하여 아주 활동적이다.) 잿더미 속에서 타오르는 불꽃이 생명의 숨결 아래 타닥타닥 타고 있네. 불어라, 불씨 바람이여, 나도 너처럼 이교도의 자식이란다. 수리수리 마수리! (화덕의 불이 타오른다.) 솥이 뒤뚱뒤뚱 불타오르고 있구나. 구리 뚜껑아, 넌 왜 이리도 무거운 거니! 부글부글 끓어라, 국물이여 파도쳐라, 물결이여 잘 끓어라! 수리수리 마수리! (이때 그녀는 구리 솥뚜껑을 들어 올려 그 안에 있는 내용물을 맛본다.) 연하고 생생한 선갈퀴 잎사귀를 이 국물에 뿌리자. 달콤하고 뜨겁고 맛이 진해지겠지. 누구든지 이것을 마시는 사람은 원기를 마시는 거야. 수리수리 마수리! 이제 당근을 다듬고 나서 물을 길어와야지. 양동이가 비었잖아. 하지만 먼저 창문을 열자. 아,

좋다. 하지만 내일은 바람이 불 거야. 거대한 물고기처럼 길게 늘어진 구름 한 점이 산 위에 떠 있네. 내일 폭발하겠지. 그러면 무시무시한 정령들이 쏴쏴 소리를 내면서 전나무 숲과 계곡을 지나 인간들이 사는 골짜기로 내려갈 테지. 뻐꾹, 뻐꾹, 뻐꾸기가 여기서도 우는구나. 제비들은 쏜살같이 허공을 날고, 이런 허공의 하늘로부터 찬란하게 하루가 밀려오는구나. (하인리히는 눈을 뜨고 라우텐델라인을 응시한다.) 이제 당근을 다듬고 나서 물을 길어와야지. 그래, 난 하녀니까 할 일이 많지. 사랑스런 불꽃이여, 내 작업을 도와다오!

하인리히: (이루 말할 수 없이 놀라워하며) 누구…… 말해라, 넌 누구지?

라우텐델라인: (재빨리, 활기차게 그리고 주저 없이) 저 말인가요? 라우텐델라인이라고 해요.

하인리히: 라우텐델라인이라고? 그런 이름은 들어본 적이 없는데. 그런데 어디선가 한 번 널 본 적이 있는 것 같구나. 대체 어디서였지?

라우텐델라인: 저 높은 산 위에서요.

하인리히: 맞아, 그래. 내가 열이 나서 누워 있었던 곳 말이지. 거기서 난 네 꿈을 꾸었는데, 지금, 지금 또 다시…… 난 꿈을 꾸고 있구나. 가끔씩 사람들은 이상한 꿈을 꾸기도 하지, 안 그러니? 여기는 우리 집이고, 저쪽 우리 집 화덕에선 불이 타오르고 있네. 난 내 침대에 누워 있고, 죽을 듯이 아파서 말이야. 그러고는 창문을 붙잡고 있지. 밖에선 제비가 날아다니고, 정원에선 나이팅게일이 지저귀고 있구나. 라일락과 재스민 꽃향기가 풍겨오는구나. 이 모든 것을 난 느낄 수 있고, 아주 작은 것까지도 들여다볼 수 있는데 말이야. 봐! 내가 덮고 있는 이불의 천 속까지 말이야. 한 올, 한 올의 실오라기까지, 그래, 그 속에 있는 매듭까지도 말이야. 그런데도 난 꿈을 꾸고 있단 말이야.

라우텐델라인: 당신이 꿈을 꾸고 있다고요? 어머, 어째서요?

하인리히: (황홀해서) 그저, 내가 꿈을 꾸고 있기 때문에.

라우텐델라인: 그렇게도 확신하세요?

하인리히: 그래. 아니, 아니야. 그래. 아니, 아니야. 내가 무슨 말을 하는 거지? 깨어나지 말자! 내가 그렇게도 확신하냐고 넌 물어보았지. 그렇든 말든. 꿈이든지 실제든지 둘 중에 하나겠지. 네가 존재하고 네가 살아 있다는 것을 난 느끼고 있고, 또 보고 있단 말이야! 그게 내 내부에서건 아니면 외부에서건 간에 말이야…… 너, 사랑스런 혼백이여! 내 영혼의 반쪽을 지니고 태어난 이여, 난 너를 그 만큼 사랑하고 있다. 머물러 있어다오, 그저 머물러 있어만 다오.

라우텐델라인: 당신이 원하시는 그때까지요.

하인리히: 그런데도 난 꿈을 꾸고 있단 말이야.

라우텐델라인: 잘 보세요. 내가 여기 내 작은 발을 올려볼 테니까. 빨간 신발 뒤축이 보이세요? 그렇죠? 자, 그럼, 여기에 개암나무 열매가 하나 있어요. 이제 내가 이걸 손으로 쥐어볼게요. 자, 이렇게, 엄지손가락과 집게손가락 사이에 말이에요. 이제는 신발 뒤축 아래에 놓을게요. 우지직! 이게 두 동강이 났죠? 이래도 이게 꿈인가요?

하인리히: 자비로우신 하나님께서는 아시겠지.

라우텐델라인: 그렇다면 계속해서 잘 보세요! 이제 내가 당신 쪽으로 가서 침대 위에 앉을게요. 저는 벌써 여기에 있답니다. 즐겁게 개암나무 열매를 먹고 있어요. 비좁으세요?

하인리히: 아니야. 하지만 알려다오! 넌 대체 어디에서 왔고, 또 누가 널 보낸 거지? 여기 내 집에서 뭘 찾고 있는 거지? 난 말이지, 완전히 지쳐서 산더미 같은 고통에 쌓인 채, 내 인생 행로의 마지막 지점이 시

시각각 다가오는 것을 세고 있단다.

라우텐델라인: 당신이 맘에 들어요. 내가 어디서 왔고, 또 내가 어디로 가는지는 말해줄 수가 없네요. 숲 속의 할머니가 이끼와 풀 속에서 저를 거두어주셨고, 암사슴이 젖을 먹여 저를 키웠답니다. 숲 속과 늪지대와 산 속이 저의 집이랍니다. 바람이 불 때면, 다시 말해, 바람이 쏴쏴 소리를 내며 윙윙거리고 울어대면, 또 들고양이처럼 냐옹냐옹 소리를 내고 울어대면, 난 맴돌면서 허공을 싸다닌답니다. 내가 웃어대고 환호성을 지르면, 그것이 메아리가 되어 숲의 정령과 요정들, 이끼의 정령과 물의 정령도 다 같이 배꼽이 빠져라 웃어대죠. 나는 못됐어요. 나는 화가 나면 할퀴고 사납게 물어뜯거든요. 나를 화나게 하는 사람은 조심해야 한답니다! 나를 가만히 놔둔다고 해도 좋을 건 하나도 없어요. 기분에 따라 난 좋기도 하고 나쁘기도 하니까요. 이랬다저랬다 하지요. 나한테 모자가 어떻게 씌워져 있느냐에 따라 말이에요. 하지만 난 당신이 좋아요. 난 당신을 할퀴지 않을 거예요. 당신이 원하신다면 이렇게 난 여기에 있겠어요. 하지만 더 좋은 것은 당신이 나와 함께 내가 사는 산 위로 올라가는 거예요. 이제 당신은 아시게 될 거예요. 난 당신을 아주 훌륭하게 받들어 모실 테니까 말이에요. 당신한테 다이아몬드와 홍옥을 보여드릴게요. 그것들은 아주 깊숙한 산골짜기에 놓여 있답니다. 또 황옥과 에메랄드와 수정도요. 그저 당신이 말씀하시는 대로 다 할게요. 나는 반항적이고 고집 세고 게으르고 아주 불손하고 심술궂고, 뭐 그렇답니다. 하지만 난 당신 눈빛을 항상 똑바로 응시하며 살게요. 그리고 당신이 원하기도 전에 당신한테 고개를 끄덕여 응할게요. '그래요'라고 말이에요. 숲 속의 할머니가 말하기를……

하인리히: 사랑스러운 아이야, 숲 속의 할머니가 누구인지 좀 말해줄래?

라우텐델라인: 숲 속의 할머니라고요?

하인리히: 그래!

라우텐델라인: 할머니를 모른다고요?

하인리히: 난 인간이고 눈먼 장님 같단다.

라우텐델라인: 좀 있으면 당신도 보게 될 거예요. 난 어떤 능력을 부여받았는데요, 내가 눈에다 키스해주는 사람은 온 사방 먼 곳까지 볼 수 있는 눈을 갖게 되지요.

하인리히: 나한테도 그렇게 좀 해다오.

라우텐델라인: 가만히 있으실래요?

하인리히: 한번 해보렴.

라우텐델라인: (그의 눈에 입맞춤을 해준다.) 눈을 떠보세요!

하인리히: 내 인생의 마지막 순간에 누군가가 귀여운 너를 내게 보냈구나. 하나님 아버지께서 손수 나를 위해 머나먼 곳의 봄으로부터 활짝 핀 꽃나무 가지 하나를 꺾어주셨구나. 너, 자유로운 몸으로 태어난 자손이여! 오, 내가 일찍이 세상으로 처음 발걸음을 떼었을 그때의 나였다면 환호성을 지르며 너를 내 가슴에 꼭 안았을 게다. 나는 눈이 멀었었지만, 이제는 빛으로 충만하고 예감으로나마 너의 세계를 이해할 것 같다. 그래, 너 수수께끼 같은 이여, 내가 너를 들이마시니, 그렇게 내 눈이 뜨이고 있음을 점점 더 느끼겠구나.

라우텐델라인: 아이, 그럼 당신이 원하시는 만큼 실컷 날 보세요.

하인리히: 네 금발머리가 너무도 아름답구나! 이렇게 멋지다니! 내가 꾼 꿈 중에서 가장 사랑스러운 꿈아, 너와 함께라면 카론[8]의 나룻배도 왕이 타는 작은 배로 변할 거야. 이 작은 배는 화려하게 노저어가며

아침 해가 솟는 동쪽을 향해 경쾌하게 나아가고 있다. 서쪽을 너는 느낄 수 있겠니? 아직까지 귀 기울여 들어보지 못한 서쪽의 시작을 말이야. 서쪽이 어떻게 남쪽 바다의 출렁이는 파란색 파도로부터 하얀색 물거품을 일게 해서, 다이아몬드와도 같은 신선함으로 우리를 덮는지를 말이야. 이런 걸 넌 느낄 수 있겠니? 그리고 우리는…… 금과 비단 속에 보금자리를 마련하고서 의기양양하게 행복해하며 우리를 서로 떼어놓는 거리를 재어보고 있다. 무슨 말을 하는지 넌 알고 있을 거야. 그 초록색 섬나라를 넌 알아볼 수 있으니까 말이야. 측백나무의 무거운 가지들이 마치 해수욕이라도 하려는 듯이 빛을 발하는 푸른색 물결 속에 가라앉아 출렁거리고 있다. 봄날에 노래하는 온갖 것들의 환호성을 넌 듣게 될 거야. 우리를 기다리는……

라우텐델라인: 예, 환호성이 들려요!

하인리히: (잠에 빠지며) 그렇다면 이제 난 갈 준비가 되어 있어. 내가 깨어나면, 누군가 내게 함께 가자고 말할 거야. 그러고는 불이 꺼지지. 이 안은 추워질 거야. 보는 능력을 가진 자가 눈먼 자처럼 죽어버리겠지. 하지만 난 너를 보았어. 그리고……

라우텐델라인: (의식을 행하며) 선생님, 곤히 잠드소서! 당신이 깨어나시면 당신은 나의 것입니다. 이루고자 하는 의지가 강해서 회복에 도움이 될 것입니다. (그녀는 화덕에 대고 마력을 행사하며 말하기를) 저주받은 보석들이 빛을 향해 가고자 합니다. 깊은 심연 아래에서 그들은 빛을 발하지 못합니다. 눈에 불을 켠 개들은 쓸데없이 짖어대고

8 고대 그리스인들은 사람이 죽으면 여러 개의 강을 건너 저승에 이른다고 믿었다. 카론은 어둠의 신 에레보스와 밤의 여신 닉스 사이에서 태어난 자로, 죽은 자들을 바닥이 없는 쇠가죽 배에 태워 아케론 강에서 스틱스 강까지 건네주었다.

깨갱거리며 용감한 예술을 피합니다. 하지만 우리는 우리를 해방시킨 자의 다스림을 받기 때문에 즐겁게 그리고 기꺼이 임무를 다할 것입니다! (하인리히에 대고 손짓을 하면서) 하나, 둘, 셋, 이렇게 해서 당신은 새로이 태어났고, 새로운 세계에서 당신은 자유롭습니다.

하인리히: 나한테 무슨 일이 일어난 거지? 어떤 잠에서 내가 깨어난 거지? 열린 창문으로 들어와 내 손을 빛나게 하는 아침 햇살은 뭐지? 오, 아침 공기여! 그렇담, 하늘이여, 이게 너의 뜻이라면, 내 속으로 파고들어와 영향력을 행사하는 힘이 내 가슴에서 불타오르는 새로운 욕망이라면, 이것이 너의 손짓이고 너의 의지의 표시라면, 그렇담 좋다. 내가 어떻게든 회복된다면, 다시 한번 난 삶 속으로 걸음을 떼어놓을 테야. 또 한번 기대해보고 시도해보고 희망해보고 감히 도전해볼 테야. 그리고 창작하고 또 창작할 거야. (마그다 부인이 들어온다.) 마그다, 당신이야?

마그다 부인: 그이가 깨어났나?

하인리히: 그래, 마그다, 당신이야?

마그다 부인: (예감한 듯 기뻐하며) 당신 어떠세요?

하인리히: (감정에 벅차서) 좋아, 좋다구. 난 살 거야. 내가 살 거라고 난 느껴. 그래, 난 느낀단 말이야.

마그다 부인: (너무 기뻐하며) 그이가 살았어. 그이가 살았다고! 오, 사랑하는 당신! 하인리히, 하인리히! (라우텐델라인은 눈을 반짝이며 옆쪽에 서 있다.)

제 3 막

(산 속에 버려진 유리공장이 하나 서 있고, 멀지 않은 곳에 눈웅덩이가 있다. 오른쪽으로, 담장처럼 둘러쳐진 자연 그대로의 암벽에서는 물이 흘러나와 수성암에 뚫린 구멍을 타고 자연스럽게 이루어진 돌절구 안으로 흘러내리고 있다. 왼쪽으로 좀 쓸만한 뒤쪽 벽면에는 대장간 화덕이 놓여 있고, 연통과 풀무도 놓여 있다. 왼쪽 뒤로, 헛간 문같이 생긴 열려진 통로로는 높은 산의 경치가 보이는데, 산꼭대기, 늪지대, 깊숙한 전나무 숲이 보이고, 그 바로 옆에 가파른 벼랑이 보인다. 오두막 천장에는 굴뚝이 나 있다. 오른쪽으론 뾰족한 아치형의 기암절벽이 서 있다.

대장간 밖에서도 알아볼 수 있는 발트쉬라트는 밖에다 겹겹이 쌓아올린 더미에 소나무 둥치 하나를 갖다 나르다가, 주춤하면서 안으로 들어와 이리저리 둘러본다. 니켈만은 가슴 밑부분까지 우물에서 나와 있다.)

니켈만: 이리로 좀 와봐! 꽥 꽥 꽥!

발트쉬라트: 너야?

니켈만: 그래. 소나무 연기와 그을음은 마귀나 가져가라고 해!

발트쉬라트: 그들이 떠난 거냐?

니켈만: 누구 말이야?

발트쉬라트: 내 말은, 그들 말이야.

니켈만: 그런 것 같은데. 그렇지 않다면야 그들은 아직도 여기 있을 테지.

발트쉬라트: 난 호르니히 씨를 만났어.

니켈만: 저런!

발트쉬라트: 톱과 도끼를 들고 있더라.

니켈만: 그 남자가 무슨 말을 하던?

발트쉬라트: 네가 이 주변을 개골개골거리며 돌아다닌다고 하더라.

니켈만: 그 얼뜨기 같은 놈 귓구멍이나 막고 있을 것이지.

발트쉬라트: 네가 정말로 비통하게 개골개골 울어대더라고 말하더라.

니켈만: 그놈의 목을 비틀어버릴 테다!

발트쉬라트: 그래, 맞아!

니켈만: 그놈의 목과 또 다른 인간의 목도……

발트쉬라트: (웃으면서) 저주받을 종족이야! 괘씸한 놈 하나가 우리 산에 쳐들어와서는 땅을 파고 집을 지어대고 금속을 들어 올려 불에 달구고, 녹이고, 끓이곤 하지. 그 작자는 산신령이든 물신령이든 아주 서슴지 않고 자기 목적을 위해 끌어들이잖아. 제일 예쁜 요정이 그의 애인이 되었어. 진짜, 우리 같은 존재들은 먼발치에서 쳐다보기만 할 수밖에 없다고. 그녀는 내게서 꽃이며, 패랭이꽃 같은 갈색의 석영이며, 황금, 보석, 노란색 호박수지를 빼앗아갔단 말이야. 그녀는 온 힘을 다해 매일같이 밤낮으로 그 남자를 받들어 모시지. 그 남자

한텐 키스를 해주면서, 그 반대로 우리한텐 호통이나 쳐대지. 그 남자 뜻대로 되지 않는 게 없어. 아주 오래된 고목나무들이 쓰러지고 있어. 땅은 흔들거리고 있고. 그가 두들겨대는 망치소리는 밤낮으로 온 계곡에 울려 퍼지고 있잖아. 그의 대장간에서 피어오르는 빨간 불꽃은 멀리 떨어진 우리 집 동굴 안까지도 비춰온단 말이야. 그자가 뭘 하려고 하는 건지 악마는 알고 있겠지!

니켈만: 꽥 꽥 꽥, 네가 그때 그 작자를 제대로 맞췄어야 했다구! 그 종 만드는 작자는 벌써 오래전에 부패한 채 물구덩이에 처박혀 있을 텐데, 종 만드는 작자가 그 종이라는 동물 곁에 말야. 그리고 그 종이 나한텐 주사위를 담는 통이라고 한다면, 그자의 뼈들이 주사위일 텐데 말이야.

발트쉬라트: 이런 젠장! 나도 그렇게 생각해.

니켈만: 그런데 말이야, 그 작자는 여기서 건강하고 힘차게 일을 하고 있잖아. 그가 쳐대는 망치소리는 매번 내 골수를 파고들어 오거든. (울먹이면서) 그자가 그녀한테 화관이랑 반지랑 팔찌도 해주겠지. 그러고는 그녀의 어깨와 가슴과 뺨을 어루만지겠지.

발트쉬라트: 내 염소 얼굴을 걸고 말하는데, 너는 미쳤어! 그 어린 계집애한테 그리 몸달아 하다니. 늙어빠진 녀석이 징징거리기 시작하네. 그녀는 그냥 물의 정령을 좋아하지 않는 거라구! 그녀가 널 좋아하지 않는다면, 옳게 판단한 거지. 바다는 깊고, 세상은 길고 넓어. 요정 하나를 잡아서 아주 미친 듯이 지내봐. 폭군처럼 진짜 호탕하게 한번 살아보란 말이야. 그러면 그 두 사람이 곧장 동침하러 가는 것을 보게 된다 해도 너는 태연할 수 있을 거야.

니켈만: 그자를 죽여버릴 거야……

발트쉬라트: 그녀는 그자를 원하고 있어.

니켈만: 그놈의 목을 물어뜯어 버릴 거야……

발트쉬라트: 넌 그녀를 얻지 못할 거야! 네가 뭘 할 수 있겠어? 할머니는 그의 편이란 말이야. 너도 알다시피, 할머니는 네가 분노해서 외치는 소리에 귀를 기울이고 있지 않다니까. 그 쌍은 아주 특별한 총애를 받고 있지. 아직도 뭔가를 바라고 있다면 인내심을 가져야 돼.

니켈만: 지랄 같은 말을 하는군!

발트쉬라트: 시간은 흘러가게 마련이고, 인간은 인간으로 남게 되는 법이지. 흥분은 오래가지 못하거든.

라우텐델라인: (아직 보이지는 않지만, 노래를 부르면서 오고 있다.)

풍뎅이 한 마리가 나무 위에 앉아 있었다네.

붕 붕!

그 풍뎅이는 흑백의 제복을 두르고 있다네.

붕 붕!

(라우텐델라인이 나타난다.) 어머, 웬 손님들이야! 안녕하세요! 당신이 나를 위해 금을 세광하셨나요, 니켈만님? 당신이 나를 위해 나무둥치들을 날라다 주셨나요, 친애하는 염소 발바닥님? 자, 보세요. 난 아주 아주 희귀하고 진귀한 물건들을 잔뜩 싣고 왔답니다. 난 진짜 열심히 돌아다니거든요! 여기에는 수정이, 여기에는 다이아몬드가 하나, 여기에는 금가루가 한 주머니, 여기에는 꿀이 가득 찬 벌집이 있어요…… 무더운 날이에요.

니켈만: 뜨거운 낮에는 뜨거운 밤들이 뒤따르게 마련이지.

라우텐델라인: 그럴 수도 있겠죠. 차가운 물이야말로 당신한테는 근본이 되는 요소죠. 자, 그러니까 들어가서 몸을 좀 식히세요. (발트쉬라트

는 어처구니없다는 듯 웃는다. 니켈만은 소리 없이 내려가 사라진다.) 내가 화를 낼 때까지 계속해서 저런다니까.

발트쉬라트: (여전히 웃으면서) 어럽쇼!

라우텐델라인: 무릎에 맨 밴드가 엄청 아프네.

발트쉬라트: 괜찮다면, 내가 느슨하게 해줄게.

라우텐델라인: 당신이 바로 그걸 해주실 분이라굽쇼! 정령 주제에, 내 말이 안 들리니? 저리 가란 말이야! 넌 구역질 나는 냄새와 파리들만 끌어들인단 말이야. 네 주위엔 파리들이 구름떼처럼 왱왱대고 있잖아.

발트쉬라트: 이건 진짜로 하는 말인데, 파리들이 오히려 나한텐 먼지 묻은 날개로 네 주변을 빙빙거리며 날아다니는 나비보다 좋단다. 파리들은 네 입 안으로 들어가기도 하고, 네 머리카락을 비집고 들어가기도하며, 밤이면 네 가슴과 엉덩이 주변에 달라붙잖아.

라우텐델라인: (웃는다.) 이런이런! 이제 그만해요.

발트쉬라트: 저기 있잖아, 나한테 이 마차바퀴를 줄 수 있니? 이거 어디서 난 거지?

라우텐델라인: 나보다 네가 훨씬 더 잘 알고 있잖아, 이 부랑자 같으니라구!

발트쉬라트: 내가 그 종을 실은 마차를 부수지 않았더라면, 그 매 같은 녀석이 너의 덫에 걸려들지 않았을 텐데 말이야. 그러니 내게 감사하고 이 물건을 내게 주렴. 난 말이야, 송진을 입힌 밧줄로 단단히 엮어 불을 붙여가지고 내가 찾을 수 있는 한 가장 가파른 비탈길에서 빠르게 굴려보려고 그래. 정말 재밌을 거야!

라우텐델라인: 그러면 마을에는 불이 나겠지.

발트쉬라트: 맞아, 제물을 태우는 빨간 불꽃에 빨간 바람이 불 거야!

라우텐델라인: 그런 일은 벌어지지 않을 거야. 가버리기나 해, 이 보잘것없는 정령아!

발트쉬라트: 대체 뭐가 그리도 급하다는 거야? 정말로 내가 가야 한다고 생각하니? 그렇다면 너의 그 선생이 무슨 일을 하고 있는지 좀 알려줄래?

라우텐델라인: 작품이 하나 완성되어가고 있어.

발트쉬라트: 뭔가 진귀한 것이 되겠군. 낮엔 일하고 밤엔 입맞춤하고, 우린 벌써 그 종을 알고 있잖아! 산은 골짜기가 되고, 골짜기는 산이 되고, 급기야는 놀라운 작품이 하나 탄생되겠지. 그 잡종 말이야, 반쪽은 짐승, 반쪽은 신으로, 땅에는 명성이요, 하늘에는 비웃음인 것 말이야. 요정아, 개암나무 쪽으로 올래? 그자가 할 수 있는 거라면, 나도 할 수 있단다. 넌 그 남자로부터 더 큰 영예는 얻지 못해. 구세주를 잉태하지는 못할 거란 말이야.

라우텐델라인: 이 짐승, 이 부랑자 같으니! 그가 내는 망치소리가 밤새도록 울려 퍼지고 있는데, 너희들을 속박에서 벗어나게 해주려고 계속해서 애쓰고 있는 그 선택받은 분을 네가 욕한다면 말이지, 내가 너의 눈을 멀게 해줄 거야. 너희들은 금방 알아채지 못하겠지만, 너희들과 우리, 그리고 여기에 있는 모든 것들은 저주를 받고 있으니까 말이야. 가만히 있기나 해! 네가 누구든지 간에 너는 여기서는 무력하단 말이야. 이 영역에서는 그의 정신이 지배하고 있다구!

발트쉬라트: 그게 나와 무슨 상관이 있다고 그러는 거지? 네 신랑님께 안부나 전해줘라. 나중에 한번 그의 갱 속에나 가봐야지. (웃으면서 퇴장한다.)

라우텐델라인: (잠시 휴식을 취하고 나서) 나한테 무슨 일이 일어난 건지 나도 모르겠네. 왜 이리도 숨이 막히고 힘이 드는 걸까. 근처에 있는 눈 덮인 들판에라도 가봐야겠어. 동굴 안은 시원하겠지. 눈이 녹아 생겨난 얼음처럼 차가운 초록빛 물에 내 몸을 좀 식혀야겠어. 나는 뱀 한 마리를 밟았었지. 그 뱀은 황녹색을 띤 돌 위에서 햇볕을 쬐고 있다가 나를 물었었지, 저 꼭대기 자갈 더미에서 말이야. 아, 왜 이리도 힘이 드는 거지? 걸음소리다! 잘 들어봐! 누가 오고 있는 거지?

목사: (등산복을 차려입고, 흥분해 있으며, 힘이 들어서 거의 숨을 제대로 쉬지 못한 채 문 앞에 나타난다.) 이발사 양반, 여기요! 나를 따라오세요! 여기 위로요! 쉬운 일은 아니었지만, 그래도 내가 지금 여기까지 왔다고요. 덧붙여 말하자면, 하나님의 뜻에 따라 내가 이 일을 감행하게 되었지요. 선한 목자처럼 내가 잃어버린 양을 되찾을 수만 있다면 내 노력은 백배로 보상을 받는 겁니다. 그저 항상 용감하게 나아가십시다! (그가 들어선다.) 계십니까? (라우텐델라인을 알아보면서) 원 세상에, 네가 여기 있었구나! 내 이럴 줄 알았다니까!

라우텐델라인: (하얗게 질리고, 화가 난 표정으로) 여기서 뭐 하시는 거죠?

목사: 너도 아마 알게 될 거다. 하나님이 내 증인이시니까. 암, 그렇고말고! 이제야 겨우 숨 좀 돌리겠구나. 땀이 좀 식었어. 그보다도 우선 말해다오, 얘야, 너 여기 혼자 있는 거니?

라우텐델라인: 당신은 제게 질문할 자격이 없으세요!

목사: 저것 좀 보게나! 잘하는 짓이다, 정말 잘하는 짓이야. 이런 식으로 본색을 드러내는구만. 그렇담, 더 좋다. 내가 많이 힘들일 필요 없으니까. 너 말이지!……

라우텐델라인: 겨우 인간밖에 안 되는 주제에. 조심이나 하세요!

목사: (손바닥을 포개어 그녀에게 내밀면서) 넌 나한테 아무 짓도 못할 거다!내 마음은 확고부동하고 결백해서, 난 아무것도 두려워하지 않아. 내 늙은 사지에 너희들의 동굴 속까지 감히 쳐들어올 용기를 불어넣어주신 분께서 나와 함께 계시니까. 난 그것을 느낀다. 이 마녀야, 네 고집대로 나한테 뭘 하려고 들지 마! 화냥년 같은 짓 좀 그만해! 네가 그를 너 사는 산 속으로 유혹했지?

라우텐델라인: 누구 말인가요?

목사: 누구라니? 하인리히 선생 말이야! 그가 아니라면 누구겠냐? 강아지처럼 그가 네 말을 고분고분 들을 때까지 마술과 달콤한 지옥의 술로 꼬셔댔겠지. 모범적인 남자이자 한 집안의 가장을 말이야. 마음속 깊이 신앙심으로 가득 찬 그런 남자를 말이야. 원 이런, 세상에! 떠돌이 창녀 하나가 그를 낚아채서 치마폭에 꼭 싸서 아무데나 멋대로 질질 끌고 다니다니. 이건 전 기독교도들을 통탄하리만큼 치욕스럽게 하는 짓이야.

라우텐델라인: 내가 강도인가요 뭐, 당신으로부터 강도질한 게 하나도 없는데요!

목사: 나한테서 빼앗아간 게 아무것도 없다고 생각하는 거냐? 이런 뻔뻔한 것 같으니! 나한테서도, 그의 아내에게서도, 또 그 자식들로부터도 앗아간 게 하나도 없다고? 넌 전 인류로부터 그 남자를 강탈해갔단 말이야!

라우텐델라인: (갑자기 태도가 변하여, 승리감에 도취된 듯이) 어머머, 앞을 좀 바라보세요! 누가 끌려왔다고요? 자유롭고 규칙적인 그의 발걸음 소리가 들리지 않나요? 당신의 별볼일없는 비방을 아직도 환호

성으로 바꾸고 싶지 않으세요? 발더 신[9]의 눈처럼 번쩍거리며 빛이 튕기는 걸 아직도 느끼지 못하시겠단 말이죠? 그 빛이 춤이라도 추듯이 당신 사지를 뚫고 들어오지는 않나요? 그의 발에 짓밟히는 풀잎은 기뻐한답니다. 임금님이 가까이 오고 있네요. 거지인 당신은 환호하며 소리치지 않나요? 와, 야호! 선생님, 인사드립니다! (그녀는 그에게로 달려가서 그의 품에 몸을 던진다. 하인리히는 화가의 작업복 차림을 하고서 팔에 망치를 들고 나타난다. 라우텐델라인과 손에 손을 잡고서 그가 가까이 오고 있다. 그리고 목사를 알아본다.)

하인리히: 반갑습니다! 정말로 반갑습니다!

목사: 안녕하세요, 경애하옵는 선생님! 이게 가능키나 한 일입니까! 겉으로 보기엔 에너지가 넘쳐서, 마치 젊은 너도밤나무처럼 늘씬하고 강직하게 여기에 서 있다니. 불과 얼마 전만 해도 병상에 뻗어 누워 있던 사람이 말입니다. 그리도 다 죽어가던 남자가, 힘없이 축 처지고 병약하고 창백한 게, 정말이지 희망이라곤 하나도 없었는데 말입니다. 정말로 저한텐 말이죠, 아주 갑자기 지고하고도 절대적인 존재의 사랑과 절대자의 입김이 당신을 불쌍하게 여겼다고 생각됩니다. 그리하여 당신은 두 발로 병상에서 뛰쳐나와 다윗처럼 춤추고 심벌즈를 치며 당신의 주이신 예수 그리스도를 소리 높여 찬양하고 싶은 것이겠죠.

하인리히: 말씀하신 대로입니다.

목사: 당신은 기적입니다!

하인리히: 그것도 사실입니다. 기적이 행해지고 있다는 걸 내 모든 감각

9 게르만 신화에 나오는 빛을 관장하는 신이며, 모든 신들 가운데 가장 아름답고 착하고 현명한 신으로 전해진다.

으로 느끼고 있습니다. 자기야, 좀 가볼래! 목사님도 우리 집 포도주를 드셔봐야 하거든.

목사: 감사합니다만 아닙니다, 지금은 아니에요. 이런 날에는 아닙니다.

하인리히: 가서 가져와! 제가 보장하는데, 그 포도주는 좋습니다. 하지만 당신이 원하시는 대로 하십시오. 좀 앉으시지요. 병이라는 곤욕으로부터 저 자신을 간신히 추스르고 난 후, 처음으로 새롭고도 기쁜 재회가 이런 저녁시간에 마련되었네요. 제가 일하고 있는 이런 위험한 지역에서 당신을 그 첫 번째 분으로 인사드리고 싶지는 않았지만 말입니다. 그런데 이제는 곱절이나 기쁘답니다. 당신이 사명의식과 힘과 사랑을 소유하고 계시다는 것을 증명하는 것이니 말입니다. 저한텐 당신이 임명장이라는 살인마적인 올가미를 불끈 쥔 주먹으로 끊어버리고, 하나님을 찾고자 인간에 대한 의무를 떨쳐버리고 나온 것처럼 여겨집니다.

목사: 그렇담, 다행이네요! 당신이 예전 그 사람이라고 느껴집니다. 저 밑에서 당신이 예전과는 다른 사람이 되었다고 소리치고 있는 사람들은 거짓말을 하고 있는 거겠죠.

하인리히: 전 예전과 같은 사람인 동시에 다른 사람이 되었답니다. 창문을 열어라, 그리하면 빛과 하나님이 들어올지니!

목사: 좋은 구절입니다.

하인리히: 제가 아는 한 제일 좋은 구절이지요.

목사: 저는 더 좋은 구절을 알고 있기는 하지만, 그 구절도 좋네요.

하인리히: 이제, 당신이 괜찮으시다면, 제 쪽으로 손을 뻗으십시오. 닭과 백조와 말대가리에 대고 맹세하노라! 이와 같이 나는 내 온 마음으로 당신을 내 친구로 맞아들이고, 봄기운과도 같은 내 마음의 문을

활짝 열어주노라.

목사: 마음껏 여십시오! 종종 당신은 그렇게 하셨고, 또 저를 충분히 알고 계시잖아요.

하인리히: 난 당신을 알고 있지요, 그럼요. 하지만 내가 당신을 알지 못한다 할지라도, 무엇이든지 주고 싶어하는 내 호의적인 성격을 이용하려 드는 비열한 인간이 친구의 가면을 쓰고 여기 앉아 있다 할지라도, 정말이지, 금은 여전히 금으로 남습니다! 배신자의 마음과도 같은 쓰레기 속에서조차 사라지지 않는 거죠.

목사: 선생님, 그 이상한 맹세는 뭔지 좀 말씀해주시겠습니까?

하인리히: 닭과 백조에 대고 맹세한 거 말인가요?

목사: …… 또 말대가리라고 하셨던 거 같은데요?

하인리히: 어떻게 해서 이런 생각이 떠올랐는지는 나도 잘 모르겠네요. 아주 높은 꼭대기에서 태양빛을 받아 번쩍거리며 서 있는 당신 교회의 날씨를 알려주는 닭, 인색한 이웃집 박공에 있는 말대가리, 높은 창공에서 길을 잃고 날아가버린 백조, 이런저런 것들이 나한텐 다음과 같은 생각이 들게 했습니다. 결국엔 다 똑같은 거다, 라는 생각 말입니다. 저기 포도주가 오네요. 이제 이 말의 깊은 의미를 새기며 난 건강을 위하여 마시겠습니다. 나를 위하여, 너를 위하여, 또 당신을 위하여!

목사: 감사합니다. 저는 그저 완치된 사람에게 건강을 염원한다는 말로 대답할 수밖에 없네요.

하인리히: (주위를 서성거리면서) 난 완치되었지요, 새롭게 되었습니다! 이걸 난 온몸으로 느낄 수 있지요. 힘차고 황홀하게 숨을 쉴 정도로 기뻐서 부풀어오르는 내 가슴에서도 느낄 수 있어요. 그럴 때면 마

치 어린 새싹과도 같은 힘이 내 속에 들어와 내 심장으로 솟구치는 것 같습니다. 강철 같은 내 팔에서도 이걸 느낄 수 있어요. 또, 초조함과 창조에 대한 욕망으로 매의 갈고리 발톱처럼 허공을 향해 활짝 펼쳤다가 다시 오므리는 내 손에서도 이걸 느낄 수 있답니다. 내 정원에 있는 신성한 물건이 보이시나요?

목사: 뭘 말씀하시는 겁니까?

하인리히: 저기요, 또 다른 기적 말이에요. 보세요!

목사: 아무것도 안 보이는데요.

하인리히: 저 나무 말이에요. 저 나무는 프레이르 신[10]이 그 위에 내려와 앉았기에 피어오르는 저녁 구름 같아 보이지요. 매혹적인 깊은 바람소리가 들려오는데, 당신은 그 나무둥치 옆에 서 있습니다. 셀 수 없을 만큼 많은 꿀벌들이 윙윙거리면서 탐닉하듯이 나무에 활짝 핀 꽃들의 고혹적인 향기를 쟁취하려고 애쓰지요. 제가 저 나무와 똑같다는 생각이 듭니다. 이 나뭇가지에 내려와 앉은 것처럼, 프레이르 신이 내 마음에 내려와 앉아 일순간에 내 마음도 활짝 꽃이 핀 것 같답니다. 어디엔가 갈증을 느끼는 벌들이 있다면, 그것들이 와도 좋겠지요.

목사: 계속하세요, 그냥 계속하세요! 기꺼이 들어드리죠. 당신과 그 활짝 핀 나무 말이에요. 당신이 자랑할 만도 하네요. 당신의 열매가 무르익을 건지는 하나님한테 달려 있는 거죠!

하인리히: 그렇지요, 나의 친한 벗이여! 하나님한테 달려 있지 않은 것이 뭐가 있겠어요. 하나님께서는 저를 스무 길 아래 깊은 곳으로 떨어

10 게르만 신화에서 풍요와 평화를 관장하는 신이며, 프레야 여신의 오빠이기도 하다.

뜨리셨으며, 또 저를 들어 올리셨고, 그리하여 저는 활짝 피어서 이렇게 서 있답니다. 꽃과 열매, 그리고 모든 것, 그 모든 것들이 하나님으로부터 나오는 것이지요. 그렇지만 그래도 하나님께 여름을 축복해달라고 빌어주십시오! 내 속에서 자라고 있는 것은 자랄 만한 가치가 있는 것이고, 또 무르익을 만한 가치가 있는 것이지요. 진실로 당신한테 말씀드리지만, 이건 제가 아직 한 번도 생각해보지 못했던 작품입니다. 가장 고귀한 금속으로 만들어져서, 스스로 소리를 내면서 움직이는 종악(鍾樂)이지요. 내 손을 조가비처럼 이렇게 내 귀에 갖다대고 들으면, 거기에서 음이 울려 퍼지는 소리를 들을 수 있지요. 눈을 감으면 그 순수한 형상 하나하나가 잡힐 듯이 분명하게 샘솟지요. 내가 지금 선물로 받은 것을 좀 보세요. 당신께서 나를 "종 만드는 장인"이라고 기쁨으로 칭찬하고 있었을 당시에, 나는 말로 형용할 수 없는 고통에 차서 이걸 찾았답니다. 나는 장인이 아니었고 행복하지도 않았답니다! 이제 나는 양쪽 모두입니다. 행복하기도 하고 장인이기도 합니다!!

목사: 사람들이 당신을 "종 만드는 장인"이라고 부르는 것은 저도 듣기 좋습니다. 그런데 당신 스스로가 그렇게 칭하는 것이 저한텐 그저 놀라울 따름입니다. 어느 교회를 위해서 작품을 만드시나요?

하인리히: 어떤 교회를 위해서도 아닙니다.

목사: 아이 참, 그렇담, 누가 당신께 위탁을 했나요?

하인리히: 저기 저쪽에 서 있는 전나무에게 낭떠러지 바로 옆에서 우아하고 꼿꼿하게 서 있으라고 명령한 분이지요! 진지하게 말씀드리자면, 당신이 건축한 저쪽에 있는 교회는 부분적으론 파괴가 되었고, 부분적으론 불에 타버렸죠. 그 때문에 저는 저 높은 곳에 새로이 토

대를 다지려고 해요. 새로운 사원은 새로운 토대 위에!

목사: 오, 선생님, 선생님! 언쟁하고 싶지는 않지만, 그보다도 우선, 우리가 서로를 이해하지 못하고 있다는 생각이 드네요. 제가 말하고자 하는 바는, 사무적으로 말해서, 당신의 작품은 엄청나게 비싼 것이기 때문에……

하인리히: 그래요, 그건 귀중한 거죠.

목사: 그런 종악이란……

하인리히: 뭐라고 부르시든 괜찮습니다!

목사: 당신이 그렇게 말했다고 생각되는데요.

하인리히: 그 자체로서 표현되어야만 하고, 표현되고자 하고, 표현되어야 마땅하고, 또 유일하게 그렇게 표현될 수밖에 없는 것을 제가 그렇게 표현했지요.

목사: 부탁하건대, 누가 그 작품의 값을 치르는지를 좀 말씀해주시겠습니까?

하인리히: 누가 내 작품에 값을 치르냐고요? 오, 목사님, 목사님! 당신은 행복 자체에 행복을 주겠다고 하고, 사례 자체에 사례를 하겠다는 건가요? 내가 그렇게 표현했다면, 내 작품을 항상 종악이라고 표현해주십시오! 하지만 그 종악은 어떤 대성당의 종루도 품어보지 못했던 것이랍니다. 그 세찬 음향은 격렬하게 포효하며 초원을 뒤흔드는 봄날의 천둥소리와도 같은 원초적인 힘을 갖고 있지요. 그 종악은 천둥 같은 나팔소리로 모든 교회의 종소리를 제압하고는 이내 환호성으로 변하여 빛의 새로운 탄생을 세상에 알릴 것입니다.

인류의 근원이신 어머니 태양이여!! 당신의 아이와 나의 아이들이 당신 젖가슴의 젖을 먹고 자란 것처럼, 이 종악 또한 생명의 양식을 주는 뜨겁고 영원한 빛줄기를 타고 황토에서 나온 것입니다. 그 종들은 장차 당신의 순수한 길을 따라 하늘을 향해 그들의 모든 기쁨의 환호성을 터뜨리게 될 것입니다. 그리고 회색빛이었다가 마침내 지금은 푸르고 부드럽게 당신 앞에 펼쳐지고 있는 너른 대지처럼 기쁜 희생을 치르도록 내게 불을 붙이셨습니다. 나는 당신께 내 모든 것을 바치겠습니다! 오 태양빛이 가득한 낮이여, 내 꽃의 사원의 대리석 홀에서 처음으로 잠을 깨우는 천둥소리가 일고, 겨우내 우리를 짓누르고 있던 구름에서는 보석 소나기가 쏟아져 내리니, 수백 만의 뻣뻣한 손들이, 보석의 마력에 매수되어, 그 보석들을 잡아 그 재화를 그들의 오두막으로 실어 나릅니다. 그러나 그곳에서 그들은 그들을 학수고대하던—아, 얼마나 오래 기다리고 있었던지?!—비단 깃발들을 부여잡게 되고, 이들 태양의 순례자들은 축제를 위한 순례를 떠납니다.

오, 목사님, 이 축제 말이에요! 당신은 탕아의 비유를 알고 계실 겁니다. 길을 잃고 방황하는 아이들에게 그런 축제를 열어주는 것이 바로 어머니이신 태양입니다. 소곤대는 비단 깃발들을 휘날리면서 수많은 무리가 나의 사원으로 모여들 겁니다. 곧이어 나의 신비스런 종악이 달콤한, 미치도록 달콤한 유혹의 소리를 내며 울려 퍼지니 모든 이들의 가슴에는 아련한 기쁨의 눈물이 맺히게 되지요. 그 종악은 잊혀진 노래를, 고향의 노래를, 동심의 노래를 부를 겁니다. 동화의 깊은 샘으로부터 퍼올려, 모든 이들에게 알려져 있지만, 그럼에도 들어본 적이 없는 그런 노래를 말입니다. 그리고 그 종악은 신비스러우면서도 소름끼치도록 불안하게 시작되어, 때로는 나이팅게일의 울음소리처럼 구슬프게, 때로는 비둘기들의 웃음소리처럼 울릴 겁니다.

그리하여 모든 이들의 가슴속에서 얼음장 같던 차가움은 깨어지고, 증오와 원한과 분노와 번민과 고통은 뜨겁고도 뜨거운 눈물 속으로 녹아 사라지게 될 겁니다.

그렇게 우리 모두는 십자가를 향해 나아가며, 눈물에 젖은 채 그곳을 향해 환호성을 올리지요. 그곳에서는 드디어 태양의 힘에 의해 구제되어, 돌아가신 구세주의 사지가 살아 움직이게 되며, 빛을 발하듯 웃으면서 영원한 젊음으로 가득 찬 한 젊은이가 축제의 마당으로 내려오는 곳이지요. (하인리히는 자기 내부에서 격해지는 감정으로 인해 마지막에는 도취한 듯이 이야기하다가, 이제는 감격하여 주변을 이리저리 걷고 있다. 라우텐델라인은 흥분과 사랑으로 터질 듯하여 눈에 눈물을 머금고 그의 곁에 풀썩 주저앉아서 그의 손에 대고 입맞춤을 한다. 목사는 계속해서 더해가는 괴로운 표정으로 이야기를 듣고 있었다. 결국에 그는 냉정함을 되찾는다. 잠시 후에 목사는 억지로 마음을 가다듬고 말을 시작하지만, 이내 자제력을 잃어버린다.)

목사: 친애하는 선생님, 저는 당신의 이야기를 들었고, 이제는 아주 세세하게 모든 것을 파악하게 되었습니다. 구역회의 존경받는 분들이 저에게 조심스럽게 전해주었던 이야기하며, 심지어는 종악에 대한 이야기까지도 말입니다. 이건 제가 말씀드릴 수 있는 것보다 더 유감스러운 일입니다. 그 고귀한 말씀들은 이제 완전히 제쳐놓기로 합시다. 보시다시피, 제가 여기에 온 것은 당신의 기적들을 보고 싶어서가 아닙니다. 아니 그보다는 곤경에 처한 당신께 도움이 되기 위해서였습니다.

하인리히: 나의 곤경이라고요? 그럼, 내가 곤경에 처해 있단 말입니까?

목사: 이런 젠장! 이제 좀 깨어나시오! 깨어나란 말이오! 당신은 꿈을 꾸고 있는 거란 말입니다…… 아주 끔찍한 꿈을요. 그런 꿈에서 깨어나면 영원히 고통스러울 뿐이죠. 하나님의 말씀으로 당신을 깨어나게 하지 못한다면, 당신은 파멸이란 말이에요. 영원히 말이지요, 하인리히 선생!

하인리히: 난 그렇게 생각하지 않는데요.

목사: 성경 말씀에 뭐라고 했습니까? 파멸시키려고 하는 자를 하나님은 눈멀게 한다, 라고 했지요.

하인리히: 이게 하나님의 구상이라면, 당신은 하나님을 멈추게 할 수 없을 겁니다. 하지만 내가 나 자신이 눈이 멀었다고 말한다면, 지금 내가 찬양하듯 순수한 정신으로 가득 차서, 아침 구름 위에 드러누워 구원받은 눈으로 먼 하늘을 빨아들이면서 내가 눈이 멀었다고 말한다면, 나는 하나님의 분노가 나를 영원한 암흑의 세계로 내치실 만한 가치가 내게 있으리라고 생각합니다.

목사: 그러시다면, 하인리히 선생, 당신이 여기서 하고 있는 비행은 저한텐 너무 높습니다. 저는 평범한 사람이고 지상에서 태어난 사람이라서 그런지, 그렇게 비행하는 것들에 대해서는 아는 바가 없습니다. 하지만 당신이 아직도 모르고 계시는 것을 하나 알고 있지요. 옳고 그른 것, 선과 악에 대한 것 말입니다.

하인리히: 아담도 그런 걸 천국에서는 몰랐었지요.

목사: 그건 그저 말장난이고 아무런 의미가 없지요. 그것으로 당신의 비열한 행위를 감출 수는 없습니다. 유감이군요. 당신한테 이런 말은 하고 싶지 않았는데, 당신은 아내와 자식들이 있잖아요.

하인리히: 그래서 어쩌라는 거죠?

목사: 당신은 교회를 저버리고 산 속으로 들어왔고, 몇 달이 지나도록 집에 들어가지 않고 있지요. 당신 집에서는 당신 아내가 목이 빠져라 기다리고 있고, 당신 자식들은 매일같이 어머니가 흘리는 눈물만을 마시고 있단 말입니다.

하인리히: (한참 동안 말없이 있다가 격렬하게) 목사님, 내가 그 눈물을 닦아낼 수만 있다면 오죽이나 좋겠어요! 하지만 나는 그렇게 할 수가 없습니다. 수심에 싸여 골몰하면서 내가 절실히 느끼는 바이지만, 이런 고통을 조금이라도 누그러뜨릴 만한 힘이 나에겐 없습니다. 내가 전적으로 사랑 그 자체라고 한다면, 사랑을 통해 새사람이 되었다면, 나 자신의 과다한 부유함으로 그녀의 빈 잔을 채워서는 안 됩니다. 내 포도주는 그녀한테는 식초가, 쓰디 쓴 쓸개즙이, 또 독약이 될 것이기 때문이지요. 손가락 대신 매의 갈고리 발톱을 지닌 자가 병든 아이의 눈물에 젖은 뺨을 어루만져 주어야만 할까요? 하나님, 도우소서!

목사: 미쳤다고밖에는 말할 수가 없군요. 이건 파렴치한 미친 짓이에요. 그래요, 저는 말씀드렸습니다. 선생님, 당신의 소름끼치도록 냉담한 가슴에 저는 너무 충격을 받은 채로 여기에 서 있습니다. 여기 하나님의 면전에서 그 못된 적이 한탕 벌여 성공했군요. 그래요, 그렇게 말할 수밖에 없습니다. 이전에 적이 이렇게 성공한 적은 거의 없었습니다. 이런, 맙소사! 당신이 헛소리를 늘어놓고 있는 이 작품 말입니다. 당신은 대체 느끼지 못한단 말입니까? 그 작품은 이교도의 머리에서 날조된 것들 중 가장 추악한 흉물입니다. 당신네 요괴의 신

11 Moloch. 아이를 태워 제물로 바친 페니키아의 신.

전이, 바알 신의 신전이, 몰록[11] 신의 신전이 완성되는 것을 보느니, 차라리 저는 온갖 못된 재앙을 바라겠어요. 하나님께서 이집트인들에게 벌로서 내렸던 재앙을 기독교도인들에게 내려주시기를 기도드리겠어요. 다시 돌아와 이성을 찾으시고, 기독교인으로 남아주세요! 아직도 너무 늦지 않았습니다. 그 창녀를 쫓아내세요! 그 화냥년을, 그 마녀를 내쫓아버리란 말입니다! 요정이며 이교도인 그 빌어먹을 정령을 말입니다! 단번에 온갖 망령들은 허깨비로 사라져버릴 것이고, 그러면 당신은 구원받은 것입니다.

하인리히: 내가 열병에 걸려 사경을 헤매고 있었을 때, 그녀가 와서 나를 일으켜 세워줬고, 나를 낫게 해주었지요.

목사: 그런 식으로 회복되느니 차라리 죽는 게 더 낫겠어요!

하인리히: 그에 대해선 당신이 생각하고 싶은 대로 생각해도 좋아요. 하지만 난 새 생명을 찾았단 말입니다! 난 새로운 삶을 찾았고, 죽을 때까지 그녀에게 감사할 겁니다.

목사: 그렇담, 끝났습니다. 너무나 깊이, 목께에까지 당신은 죄악에 파묻혀 있습니다. 천국처럼 치장한 당신의 지옥이 당신을 꽉 붙들어 매고 있군요. 저는 계속하지는 않겠습니다만, 당신은 알아두셔야만 합니다. 이단자들이 화형에 처해지는 것처럼 마녀들도 화형을 당한다는 것을. 예나 지금이나 군중의 목소리는 곧 신의 목소리이지요! 은밀하고 이교도적인 당신의 행동은 우리에게도 은폐될 수 없습니다. 그런 행동은 공포감을 야기하고 당신에 대한 증오심을 유발시키지요. 아마도 다음과 같은 일이 일어날 수도 있을 것 같습니다. 분노를 더 이상 제어하기 어렵게 되고, 군중이 자신들의 성지에서 당신으로 인해 위협을 받게 되면 방어하기 위해 모임을 소집하게 될 거고, 그

리하여 당신이 일하고 있는 작업실로 쳐들어와서는 인정사정없이 성나서 날뛰게 되는 일 말입니다!

하인리히: (한참 동안 말없이 있다가 태연하게) 흠! 그렇담, 내 말을 좀 들어보시오. 당신의 말씀은 나를 놀라게 하지 않는군요! 내가 시원한 포도주 항아리를 들고 다가간 그 갈증에 허덕이던 자가 잔이며 술단지 모두를 손에서 뺏는다면, 그리고 그가 계속 목말라한다면 그건 그의 의지이고, 아마도 그의 운명이지, 내 잘못은 아니지요. 나 자신은 갈증을 느끼지 않습니다. 난 벌써 마셨으니까 말이에요! 하지만 공교롭게도 자기 자신을 기만한 자가 나, 이 죄 없는 접대자에 대고 맹목적으로 증오와 분노를 터뜨리는 일이 일어난다면, 또, 암흑의 진흙탕이 불쾌하게도 내 영혼의 빛을 싫어해서 나에게 흙탕물을 튀겨 더럽히는 일이 발생한다면, 그렇다면 나는 내가 하고자 하는 바가 뭐고, 또 내가 할 수 있는 게 뭔지를 알고 있습니다! 그리고 내가 많은 종들을 때려 부쉈다면 이제 또다시 망치를 잡을 겁니다. 그 망치로, 우중의 천박한 기술로 구운, 오만과 증오와 분노, 그리고 온갖 사악한 것들로 인하여 아마도 우둔함이 울리듯 둔한 소리를 낼 그 종을 대가의 한 방으로 깨부수어 먼지로 만들어버릴 겁니다.

목사: 그럼 그렇게 계속하시고, 안녕히 지내시구려! 저는 손들었습니다. 어느 누구도 당신의 죄로 물든 독한 풀을 멸종시킬 수는 없을 겁니다. 하나님께서 당신을 불쌍히 여기시기를 바랍니다! 하지만 한 가지만 더 들어두시오. 일명, 후회라는 말이 있지요. 그리고 언젠가는 이보게, 자네 꿈이 약동하는 가운데 화살 하나가 자네 몸을 뚫고 바로 심장 밑에 박히게 될 게야. 자네는 살 수도 죽을 수도 없게 될 거고, 자네 자신과 세상과 하나님과 자네의 작품과, 그리고 온갖 것들

을 저주하게 되겠지. 그러면…… 그러면 내 생각을 하게나.

하인리히: 목사님, 내가 무시무시한 환영을 그리려 든다면 당신보다는 내가 더 잘할 겁니다. 당신이 헛소리를 늘어놓는 그런 일들은 절대로 일어나지 않을 겁니다. 당신의 화살에 대항해서 나는 완전히 무장하고 있습니다. 당신 화살은 내 살갗에 거의 상처를 내지 못할 겁니다. 그 상처는 저 종이, 당신도 알다시피, 심연을 갈망한 나머지 밑으로 떨어져 호수 아래에 가라앉아 있는 저 오래된 종이 언젠가 또 다시 울려 퍼질 확률만큼 적을 겁니다.

목사: 선생, 그 종은 당신한테 또다시 울릴 겁니다! 내 말을 기억하시오!

제 4 막

(제3막에서와 같이 유리공장의 내부. 오른쪽에 암벽으로 이루어진 돌담에는 문이 하나 뚫려 있고, 그 문은 산 속 동굴로 통하게 되어 있다. 실내 내부의 왼편으로는 풀무와 연통이 달린 대장간용 화덕 하나가 뚜껑이 열린 채 놓여 있고, 그 위에서는 불이 타오르고 있다. 화덕에서 멀지 않은 곳에 모루가 놓여 있다.

하인리히는 쇠집게를 가지고 불에 달구어진 쇳조각 하나를 모루 위에 힘주어 누르고 있다. 그 옆에는 산사람의 옷차림을 한 여섯 명의 난쟁이들이 있다. 첫 번째 난쟁이는 하인리히와 함께 그 쇠집게를 붙잡고 있다. 두 번째 난쟁이는 커다란 대장간용 망치를 들어 올려 달구어진 쇳조각에 대고 친다. 세 번째 난쟁이는 풀무로 불을 지피고 있다. 네 번째 난쟁이는 아주 집중하여 쳐다보면서 부동의 자세로 일하는 광경을 주시하고 있다. 다섯 번째 난쟁이는 기다리며 서 있는데, 몽둥이를 들고서 냅다 내려칠 준비가 되어 있는 것처럼 보인다. 여섯 번째 난쟁이는 높은 옥좌에 앉아 있고, 머리 위에는 번쩍거리는 왕관을 쓰고 있다. 주조한 쇳조각과 주조물들이 여기저기 널려 있는데, 추상적인 모양들과 구체적인 형상을 보여 주는 것들이다.)

하인리히: 쳐라, 쳐! 네 팔이 마비될 때까지 쳐라! 네가 징징거려도 내 마음은 흔들리지 않는단다, 이 낯도둑놈아. 네가 정해진 수를 채우지 못하겠다면, 내가 네 수염을 대장간 불에 지져버릴 테다. (두 번째 난쟁이는 망치를 내팽개친다.) 내 그럴 줄 알았지! 기다려, 요 꼬마 녀석아, 기다려보라구! 내가 위협을 할 때는 농담으로 그러는 게 아니란 말이야. (하인리히는 바동거리며 소리치는 그 난쟁이를 대장간 불 위로 들어 올린다. 풀무를 다루는 난쟁이는 더 열심히 일한다.)

첫 번째 난쟁이: 더 이상은 못 하겠어요. 손이 마비되었단 말이에요, 선생님!

하인리히: 내가 가서 보도록 하지. (두 번째 난쟁이에게) 넌 이제 힘을 쓸 수 있니, 난쟁아? (두 번째 난쟁이는 힘차고 기쁘게 고개를 끄덕이더니, 다시 망치를 잡고 제 힘껏 망치질을 한다.) 이런 젠장! 너희 같은 것들은 제대로 훈육해야 해. (그는 다시 쇠집게 손잡이를 잡는다.) 어떤 대장장이라도 이런 꼬마 녀석들하고 야단법석을 떨다가는 물건 하나도 완성하지 못하겠구만. 두 번 다시 내려치고 싶지 않다는 생각은 첫 번째 내려칠 때 이미 하는 법이지. 명예로운 하나의 성공작이 신뢰를 얻는 것이지, 수천 가지 일이 모두 신뢰를 얻을 수는 없는 거야. 내려쳐라! 달궈진 쇠가 굽혀지는 것이지, 차가운 쇠는 굽혀지지 않는 법이다. 넌 거기서 뭐하고 있는 거냐?

두 번째 난쟁이: (달궈진 쇠를 아주 성급하게 손으로 모양 내려 하고 있다.) 손으로 모양을 만들고 있습니다.

하인리히: 너답게 무지막지한 녀석이군! 네 손을 재로 만들 생각이냐? 네가 내 시중을 더 이상 들지 못하면, 난 어쩌란 말이냐? 이런 악마의 새끼 같으니라구! 내가 어떻게 네 힘 없이 이 높은 건축물을 쌓고 지탱시키고, 또 태양과 가까운 광활하고 높은 공중으로 그 건축물의 꼭대기를 쳐들게 할 수 있단 말이냐?

두 번째 난쟁이: 모양은 만들어졌고, 손은 괜찮은데, 약간 피로를 느끼다가 마비되는 거지요. 그게 전부입니다.

하인리히: 빨리 우물로 가거라! 니켈만이 녹색 해조류로 네 손가락들을 식혀줘야겠다. (두 번째 난쟁이에게) 이제 그만, 이 게으름뱅이야! 일한 보상으로 좀 쉬도록 해라. 만든 물건이 곧 내가 편하게 취할 장인의 보수가 될 거다. (그는 금방 달궈 주조한 쇠를 들고 주저앉아 그것을 찬찬히 바라보고 있다.) 정말이지 딱 알맞게 완성되었군! 우리는 일을 아주 훌륭하게 해냈어. 그에 대해 난 만족하고 있고, 또 만족해도 된다고 생각하고 있지. 무형으로부터 형상이 창조되었고, 혼란 속에서 우리가 이 순간에 필요로 하는 보물이 완성되었으니까 말이야. 이 보물을 아직 완성이 덜 된 작품 위아래에 잘 끼워 맞춰보도록 하자. 너 뭐라고 소곤대는 거지? (네 번째 난쟁이는 의자에 올라가 하인리히의 귀에 대고 속삭거린다.) 날 좀 가만히 내버려둬, 이 정령아! 안 그러면 네 손발을 묶고, 네 입에 몽둥이를 물릴 테다. (그 난쟁이는 달아난다.) 여기서 대체 뭐가 그 작품 전체에 들어맞지 않는다는 거냐? 대체 뭐가 네 맘에 들지 않는다는 말이냐? 묻거든 대답 좀 해봐! 바로 이 순간처럼 난 행복한 적이 없었고, 손과 가슴이 일치된 적이 없었단 말이다. 너 뭐라고 투덜거리는 게냐? 내가 장인이 아니더냐? 네놈이 더 많이 안다고 재려고 그러는 거냐? 이리 와서 네가

생각하고 있는 바를 똑바로 말해봐라! (그 난쟁이는 다시 와서 속살거린다. 하인리히는 하얗게 질려서 한숨을 내쉬며 일어선다. 그러고는 화가 나서 그 마무리가 다 된 조각을 다시 모루 위에 놓는다.) 이렇게 되면 악마나 이 작품을 완성하게 되겠구만! 난 감자나 심고 무나 재배하고, 먹고 마시고 자고, 그러다 죽겠지. (다섯 번째 난쟁이가 모루 쪽으로 걸어나온다.) 너 말이야, 감히 이것에 손대지 말란 말이다! 네 얼굴이 검푸르게 변하고, 네 머리가 곤두서고, 네 시선이 파멸을 예고한들, 그게 나하고 무슨 상관이란 말이냐? 네 수하에 들어와서는 너를 확실히 보조해주지 못하는 자는, 이 살인마 같은 녀석아, 그자한테는 결국 단 한 가지만 남게 되는 거야. 그 한 가지 사실이란, 머리를 숙일 것과 너로부터 자비의 몽둥이매를 고대한다는 것이지. (다섯 번째 난쟁이는 화가 나서 모루 위에 있던 모양이 완성된 조각을 부숴버린다. 하인리히는 이를 갈고 있다.) 그렇게만 하시지! 이거하고 무슨 상관이란 말이냐? 이제 일이 끝났다. 모든 짐을 벗어버려라! 난쟁이들아, 가라, 어서 가! 내가 내일 새로운 힘을 얻게 되거든, 그렇게 되리라 바라고 있는데, 그러면 내가 너희들을 부르마. 가거라! 내가 부탁한 일이 아닌 것은 내 맘에 들지 않아. 저기 풀무 다루는 녀석, 오늘 네가 나를 위해 새로운 쇠 하나를 달구어주기는 힘들겠구나. 가보거라! (머리에 왕관을 쓴 난쟁이를 빼고는 모든 난쟁이들이 암벽에 뚫린 문을 지나 사라져간다.) 그리고 너, 왕관 쓴 애, 너는 딱 한마디 하고 가만히 있는데 말이야, 거기 서서 뭘 기다리고 있는 거냐? 너도 가거라. 너는 오늘도 내일도 말을 하지 않을 테지. 네가 언젠가 말을 하게 될는지는 하늘만이 알고 있겠지! (왕관을 쓴 난쟁이가 사라진다.) 다 되었구나! 언제 이것이 완성되었지? 피곤

하다, 피곤해. 저녁이여, 난 널 좋아하지 않는다. 넌 낮과 밤 사이에 꼭 끼어서, 낮에도 속하지 못하고 밤에도 속하지 못하지. 넌 내 손에서 망치를 빼앗고는 곤한 잠도 내게 주지 못하지. 잠이 휴식의 유일한 의미인데 말이다. 마음은 조급함으로 가득 차 있지만, 기다려야만 한다는 것을, 그저 힘없이 기다려야만 한다는 것을 알고 있지. 그러고는 비통하게 새날을 기다리지. 태양은 온갖 붉은 빛으로 치장한 채 심연으로 가라앉고…… 우리를 여기에 홀로 남겨두지. 빛에 익숙한 우리는 이제 어찌할 바를 몰라 두려움에 떨면서, 완전히 빈털터리가 되어 우리 자신을 밤에 내맡겨야만 하지. 우리는 아침에는 왕이지만, 저녁에는 거지이니까 말이야. 잠을 잘 때는 누더기 옷이 우리가 덮는 이불이지. (그는 소파 위에 몸을 뻗고 눈을 뜬 채 꿈꾸며 누워 있다. 하얀 안개가 열려진 문을 통해 밀려들어 온다. 그 안개가 흩어지자, 니켈만이 우물 가장자리에 나와 있는 것이 보인다.)

니켈만: 개골! 꽥 꽥 꽥! 이제야 그가 골풀로 엮은 집 안에서 쉬고 있구만! 그 선생이라던 땅벌레가 말이야. 그래서 듣지도 보지도 못하지. 곱사등을 한 유령들이 무시무시하게 산 위로 구름처럼 기어올라와서는 주먹질하듯 소리 없이 위협하기도 하고, 가련하게 손을 비벼대고 있는데. 그는 아무것도 듣지 못해! 병신이 된 전나무의 한숨소리도 듣지 못하고, 요정의 조용하고도 성난 휘파람소리도 듣지 못한단 말이야. 그 소리에 소나무의 뾰족한 가시들이 떨면, 아주 늙은 소나무도 마치 암탉이 날갯짓을 하듯이 놀라서 가지를 휘두르지. 그는 벌써 몸에 오싹함을 느끼고 골수와 다리에 겨울날의 혹독함도 느끼지만, 자는 동안에도 그는 낮에 하던 일을 쉬지 않고 계속하지. 그만둬라! 너는 싸워봤자 헛일이야. 넌 하나님과 싸우고 있으니! 하나님은

자기와 대결해보자고 널 부르셨지만, 이내 널 걷어차버리셨지. 왜냐하면 네가 약하니까 말이야! (하인리히는 신음하면서 몸을 뒤척인다.) 너의 희생은 쓸모없는 거야. 죄는 죄로 남게 되는 것이거든! 죄를 공로로 되돌리고 벌을 대가로 되돌릴 수 있는 하나님의 은총을 너는 얻어내지 못했잖아. 너는 결점투성이란 말이다! 네 옷은 피투성이란 말이야! 네 옷을 빨아줄 수 있을 빨래하는 여인은 네가 아무리 부른다고 해도 결코 오지 않을 것이다. 검은 요정들이 도깨비 사냥을 준비하러 낭떠러지와 계곡으로 모여들고 있다. 곧 있으면 사냥개떼 짖는 소리가 네 귓전에 울릴 거다. 그 사냥개떼는 사냥감을 알고 있단 말이야! 거대한 안개 거인들이 청명한 공중에서 시커먼 구름성들을 쌓을 것이다. 위협적인 성탑과 엄청난 장벽을 두른 구름성들을. 그 구름성들은 서서히 너의 영지인 산지대를 향해 다가와 너와 네 작품과 그 모든 것을 짓누를 거란 말이다!

하인리히: 악몽이 날 괴롭히고 있어! 라우텐델라인, 도와줘!

니켈만: 그녀는 네가 부르는 소리를 듣고 달려오겠지. 그렇지만 널 도와주지는 못할 것이다! 그녀가 프레야 여신이고, 네가 발더 신이라 해도, 또 네가 태양의 화살이 가득 찬 화살통을 두르고 있다 해도, 그리고 네가 활을 겨누는 자마다 명중시킨다 해도, 너는 죽어야만 한단 말이다! 내 말을 잘 들어봐라. 종 하나가 깊은 호수 속 자갈과 암석 밑에 놓여 있다. 그 종은 태양빛이 비추는 높은 곳으로 올라오려고 하고 있지. 물고기들이 그 안을 들락날락하면서 헤엄을 치고 있어. 그런데 말이지, 녹색 머릿결을 지닌 내 막내딸이 겁에 질려 멀찌감치 떨어져서 곡선을 그으며 그 종 주변을 돌고 있단다. 때로는 내 딸이 고통스럽고 괴로워서 울기도 하지. 왜냐하면 그 오래된 종이 마

치 입 속에 피가 가득찬 듯 이상야릇하게 웅얼거리는 소리를 내기 때문이란다. 그 종은 요동치다가 잠잠해지다가 바닥에서 위로 떠오르기도 하지. 오, 화가 있을 거야, 그 종소리가 또다시 네게 울려 퍼지기라도 한다면 말이야! 댕! 댕! 하나님이 보우하사 꿈에서 깨어나길! 댕! 댕! 불길하고 괴롭구나. 그 종 속에 마치 죽음이 도사리고 있는 것 같구나! 댕! 댕! 하나님이 보우하사 꿈에서 깨어나길! (니켈만은 우물 속으로 사라진다.)

하인리히: 살려줘요! 살려줘! 난 악몽에 시달리고 있단 말이야! 도와줘! (그가 깨어난다.) 내가 어디에…… 도대체 내가 어디에 있는 거지? (그는 놀라 눈을 비비면서 자기 주위를 멍청하게 둘러본다.) 여기 누구 없어요?

라우텐델라인: (문 안으로 들어서면서) 나 여기 있어요! 날 불렀나요?

하인리히: 그래, 이리 와! 나한테 좀 와봐! 내 이마에 손을 얹어봐, 그렇게 말이야. 난 말이지, 너의 머릿결과 너의 가슴…… 너를 느껴야만 하겠어. 이리 와! 이렇게…… 아주 가까이 말이야! 넌 숲 속의 신선함과 로즈마리 향기를 안겨주는구나. 키스해줘! 키스해다오!

라우텐델라인: 사랑하는 이여, 무슨 일이에요?

하인리히: 아무것도 아니야…… 나도 모르겠어. 내가 아마 여기 누워 있었지, 덜덜 떨면서 말이야. 이불 하나 줘. 무기력하고 힘이 다 빠져서, 심장은 피로에 지쳐 뛰고 있었지. 그때 말이지, 어둠의 세력들이 내 속으로 파고들어 왔어. 난 그 세력들의 희생물이 되었고, 그들은 나를 괴롭혔어. 내 목을 졸랐다구…… 하지만 이제 다시 괜찮아졌어. 꼬맹아, 됐다. 이제 난 다시금 꼿꼿이 서 있다! 그들이 올 테면 오라지!

라우텐델라인: 누구 말인가요?

하인리히: 적들 말이야!

라우텐델라인: 어떤 적들 말인가요?

하인리히: 이름을 댈 수 없는 적들 모두 말이야! 아직 난 이전처럼 내 두 발로 꼿꼿이 서 있잖아. 그따위 공포는 두려워하지 않은 채 말이야. 설령 그따위 공포가 내가 잠자는 동안에 하이에나와 같이 비열하게 나를 덮쳤다고 해도 말이야!

라우텐델라인: 하인리히, 당신은 열이 있어요!

하인리히: 약간 으슬으슬해. 하지만 상관없어. 날 껴안아줘, 날 꽉 끌어안아주렴!

라우텐델라인: 사랑하는 이여, 내 사랑이여!

하인리히: 꼬맹아, 한 가지만 말해줄래? 날 믿을 수 있니?

라우텐델라인: 당신은 발더 신이고, 태양의 영웅이에요! 그대 창백한 이여! 난 당신의 맑고 파란 눈동자 위에 둥글게 뻗어 있는 당신의 하얀 눈썹에 입맞추겠어요. (휴식)

하인리히: 그래, 내가 그렇단 말이지? 내가 발더 신과 같단 말이지? 그런 말들을 믿을 수 있게 해다오! 꼬맹아, 그런 말을 내가 납득할 수 있게 해주렴! 작업하는 데 내 영혼이 필요로 하는 숭고한 열광을 내게 부여해다오! 왜냐하면 쇠집게와 망치를 든 손이 힘들게 작업하고 대리석을 쪼개고 조각을 해야 하는 경우에는, 또 이것도 잘못되고 저것도 수포로 돌아가서 근면함이 가장 적은 성과를 거두게 되는 경우에는 말이야, 종종 열광과 자신감도 사라지게 되고, 가슴은 옥죄어오고, 눈은 빛을 잃고, 내 영혼에 있던 선명하던 형상은 어디론가 사라져버리곤 하니까. 이 모든 날품팔이 같은 자질구레한 일 속에서 태

양의 향기를 풍기면서 어떤 것에도 매이지 않고 자유로운, 이런 하늘이 주신 선물을 잃어버리지 않으려고 하는 것은 어렵단 말이야. 그리고 그 형상이 달아나버리면 믿음도 같이 달아나버린단 말이야. 너는 마치 기만당한 사람처럼 서 있고 완성하고자 하는 고통을 떨쳐버리려는 유혹을 느끼겠지. 그런데 그 고통은 말이야, 맑고 거룩한 잉태의 순간이 그의 승리의 환호성으로 네게 감추고 있었던 거야. 그건 이쯤 해두자. 아직 그것은 내가 바친 희생제물로부터 하늘을 향해 일직선으로 피어오르는 연기와도 같다. 그 어떤 손이 위에서부터 그 연기를 짓누르고자 한다면, 그 손은 그렇게 할 수도 있겠지. 그렇게 되면 내 어깨에서 성직자의 옷이 벗겨지겠지. 내가 벗은 것이 아니야. 나라는 작자는 말이야, 그 어느 누구보다 더 높이 추앙되었었는데, 묵묵히 침착하게 호렙 산에서 내려와야만 하지. 하지만 이제 횃불을 가져와라! 불을 말이야! 너, 마술 요정아, 너의 마술을 보여주렴! 네 포도주를 나에게도 좀 나눠주렴! 평범한 사람들이 하듯이, 우리 무모한 용기로 일시적인 행복을 누려보자꾸나. 더 좋은 건, 억지로 얻어낸 이 한가한 시간을 대책 없이 게으르게 보내기보다는 생동감 있게 채우는 거겠지. 게으름은 비천한 자가 물려받은 유산이니, 그들은 할 수 있는 한 매일매일, 그것도 아주 당연하다는 듯이 게으르게 보내지! 음악을 연주해라.

라우텐델라인: 난 산 속을 지나 날아왔어요. 때론 거미가 바람 속에 거미줄을 치듯이, 때론 벌이 쏘듯이, 그러고는 마치 나비처럼 이 꽃받침에서 저 꽃받침으로 이리저리 나풀대며 날아왔지요. 그리고 온갖 식물과 꽃과 풀과 이끼와 끈끈이 대나물풀과 아네모네와 은방울꽃으로부터, 간단히 말해서 모든 것으로부터 난 서약과 맹세를 얻어냈어

요. 이 모든 것들은 당신한테 아무 짓도 하지 않겠다고 맹세해야만 했지요. 그리고 이렇게 말했지요. 검은 요정 하나가 희고 선량한 당신을 아직도 그렇게 소름끼치도록 싫어해서 당신을 죽이고자 화살을 깎고 있지만, 다 소용없는 짓이라고요!

하인리히: 죽음의 화살이라고? 어떤 죽음의 화살을 말하는 거지? 난 그 유령을 알고 있어. 난 알고 있단 말이야. 성직자 차림을 한 유령 하나가 나한테 왔었지. 그 유령은 위협적으로 손을 들더니 내 심장 바로 아랫부분을 명중시킬 수 있는 화살에 대해서 얼토당토않은 이야기를 지껄였지. 대체 누가 그걸, 그 화살을 쏜단 말이지? 누가 말이야?

라우텐델라인: 어느 누구도 그러지 못해요. 내 사랑하는 이여! 어느 누구도 말이에요! 당신은 불사신이에요. 내가 말하잖아요, 불사신이라고. 그러니까 이제 눈짓을 주고 그저 고개만 끄덕이세요. 부드러운 음악소리가 연기처럼 솟아 울려 퍼져, 마치 울리는 장벽과도 같이 당신 주위를 에워쌀 거예요. 그래서 어떤 인간의 외침도, 어떤 종소리도, 또 로키 신[12]의 간계한 마법도, 그 장벽을 뚫고 들어오지는 못할 거예요. 내게 아주 살짝 손짓만 하세요. 그러면 절벽이 천장 높은 아치 모양의 장대한 홀이 될 거예요. 무리를 지은 대지의 정령들은 우리 주위를 웅웅 맴돌면서 식사 준비를 하고 벽과 바닥을 장식할 거예요. 하지만 거친 정령들의 왕래가 사방에서 빈번해지면, 우리는 어떤 거인들의 서릿발 같은 입김도 닿지 않는 대지의 내면으로 도피하도록 해요. 수천 개의 양초가 그 홀을 환히 밝힐 거예요……

하인리히: 꼬맹아, 그만두자! 지금은 그만두자! 그런 축제가 나한테 무슨

12 Loki. 게르만 신화에 나오는 거인의 후예로 매우 다층적이고 부정적인 속성을 지니고 있다. 게르만 신화에서 가장 사랑받는 신인 발더는 이 로키의 간계로 죽임을 당한다.

소용이 있겠니. 내 작품, 초라하고, 말 없고, 마치 폐허 같은 내 작품 자체가 큰 소리로 환호성을 치며 축제 중의 축제를 알리게 될 그 시간을 학수고대하고 있는데?! 난 저 너머로 가서 내 건축물을 살펴봐야겠다. 거기에 내가 마치 강철같이 단단한 사슬로 묶여 있는 것 같단 말이야! 횃불을 들고 내 앞을 비춰봐! 서둘러! 그들이 말이야, 내가 피부로 느끼는 그 이름을 댈 수 없는 적들이 그렇게 분주히 날뛰고 있고, 또 뭔가가 건축물의 토대를 갉아먹고 있으니, 예술의 대가라면 홍청망청하기보다는 실제로 작품 활동을 해야 한단 말이야. 완성이라는 것이 그의 노고의 결실이라면, 신비로운 기적이라는 것은 분명 광석과 돌과 금과 상아 속에 내재되어 있을 거야. 마지막 한마디까지 정확하게 말해서 그러한 기적은 승리를 구가하며 영원히 우뚝 서 있게 된단 말이야! 저주란 불완전한 것에 집착하는 것이니, 저주가 여기서는 아무런 힘을 발휘할 수 없었기에 조롱에 지나지 않게 될 거야. (그는 가려고 하다가 문가에 멈춰 선다.) 꼬맹아, 뭐하고 있는 거야? 어서 와, 그렇게 서 있지 말고! 내가 네 맘을 아프게 했다는 거 알고 있다.

라우텐델라인: 아니에요! 그렇지 않아요!

하인리히: 왜 그러는데?

라우텐델라인: 아무것도 아니에요.

하인리히: 이런 불쌍한 것, 네가 뭣 때문에 슬퍼하고 있는지 난 알고 있다! 어린애들이란 알록달록한 나비를 두 손으로 잡았다가는 그 애지중지하는 것을 웃으며 죽이곤 하지. 하지만 난 그런 나비보다는 좀 나은 존재란다.

라우텐델라인: 그렇담, 나는요? 내가 그런 아이보다 더 나을 게 없단 말인

가요?

하인리히: 그래, 넌 정말 그렇단다. 그리고 내가 언젠가 그걸 잊게 된다면, 내가 내 존재의 의미와 탁월함을 잊게 되는 거겠지. 어서 와! 너의 빛나는 눈동자, 또 그 빛에 아른거리는 이슬방울이 내가 너를 아프게 했다는 것을 여실히 드러내주고 있구나. 널 아프게 한 건 내가 아니라 내 입이었단다. 내 마음은 오직 사랑밖에 모른단다. 어서 와, 그렇게 훌쩍거리지 말고. 새로운 놀이를 위해 너는 날 무장해주었잖아. 그리고 너로 인해 내 빈 손은 금덩어리로 채워졌고, 그리하여 난 신들과 상금을 걸고 주사위놀이를 감행할 수 있었지. 아직도 난 실로 형용할 수 없을 만큼 많은 선물을 받았다고 여기고 있어. 너의 아름다움을 알게 되었으니. 그런데 내가 너의 아름다움을 경탄하며 아무리 이해하려 해도 너의 아름다움은 신비스러울 뿐이구나. 그것은 내게 고통이 행복과 너무나 비슷하게 닮았다는 것을 느끼게 해준다. 앞장 서라! 계속 길을 밝혀주렴.

발트쉬라트: (밖에서 소리친다.) 야호! 올라가세요! 올라가! 빌어먹을, 횃불을 밝히다니! 바알 신전이 재로 변하겠구만! 앞으로 가세요, 목사님! 이발사 양반, 앞으로요! 여기에 볏짚과 송진과 싸리나무 다발이 있습니다요! 하인리히 선생은 요정 같은 아이에게 키스하면서 사랑의 보금자리에 누워 아무런 생각도 하지 않는답니다.

하인리히: 저 얼뜨기 같은 녀석이 벨라도나 열매를 꿀꺽 삼켜버린 것 같군 그래! 이 녀석아, 넌 거기 밤안개 속에서 뭐라고 지껄이고 있는 거냐? 조심해!

발트쉬라트: 너를 조심하란 말이지?

하인리히: 그렇다! 내가 네놈의 수염을 잡아당길 게다. 이 염소다리를 한

무례한 놈아! 너 같은 놈을 어떻게 다뤄야 하는지 난 잘 알고 있단 말이다! 내가 너한테 누가 대가인지를 보여준 다음, 난 너를 길들여서 네 털을 깎아주고, 그래서 너를 네 본 모습이 아닌 딴 존재로 만들어 줄 테다. 염소에다가 뚱보가 되어 내 일꾼 노릇을 하게 될 거다. 낄낄거리며 웃는 거냐? 여기에 모루가 있고, 저기에 있는 망치도 적당히 단단해서, 네놈을 늘씬하게 패줄 수가 있지.

발트쉬라트: (그에게로 엉덩이를 돌리면서) 이런 도요새 같은 놈, 그래 요기를 한번 쳐봐라! 수많은 광신도들의 날카로운 신앙의 검도 내게는 찌르는 가시가 되기는커녕 간지럽기만 했어. 이런 모루 같은 데선 네 쇳덩어리가 찰흙같이 돼서 마치 소똥처럼 여기저기로 튕길 거란 말이다!

하인리히: 어디 두고 보자, 이런 등신 같은 놈아, 이런 빌어먹을 요괴야! 네놈이 베스터발트 산만큼이나 늙었고, 힘이 네 주둥이만큼이나 크다고 할지라도, 너는 사슬에 묶여 나를 위해 물동이를 나르고, 집 안을 청소하고, 커다란 돌을 굴려야만 할 거다. 그리고 네놈이 게으름을 피운다면 매를 맞아야만 할 거다!

라우텐델라인: 하인리히, 그는 당신한테 경고하고 있는 거예요!

발트쉬라트: 웃기네! 막 심심하던 참이었는데 말이야! 이거 엄청나게 재미있겠는걸. 꼭 구경해야지. 그들이 널 황소처럼 장작더미에다 붙들어놓고, 유황과 기름과 역청을 통에 담아 끌어다 놓고, 네 쪽에 대고 불을 댕기면, 연기로 인해 화창한 날이 검게 되는 걸 말이야! (퇴장한다. 수많은 사람들이 시끄럽게 외쳐대는 소리가 저 밑에서 들려온다.)

라우텐델라인: 이 소리가 들리세요, 하인리히? 사람들, 사람들 말소리예

요! 등골이 오싹한 소리네요. 이건 당신을 두고 하는 소리예요! (돌 하나가 날아 들어와 라우텐델라인을 맞힌다.) 할머니, 도와줘요!

하인리히: 아니 이거, 내 꿈이 바로 이걸 의미하는 거였나? 나를 쫓아오는 사냥개떼에 대한 꿈을 꾸었는데 말이야. 그 사냥개떼들이 내는 소리가 나네. 그런데도 그것들은 날 쫓아오는 게 아니야! 정말이지, 잘됐다! 너희들 짖어대며 내게로 와라! 살포시 하강하여 백합꽃을 흔들며 달콤한 말로 끈기를 가지라고 경고해주는 천사보다도 이런 메스꺼운 짐승들의 울부짖는 소리가 내가 하고 있는 일의 비중과 순수한 가치를 더 잘 보여주는구나. 어디 올 테면 오라지! 너희들이 뭐든지 간에 난 너희들을 막아낼 거야. 난 너희들에게 대항함으로써 너희들을 지켜줄 거란 말이다! 이게 곧 해결책이지. (퇴장한다.)

라우텐델라인: (혼자서, 열정적으로) 도와줘요, 숲 속 할머니! 그를 좀 도와줘요, 니켈만! (니켈만이 올라온다.) 아, 친애하는 니켈만님, 제발 좀 부탁드려요! 절벽에서 물을 쏟아서 아래로 떨어지게, 계속해서 아래로 쏟아지게 해주세요! 그 사냥개떼들을 쫓아버리세요! 그렇게 해주세요! 그렇게 해주시란 말이에요!

니켈만: 꽥 꽥 꽥! 내가 뭘 해야 한다고?

라우텐델라인: 물벼락으로 그 개떼들을 낭떠러지로 내쫓으란 말이에요!

니켈만: 난 그렇게 못 해!

라우텐델라인: 그렇게 해주세요, 니켈만! 당신은 그렇게 할 수 있잖아요!

니켈만: 그래, 내가 그렇게 한다고 치자. 그걸로 대체 내가 뭐 그리 대단한 것을 얻을 수 있겠냐? 그는 나한테 꼴보기 싫은 장인일 뿐이야. 하나님과 인간들 위에 군림하는 지배자가 되시겠다지! 그 멍청한 놈의 목을 베고 그를 죽여야 한단 말이야! 난 좋다구.

라우텐델라인: 가서 도와주세요. 그렇지 않으면 너무 늦는단 말이에요!

니켈만: 그럼 나한테 뭘 줄래?

라우텐델라인: 내가 뭘 줄 거냐고요?

니켈만: 그래!

라우텐델라인: 원하는 게 뭔지 말해보세요.

니켈만: 저, 말이지, 널 원해! 꽥 꽥 꽥! 너의 갈색 몸에서 빨간색 구두와 치마와 조끼를 벗어던지고, 네 원래 모습 그대로 있어다오. 그리고 내게로 들어오렴. 내가 여기서 수천 마일 떨어진 곳으로 널 데려가마.

라우텐델라인: 뭐라고요? 이제 알겠군요! 교활하게 말을 잘도 꾸며내시는군요. 앞으로 잘 알아두세요. 그 바보 같은 생각일랑 머릿속에서 지워버리라고요! 당신이 아무리 나이가 들었다고 해도, 숲 속 할머니보다 세 배나 더 나이가 들었다고 해도, 당신은 나를 내내 굴껍데기 속에 가두어둘 거란 말이에요. 당신은 나를 길들이지 못할 거예요!

니켈만: 저, 그렇담, 그가 죽는 수밖에 없지.

라우텐델라인: 이건 거짓말이야! 당신이 거짓말하고 있다는 걸 난 알고 있어요. 그가 부르는 소리를 좀 들어봐요! 당신네들이 알고 있는 옛날 목소리 그대로잖아요! 당신이 몸을 오싹거리면서 떨고 있는 걸 내가 보지 못한다고 생각하죠? (니켈만은 퇴장하고, 하인리히가 다시 들어온다. 그는 그 싸움으로 인해 흥분해 있고 승리감에 차 거칠게 웃고 있다.)

하인리히: 개떼처럼 그들이 날 공격했는데, 내가 불을 질러 그들을 개떼처럼 쫓아버렸어! 내가 화강암같이 단단한 통나무들을 밑으로 던져 걸려 넘어지게 했거든. 쓰러져 죽지 않은 자들은 달아났다구. 마실

것 좀 가져와봐! 싸움은 가슴을 새롭게 하고 승리는 몸을 단련시키지. 뜨거운 피는 아주 빨리 돌거든. 온몸의 맥박들이 기뻐 날뛰고 있어. 싸움은 지칠 줄 모르게 하고, 장정 열 명에 달하는 힘을 부여해주지. 사랑과 증오에 새 기운을 불어넣는다구!

라우텐델라인: 여기 있어요, 하인리히, 마셔요!

하인리히: 그래, 꼬맹아, 이리 줘! 다시금 난 포도주와 빛과 사랑과, 그리고 또 너를 애타게 갈망하고 있단 말이야! (그는 마신다.) 바람처럼 가벼운 요정이여, 내 너에게 이를 바치노니, 난 이 술로 새로이 너와 결혼한 것이다. 창조하는 예술가가 너와 갈라서게 되면, 그 사람은 갈증에 허덕여야만 할 거고, 지상의 어려움을 극복해내지 못할 거다. 그러니 내 언약을 깨뜨리지 말아다오. 넌 내 영혼의 날개란 말이야, 꼬맹아. 내 언약을 깨뜨리지 말아다오!

라우텐델라인: 당신이 나와의 언약을 깨뜨리지 않는다면요……

하인리히: 신이시여, 지켜주소서! 음악을 울려라!

라우텐델라인: 오세요! 이쪽으로요! 협곡과 굴과 작은 틈새에 살고 있는 여러분, 이리로 오세요! 우리와 승리의 축제를 함께해요. 여러분의 악기를 연주해주세요! 피리와 바이올린을 연주해주세요! (음악소리가 난다.) 난 빙빙 돌고 몸을 흔들며 춤출 거예요. 초록빛 개똥벌레를, 멈추지 않고 돌면서, 내 곱슬머리에 살포시 얹을 거야. 이 번쩍이는 장신구를 왕관처럼 쓰고, 프레야 여신의 목걸이를 더 요구할 필요가 없게 말이야……

하인리히: 조용히 해! 나한테 무슨 소리가……

라우텐델라인: 뭐예요?

하인리히: 이 소리가 안 들리니?

라우텐델라인: 무슨 소리 말인가요?

하인리히: 아무것도 아니야.

라우텐델라인: 내 사랑이여, 왜 그러세요?

하인리히: 나도 모르겠어. 네가 내는 소리에 뒤섞여서 어떤 음성이…… 어떤 소리가 났어……

라우텐델라인: 어떤 소리 말인가요?

하인리히: 뭔가 원망하는 소리였어…… 오래도록 묻혀 있던 어떤 음성이었는데…… 그만 됐어, 됐다니깐. 아무것도 아니겠지. 이리 와서 네 입술의 붉은 잔을 내게 다오. 마셔도 마셔도 그 잔은 결코 비울 수 없을 거야. 나를 취하게 하는 그 잔을 내게 다오. 죽어도 좋다! (그들은 서로 입맞춤을 한다. 서로 사랑에 빠져 있음을 보여주는 긴 휴식. 그런 다음 그들은 서로 껴안은 채 대문 아래로 등장한다. 장엄한 산 속 세계의 광경에 넋을 뺏긴 채다.) 봐라. 사람들이 살고 있는 저 아래까지 시원하게 뻗어 있는 광활한 공간을. 난 한 인간이다. 꼬맹아, 넌 이런 걸 이해할 수 있겠니? 저 아래에서도 낯선 듯하면서도 친숙하고, 또 그렇게 이 위에서도 낯선 듯하면서도 친숙하니…… 이런 걸 넌 이해할 수 있겠냔 말이다.

라우텐델라인: (조용히) 네.

하인리히: 그 말을 할 때 네 표정이 이상하구나.

라우텐델라인: 난 두려워요.

하인리히: 뭐가?

라우텐델라인: 뭐가 두렵냐고요? 나도 모르겠어요.

하인리히: 아무 일도 없을 거야. 자, 자러 가자. (그녀를 암벽 입구 쪽으로 데리고 가다가 다시금 갑자기 멈춰 서서 뒤를 돌아본다.) 단지 저기

떠 있는 백묵처럼 창백한 달이 시선을 고정시키고 있어. 그 고요한 빛으로 만물을 비춰주지도 않고, 또 내가 떠나온 저 낮은 지대를 환하게 밝혀주지도 않고 있어!! 저 회색 안개 이불이 덮고 있는 것을 나는 봐서는 안 되기 때문이지…… 들어봐! 아무것도 안 들려. 꼬맹아, 아무것도 안 들리니?

라우텐델라인: 네! 아무것도 안 들려요! 당신이 무슨 말을 하는지 이해하지 못하겠어요.

하인리히: 여전히 아무것도 안 들린단 말이지?

라우텐델라인: 무슨 소리 말인가요? 가을바람 소리가 황무지에 자라고 있는 풀들을 스쳐 지나가는 소리가 들려요. 황조롱이가 까악거리면서 우는 소리가 들려요. 당신이 낯설고도 멀리서 울리는 듯한 목소리로 기이한 말을 하는 게 기이하게 들려요!

하인리히: 저쪽 아래에 달이 피처럼 붉은 빛을 띠고 있는 게…… 보이니? 달이 물속에 반사되어 반짝이고 있어.

라우텐델라인: 아무것도 안 보여요! 아무것도 안 보인다고요!

하인리히: 너의 매 같은 시선으로도 아무것도 안 보인단 말이지? 너 눈이 멀었니? 저쪽에서 아주 천천히, 힘겹게 질질 끌면서 오는 게 뭐지?

라우텐델라인: 환영이에요, 환영일 뿐이란 말이에요!

하인리히: 이건 환영이 아니야! 조용히 있어, 잠자코 아주 조용히 있으란 말이야! 이건 환영이 아니라구. 하나님께서 날 용서해주시기를 진심으로 바랄 뿐이야! 이제 이게 돌 위를 넘어오고 있어, 길가에 놓인 넓적한 돌 위를 넘어오고 있단 말이야.

라우텐델라인: 그쪽을 내려다보지 마세요! 문을 닫아서 억지로라도 당신을 구해야 되겠어요!

하인리히: 그냥 놔둬! 난 이걸 봐야만 해, 보고 싶어!

라우텐델라인: 보세요. 마치 급류로 내몰듯이, 유령 같은 게 하얀 구름뭉치를 절벽 사이 분지로 휘몰고 있어요. 하지만 당신처럼 연약해서 그 궤도에 들어오지 못하고 있어요!

하인리히: 난 연약하지 않아. 그건 아무것도 아니었어. 이제 멀리 사라졌군.

라우텐델라인: 잘된 일이에요! 다시금 우리의 주인이자 스승이 되어주세요! 당신이 지닌 힘이 보잘것없는 유령을 내몰아버리게 되기를! 망치를 잡고 유령을 깨부숴버려요……

하인리히: 그 무언가가 점점 더 높이 올라오고 있는 것이 대체 보이지 않는단 말이냐?

라우텐델라인: 어디요?

하인리히: 저쪽에, 좁다란 절벽 길을 올라오고 있잖아. 셔츠만 걸친 채 말이야.

라우텐델라인: 누가 말인가요?

하인리히: 맨발의 사내아이들이야. 그들은 작은 항아리 하나를 질질 끌고 오는데, 그게 무거운가 보군. 때론 한 놈이 무릎으로, 또 때론 다른 놈의 무릎으로, 그 작은 벌거숭이 무릎이 그 항아리를 앞쪽으로 들어 올리며……

라우텐델라인: 오, 사랑하는 어머니시여, 이 불쌍한 사람을 도와주소서!

하인리히: 그 애들의 머리 주위에선 거룩한 빛이 빛나고 있어……

라우텐델라인: 당신은 도깨비불에 속고 있는 거예요!

하인리히: 아니야! 네 두 손을 오므려봐. 이제 보이지…… 보이지…… 그 애들이 저기 있잖아…… (그는 무릎을 꿇고 있고, 그러는 사이 그 두

아이는 윤곽만 보이며 물항아리를 들고서 이쪽으로 오려고 애쓰고 있다. 그들은 셔츠만을 걸치고 있을 뿐이다.)

첫째 아이: (여운을 남기고 사라져가는 목소리로) 아빠!

하인리히: 그래, 얘야.

첫째 아이: 사랑하는 엄마가 아빠한테 안부를 전해달라고 하셨어요.

하인리히: 고맙구나, 내 사랑하는 아들아. 엄마는 잘 지내고 있지?

첫째 아이: (천천히 그리고 슬프게, 말 한마디 한마디에 힘을 주면서) 엄만 잘 지내고 있어요. (먼 아래쪽 깊은 곳에서 거의 알아들을 수 없을 정도로 희미하게 종소리가 울린다.)

하인리히: 너희들 거기 뭘 가지고 왔지?

둘째 아이: 항아리요.

하인리히: 내게 주려고?

둘째 아이: 그래요, 사랑하는 아버지.

하인리히: 얘들아, 항아리 속에 뭐가 있지?

둘째 아이: 뭔가 짠맛이 나는 거예요.

첫째 아이: 뭔가 쓴맛도 나고요.

둘째 아이: 어머니의 눈물이에요.

하인리히: 이런 맙소사!

라우텐델라인: 어디를 그렇게 쳐다보고 있어요?

하인리히: 그녀를, 그녀를 바라보고 있어.

라우텐델라인: 누구 말이에요?

하인리히: 넌 눈도 없니? 그녀를 바라보고 있다고! 너희들은 어머니를 어디에다 두고 왔지? 말해봐!

첫째 아이: 어머니를요?

하인리히: 그래, 어디에 두고 왔지?

둘째 아이: 수련이 피는 곳에요. (깊은 곳에서 세차게 울리는 종소리.)

하인리히: 종소리가…… 종소리가……

라우텐델라인: 대체 무슨 종소리 말인가요?

하인리히: 그 옛날 종, 그 오랫동안 묻혀 있던 종이 울리고 있어…… 그 종이 울리고 있다고! 누가 나한테 이런 짓을 했지? 난 듣고 싶지 않아. 듣고 싶지 않다고. 살려줘! 날 좀 살려달란 말이야!

라우텐델라인: 정신 차려요, 하인리히! 하인리히!

하인리히: 그 종이 울린다고…… 하나님, 도와주소서! 누가 나한테 이런 짓을 했지? 들어봐. 그 종소리가 얼마나 굉음을 내는지를 말이야. 그 묻혀 있던 소리가 천둥 치듯이 혼잡한 소리를 위로 퍼지게 하는지를 말이야. 잠시 사그라지는 듯하다가 두 배로 강하게 밀려들어 오잖아. (라우텐델라인을 향해) 난 너를 증오해! 난 네게 침을 뱉을 테야! 물러서! 널 때려줄 테니까, 이 추악한 요정아! 꺼져, 이 저주받을 정령아! 너와 나, 내 작품, 그리고 모든 것에 저주가 있기를! 여기야! 여기에 내가 있다고, 여기란 말이야! 그리로 갈게. 그리로 간다고! 하나님, 저를 불쌍히 여기소서! (그는 몸을 일으켰다가 풀썩 주저앉았다가 다시 몸을 일으키고는 질질 끌면서 떠나간다.)

라우텐델라인: 정신 차려요, 하인리히! 멈춰요! 끝이야…… 끝장이라고.

제 5 막

(제1막과 동일한 비티헨 할머니의 오두막이 있는 산 속 들판. 자정이 지났다. 우물가에 세 명의 요정이 앉아 있다.)

첫 번째 요정: 불이 활활 타오르고 있어!

두 번째 요정: 모든 걸 먹어치우는 붉은 화염이 온 산을 휩쓸고 골짜기로 향하고 있어.

세 번째 요정: 검고 짙은 연기가 구름처럼 전나무 정수리를 스치고 골짜기를 덮고 있어.

첫 번째 요정: 깊은 골짜기에는 하얀 연기가 찼어. 안개 자욱한 호수에 빠진 소들이 고개를 내밀고 애통해하며 외양간을 향해 울부짖고 있어.

두 번째 요정: 너도밤나무에서 나이팅게일 한 마리가 울고 있었어. 늦은 시각에 어찌나 흐느껴 울던지, 나도 너무 괴로워서 몸을 떨며 젖은 나뭇잎 속에 쓰러져선 울어버렸지.

세 번째 요정: 이상한 일이야! 난 거미줄에 누워 잠이 들었지. 아, 있잖

아, 풀잎들 사이에 자줏빛 줄로 짜여진 기가 막히게 부드러운 거미줄 말이야. 거미줄로 올라갈 때의 기분이라니, 그건 마치 여왕의 침실에 들어가는 것 같았다니까. 그래서 난 곤히 잠들었지. 저녁노을 속에서 초원의 번쩍이는 이슬이 내 위로 맑은 불꽃들을 쏘아올렸지. 난 무거운 눈꺼풀을 내리고 행복하게 잠을 잤어. 잠에서 깨어나 보니까, 광활한 대지에서 빛은 사그라들었고, 내 침상은 회색빛이었어. 그저 동쪽에서만 검은 열기가 솟아올라왔지. 이글거리는 금속덩어리 같던 달이 돌로 뒤덮인 산등성이로 올라올 때까지 말이야. 피처럼 붉은 빛의 이지러진 달빛 아래서, 참 기이하게도 초원이 움직이는 것 같았어. 속삭이는 소리, 한숨 쉬는 소리, 탄식하고 울고 슬퍼하는 가느다란 소리들이 들렸어. 정말 소름이 끼쳤어! 내가 초록빛 등불을 밝히고 가는 풍뎅이 한 마리를 불렀는데도, 그냥 내 위를 스쳐 날아가버렸어. 그래서 난 어찌할 바를 몰라서 그냥 누워 있었는데, 아주 불안했어. 그럴 때쯤 요정들 중에서 가장 사랑스러운 요정이, 내 귀여운 요정이 덜렁대며 날아오는 소리가 먼 곳에서부터 들려왔어. 잠자리 날개로 날아서 내게로 왔지. 우리가 함께 침상에 누워 키스를 하자, 그의 눈에서 눈물이 쏟아졌어. 훌쩍거리면서 나를 세차게 끌어안고 우는 바람에 내 가슴도 눈물로 젖었지. 그러고는 말했어, 발더 신이…… 발더 신이 죽었다고.

첫 번째 요정: (일어난다.) 불이 활활 타오르고 있어!

두 번째 요정: (마찬가지로 일어난다.) 발더 신의 화형대야!

세 번째 요정: (천천히 숲 가장자리로 간 다음) 발더 신은 죽었어. 아이 추워. (사라진다.)

첫 번째 요정: 저주가 내렸어. 발더 신의 시신을 태운 연기 같아! (안개가

산 속 숲 위로 빠르게 지나간다. 안개가 걷히자 모든 요정들은 이미 사라져버리고 없다. 라우텐델라인이 힘없이 비탄에 잠겨 산에서 나온다. 지친듯 앉았다 다시 일어나면서 우물가로 다가온다. 그녀의 목소리는 다 죽어간다.)

라우텐델라인: 어디로 가야 하나…… 어디로? 난 만찬석에 앉아 있었지. 대지의 정령들은 결혼식장에서 떠들고 다녔고, 나한테 잔을 하나 가져다주었지. 그 안에는 포도주가 아닌 피가 끓고 있었지. 난 그 잔을 마셔야만 했어.

내가 그 결혼 축하주를 마시자, 내 가슴은 조여드는 것 같았고, 불안했지. 그때 단단한 손 하나가 내 안으로 들어왔고, 내 심장은 타버렸어. 이 심장을 식혀야만 해!

작은 왕관 하나가 축하연 탁자 위에 놓여 있었는데, 붉은 산호초 사이에 잉어가 있는 거야. 난 왕관을 내 머리에 썼지. 이제 난 물의 정령의 신부야. 난 내 심장을 식혀야만 해.

내 품 안으로 세 개의 사과, 흰색, 금색, 그리고 장미처럼 빨간 사과가 떨어졌지. 그건 결혼선물이었어. 난 흰색 사과를 먹고 창백해졌고, 금색 사과를 먹고 부자가 되었고, 마지막으로 장미처럼 빨간 사과를 먹었지.

하얗고 창백하고 붉은 장미 같은 소녀가 앉아 있었지. 소녀는 죽어 있었어. 물의 정령님! 문을 여세요. 죽은 신부를 데리고 왔어요. 잉어와 도롱뇽과 암석 틈 사이 깊고 어둡고 차가운 곳으로…… 오, 다 타버린 너의 심장이여! (우물 속으로 들어간다. 숲의 정령이 숲에서 나와 우물가로 가서 우물에 대고 소리친다.)

발트쉬라트: 어이, 이봐! 개구리 왕, 좀 나와봐! 이봐! 첨벙대기나 하는 빌

어먹을 놈아, 도대체 내 말이 안 들리느냐? 야, 초록 배떼기, 너 아직도 자고 있냐? 야, 다시 말하는데, 나와봐! 물의 요정들 중에서 가장 아름다운 아가씨가 해조류 침대에 함께 누워 네 수염을 만져주고 있다고 해도, 좀 나와보란 말이야! 그녀를 그냥 누워 있게 놔둬. 절대로 후회하지 않을 거란 말이다. 내가 알고 있고 너한테 들려주려는 것이, 이런 젠장, 이것이 네가 물속에서 보내는 사랑의 밤 열흘치의 가치가 있는 거니까 말이야.

니켈만: (물속에서 보이지 않은 채로) 꽥 꽥 꽥.

발트쉬라트: 올라와봐! 뭘 그렇게 꾸물거리고 있냐?

니켈만: (보이지 않은 채로) 시간 없어. 입 닥치고 날 좀 가만히 내버려둬!

발트쉬라트: 뭐, 어째? 시간이 없다고? 야, 네 두꺼비 같은 배를 가꿀 시간은 아직도 충분해. 너한테 할 말이 있다구, 안 들리냐? 이봐, 내가 예상했던 일이 벌어지고 있단 말이야. 그자가 그 여자를 내팽개쳤다고! 네가 지금 서두른다면 보기 드문 나비를 잡게 될 거란 말이야. 상처를 좀 입었고 약간 힘이 없긴 하겠지만 말이야, 그 정도야 니켈만이나 숲의 정령에게는 문제될 게 없잖아? 잠깐이면 되는데, 늙은 총각아, 내가 말하지만, 그 애는 네가 생각한 것보다 훨씬 더 사랑스러울 거야.

니켈만: (교활한 눈짓을 하면서 올라온다.) 당연하지. 그가 그녀를 내팽개쳤다고? 아, 저런! 그래서 넌 지금 내가 그녀를 뒤쫓아가야 한다고 생각하고 있는 거지? 그럴 생각은 없어.

발트쉬라트: 이제 더 이상 그녀를 좋아하지 않는단 말이지? 그렇다면 내가 그녀 있는 곳을 알고 싶구만.

니켈만: 찾아봐, 정령아, 찾아보란 말이야!

발트쉬라트: 내가 그녀를 안 찾아다닌 줄 아냐? 내가 밤안개를 헤쳐가면서 안 뒤지고 다닌 줄 아냐? 산양들도 감히 못 올라가는 곳까지 기어올라가 봤단 말이야. 그리고 만나는 동물들에게 다 물어봤지만, 솔개도 산에 사는 매도 모른다 그러고, 또 다람쥐도 도요새도 뱀도 그녀에 대해서 아는 게 없다고 그랬다고. 난 모닥불 주변에서 잠을 자고 있는 나무꾼도 만났고, 불타고 있는 장작을 하나 훔쳐들고 또 찾아다녔지. 마침내 난 연기를 뿜어대는 장작을 쥔 채 인적이 끊긴 숲속 대장간에 다다랐지. 대장간도 밤새 연기를 뿜어대고 있더구만. 불길이 활활 타오르고 있었고, 지붕의 대들보가 구부러지더니 쿵하고 무너졌지. 동시에 그 인간의 걸작품도 끝난 거야. 영원히 말이야!

니켈만: 알아, 안다고, 모든 걸 다 알고 있단 말이야. 그 일 때문에 우물 속에 있는 날 방해하고 있는 거냐? 난 더 많은 걸 알고 있다고. 어떻게 종이 울렸는지도 알고 있고, 또 누가 그 꼼짝 않고 있던 종의 추를 흔들었는지도 알고 있단 말이야. 내가 저 밑에서 본 것을 너도 보았더라면 좋았을걸. 이제껏 한 번도 일어난 적이 없었던 일이 저 깊은 호수에서 일어났지. 죽은 여자의 손이 종을 찾더니, 결국 발견했지. 그리고 종은 건드리기가 무섭게 이내 천둥 같은 소리를 내기 시작했고, 하늘을 향해 윙윙거리는 소리를 내고, 암사자처럼 끊임없이 으르렁대고, 온 산천지에서 주인을 향해 소리쳤지. 난 물에 빠진 그 여자를 보았어. 흐트러진 갈색 머리카락이 고통을 당한 그녀의 얼굴을 휘감고 있었지. 그녀의 뼈마디가 금속을 살짝 스치기만 해도 그 위협적인 소리가 두 배나 더 크게 미친 듯 울리는 것 같았지. 나이도 들고 이미 많은 걸 본 나지만, 머리가 쭈뼛 곤두섰다고. 우리는 모두 도

망치고 말았어. 내가 저 아래에서 본 것을 네가 보았다면, 그 요정 이야기 같은 건 꺼내지 않았을 거야. 그것이 가고 싶은 곳은 어디든지, 꽃 주변이든 잎사귀 주변이든 날아다니게 내버려둬. 쓸모없는 것, 이제 그런 연애놀이는 신물이 난단 말이야!

발트쉬라트: 난 아니란 말이야, 이런 빌어먹을! 좀 주의해서 들어봐. 누구나 자기가 흡족해하는 일을 하는 법이지. 내가 그 사랑스럽고 포동포동한 육체를 소유하게만 된다면, 호수에 빠져 죽은 여자가 대체 무슨 상관이겠냐?

니켈만: 개골, 꽥 꽥 꽥! 허허! 알아두시게. 다른 벼룩이 널 물지 않게 하려면, 네가 벼룩을 짓뭉개버려야만 한다는 걸. 찾아봐, 실컷 찾아보라니깐. 십 년 동안 그 일에 매달려도 넌 그녀를 얻지 못해. 그녀는 나한테 푹 빠졌어. 염소 같은 얼굴을 그녀는 어차피 좋아하지 않는다고! 잘 있게! 난 내려가야 해. 네가 지금이라도 자유롭게 네 길을 간다면, 그동안 고통을 당한 물의 정령인 내가 그 새파란 계집애의 변덕스런 기분을 맞춰주지.

발트쉬라트: (그의 뒤에 대고 소리 지르면서) 하늘에서는 별들이 반짝이고, 내 아랫도리 힘이 세고, 내 머리에 뿔이 있고, 물고기들은 헤엄치고 새들은 날아다닌다는 것이 다 사실이듯이, 언젠가는 네가 인간의 아이를 요람에 태우고 흔들게 될 거야!! 잘 자고, 잘 쉬어라, 야호! 쫓아라, 쫓아가, 덤불과 가시 쪽으로. 벼룩은 죽었다네! (발트쉬라트는 즐겁게 펄쩍펄쩍 뛰면서 퇴장한다. 비티헨 할머니가 오두막에서 나와 창문에 달린 덧문을 떼어낸다.)

비티헨 할머니: 일어나야 할 시간이제. 아침이 오는 냄시가 벌써 나는고만. 어제 저녁엔 엄청나게 덧문이 흔들렸당게. (닭이 운다.) 그려, 그

려야지. 꼬끼오…… 여기 있는 나를 위해선, 그렇게 힘들일 필요가 없당께. 야, 잠 쫓는 것아, 닭이 울기도 전에 나는 벌써 뭔 일을 해야 하는지 알고 있승께 말여. 암탉이 황금알 하나를 나았고, 조금 있으면 황금알이 하늘에도 떠 있는 거슬 보게 될 거시고만. 우리는 다시 빛을 얻게 되었당께. 노래나 불러라, 작은 참새야, 노래나 부르랑께. 새날이 올 거시고, 이건 확실하당께. 도깨비불이나 뭐 그런 거슨 없을랑가? 나도 내 주위를 잘 좀 둘러봐야 쓰건는디 말여, 홍옥을 깜박 잊고 안 가지고 왔고만. (그녀는 주머니를 뒤지더니 붉은 빛을 내는 돌을 꺼낸다.) 이거시 여기에 있고만.

하인리히의 목소리: 라우텐델라인!

비티헨 할머니: 자넨가? 곧 올겨! 계속혀서 부르랑께.

하인리히: 라우텐델라인, 나 여기 있어! 안 들리니?

비티헨 할머니: 나는 잘 안 들릴 거라고 생각허는디. 그애헌틴 잘 안 들릴 거시고만.

(하인리히는 쫓기는 듯 창백하고 초라한 모습으로 오두막 너머의 절벽 위에 나타난다. 그는 오른손에 돌을 하나 들고 저울질해보면서, 돌을 뒤 아래쪽 깊은 곳으로 던지려 하고 있다.)

하인리히: 감히 그런 짓을 하기만 해봐라! 목사든 이발사든 교장이든 집사든 소매상이든 상관없어. 위로 한 발자국이라도 감히 내딛는 첫 번째 인간은 모래자루처럼 저 아래 깊은 곳으로 떨어질 수밖에 없다. 너희들이 내 아내를 밀어넣은 거야! 내가 아니라고. 이런 깡패들, 귀먹은 놈들, 거지 발싸개, 쓰레기 같은 놈들! 잃어버린 서푼짜리 동전 때문에 서른 밤씩이나 주기도문을 징징대고 외워대면서, 하나님의 영원한 사랑을 위해서는 자기들 능력이 있는 한 금화를 쏟아부을

수 있다는 듯이 허언장세를 떠는 꼴이라니. 근본이 나쁜 놈들, 거짓말쟁이들, 사기꾼들! 자갈로 제방을 쌓아올리듯, 저 아래 그들의 지옥이 하나님의 바다, 낙원의 물결과 그 복된 파도 앞을 막아버렸구나. 저 제방을 무너뜨릴 일꾼은 언제쯤 올까? 난 아니야…… 아니야, 정말로 난 아니라고. (하인리히는 돌을 내려놓고 서둘러 위로 올라간다.)

비티헨 할머니: 저짝으로 더 가면 안 된당께. 아따, 멈춰보랑께. 언제나 찬찬히 허랑께.

하인리히: 할멈, 저 위에서 불타고 있는 게 뭐죠?

비티헨 할머니: 오매, 참말로, 내가 그걸 알것써? 저짝에 그걸 짓는 남정네가 하나 있었는디, 반짝은 예배당을 짓는다고 허고, 반짝은 왕궁을 짓는다고 허더구만. 시방은 그 남정네가 거길 떠나버려서 불타고 있고만. (하인리히는 절망에 가득 차서 위로 올라가려 한다.) 자네헌티 말해두건는디 말여, 저짝에 가파른 절벽이 하나 나온당께. 그 절벽에 올라갈려면 날개가 있어야만 한당께. 헌디, 이 양반아, 자네 날개는 망가졌고만 그려.

하인리히: 망가졌든 안 망가졌든 간에, 난 올라가야만 해요! 저 불길 속에서 타고 있는 건 바로 내, 내 작품이란 말이오! 아시겠어요? 내가 바로 그 건물을 짓던 사람이란 말이오. 나의 모든 것이었고 또 내가 이룬 모든 것을 거기에 쏟아부었다고요…… 난 더 이상…… 더 이상 못 가겠구나! (휴식)

비티헨 할머니: 쪼까 쉬게나, 시방은 길이 어두우니까 말여. 저짝에 의자가 있승께, 안져봐.

하인리히: 쉬어야 한다고요? 내가? 설령 당신이 오리털과 비단 잠자리를

마련해준다 해도, 나한테는 파편 조각 더미가 훨씬 더 유혹적이네요. 맞아요, 내 어머니, 이미 오래전에 먼지가 되었지만, 열이 나던 내 찬 이마에 해주던 내 어머니의 입맞춤. 지금 그 키스는 마치 말벌의 뾰족한 침처럼 부드러운 축복이고, 평온을 가져다주는 것이련만.

비티헨 할머니: 그랄지도 모르지! 여기서 쪼까 기다려봐. 곡간에 한 모금 먹을 만치 포도주가 남아 있승께.

하인리히: 난 기다릴 수 없어요. 물 좀 주세요! (우물가로 급히 달려가더니 가장자리에 걸터앉는다.)

비티헨 할머니: 가서 퍼다 마셔!

(하인리히는 물을 마시고, 그대로 우물가에 앉아 있다. 조용하고 달콤한 목소리로 애통해하며 노래하는 소리가 우물가에서 들려온다.)

목소리: 하인리히, 내 사랑하는 연인이여,

당신은 나의 우물가에 앉아 있어요.
일어나서 가세요.
난 너무 슬프단 말이에요.
영원히 안녕, 영원히 안녕!
(휴식)

하인리히: 할멈, 이 소리가 뭐였죠? 대답해봐요, 말해주세요! 그토록 서글프게 내 이름을 대며 날 부르는 게 뭐였죠? 그건 "하인리히"라고 속삭이는 것 같았고, 저 깊은 곳에서 들려왔어요. 그러다가는 아주 조용히 "영원히 안녕, 영원히 안녕!" 이라고 말했어요. 할멈, 당신은 누구신가요? 난 지금 어디에 있는 거죠? 마치 내가 잠에서 깨어난 것 같이 느껴져요. 이 절벽도, 이 오두막도, 그리고 당신도, 이 모든 것들이 나한테 꽤나 친숙한 것 같으면서도 또 심히 낯설게 느껴져요.

내가 경험한 게 대체 한낱 울려 사라져버리는 음향에 불과하다는 건가요? 그건 그 이상도 아니고, 아무것도 아니었단 말인가요? 할멈, 당신은 누구신가요?

비티헨 할머니: 나 말인겨? 자넨 대체 누군겨?

하인리히: 나한테 그걸 묻다니요? 그래요, 대체 내가 누구인가요, 할멈? 내가 얼마나 자주 하늘에 대고 이런 질문을 했던가요? 대체 내가 누구냐고 말이죠. 대답을 듣지 못했어요. 단지 분명한 건 이것뿐입니다. 내가 누구이든 간에, 영웅이든 나약한 병자든 반신(半神)이든 짐승이든 간에, 난 태양이 내보낸 아이랍니다. 집이 필요해요. 의지가 없고 슬픔이 쌓여 어머니를 향해 애절하게 울어대지요. 그 어머니는 애가 타서 그녀의 금빛 팔을 내뻗치지만, 나한테까지 닿지는 못해요. 거기서 뭐하고 있는 겁니까?

비티헨 할머니: 때가 되면 알게 될 거시고만.

하인리히: (일어서서) 자, 그럼! 당신이 들고 있는 피처럼 붉은 호롱불빛으로 저 높은 곳으로 이어지는 길을 좀 보여주세요. 내가 예전에 지배했던 저곳에 가게 되면, 난 말이지요, 은둔자로서 앞으로 그곳에서 고독하게 살아갈 거예요. 더 이상 지배하지도 봉사하지도 않는 은둔자로서 말이에요.

비티헨 할머니: 난 안 그렇게 생각하는디. 자네가 저 위짝에서 찾겠다고 하는 거슨 말여, 완전히 다른 거시제.

하인리히: 그걸 당신이 어떻게 알지요?

비티헨 할머니: 이것저것 다 알게 되는 뱁이제. 그자들이 자네를 바싹 뒤쫓고 있었제, 안 그려? 그렇지, 그려! 찬란허게 빛나는 인생을 뒤쫓고 내몰아버릴랴고 혔다면, 그건 그 인간들이 늑대인 거시제. 허지

만 죽음을 막고자 혔다면, 그자들은 한 무리의 양떼이고, 그 양떼한티 늑대가 뛰어든 거시제. 바로 그런 거시랑께. 그 양떼를 돌보던 목동들은 말여, 오매 제일 먼저 소리치지, 자꾸자꾸 "도망들 가라! 도망들 가라!" 그러고는 개들을 끌코서도 한 번도 그 늑대를 쪼차보지도 못한당께. 아니 그렇기는커녕 자기들 양떼를 그 벌려진 늑대의 아가리 쏙으로 몰아넣는당께. 자네도 다른 인간들보다 나을 거시 없제. 자네도 찬란허게 빛나는 인생을 내버렸고 용감하게 죽음도 막아내지 못혔잖여.

하인리히: 아, 할멈, 이봐요, 나도 어떻게 해서 이런 일들이 일어났는지 모르겠소. 내가 왜 찬란하게 빛나는 인생을 걷어차버렸고, 또 종의 장인이었던 내가 마치 견습생처럼 작품으로부터 도망쳐나왔는지, 그리고 내가 만든 종과 그 종이 내는 소리에 내가 왜 그렇게 힘없이 무너져버렸는지 모르겠어요. 하지만 이건 사실이오. 종소리는 청동 심장으로부터 터져 나와 엄청나게 큰 소리로 산을 향해 울려 퍼졌고, 산봉우리에 부딪혀 메아리를 일으켜 그 굉음이 온 사방으로 퍼져나가, 급기야는 나한테까지 밀려왔지요. 그래도 난 여전히 장인이었죠! 종을 주조했던 바로 그 손으로, 종 앞에서 나 자신이 파멸되기 전에, 내가 만든 종을 산산조각 내야만 했지요.

비티헨 할머니: 지나간 거슨 참말로 지나간 거시고, 끝난 거슨 끝난 거시제. 자네는 이자 더 이상은 자네의 정상으로 올라가지 못할 거시고만. 자네에 대해선 그랑께 이렇게 말할 수 있겄네. 자네는 곧은 어린 가지였고, 강하긴 해쓰면시도 충분히 강하지는 못한 거시었제. 자네는 부름을 받기는 했지만, 선택받은 자는 아니었던 거시제. 이짝으로 와서 안져봐!

하인리히: 할멈, 안녕히 계세요!

비티헨 할머니: 이짝으로 와서 안져봐. 자네가 찾겠다고 주장하는 거슨 절때로 잿더미는 아니잖여. 산 사람은 삶을 찾아야 하는 거시제. 그라고 자네헌티 말해주건는디, 저짝 위에서 자네는 그 삶을 절때로 못 찾는단 말여.

하인리히: 그렇다면 날 여기 이 자리에서 죽게 해주시오!

비티헨 할머니: 자네는 그렇게 될 거시고만. 자네 같은 자가 밝은 곳을 향해 날아올랐다가, 자네처럼 굴러 떨어지게 되면, 박살나게 되는 뱁이제.

하인리히: 내 인생의 종점에 와 있는 느낌이오. 괜찮소.

비티헨 할머니: 자네는 마지막에 와 있당께!

하인리히: 그렇다면 이제 말해주시오. 당신은 이상하게도 모든 것을 안다는 듯이 말하고 있는데, 내가 발에 피가 나도록 찾아다니는 것을 내가 죽기 전에 볼 수는 있나요? 대답하지 않을 거요? 깊은 밤에서 잃어버린 빛의 여명조차 없는 아주 칠흑 같은 밤으로 들어가야만 하나요? 난 그녀를 다시는 볼 수가 없나요……

비티헨 할머니: 대체 자네는 누굴 보겠다고 그러는겨?

하인리히: 그야, 그녀죠! 당신이 그걸 모른단 말이오? 그녀가 아니라면 누구겠소?

비티헨 할머니: 자넨 소원이 하나 있고만. 그렇다면 그렇게 허도록 하세. 그란디 이게 자네의 마지막 소원일세.

하인리히: (재빨리) 이루어졌구나!

비티헨 할머니: 자네는 그녀를 다시 보게 될 거시고만.

하인리히: 아, 어머니, 당신이 그렇게 할 수 있다고요? 당신이 그처럼 힘

있는 사람인가요? 어째서 내가 당신을 어머니라고 부르는지 나도 모르겠네요. 예전에 난 지금처럼 거의 죽을 지경이었죠. 숨을 쉴 때마다 그게 마지막 숨이길 바랄 정도로. 그때 그녀가 나타났고, 마치 봄바람처럼 회복의 기운이 병든 내 사지로 들어왔지요. 그러자 난 완쾌되었지요…… 그리고 단번에 몸이 가벼워져서, 마치 저 높은 곳으로 다시 날아갈 수 있을 것만 같았지요……

비티헨 할머니: 이젠 끝났당께. 자네를 아래로 끌어댕기는 무게는 너무 무겁고, 또 자네의 죽은 아내는 너무도 막강해서, 자넨 그녀를 이겨내지 못할 거시고만. 조심혀! 내가 유리잔 세 개를 탁자 위에 놓을텡께. 한 유리잔엔 백포도주를 부슬꺼고, 다른 유리잔엔 적포도주를, 마지막 잔엔 노란색 포도주를 부슬랑께. 자네가 첫째 잔을 마셔버리면, 그 옛적에 가졌던 힘이 자네헌티 다시 한번 돌아올 거시네. 둘째 잔을 마시면, 자네는 마지막으로 자네가 잃어버린 그 찬란허게 빛나는 정신을 느끼게 될 거시네. 허지만 그 두 잔을 다 마셔버리는 자는 이어서 마지막 잔도 마셔야만 한다네. (집으로 들어가려다가 멈춰서서, 의미심장하게 말을 한다.) 내가 말혔듯이, 그럴 경우엔 마지막 잔도 마셔야만 한당께! 내 말을 잘 이해혀봐. (퇴장한다.)

하인리히: (황홀감으로 들떠 있다가, 할멈의 "끝났다"는 말을 듣고 얼굴이 창백해져서 뒷걸음질친다. 몸이 굳어 있던 상태에서 깨어나며 의자에 주저앉는다. 의자에 기대 앉아 있다.) 이젠 끝났어. "끝났다"라고 그녀가 말했지. 오, 맙소사, 그 어느 때보다도 잘 알고 있으면서, 대체 왜 나에게 묻는 것이오? 운명의 예언자여! 단두대의 칼처럼 떨어지는 당신의 말로 생명의 줄을 끊어버리면서 말이오. 이미 그렇게 했다오! 이제 약간의 시간이 남아 있구나. 유용하지 않은 것은 아니

지. 협곡에선 차가운 공기가 흘러나온다. 저쪽에서 두터운 구름떼들을 희미하게 비추면서 새날의 여명으로 밝아오던 그날은 내게 이제 더 이상 없다. 수많은 날들을 살아왔지만, 이 날이 이제 나에겐 없는 첫날이로구나. (첫 번째 잔을 잡는다.) 그대 잔이여, 두려움이 엄습하기 전에 내게로 오라. 검은 물방울이 너의 바닥에서 끓고 있구나. 마지막 방울인가요…… 할멈, 더는 없나요? 아무렴 어때! (마신다.) 그리고 이제 두 번째 잔이여! 이리 오거라. (두 번째 잔을 잡는다.) 너 때문에 내 첫 번째 잔을 들었단다. 쾌락과 향기가 담긴 그대 맛있는 술이여, 네가 이 자리에 없었다면 하나님이 우리를 이 지상으로 초대하신 잔칫날이 얼마나 초라했을까. 너 귀한 손님을 반기는 이여, 너의 가치는 가늠하기 어렵겠구나. 이제 너에게 감사한다. (마신다.) 술맛이 좋군! (그가 마시는 동안 하프소리가 은은하게 울린다. 라우텐델라인이 지치고 심각한 표정으로 우물에서 나와 우물가에 앉아 헝클어진 긴 머리를 빗는다. 달빛이 비친다. 그녀가 창백한 모습으로 혼자 노래한다.)

라우텐델라인: (나지막한 목소리로)

깊은 밤 외로이 혼자서
난 금발머리를 빗고 있네,
예쁘고 예쁜 라우텐델라인아!
새들은 여행을 떠나고, 안개는 흘러가고,
황야의 불은 쓸쓸히 타오르고 있네……

니켈만: (우물 속에서 보이지 않은 채로) 라우텐델라인!

라우텐델라인: 갈게요!

니켈만: 빨리 와!

라우텐델라인: 아파요! 옷이 너무 끼어요. 나는 불쌍하고 저주받은 우물 요정이야.

니켈만: 라우텐델라인!

라우텐델라인: 가요!

니켈만: 빨리 와!

라우텐델라인: 나는 밝은 달빛 아래에서 머리를 빗으며, 한때 애인이었던 그 사람을 생각하고 있다네. 방울꽃들이 울리네. 방울꽃들이 행복의 종소리를 내는 것일까, 고통의 종소리를 내는 것일까? 둘 다여야 한다고 생각돼. 내려가자, 내려가! 시간이 지났으니, 물과 해초 속으로! 이미 너무 오래 있었어. 내려가자, 내려가! (막 내려가려고 하다가) 누가 이렇게 작은 소리로 부르는 걸까?

하인리히: 나야!

라우텐델라인: 누구라고요, 당신이라고요?

하인리히: 그래, 나야. 좀더 가까이 와보렴. 그러면 나를 알아볼 수 있을 거야.

라우텐델라인: 그럴 수 없어요. 그리고 난 당신을 몰라요. 가세요! 왜냐하면 나는 나와 이야기하는 사람을 죽여야 하니까 말이에요.

하인리히: 넌 날 고문하는구나! 이리 와서 내 손을 잡아보렴. 그러면 나를 알게 될 거야.

라우텐델라인: 난 당신을 알았던 적이 없어요.

하인리히: 네가 나를 모른다고……

라우텐델라인: 몰라요.

하인리히: 나를 본 적이 없다고?

라우텐델라인: 모르겠단 말이에요.

하인리히: 그렇다면 날 죽게 내버려다오! 내가 네 입술이 으스러지도록 키스한 적이 없다고?

라우텐델라인: 한 번도 없어요.

하인리히: 그리고 네 입술을 내 입술에 댄 적이 없다고?

니켈만: (우물가에서 보이지 않은 채로) 라우텐델라인!

라우텐델라인: 갈게요!

니켈만: 어서 들어와!

하인리히: 널 부르는 게 누구지?

라우텐델라인: 우물에 사는 내 신랑이에요.

하인리히: 너는 내가 고통스러워하는 것을, 또 삶의 투쟁보다 더 끔찍하게 경련하고 있는 것을 보고 있지 않니? 오, 이 파멸한 남자를 고문하지 말아다오. 날 구원해다오!

라우텐델라인: 내가 어떻게 해야 되나요?

하인리히: 내게로 와다오!

라우텐델라인: 그렇게 할 수 없어요.

하인리히: 할 수 없다고?

라우텐델라인: 그래요.

하인리히: 어째서?

라우텐델라인: 우리는 저 아래에서 원무를 추지요. 재미있는 춤이에요. 그리고 내 발이 무거울지라도, 춤을 추고 있으면, 곧 발이 더는 따끔거리지 않아요. 영원히 안녕, 영원히 안녕!

하인리히: 어디에 있는 거니? 가지 마라!

라우텐델라인: (우물 뒤쪽으로 물러난다.) 영원히 먼 곳이에요.

하인리히: 저기…… 저기에 있는 저 잔을. 마그다, 저 잔을, 당신이……

오, 당신이 얼마나 창백해졌는지. 저 잔을 주오. 저 잔을 내게 건네주는 자를 내 축복하리다!

라우텐델라인: (그가 있는 곳 아주 가까이에서) 내가 할게요!

하인리히: 네가 하겠다고?

라우텐델라인: 내가 하겠어요. 그리고 죽은 자들일랑 편히 쉬도록 놔두세요.

하인리히: 난 널 느끼고 있어, 너 천상의 얼굴이여!

라우텐델라인: (멀리 물러나면서) 영원히 안녕, 영원히 안녕! 난 당신의 연인이 아니에요. 한때 난 아마도 당신의 애인이었을 거예요. 5월에, 5월엔 그랬지요. 하지만 이제 끝났어요……

하인리히: 끝났다고?

라우텐델라인: 끝났어요! 누가 당신에게 밤마다 자장가를 불러 잠재워주었나요? 누가 마법의 노래로 당신을 깨워주었나요?

하인리히: 네가 아니면 누구겠니!

라우텐델라인: 누구라고요, 내가 그랬다고요?

하인리히: 라우텐델라인!

라우텐델라인: 누가 당신의 온몸에 새로운 힘을 불어넣어 주었나요? 당신이 저 아래 우물 안으로 밀어버린 게 누구죠?

하인리히: 너 아니면 누구겠어!?

라우텐델라인: 누구라고요, 나라고요?

하인리히: 라우텐델라인!

라우텐델라인: 영원히 안녕, 영원히 안녕!

하인리히: 나를 조용히 저 아래로 데리고 가다오. 이제 모두가 피하고 싶어하는 밤이 오는구나.

라우텐델라인: (그에게로 날아들더니, 그의 무릎을 끌어안고 환호성을 지르며) 태양이 떠오르는 거예요!

하인리히: 태양이라고!

라우텐델라인: (반쯤은 울먹이고 반쯤은 환호성을 지르며) 하인리히!!!

하인리히: 고맙다.

라우텐델라인: (하인리히를 끌어안고 그의 입술에 그녀의 입술을 대고 누른다. 잠시 후, 죽어가는 자를 가볍게 내려놓으면서) 하인리히!

하인리히: 저 높은 곳에서 태양의 종소리가 울려온다! 태양이…… 태양이 떠오르는 거야! 밤은 길기도 하지. (아침 해가 붉게 물들어온다.)

겨울밤
Winternacht

고트프리트 켈러(Gottfried Keller, 1819-1890)

세상엔 새의 날갯짓 하나 지나지 않고,
흰 눈이 고요히 눈부시게 쌓여 있었다.
별이 총총한 하늘엔 구름 한 점 없고,
응고된 호수엔 잔물결 하나 일지 않았다.

깊은 바닥에서 솟아오른 나무는
정수리까지 얼어붙었다.
나뭇가지를 타고 올라온 물의 요정이
초록빛 얼음 사이로 올려다보았다.

호수의 검은 심연과 나를 가르는
얇은 얼음판 위에 서서
내 발밑 그녀의 하얀 아름다운 육체를
찬찬히 훑어보았다.

질식할 듯 고통에 찬 몸짓으로
그녀는 두터운 얼음판을 이리저리 더듬었다.
나는 그 검푸른 얼굴을 잊지 못하니,
언제까지고 내 뇌리에 남아 있구나!

| 작가 연보 |

루트비히 티크 (Ludwig Tieck, 1773-1853)

1773. 5. 31 독일 베를린에서 밧줄 제조 마이스터의 아들로 태어났다.

1782-1792 베를린에서 김나지움에 다녔다. 여기서 바켄로더와 만나 친구가 된다.

1792-1794 할레 · 괴팅겐 · 에를랑겐대학에서 신학, 역사학, 문학을 공부한다.

1793 에를랑겐대학 재학 중에 바켄로더와 함께 뉘른베르크, 스위스 등을 여행한다.

1794 대학 공부를 중단하고 베를린으로 돌아간다.

1795-1796 그의 첫 번째 장편 소설 『빌리암 로벨 씨의 이야기*Die* Geschichte des Herrn William Lovell』 (전3권)가 출간된다.

1797 『카를 폰 베르네크Karl von Berneck』가 출간된다.

1797 『페터 레프레히트의 민속 메르헨Volksmärchen von Peter Lebrecht』 (전3권)이 출간된다. (이 안에 유명한 「장화 신은 고양이」와 창작 메르헨의 전형인 「금발의 에크베르트」 등이 들어 있다.)

1798 『프란츠 슈테른발트의 방랑Franz Sternbalds Wanderungen』 (전2권)이 출간된다. (친구인 바켄로더와 함께 구상하고 주로 바켄로더가 집필했던 작품으로, 바켄로더가 갑자기 세상을 떠난 후에 티크가 완성한다.)

1798 함부르크에서 목사의 딸 알베르티와 결혼한다.

1799	셰익스피어의 『폭풍The Tempest』을 번역 출간한다.
1799–1800	예나에 머무르면서 슐레겔 형제, 노발리스, 브렌타노, 피히테, 셸링 등과 친하게 교류한다.
1799–1801	『돈 키호테Don Quixote』를 번역 출간한다.
1801	가족과 함께 프랑크푸르트 안 데어 오더 동쪽의 치빙겐으로 이사한다. 중간에 잠깐씩 다른 곳에서 지내기도 했으나 1819년까지 이곳에서 살았다.
1804	『옥타비아누스 황제Kaiser Octavianus』가 출간된다.
1805	이탈리아를 여행한다.
1811	『고대 영국의 연극Altenglisches Theater』 (전2권)이 출간된다.
1812–1816	『판타주스Phantasus』(전3권)가 출간된다.
1813	프라하를 여행한다.
1817	런던과 파리를 여행한다. 이 시기에 셰익스피어 연구를 한다.
1819	드레스덴으로 돌아온다.
1825	드레스덴 극장의 고문으로 임명되고 극장의 희곡작가가 된다. 극장 고문 직책을 1842년까지 맡았으며, 이 시기에 그의 집이 당시 문학계의 중심이 된다.
1826	『시인의 삶 Dichterleben』 1부가 출간된다.
1831	『시인의 삶』 2부가 출간된다.
1839–1844	셰익스피어 작품들의 번역 사업에 참여한다.
1840	『비토리아 아코롬보나Vittoria Accorombona』가 출간된다.
1842	프로이센의 프리드리히 빌헬름 4세의 초청을 받아들여 베를린으로 가서 여생을 보낸다. 드레스덴에서와 마찬가지로 그곳에서도 문학계의 중심 인물이 된다.
1853. 4. 28	베를린에서 세상을 떠났다.

프리드리히 드 라 모트 푸케 (Friedrich de la Motte Fouqué, 1777–1843)

1777 브란덴부르크의 돔인젤에서 태어났다. 프로이센의 프리드리히 2세가 대부이고, 선조는 프랑스 귀족으로 위그노파 박해 때 독일로 이주했다.

1794 프로이센 군의 최연소 생도가 되어 대프랑스 연합전쟁에 참가한다.

1795 15세의 엘리자베트 폰 브라이텐바우흐(1780-1832)를 만나 첫눈에 반한다. 그녀는 운디네와 다른 여러 여성 인물의 모델이 된다.

1798 뷔케부르크에서 상사의 딸인 13살짜리 마리안네 폰 슈바에르트와 결혼한다.

1802 바이마르에서 괴테, 쉴러, 헤르더를 만나고, 베를린에서 아우구스트 빌헬름 슐레겔을 만난다. 마리안네와 이혼하고, 라테노우 근교의 넨하우젠 저택으로 이사한다. 이 영지는 브리스트 가문의 소유였다. 베를린에도 주거지가 있었다.

1803 1799년에 과부가 된 카롤리네 폰 브리스트(1774-1831)와 넨하우젠에서 결혼한다. 드레스덴을 여행할 때 하인리히 폰 클라이스트, 루트비히 티크, 그리고 필립 오토 룽에를 만나고, 라우흐슈테트에서 쉴러를 만난다. 큰딸 마리 루이제 카롤리네(1803-1864)가 태어나고, 아우구스트 빌헬름 슐레겔이 대부가 되어준다. 이때부터 부인이 죽을 때까지 30여 년 동안 그의 집은 베를린 낭만주의자들의 문화 사랑방 역할을 한다. 그중에는 에.테.아. 호프만, 요제프 폰 아이헨도르프, 오토 하인리히 폰 뢰벤, 파른하겐 폰 엔제, 그리고 그의 저서 출판인 율리우스 에두아르트 히치히 등이 있다.

1808 베른하르디, 샤미소, 노이만, 파른하겐 등과 공동으로 소설 『카를의 시도와 장애물Die Versuche und Hindernisse Karls』을 저술한다.

1810 니벨룽 전설을 모티프로 한 3부작 희곡 『북쪽의 영웅Der Held des Nordens』(1부 「뱀을 죽이는 자, 지구르트Sigurd, der Schlangentöter」, 2부 「지구르트의 복수Sigurds Rache」, 3부 「아스라우가Aslauga」)(1808-1810)를 출간한다.

1811 잡지 『계절Die Jahreszeiten』의 첫 호에 『운디네Undine』를 싣는다.

1812 『민담과 전설 핸드북Taschenbuch der Sagen und Legenden』의 발간을 시작하여 총 2권(1812, 1817)이 출판된다.

1813 기사소설 『마술반지Zauberring』를 출간하고, 대(對)나폴레옹 전쟁에 참가하지만, 발병하여 소령으로 제대한다. 처음으로 마리안네 폰 헤센-홈부르크 공주를 만난다.

1815 아내 카롤리네와 함께 1816년까지 잡지 『여성 핸드북Frauentaschenbuch』을 발행한다.

1816 1821년까지 계간지 『여가를 위하여Für müßige Stunden』를 발행한다. 1827년까지 『시집Gedichte』이 코타 출판사에서 5권까지 나온다. 에.테.아. 호프만이 작곡한 오페라 「운디네」가 베를린 샤우슈필하우스에서 초연된다. 쉥켈이 무대장치를 하고, 브륄 백작이 의상을 담당했다. 6회까지 성공리에 공연되었으나, 샤우슈필하우스에 화재가 발생하여 공연 자체가 중단된다.

1817 소설 『알레테스 폰 린덴슈타인의 기이한 사건들Die wunderbaren Begebenheiten des Grafen Alethes von Lindenstein』이 출판된다.

1818 뇌출혈을 일으켰으나, 여름부터 서서히 회복된다.

1820 정치적, 종교적 정통파로 전향하고, 신비주의로 흐른다. 드레스덴에서 루트비히 티크, 삽화가 모리트 레츠쉬, 그리고 낭만주의 화가 카스파 다비드 프리드리히를 만난다.

1822 테플리츠, 칼스바트로 여행한다. 소설 『기사 엘리둑Ritter Elidouc』이 2권으로 출판된다.

1823 기사 소설 『가인(歌人)의 사랑Sängerliebe』이 출판된다.

1829 1830년까지 주간지 『독일 여성을 위한 베를린 신문Berlinische Blätter für deutsche Frauen』을 발행한다.

1831 아내 카롤리네가 죽고, 경제적 어려움을 겪는다.

1833 딸의 가정교사인 알베르티네 마리아 토데와 세 번째 결혼을 한다. 브리스트의 가족들은 이 결혼을 치욕으로 여기고, 그를 넨하우젠에서 쫓아낸다. 여름에 할레로 이사하고, 할레대학에서 문학과 현대사 강의를 한다.

1841 '왕관을 쓴 낭만주의자' 프리드리히 빌헬름 4세의 부름을 받고 베를린으로 돌아온다. 할레에서 12권짜리 『선집Ausgewählte Werke』이 출간된다. 소규모 그룹에서 강의를 계속한다.

1843 1월 23일 베를린에서 숨을 거두고, 베를린 전몰장병 묘지에 묻힌다.

에.테.아. 호프만 (E.T.A. Hoffmann, 1776-1822)

1776. 1. 24. 프로이센의 쾨니히스부르크에서 출생했다. 원래 이름은 에른스트 테오도어 빌헬름 호프만(Ernst Theodor Wilhelm Hoffmann)이었으나 모차르트에 대한 존경심에서 그의 이름 빌헬름(Wilhelm)을 아마데우스(Amadeus)로 바꾼다.

1778 부모가 이혼한다.

1781(혹은 1782) 학교를 다니기 시작한다. 음악과 스케치 그리고 회화 수업을 받는다.

1792 쾨니히스베르크대학에서 법학 공부를 시작한다.

1794 호프만의 첫사랑으로 알려진 도라 하트를 음악 교습을 하다가 알게 된다. 훗날 그의 작품 『세습지Majorat』에 이 사랑의 흔적을 남겼다.

1795 대학 졸업과 함께 사법시보로 일하기 시작한다.

1796 쾨니히스베르크를 떠나 그의 외삼촌이 있는 글로가우로 이주

한다.

1798 도라 하트와의 사랑이 끝난 후 그의 외삼촌의 딸인 민나 되르퍼와 약혼한다.

사법시보 기간을 성공적으로 끝내고 베를린으로 이주한다.

1800 법관 후보로 포젠으로 전보 발령된다.

1802 포젠에서 그곳 저명인사들에 대한 캐리커처를 그린 것으로 물의를 일으켜 플록으로 전보된다. 자신의 예술적 성향이 부르주아 계급 출신인 민나 되르퍼와 잘 맞지 않는다는 판단에서 그녀와 파혼하고 마리아 테클라 미하일리나 로러와 결혼한다.

1803 『수도에 있는 친구에게 보낸 어느 수도승의 편지Schreiben eines Klostergeistlichen an seinen Freund in der Hauptstadt』가 호프만의 첫 출간작으로 『베를린 교양신문Der Freimütige』에 실린다.

1804 바르샤바로 전보 발령된다. 낭만주의 작가인 자하리아스 베르너와 에두아르트 히치히를 만나 낭만주의에 관심을 갖게 된다.

1806 프랑스 군대가 바르샤바로 진격하고, 호프만은 법관직을 잃게 된다.

1807/8 두 번째로 베를린에 체류한다.

1808 조덴 백작의 초대로 악장직을 맡기 위해 밤베르크로 이주한다. 그러나 곧 악장직을 그만두게 되고 극장 전속 작곡가로 머문다.

1809 극장 일을 완전히 그만두고 음악 교습으로 생활한다. 『음악신문Allgemeine Musikalische Zeitung』에 그의 노벨레 「리터 글룩」을 게재한다.

1810 프란츠 폰 홀바인이 밤베르크 극장장이 되면서 호프만을 극장장 보조로 임명하게 되고, 호프만은 전속 작곡가, 전속 화가, 그리고 전속 건축기사로 일하게 된다. 베토벤의 「5번 심포니」에 대한 비평을 쓴다.

1811 그에게 성악 교습을 받던 십대 초반 소녀 율리아 마르크(Julia

Mark)를 사랑하게 된다. 이 이루어질 수 없는 사랑은 그의 문학에 결정적 영향을 끼친다.

1812 홀바인이 밤베르크 극장장직을 사퇴하자 호프만도 밤베르크 극장에서의 일자리를 잃는다.

1813 드레스덴 극장장 제콘다의 초청으로 드레스덴 극장 악장직을 맡게 된다. 밤베르크 출판가인 C. F. 쿤츠와 『칼로풍의 환상곡집Fantasiestücke in Callots Manier』 저술 계약을 맺는다.

1813–1814 악장으로 드레스덴과 라이프치히에 번갈아 체류한다. 푸케의 『운디네』를 오페라로 작곡하고, 『황금 단지Der goldne Topf』와 『악마의 묘약Die Elixiere des Teufels』 1부를 저술한다.

1814 제콘다와의 불화로 악장직에서 해임된다. 『칼로풍의 환상곡집』 1부와 2부가 부활절경에, 3부가 가을에 출간된다. 베를린 법원에서 다시 법관 생활을 시작한다.

1815 당대 천재적인 배우 루트비히 드프리엔트(Ludwig Devrient)와의 우정이 시작된다. 『칼로풍의 환상곡집』 4부, 『악마의 묘약』 1부가 출간된다.

1816 호프만의 집에서 히치히, 콩테사, 코레프 등과 독서회 '세라피네의 밤Seraphinenabende'을 시작한다(1818년 11월부터는 '세라피온의 밤'으로 부름). 이때의 독서회에 대한 인상은 그의 중단편집 『세라피온 형제들』에 남아 있다. 호프만이 작곡한 오페라 〈운디네〉가 초연되고, 『악마의 묘약』 2부, 중단편집 『야경화Nachtstücke』 1부가 출간된다.

1817 『야경화』 2부가 출간된다.

1818 『어느 극장장의 희귀한 고뇌Seltsame Leiden eines Theater-Direktors』, 『친오버라 불리는 작은 자헤스Klein Zaches genannt Zinnober』를 저술한다.

1819 병고에 시달리다가, 병에서 나은 후 〈반국가적인 행위 조사위원회〉의 위원으로 위촉된다. 이때의 체험이 장편 소설 『수고양이 무르의 인생관』과 메르헨 소설 『벼룩대왕』의 크나르판티-에피소드에 풍자적으로 표현되어 있다.

『어느 극장장의 희귀한 고뇌』, 『친오버라 불리는 작은 자헤스』, 『칼로풍의 환상곡집』 수정 2판, 『세라피온 형제들』 1, 2권이 출간된다.

1820 『세라피온 형제들』 3권, 『브람빌라 공주Prinzessin Brambilla』, 『수고양이 무르의 인생관』 1권이 출간된다.

1821 법관직에서 승진한다. 『세라피온 형제들』 4권, 『수고양이 무르의 인생관』 2권이 출간된다.

1822 호프만 병고. 당시 선동가 박해에 앞장 선 경찰국장을 풍자한 크나르판티-에피소드로 인해 프로이센 정부가 『벼룩대왕』 원고 압수. 호프만에 대한 징계 절차가 진행된다.
『벼룩대왕』(크나르판티-에피소드 제외)이 출간된다. 6월 25일 타계하여 베를린의 예루살렘묘지에 묻힌다.

에두아르트 뫼리케 (Eduard Mörike, 1804–1875)

1804. 9. 8 슈바벤의 루드비히스부르크에서 태어났다. 아버지는 당시 시(市)의사였던 칼 프리드리히 뫼리케이고 어머니는 샬롯테 도로테아이며 이들 사이의 열세 명의 자녀 중 일곱째로 태어났다.

1817 고향에서 라틴학교를 다니던 중 부친의 사망으로 남은 가족이 슈투트가르트로 이사한다. 그곳에서 김나지움을 다닌다.

1822 슈바벤 지방의 다른 시인들과 마찬가지로 신학 공부를 시작한다.

1826 목사 국가시험을 본 뒤, 8년간 수습목사로 재직한다. 이 시기는 시인에게 불만과 절망의 시기였다.

1828 슈투트가르트의 한 잡지사의 자유기고가가 되려고 했으나 실패한다.

1832 19세기 초반의 명작으로 꼽히는 작품 『화가 놀텐Maler Nolten』이 출간된다.

1834 마침내 클레버줄츠바흐에서 목사직을 얻게 된다. 어머니와

누이 클라라와 함께 목사관에서 생활한다. 여러 번 요양차 휴직을 해야 했지만 뫼리케의 생애에서 가장 행복했던 시기였다. 이 시기에 여러 단편들(「루시 겔메로트Lucie Gelmeroth」(1834), 「보물Der Schatz」(1835), 「농부와 그 아들Der Bauer und der Sohn」(1838) 등)과 시집(1838)을 발표한다.

1841 어머니가 사망한다. 이로 인해 시인은 내적인 위기를 맞게 되며, 목사직에 대한 압박으로 인해 병증이 나타난다.

1843 결국 39세의 나이로 목사직을 사임하고 연금 생활을 시작한다.

1851 마르가레테 슈페트와 결혼하여 부인과의 사이에 두 딸을 얻는다. 그러나 부인과 여동생의 불화와 종교의 차이(부인은 가톨릭)로 인해 결혼 생활은 행복하지 못했다. 결국 1873년에 부인과 이혼한다.

1852 슈투트가르트로 이사하여 생계를 위해 여학교 문학교사로 재직한다. 이후 시인의 대표적인 산문 작품들이 발표된다 (『슈투트가르트의 난쟁이Das Stuttgarter Hutzelmännlein』(1852), 『프라하로 여행 중인 모차르트Mozart auf der Reise nach Prag』(1855)).

1852 튀빙겐대학에서 명예박사학위를 받는다. 말년에는 당시 '유명했던' 작가들인 슈토름, 하이제, 가이벨, 투르게네프 등과 교류했으며, 이들이 직접 시인을 방문하기도 했다. 화가 모리츠 폰 슈빈트와도 가깝게 지냈다.

1867–1873 경제적인 이유로 주거지를 자주 옮기며 살았다.

1875 6월 4일에 사망, 슈투트가르트의 프라하묘지에 묻혔다.

게르하르트 하우프트만 (Gerhart Hauptmann, 1862–1946)

1862. 11. 15 게르하르트 하우프트만은 오버잘츠브룬(독일 쉴레지엔 지방)에서 호텔 경영자인 아버지 로베르트 하우프트만과 어머니 마

리아(결혼하기 전 어머니의 성은 쉬트렐러였음) 사이에서 태어났다.

1878–1879 브레슬라우에 있는 실업학교를 다닌 후, 쉴레지엔에 있는 한 삼촌의 기사 영지에서 농경실습생 생활을 시작한다.

1880. 10 브레슬라우에 있는 왕립미술학교 조각과에 입학한다.

1881 가을 대상인의 딸인 마리 티네만과 약혼한다. 이로써 하우프트만의 생계는 안정을 찾게 된다.

1883 지중해 여행을 마친 후, 하우프트만은 조각가로서 로마에 정착한다.

1884 드레스덴에 있는 왕립미술학교 제도과에 입학한다.

1885 티네만과 결혼하고, 그녀와의 사이에서 세 명의 아들이 태어난다. 하우프트만 부부는 베를린에 있는 에르크너로 이주하게 되고, 거기서 하우프트만은 베를린의 자연주의 시문학 단체인 〈돌파〉와 접촉하게 된다.

1887 노벨레 『철로지기 틸Bahnwärter Thiel』이 출간된다.

1889. 4 극단 〈자유무대〉를 창립하고, 여기서 수많은 하우프트만의 작품들이 비공개적으로, 검열을 받지 않고 초연된다.

1889. 10 사회비판적인 드라마 『해뜨기 전Vor Sonnenaufgang』이 〈자유무대〉에 의해 스캔들에 휩싸인 채 초연된다. 이 드라마로 인해 하우프트만은 현대를 대표하는 드라마 작가로서 알려지게 된다.

1892 쉴레지엔에 있는 직조공장을 방문한 후, 하우프트만은 그의 작품 중 가장 의미 있는 작품인 사회비판극 『직조공들Die Weber』을 구상하나, 그에 앞서 이 작품을 쉴레지엔 방언으로 탈고한다. 이 작품이 베를린에 있는 〈독일극장〉에서 초연되자, 빌헬름 황제 2세는 그곳에 비밀검열소를 공식적으로 선포하고, 덧붙여 이 드라마의 공연이 베를린 경찰서장에 의해서 금지된다.

1893 희극 『해리모피Der Biberpelz』와 환상극 『한넬레의 승천Hanneles Himmelfahrt』이 초연된다. 음악생도 마가레테 마샬

크와의 친분으로 인해 부인과의 갈등이 시작된다.

1894 부인과 미국 여행을 마친 후, 하우프트만은 부인과 헤어진다.

1896. 1 빈에서 그릴파르쩌 상을 수상한다. 연이어 하우프트만은 이 상을 두 번 더 수상하게 된다.

1896. 10 황제 빌헬름 2세는 하우프트만이 쉴러 상을 수상하는 데 반대한다. 『가라앉은 종Die versunkene Glocke』이 발표된다.

1901 리젠게비르게에 있는 아그네텐도르프에 거주한다. 이와 더불어 하우프트만은 베를린과, 히덴제 섬, 그리고 후기에는 이탈리아에 번갈아 가며 머물게 된다.

1903. 4 유아 살해로 기소가 된 농작일을 돌보던 한 여인에 대한 재판 과정에서 배심원으로 출석한 후, 하우프트만은 연극 『로제 베른트Rose Bernd』를 쓰고, 이 연극은 같은 해에 초연된다.

1904 부인과 이혼한 후, 마가레테 마샬크와 재혼한다. 마샬크와의 사이에서 아들이 한 명 태어난다.

1906 피셔 출판사에서 하우프트만의 6권짜리 전집이 출판된다.

1910 하우프트만의 첫 번째 서사극 『그리스도광 엠마누엘 크빈트Der Narr in Christo Emanuel Quint』가 『노이에 룬트샤우』에 실리게 된다.

1911. 1. 13 베를린에 있는 〈레싱극장〉에서 연극 『들쥐들Die Ratten』이 초연된다.

1912 노벨문학상을 수상한다.

1913 하우프트만의 『아틀란티스Atlantis』가 처음으로 영화로 제작되고, 이후에도 다수의 작품들이 영화로 제작된다.

1918. 11 수많은 지식인들과 예술인들이 공동 서명한 하우프트만의 선언문이 『베를리너 타게블라트』에 공식 발표된다. 이후 하우프트만은 새로운 공화국을 위하여 적극적으로 활동하기 시작한다.

1922. 8. 11-20 브레슬라우에서 게르하르트 하우프트만의 연극축제가 개최된다.

1924 빈에 있는 조형미술 아카데미의 명예회원으로 천거된다.

포르 레 메르떼(평화 부문) 상을 수상한다.

1926 연극 『도로테아 앙어만Dorothea Angermann』이 초연된다.

1928 프러시아의 문인 아카데미에 가입한다(시 분야).

1932 상징적인 제목을 달고 있는 『해지기 전Vor Sonnenuntergang』이 하우프트만의 생존 당시 독일에서 마지막으로 초연된다. 미국 여행 중 하우프트만은 컬럼비아대학에서 명예문학박사 학위를 취득하고 백악관에서 미국 대통령의 영접을 받는다.

1933 하우프트만은 나치 정권에 아무런 의사 표시를 하지 않고 공식적인 활동에서도 물러난다. 그의 작품들은 계속해서 출판되거나 상연되거나 영화로 제작된다.

1937 자서전 『나의 청소년기의 모험Das Abenteuer meiner Jugend』이 출간된다.

1940 나치 정권의 시대상을 보여주는 이른바 아트리덴 4부작에 착수한다.

1942 브레슬라우와 빈에서 탄생 80주년을 기념하기 위한 다채로운 행사가 펼쳐진다.

1946. 6. 6 게르하르트 하우프트만은 아그네텐도르프에서 사망하고, 이후에 히덴제 섬에 있는 수도원의 묘지에 안장된다.

최민숙

이화여자대학교 독어독문학과를 졸업하고, 독일 파더보른대학에서 독문학 박사학위를 취득했다. 한국괴테학회장을 역임했으며, 현재 이화여자대학교 독어독문학과 교수로 재직 중이다. 이화여자대학교 출판부장, 세계독어독문학회(IVG) 이사를 맡고 있다. 저서로는 『E.T.A. Hoffmanns Märchen "Meister Floh"』, 『Literatur und Demokratie』(공저), 『물의 요정을 찾아서』(공저)가 있으며, 역서로는 『호두까기 인형』, 『피장파장』 등이 있다.

이온화

이화여자대학교 독어독문학과를 졸업하고, 베를린대학에서 수학하고, 이화여대 대학원에서 독일 낭만주의 작가 노발리스 연구로 박사학위를 받았다. 현재 이화여대 기호학연구소 연구원이며, 동 대학교에서 강의를 하며 번역 활동을 하고 있다. 저서로는 『물의 요정을 찾아서』(공저)가 있으며, 20여 권의 독일 책들을 번역했다. 최근 번역서로는 『메피스토』(클라우스 만), 『삶의 기술』(안셀름 그륀), 『동경』(안셀름 그륀), 『현혹』(엘리아스 카네티) 등이 있다.

윤현자

이화여자대학교 독어독문학과를 졸업하고, 마르부르크대학, 프랑크푸르트 대학에서 수학하고, 이화여대 대학원에서 박사학위를 받았다. 했다. 현재 이화여대 기호학연구소의 연구원이며, 동 대학교에서 강의를 하고 있다. 저서로는 『독일문학의 장면들』(공저), 『물의 요정을 찾아서』(공저)가 있고, 역서로는 『해 저무는 들녘에 서서』, 『릴리 마르렌』 등이 있다.

김미선

이화여자대학교 독어독문학과를 졸업하고, 마르부르크대학에서 수학하고, 이화여대 대학원에서 박사학위를 취득했다. 현재 이화여대 기호학연구소 연구원이며, 동 대학교에서 강의를 하며 번역 활동을 하고 있다. 저서로는 『물의 요정을 찾아서』(공저)가 있으며, 역서로는 『철학자의 키스』, 『제국의 부활』, 『세상에서 가장 아름다운 그림형제 동화』, 『스탕달』 등이 있다.

천현순

이화여자대학교 독어독문학과 및 동 대학원을 졸업하고, 독일 쾰른대학에서 독문학 박사학위를 취득했다. 현재 이화여대와 한신대 강사, 이화여대 통역번역대학원 통역번역연구소 연구원으로 활동하고 있다. 저서로 『Intermedialität von Text und Bild bei Alexander Kluge』 등이 있다.

물의 요정의 매혹

펴낸날 1판 1쇄 2007년 11월 26일
지은이 프리드리히 드 라 모트 푸케 · 에.테.아. 호프만 외
옮긴이 최민숙 외
펴낸이 최민숙
펴낸곳 이화여자대학교출판부
주소 서울특별시 서대문구 대현동 11-1(우 120-750)
등록 1954년 7월 6일 제9-61호
전화 02) 3277-2965, 2966(편집팀)
02) 3277-3164, 362-6076(영업팀)
팩스 02) 312-4312
전자우편 press@ewha.ac.kr
인터넷서점 www.ewhapress.com
책임편집 이혜지
디자인 정혜진
찍은곳 (주)한영문화사

ISBN 978-89-7300-757-8 03850

값 15,000원